ZONE

기본편 1

GRAMMAR ZONE 기본편 1

지은이	NE능률 영어교육연구소
선임연구원	김진홍 한정은
연구원	배연희 이하나 송민아 김지현 신유승
영문교열	Patrick Ferraro Lisa Young Benjamin Robinson Lewis Hugh Hosie
표지·내지디자인	닷츠
내지일러스트	정대웅 김나나
맥편집	허문희
영업	한기영 이경구 박인규 정철교 김남준 이우현
마케팅	박혜선 남경진 이지원 김여진
Photo credits	http://www.shutterstock.com

Let's grow together

NE능률이
미래를
창조합니다.

건강한 배움의 고객가치를 제공하겠다는 꿈을 실현하기 위해
40년이 넘는 시간 동안 열심히 달려왔습니다.

앞으로도 끊임없는 연구와 노력을 통해
당연한 것을 멈추지 않고

고객, 기업, 직원 모두가 함께 성장하는 NE능률이 되겠습니다.

'대한민국 영문법 교재의 새로운 표준'을 표방하며 2004년 처음 출간된 이후로 Grammar Zone 시리즈는 수많은 학교와 학원에서 강의용 교재로 활용되었고, 과외용 또는 자습용 교재로도 많은 학습자들에게 사랑 받아 왔습니다. Grammar Zone 시리즈가 이렇게 많은 인기를 얻게 된 이유는 다음 두 개의 영어 형용사로 설명할 수 있을 것 같습니다.

Authentic

Grammar Zone 시리즈는 실생활에서 쓰는 대량의 언어 데이터(코퍼스, corpus)를 분석하여 자주 사용되는 구문 중심으로 문법 항목을 선정했기 때문에 더 이상 사용하지 않는 문법은 공부할 필요가 없도록 구성했습니다. 또, 문법 설명만을 위해 만들어진 어색한 예문을 배제하였고, 영미문화권에서 실제로 사용되는 활용도 높은 예문을 제시하였습니다.

Practical

물론 영어에는 일정한 규칙이 있지만, 언어는 계속해서 변화하는 것이기 때문에 지나치게 규칙에 얽매이면 영어라는 언어를 종합적으로 이해하기가 불가능해집니다. Grammar Zone 시리즈는 분석적인 규칙 제시를 최소화하고, 실제 활용도가 높은 예문과 구문을 제시하여 이를 통해 자연스럽게 문법을 이해할 수 있도록 하였습니다. 또한, 학생들이 문법 학습을 하는 궁극적인 목적은 독해력 향상이므로, 문법 학습 후에는 이를 바로 적용해 볼 수 있는 독해 지문을 제시하여 문법 실력과 독해력을 동시에 높일 수 있게 하였습니다.

이번에 Grammar Zone 2차 개정판을 기획하면서 몇몇 독자로부터 영문법이 자주 바뀌는 것도 아닌데 개정이 필요하냐는 얘기를 듣고, 일면 타당한 의견이라고 생각했습니다. 하지만 빠르게 변화하고, 특히 다양한 매체가 존재하는 요즘에는 하루가 멀다 하고 신조어와 새로운 언어 규칙이 생겨나고 있으며 몇 년 사이에 더 이상 쓰지 않는 말들도 많아지고 있습니다.

이제 '대한민국 영문법 교재의 표준'이 된 Grammar Zone은 이런 언어의 변화상까지 담을 수 있어야 한다고 생각했습니다. 그것이 Grammar Zone의 장점인 'authentic'하고, 'practical'한 면을 유지할 수 있는 길이라고 믿기 때문입니다.

구성과 특징

문법학습을 위한 단계적 구성

본 책은 유기적이고 단계적인 구성을 통해 영어 실력을 효율적으로 업그레이드 할 수 있도록 만들어졌습니다. 먼저 동사에 대한 이해를 쌓고, 4~6장 준동사 부분에서 구에 대한 개념을 학습합니다. 이후 7, 9장에서는 절의 개념을 배우고, 구와 절을 총 정리한 15장 〈독해력 향상을 위한 문장구조 이해하기〉를 통해 문장 성분을 구조적으로 파악할 수 있는 종합적인 안목을 키울 수 있습니다.

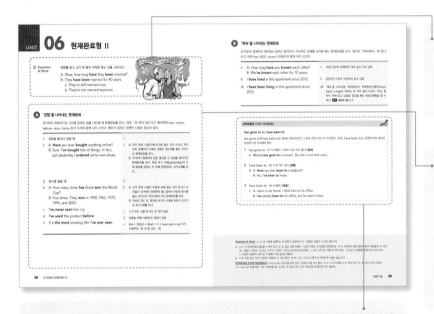

EXAMINE & THINK

간단한 문장이나 문제를 통해 UNIT의 주요 문법 개념에 대해 미리 생각해 볼 수 있습니다.

문법 해설

원어민들이 실제로 사용하는 문법을 담아 살아있는 문법 학습을 할 수 있습니다. 실용적인 예문과 그에 대응하는 설명을 함께 제시하여 한눈에 읽고 이해할 수 있습니다. 관련 UNIT을 **참조**로 제시함으로써 종합적인 문법 학습을 가능케 합니다.

UPGRADE YOUR GRAMMAR / LEARN MORE EXPRESSIONS

두 개의 코너를 통해 주요 문법과 표현의 심화 학습이 가능합니다. UPGRADE YOUR GRAMMAR에서는 중요한 문법 사항의 원리를 보다 자세하게 설명하고, LEARN MORE EXPRESSIONS에서는 실제 활용되는 다양한 표현들을 제시했습니다.

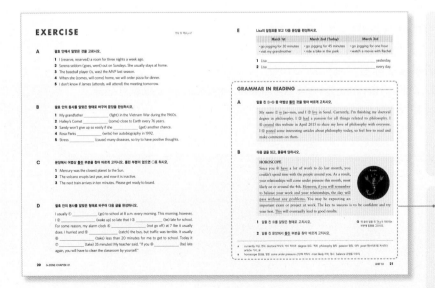

EXERCISE

각 UNIT에서 학습한 내용을 바로 확인할 수 있도록 다양한 유형의 연습 문제를 수록했습니다. 유의미한 드릴부터 사고력을 길러주는 서술형 문제에 이르기까지 풍부한 연습 문제를 통해 문법 실력을 다지고 쓰기 능력을 동시에 강화할 수 있습니다.

GRAMMAR IN READING

다양하고 흥미로운 소재의 지문을 통해 앞에서 배운 문법 지식을 독해에 바로 적용해 봄으로써 독해력 또한 높일 수 있습니다.

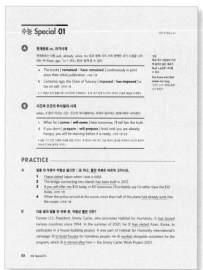

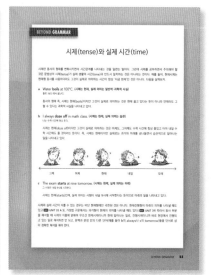

REVIEW TEST

각 CHAPTER마다 학습한 문법사항에 대한 총정리를 할 수 있도록 REVIEW TEST를 수록했습니다. 테스트를 통해 문법 학습 이해도를 점검하고, 나아가 내신 및 서술형 평가를 체계적으로 대비할 수 있습니다.

수능 Special

수능 기출 및 평가원 문제의 어법 문항을 분석하여 자주 출제되는 문법 요소를 따로 학습할 수 있도록 구성했습니다. 이 코너만으로도 수능 어법 필수 개념을 마스터할 수 있습니다.

BEYOND GRAMMAR

영어의 감각을 익히고 원리를 이해함으로써 앞에서 배운 문법을 더욱 깊이 있게 이해할 수 있도록 하였습니다.

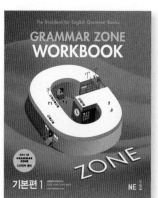

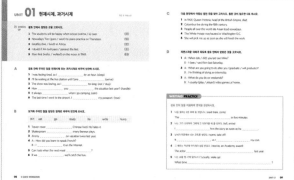

WORKBOOK 별매

본 교재와 연계된 워크북에서 더욱더 많은 문제를 풀어볼 수 있습니다.
양질의 다양한 문제를 통해 배운 사항을 확인하고 문법 실력을 더욱 공고히 다질 수 있습니다.

Contents 기본편 1

Contents 기본편 2

01 문장성분

문장성분이란 문장을 구성하면서 일정한 역할을 하는 요소를 말한다. 쉽게 말해서 문장을 만드는 데 필요한 재료라고 할 수 있다. 그 재료 중에는 문장을 만드는 데 꼭 필요한 재료인 주어, 동사, 목적어, 보어가 있고, 꼭 필요한 것은 아니지만 이들 주요 문장성분들을 꾸며주면서 문장의 의미를 좀 더 풍성하게 해주는 수식어가 있다.

A 주어, 동사, 목적어, 보어 | '문장을 만드는 주원료'

문장을 이루는 기본요소인 주어, 동사, 목적어, 보어가 무엇인지는 실제 문장을 통해서 이해하는 것이 더 도움이 될 것이다. 다음 각 문장을 그 안에 있는 단어들의 기능을 생각하면서 읽어보자.

a   We want peace.   우리는 평화를 원한다.

b   Julie wants to appear on TV.   Julie는 TV에 출연하기를 원한다. (TV에 출연하고 싶어한다.)

c   I think that he is a genius.   나는 그가 천재라는 것을 생각한다. (천재라고 생각한다.)

d   Speaking English is difficult.   영어를 하는 것은 어렵다. (Speaking English = difficult)

e   She looks happy.   그녀는 행복해 보인다. (She = happy)

f   He looked at my face.   그는 내 얼굴을 보았다. (He ≠ my face)

g   That will get rid of the problems.   그것이 문제들을 제거할 것이다.

h   I think him wise.   나는 그가 현명하다고 생각한다. (him = wise)

i   My dad has bought me a cell phone.   아빠는 나에게 휴대전화를 사주셨다. (me ≠ a cell phone)

1   주어 (Subject)
주어란 문장의 주인이라는 뜻으로 '~은, 는, 이, 가'로 해석되는 말이다. 주어로는 보통 명사나 대명사가 쓰이지만 문장 d처럼 동명사구(Speaking English)가 쓰여 길어지기도 한다.

2   동사 (Verb)
동사란 주어의 동작이나 상태를 나타내는 말로 대부분 한 단어로 쓰이지만 문장 f, g처럼(looked at, get rid of) 두 단어 이상이 모여 하나의 동사 역할을 하기도 한다. 또한 동사는 문장 g, i처럼(will get rid of, has bought) 미래나 완료형 등을 나타내기 위해 조동사의 도움을 받기도 한다.

3   목적어 (Object)
목적어는 동사 다음에 오는 말로 우리말의 '~을, 를'에 해당하는 말이다. '~에게'로 해석되는 목적어도 있는데 문장 i처럼 buy, give, show 등의 수여동사가 올 때 이런 목적어가 올 수 있다. 목적어로는 명사와 대명사 말고도 문장 b처럼 to부정사(to appear on TV)가 올 수도 있고 문장 c처럼 that절(that he is a genius)이 올 수도 있다.

4 보어 (Complement)

보어는 주어나 목적어에 대한 정보를 보충해주기 위해 쓰는 말이다. 문장 d, e의 보어는 주어를, 문장 h의 보어는 목적어를 각각 보충설명하고 있는데, 이때 주어와 보어, 목적어와 보어는 서로 '주술관계'이다. 주술관계란 '주어와 술어의 관계' 즉, 의미상 '~이 어떠하다[어찌하다]'의 관계에 있는 것을 말한다. 이 주술관계의 개념은 보어를 이해하는 핵심이며, 또한 보어와 목적어를 구별하게 해주는 수단이기도 하다. 예를 들어 문장 e에서 보어인 happy는 주어인 She와 주술관계(그녀가 happy하다)이지만 문장 f에서 목적어인 my face는 주어인 He와 주술관계가 아니다. 마찬가지로 문장 h의 보어 wise는 목적어 him과 주술관계(그가 wise하다)이지만 문장 i의 목적어 a cell phone은 또 다른 목적어인 me(간접목적어)와 주술관계가 아니다. 이렇듯 그 단어가 보어인지 목적어인지 판단하기 힘들 때는 주술관계를 따져보면 된다.

B 수식어 (Modifier) | '문장의 맛을 더하는 조미료'

수식어라는 말은 쉽게 말해 꾸며주는 말이라는 뜻이다. 예를 들어, 'cold water'(차가운 물)에서 cold는 water를 꾸며주는 수식어이며, 'work hard'(열심히 일하다)에서 hard는 work를 꾸며주는 수식어로 쓰인 것이다. 수식어는 크게 명사를 꾸며주는 형용사와 동사 등을 꾸며주는 부사가 있다.

1 형용사적 수식어

a The new version of the program has many features. 그 프로그램의 새 버전은 많은 특징을 가지고 있다.

명사를 꾸며주는 형용사는 한 단어일 때에는 new와 many처럼 명사 앞에서 꾸며주지만, of the program처럼 길어지면 뒤에서 꾸며주게 된다. 이렇게 명사를 꾸며주는 두 단어 이상의 말을 형용사구라고 한다.

2 부사적 수식어

b I really enjoyed in-line skating in the park yesterday.

나는 어제 공원에서 인라인스케이트 타는 것을 정말로 즐겼다.

부사는 동사를 꾸며서 그 행동을 언제, 어디서, 어떻게 했는지 등을 설명해주는 말이다. 부사도 형용사와 마찬가지로 really, yesterday와 같이 한 단어로 된 것이 있고, in the park처럼 두 단어 이상이 합쳐져서 만들어진 부사구도 있다.

02 문장성분의 배열순서

우리말에서는 단어에 조사 '은, 는, 이, 가'가 붙어 있으면 주어이고 '을, 를'이 붙으면 목적어라는 것을 금방 알 수 있기 때문에 순서를 아무렇게나 놓아도 의미 파악에는 전혀 지장이 없다. 반면 영어에는 우리말처럼 조사가 없기 때문에 단어의 위치를 보고 주어인지 목적어인지를 판단한다. 즉, 영어는 순서가 중요한 언어이다.

a 를 해석해 놓은 e, f, g에서 보듯이 주어, 목적어가 어느 위치에 와도 조사를 보고 그 문장 성분을 알 수 있기 때문에 의미 파악에는 전혀 지장이 없다. 반면 a, b에 있는 Tom은 똑같은 Tom이지만 a에서는 문장 처음에 와서 주어이고 b에서는 동사 뒤에 왔기 때문에 목적어이다. 마찬가지로 똑같은 his mom도 a에서는 동사 뒤에 왔기 때문에 목적어이고, b에서는 문장 처음(동사 앞)에 왔기 때문에 주어가 된다. 영어의 문장성분을 배열하는 기본적인 순서는 '주어 + 동사 + 목적어/보어'이며, 정해진 순서대로 쓰지 않으면 c, d처럼 틀린 문장이 된다.

영어 문장은 보어와 목적어의 유무에 따라 크게 다섯 가지 유형으로 분류할 수 있으며 각 유형별 문장의 순서는 다음과 같다.

*S : 주어(Subject), **V** : 동사(Verb), **O** : 목적어(Object), **C** : 보어(Complement)

1 S + V

2 S + V + C (주격 보어: 주어를 보충설명)

3 S + V + O

4 S + V + IO + DO (IO: 간접 목적어, DO: 직접 목적어)

5 S + V + O + C (목적격 보어: 목적어를 보충설명)

그럼 각 유형별로 구체적인 문장의 예를 살펴보자.

1 S + V + (M)

목적어와 보어 없이 주어와 동사만으로도 의미가 통하는 문장이다. 종종 때와 장소 등을 나타내는 수식어(M) 때문에 문장이 길어지기도 한다.

a <u>Something happened</u>. 무슨 일인가가 일어났다.
   S   V

b <u>My father worked in a bank last year</u>. 우리 아버지는 작년에 은행에서 근무하셨다.
   S   V   M

2 S + V + C (S=C)

동사만으로는 주어에 대한 충분한 정보를 주지 못할 때 동사 뒤에 보어를 사용한다. 이때 주어와 보어는 의미상 주술관계에 있는데, 달리 말하면 '주어 = 주격 보어' 관계가 성립한다.

> c She is a web designer. 그녀는 웹디자이너이다. (She = a web designer / 그녀가 웹디자이너)
>   S   V   C
>
> d You look different today. 너 오늘 달라 보인다. (You = different / 네가 다르다)
>   S   V   C   M

3 S + V + O

목적어란 동작의 대상이 되는 말로 '~을, 를'로 해석되며 동사 뒤에 온다.

> e We want food. 우리는 음식을 원한다.
>   S   V   O
>
> f I want to see the movie. 나는 그 영화 보는 것을 원한다. (보고 싶다)
>   S V   O
>
> g I think that he is honest. 나는 그가 정직하다는 것을 생각한다. (정직하다고 생각한다)
>   S V   O

4 S + V + IO + DO

영어 문장 중에는 목적어가 두 개가 오는 경우도 있는데, '~에게 …을 해주다'라는 의미를 가진 수여동사가 쓰일 경우이다. 이 경우 '~에게'에 해당하는 목적어(간접 목적어, Indirect Object)를 먼저 쓰고 '~을, 를'에 해당하는 목적어(직접 목적어, Direct Object)를 나중에 쓴다.

> h He gave me the money. 그는 나에게 돈을 주었다.
>   S   V IO   DO
>
> i One of my friends told me the story. 내 친구 중에 한 명이 나에게 그 이야기를 들려주었다.
>   S   V IO   DO

5 S + V + O + C (O=C)

영어 문장 중에는 목적어 다음에 그 목적어를 보충설명해주는 말이 오는 경우도 있다. 이를 목적격 보어라고 하는데, 비록 형태는 다양하지만 목적어와 의미상 주술관계(목적어 = 목적격 보어)라는 공통점을 가지고 있다.

> j She calls me an angel. 그녀는 나를 천사라고 부른다. (me = an angel / 내가 천사)
>   S   V   O   C
>
> k I won't leave you alone. 나는 너를 혼자 내버려두지 않을 것이다. (you = alone / 네가 혼자이다)
>   S   V   O   C
>
> l I asked him to come early. 나는 그에게 일찍 와달라고 부탁했다. (him = to come early / 그가 일찍 오다)
>   S   V   O   C

03 변화무쌍 영단어

영어에서 한 단어의 뜻은 문장 내에서 어디에 위치하는가에 따라 또는 어떤 단어들과 함께 쓰였는가에 따라 얼마든지 변할 수 있다.

A 위치에 따라 뜻이 달라지는 단어들 | 동사 자리인가 아닌가?

명사로 흔히 쓰이는 단어라 할지라도 그것이 주어 다음에 나오면 동사로 쓰인 것으로 봐야 한다.

a I have a lot of **work**. 나는 많은 일을 가지고 있다. (명사: 일)
b I **work** very hard. 나는 아주 열심히 일한다. (동사: 일하다)
c People must drink **water** to stay alive. 사람은 살기 위해서는 물을 마셔야 한다. (명사: 물)
d I **water** the flowers once a week. 나는 일주일에 한 번 꽃에 물을 준다. (동사: 물을 주다)

work는 명사로 '일'이라는 뜻을, 동사로 '일하다'라는 뜻으로 쓰인다. water는 명사로 '물'이라는 뜻을, 동사로 '물을 주다'라는 뜻으로 쓰인다. 이와 같이 영어에서는 명사가 동사의 의미도 함께 가지고 있는 경우가 대부분이므로 단어가 쓰인 위치를 잘 파악해야 한다.

B 어떤 단어들과 함께 쓰였는가에 따라 뜻이 달라지는 동사들

같은 동사라 하더라도 뒤에 어떤 말이 오느냐에 따라 의미가 달라질 수 있다. 따라서 어떤 동사의 가장 일반적인 뜻 한 가지만 알고 있으면 독해가 어려운 경우가 있다. 동사 walk와 choose의 예를 통해 확인해보자.

1 walk의 일반적인 뜻: 걷다

a I walked with my friend. 나는 / 걸었다 / 내 친구와 함께
b He walked me home. 그는 / 걸었다 / 나를 / 집으로 → 그는 나를 집에 걸어서 바래다 주었다.
c I walk my dog every morning. 나는 / 걷는다 / 나의 개를 / 매일 아침 → 나는 매일 아침 개를 산책시킨다.

보통 walk는 '걷다'라는 뜻으로만 알고 있는 학생들이 많을 것이다. a에 있는 walk가 그렇게 쓰인 것이다. 하지만 문장 b, c처럼 walk 뒤에 '~을, 를'에 해당하는 목적어가 올 경우에도 똑같이 '걷다'라고 해석하면 의미가 통하지 않는다. 이때에는 '~를 걸어서 …에 바래다 주다', 또는 '~를 산책시키다' 등의 뜻으로 해석해야 한다.

d　You can choose what you want.　너는 / 선택할 수 있다 / 네가 원하는 것을

e　She chose me a present.　그녀는 / 선택했다 / 나를 / 선물을 → 그녀는 나에게 선물을 골라 주었다. (me ≠ a present)

f　We chose him President.　우리는 / 선택했다 / 그를 / 대통령을 → 우리는 그를 대통령으로 선출했다. (him = President)

동사 choose는 d처럼 뒤에 목적어가 하나만 오면 '~을 선택하다, 고르다'라는 뜻이지만 e처럼 목적어가 두 개가 올 경우에는 '~에게 …을 골라주다'라는 뜻이 된다. 또한 f처럼 목적어 뒤에 목적어와 주술관계에 있는 보어가 올 경우에는 '~를 …으로 선출하다'라는 뜻이 된다.

이처럼 동사는 뒤에 목적어가 오느냐 안 오느냐, 목적어가 한 개 오느냐 두 개 오느냐, 그리고 목적어 뒤에 보어가 있느냐 없느냐에 따라 뜻이 달라질 수 있다. 이같은 영단어의 특성을 고려하여 단어를 공부할 때마다 그 단어의 여러 용도를 함께 알아두어야 효과적인 독해를 할 수 있다.

04 명사, 형용사, 부사의 역할

품사(a part of speech)란 단어를 그 의미나 기능에 따라 몇 가지 종류로 분류해 놓은 것을 말한다. 영어의 품사는 8품사로 명사, 대명사, 동사, 형용사, 부사, 감탄사, 접속사, 전치사가 있는데, 이 중에서 문장이 길어서 의미 파악이 쉽지 않을 때 해결의 실마리를 주는 것이 바로 명사, 형용사, 부사이다. 이 세 품사의 역할에 따라 문장을 분석하면 아무리 복잡한 문장도 쉽게 풀릴 수 있기 때문이다.

명사, 형용사, 부사의 문장에서의 기능은 다음과 같다.

품사	의미 및 문장에서의 역할	
명사	사물의 이름을 나타내는 말로 문장에서 주어, 목적어, 보어 역할을 함	The **camera phone** is very expensive. (주어) I want **a camera phone**. (목적어) This is **a camera phone**. (보어)
형용사	명사를 꾸미거나 서술하는 역할을 함	Pamela is a **cute little** girl. (명사 girl을 수식) Pamela is **cute**. (주어 Pamela를 서술)
부사	동사, 형용사, 부사 등을 꾸며주면서 '언제, 어디서, 어떻게, 왜'에 대한 정보를 줌	Greg runs **fast**. (동사 runs를 수식) Betty is **very** happy with her husband. (형용사 happy를 수식) She speaks **very slowly**. (slowly는 동사 speaks를 꾸미는 동시에 또 다른 부사 very의 꾸밈을 받음)

위 표의 예문을 통해 알 수 있듯이 명사는 문장에서 주어 · 목적어 · 보어 역할을 하고, 형용사는 명사를 꾸미거나 서술해 주며, 부사는 동사나 형용사 등을 꾸며준다. 그런데 문제는 명사, 형용사, 부사가 위 예문처럼 한 단어로만 이루어지는 것이 아니라 구와 절이라는 확장된 구조를 갖는다는 점이다.

05 단어 < 구 < 절

구는 2개 이상의 단어가 모인 것이고, 절은 주어와 동사가 있는 문장 요소를 말한다. 이들 구[절]이 주어, 목적어, 보어로 쓰이면 명사구 [절]가 되는 것이고, 명사를 꾸며주거나 서술해주면 형용사구[절]가, 그리고 동사나 형용사 또는 문장 전체를 꾸며주면 부사구[절]가 된다. 즉 길이에 상관없이 문장에서의 역할에 따라 명사, 형용사, 부사가 결정되는 것이다.

1 명사 < 명사구 < 명사절

a **Jenny** drinks **milk** every morning. (명사: Jenny는 주어, milk는 목적어)
Jenny는 매일 아침 우유를 마신다.

b **Drinking milk** is good for health. (명사구: 주어)
우유를 마시는 것은 건강에 좋다.

c I want **to drink chocolate milk**. (명사구: want의 목적어)
나는 초콜릿 우유를 마시길 원한다.

d I think **that milk is good for health**. (명사절: think의 목적어)
나는 우유가 건강에 좋다고 생각한다.

2 형용사 < 형용사구 < 형용사절

e The **red** pen is mine. (형용사: 명사 pen을 수식)
그 빨간 펜은 내 것이다.

f The pen **on the table** is mine. (형용사구: 명사 the pen을 수식)
테이블 위에 있는 그 펜은 내 것이다.

g The pen **which is on the table** is mine. (형용사절: f의 형용사구와 뜻도 같고 역할도 같으나, 주어(which), 동사(is)가 들어 있는 형용사절)
테이블 위에 있는 그 펜은 내 것이다.

3 부사 < 부사구 < 부사절

h I solved the puzzle **easily**. (부사: 동사 solved를 수식)
나는 그 퍼즐을 쉽게 풀었다.

i I stayed at home **because of the cold weather**. (부사구: 앞 문장의 이유를 설명)
나는 추운 날씨 때문에 집에 머물렀다.

j I stayed at home **because it was cold**. (부사절: i의 부사구와 뜻도 같고 역할도 같으나, 주어(it), 동사(was)가 있는 부사절)
나는 날씨가 추웠기 때문에 집에 머물렀다.

CHAPTER

01

TENSES

시제

시제란 동사의 형태 변화를 통해 시간관계를 표현하는 것을 말한다. 즉, 동작이나 상태가 어느 시점에서 어떠한 양상으로 일어나는지를 동사의 형태를 통해 보여주는 것이다. 영어의 시제는 **현재, 과거, 미래**의 3가지 기본시제와 여기에 **완료형**과 **진행형** 그리고 **완료진행형**을 결합시켜 만든 총 12가지가 있다.

■ 기본시제 vs. 완료형

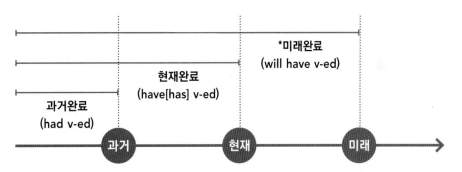

■ 진행형 vs. 완료진행형

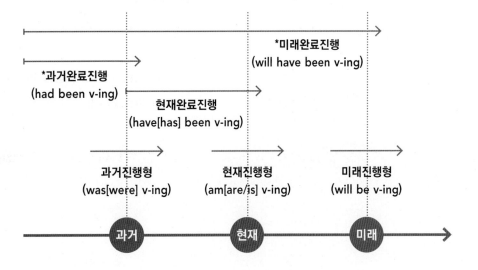

*표시된 시제는 실생활에서는 자주 쓰이지 않는다.

01 현재시제, 과거시제

□ **Examine & Think**

굵게 쓰인 말이 일반적인 사실을 나타내는 문장을 고르시오.

a. This river **runs** through the city.
b. Sarah **ran** along the river yesterday.

A 현재시제의 일반적 용법

현재시제란 문장의 동사가 현재형으로 되어 있는 것을 말하며, 보통 다음과 같은 상황에서 쓴다.

1 지속적인 성질이나 상태를 나타낼 때

a Laura **has** a good sense of humor.

b She **is** in class 2, grade 1.

2 반복적인 일이나 행동을 나타낼 때

c He **watches** the nine o'clock news every night.

d My school isn't far, so I **walk** there.

3 현재시제와 빈도부사

e The restaurant **always closes** at 11 p.m.

f We **usually play** basketball in PE class.

g A: Do you **often skip** breakfast?
   B: No, I **never skip** it.

4 과학적 · 일반적 사실을 나타낼 때

h Water **freezes** at zero degrees Celsius.

i The weather **changes** from day to day.

j Snakes **are** reptiles.

1

a 유머 감각은 금방 사라지지 않는 지속적인 성질

b 현재 1학년 2반인 상태

2 현재 일회성이 아닌 매번 반복되는 일을 나타낸다.

c 매일 밤 반복적으로 뉴스를 보는 것

d 매일 반복적으로 걸어서 등교하는 것

3 반복되는 일을 나타내는 현재시제는 다음과 같은 빈도부사와 함께 자주 쓰인다.

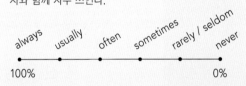

always usually often sometimes rarely / seldom never
100%   0%

주의 빈도부사는 일반동사의 앞에, be동사나 조동사의 뒤에 온다. **참조** UNIT 57 B 1

4 과학적 사실이나 일반적인 사실을 나타낼 때도 현재시제를 쓴다.

---

sense of humor 유머 감각 PE(= physical education) 체육 skip 빠뜨리다, *(식사를) 거르다 Celsius 섭씨 from day to day 날마다 reptile 파충류

B 현재시제가 미래의 뜻을 나타내는 경우

현재시제는 현재의 의미로만 쓰이지는 않는다. 아래와 같은 조건에서는 형태는 현재형이지만 미래를 나타낸다.

1 가까운 미래의 확실한 예정을 나타낼 때

a The concert **starts** at 7 p.m. *tomorrow.*

b Our flight **arrives** at Incheon Airport at 3 p.m.

c The train for Suwon **leaves** *soon.*

1 시간표에서처럼 확실히 정해져 있는 미래의 일은 현재시제로 나타내기도 한다. 특히, go, come, leave, arrive 등 오고 감, 출발과 도착(왕래발착)을 나타내는 동사가 미래를 나타내는 부사와 함께 그렇게 쓰이는 경우가 많다.

2 때ㆍ조건을 나타내는 부사절에서

d Ben will like her **as soon as** he **sees** her.
~~Ben will like her as soon as he will see her.~~

e She will be angry **if** you**'re** late.
~~She will be angry if you will be late.~~

cf₁ I wonder **if** she **will like** me.

cf₂ Do you know **when** he **will be** back?

2 부사절에서는 미래의 일이라도 현재시제를 쓴다.

d 그녀를 보는 것은 미래의 일이지만 때를 나타내는 부사절이므로 현재시제(sees)를 쓴다.

e 늦을지도 모르는 것은 미래의 일이지만 조건을 나타내는 부사절이므로 현재시제(are)를 쓴다.

cf₁-cf₂ if나 when이 이끄는 명사절에서는 원칙적으로 미래의 일을 미래시제로 나타낸다. 참조 UNIT 36 B 2

C 과거시제

과거의 특정 시점에 일어난 행위나 상태를 나타낼 때는 과거시제를 쓴다.

a I **bought** this magazine *last week.*

b My brother **graduated** from college *in 2015.*

c The actor's performance throughout the musical **was** amazing.

a-b 과거의 행위를 나타낸다. 과거시제는 과거의 특정한 때를 나타내는 어구(when절(~했을 때), 「in + 연도」, last ~ 등)와 함께 자주 쓰인다.

c 과거의 상태를 나타낸다.

performance 성취; *연기

EXERCISE

정답 및 해설 p.02

A   괄호 안에서 알맞은 것을 고르시오.

1 I (reserve, reserved) a room for three nights a week ago.

2 Serena seldom (goes, went) out on Sundays. She usually stays at home.

3 The baseball player (is, was) the MVP last season.

4 When she (comes, will come) home, we will order pizza for dinner.

5 I don't know if James (attends, will attend) the meeting tomorrow.

B   괄호 안의 동사를 알맞은 형태로 바꾸어 문장을 완성하시오.

1 My grandfather _____ (fight) in the Vietnam War during the 1960s.

2 Halley's Comet _____ (come) close to Earth every 76 years.

3 Sandy won't give up so easily if she _____ (get) another chance.

4 Rosa Parks _____ (write) her autobiography in 1992.

5 Stress _____ (cause) many diseases, so try to have positive thoughts.

C   문장에서 어법상 틀린 부분을 찾아 바르게 고치시오. 틀린 부분이 없으면 ○표 하시오.

1 Mercury was the closest planet to the Sun.

2 The volcano erupts last year, and now it is inactive.

3 The next train arrives in ten minutes. Please get ready to board.

D   괄호 안의 동사를 알맞은 형태로 바꾸어 다음 글을 완성하시오.

I usually ① _____ (go) to school at 8 a.m. every morning. This morning, however, I ② _____ (wake up) so late that I ③ _____ (be) late for school. For some reason, my alarm clock ④ _____ (not go off) at 7 like it usually does. I hurried and ⑤ _____ (catch) the bus, but traffic was terrible. It usually ⑥ _____ (take) less than 20 minutes for me to get to school. Today it ⑦ _____ (take) 35 minutes! My teacher said, "If you ⑧ _____ (be) late again, you will have to clean the classroom by yourself."

E   Lisa의 일정표를 보고 다음 문장을 완성하시오.

March 1st	March 2nd (Today)	March 3rd
• go jogging for 30 minutes • visit my grandmother	• go jogging for 45 minutes • ride a bike in the park	• go jogging for one hour • watch a movie with Rachel

1 Lisa _____ yesterday.

2 Lisa _____ every day.

GRAMMAR IN READING

A   밑줄 친 ①~⑤ 중 어법상 틀린 것을 찾아 바르게 고치시오.

> My name ① is Jae-min, and I ② live in Seoul. Currently, I'm finishing my doctoral degree in philosophy. I ③ had a passion for all things related to philosophy. I ④ created this website in April 2015 to share my love of philosophy with everyone. I ⑤ posted some interesting articles about philosophy today, so feel free to read and make comments on them.

B   다음 글을 읽고, 물음에 답하시오.

> **HOROSCOPE**
>
> Since you ⓐ have a lot of work to do last month, you couldn't spend time with the people around you. As a result, your relationships will come under pressure this month, most likely on or around the 4th. However, if you will remember to balance your work and your relationships, the day will pass without any problems. You may be expecting an important exam or project at work. The key to success is to be confident and try your best. This will eventually lead to good results.

1 밑줄 친 ⓐ를 알맞은 형태로 고치시오.

2 밑줄 친 문장에서 틀린 부분을 찾아 바르게 고치시오.

Q 위 글의 밑줄 친 This가 가리키는 부분에 밑줄을 그으시오.

A   currently 지금, 현재   doctoral 박사의, 박사 학위의   degree 정도; *학위   philosophy 철학   passion 열중, 애착   post (웹사이트에) 게시하다
     article 기사, 글

B   horoscope 점성술, 별점   come under pressure 곤란에 처하다   most likely 아마, 필시   balance 균형을 이루다

02 미래시제

📘 **Examine & Think**

굵게 쓰인 말 중 화자의 의지를 드러내는 것을 고르시오.

Oh, no! His pants **are going to** get wet.
I **will** stop him.

A will, be going to

미래시제는 주로 will과 be going to를 써서 나타낸다. 이 둘은 같은 의미로 쓰이기도 하지만 구분해서 써야 할 때가 있으므로 주의해야 한다.

1 will과 be going to 둘 다 쓸 수 있는 경우
 	
a   I think the economy **will grow** next year.
    = I think the economy **is going to grow** next year.
 	
b   There **will be** a midterm next Monday.
    = There**'s going to be** a midterm next Monday.
	1 미래의 일을 예측하거나 앞으로 일어날 객관적 사실 (fact)에 대해 말할 때 will과 be going to 둘 다 쓸 수 있다. 일상회화에서는 be going to가 will보다 좀 더 자주 쓰인다.
	
	a 내년의 경제 상황을 예측
	
	b 월요일 시험은 미래의 객관적 사실

2 will을 쓰는 경우 **(1) 약속 또는 의지를 나타낼 때** c I **won't forget** you. I promise. d We **will serve** the nation gladly. ***cf₁*** We **shall serve** the nation gladly.	**2** **(1)** c 안 잊겠다는 약속 또는 의지 (won't ← will not) d 나라에 봉사하겠다는 의지 ***cf₁*** 영국 영어에서는 주어가 1인칭(I, we)인 경우 will 대신 shall을 쓰기도 하는데 미국 영어에서는 거의 쓰이지 않는다.

(2) 말하는 순간에 결정한 일을 나타낼 때
 	
e   A: Tom! You've left the water on.
    B: Oh, I'm sorry, Mom. **I'll turn** it off.
       Oh, I'm sorry, Mom. ~~I'm going to turn it off.~~
	(2) 말하는 순간(at the time of speaking)에 즉흥적으로 하기로 결정한 일은 will을 써서 나타낸다.
	
	e 물을 잠그겠다고 결정한 것은 틀어놓은 것을 안 바로 지금이므로 will을 쓴다. 이때 be going to를 쓰면 어색하다.
	
	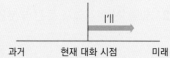

3 be going to를 쓰는 경우

(1) 말하기 전에 이미 정해 놓은 미래의 일을 나타낼 때

f   A: What a mess! Your room is too dirty.
     B: I know. **I'm going to clean** it tonight.

(2) 현재 상황을 근거로 미래를 예측할 때

g   Look at the traffic jam! We**'re going to be** late.

h   She**'s going to have** a baby next month.

cf₂ She **will have** children after she gets married.

3

(1) 말하기 전부터 이미 결정해 놓은 계획에 대해 말할 때에는 be going to를 쓴다. 이때 will을 쓸 수는 있지만 be going to를 쓰는 것이 더 자연스럽다.

f   대화 전에 이미 방 청소를 하기로 계획해 놓은 상태

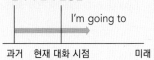

말하기 전에 결정됨

I'm going to

과거   현재 대화 시점   미래

(2) 가까운 미래를 예측할 수 있는 분명한 근거가 있는 경우 be going to를 쓴다.

g   현재 차가 막히는 상황을 근거로 늦을 것임을 예측

h   현재 그녀는 임신 중임

cf₂ 구체적인 정황이나 징후 없이 막연히 미래를 예측할 때는 will을 쓴다.

---

midterm(= midterm exam) 중간고사 serve ~을 위해 봉사하다 nation 국가 gladly 기꺼이 mess 엉망진창 traffic jam 교통 체증

B 기타 미래를 표현하는 방법

will과 be going to 외에도 동사의 현재형이나 현재진행형으로 미래의 의미를 나타낼 수 있다.

---

1 현재시제

a   A: What time **does** the train **leave** tomorrow?
     B: It **leaves** at 7:30 in the evening.

2 현재진행형

b   A: What **are** you **doing** on Sunday evening?
     B: **I'm going** to a football game.

cf. **I'm going to go** to a football game.

1   예정된 시간표나 분명한 계획이 있는 일을 말할 때 현재 시제로 미래의 의미를 나타낼 수 있다. 주로 왕래발착을 나타내는 동사들과 함께 사용되는 경우가 많다.
     참조 UNIT 01 B 1

2   미리 정해진 앞으로의 계획을 말할 때 현재진행형을 쓸 수 있다.

cf. 미래의 의미를 갖는 현재진행형은 be going to와 바꾸어 쓸 수 있다.

Examine & Think will / 이런! 그의 바지가 다 젖겠어. 그를 막아야겠어.

A   a 나는 내년에는 경제가 성장할 거라고 생각한다. b 다음 주 월요일에 중간고사가 있을 것이다. c 나는 너를 절대 안 잊을 거야. 약속할게. d=*cf₁* 우리는 기꺼이 나라를 위해 봉사할 것이다. e A: Tom! 너 수돗물 틀어놨어. B: 앗, 엄마 죄송해요. 잠글게요. f A: 엉망진창이군! 네 방은 너무 더러워. B: 알아. 오늘밤에 청소할 거야. g 저 교통체증 좀 봐! 우린 늦게 될 거야. h 그녀는 다음 달에 출산할 예정이다. *cf₂* 그녀는 결혼한 후에 아이를 가질 것이다.

B   a A: 그 기차는 내일 몇 시에 출발하나요? B: 저녁 7시 30분에 출발합니다. b A: 너 일요일 저녁에 뭐 할 거니? B: 난 축구 경기 보러 갈 거야. *cf.* 나는 축구 경기 보러 갈 거야.

EXERCISE

정답 및 해설 p.03

A 괄호 안에서 알맞은 것을 고르시오.

1 A : Do you have any plans for the weekend?

B : I (will, am going to) see a musical! I have front-row seats!

2 A : Can someone answer the phone? I'm washing my hair right now.

B : I (will, am going to) get it for you.

3 A : Why are you carrying that box?

B : It's for my boyfriend. I (will, am going to) mail it to him.

4 A : My computer is infected with viruses. Can you help me?

B : Well, I (will, am going to) see what I can do.

B be going to와 보기의 동사를 이용하여 문장을 완성하시오.

[보기]	be	participate in	have	increase	fly

1 I _____ a third grader next year.

2 Many people _____ the marathon.

3 My brother _____ from Seoul to Beijing.

4 We _____ dinner after cleaning the house.

5 The price of rice _____ at the end of this year.

C 다음 Tim의 수첩을 보고, 괄호 안의 지시대로 쓰시오.

1 (be going to를 이용하여)

Tim _____ on Thursday.

2 (현재진행형을 이용하여)

Tim _____ on Friday.

3 (will을 이용하여)

Tim _____ on Saturday.

4 (현재시제를 이용하여)

Tim _____ next week.

Thu. see a dentist
Fri. have lunch with Jane
Sat. update my blog
next week go on vacation

D 아래 조건대로 다음 문장을 영어로 쓰시오.

> 조건 1 will, the, for를 사용할 것   조건 2 7단어로 쓸 것

나는 그녀를 위해 기타를 연주할 것이다.

→ _____

GRAMMAR IN READING ....

A 다음 글을 읽고, 괄호 안의 단어를 이용하여 premonition에 대한 설명을 완성하시오.

> Sometimes people have a feeling that something bad is about to happen. This is called a premonition and is usually related to unpleasant events such as natural disasters or airplane crashes. Most premonitions are dreams or visions. Others are just strong feelings or ideas that come into people's minds for no apparent reason.

→ A premonition is a strong feeling that something, especially something unpleasant,
_____ _____ _____ happen. (go)

B 다음 글을 읽고, 물음에 답하시오.

> http://   C
>
> The *Sea Diver* has room for more people on its two-day trip to the pinnacles of San Miguel Island this Friday/Saturday. This is typically one of our best dive trips each year, and we will dive at as many pinnacles as possible, including Wilson Rock and Richardson Rock. We _____ for the island this Thursday night at midnight. You can reserve your place by emailing your name and phone number to agent@seadiver.com. Captain Frank Miller ⓐ (send / you / schedules / will / specific). The cost of the trip, including all food and diving equipment, is $225.

1 빈칸에 들어갈 말로 알맞지 <u>않은</u> 것을 고르시오.
  ① depart   ② departed   ③ will depart
  ④ are departing   ⑤ are going to depart

Q 위 글의 내용과 일치하지 <u>않는</u> 것은?
  ① 목요일 자정에 출발한다.
  ② 비용은 장비 대여료도 포함한다.
  ③ 이틀 동안만 신청을 받는다.

2 괄호 ⓐ안의 말을 문맥에 맞도록 배열하시오.

....

A be about to-v 막 ~을 하려고 하다 premonition 예감 natural disaster 자연 재해 vision 시각; *환상, 환영 apparent 명확한
B room 여지, 여유 pinnacle 바위, 산봉우리 as ~ as possible 가능한 한 ~한[~하게] equipment 장비

UNIT 03 진행형

A 현재진행형 (am[are/is] v-ing)

「be동사의 현재형 + 현재분사」의 형태로 나타내는 현재진행형은 말하고 있는 시점에 진행 중인 일과 최근에 일어나고 있는 일, 가까운 미래에 일어날 일 등을 나타낼 때 쓴다.

1 말하는 시점에 진행 중인 일

a A: (*On the phone*) Hello?
B: Hi, Bob. It's Cathy.
A: Oh, Cathy! Can I call you later? I'**m driving** now.
B: Okay. I'll talk to you later.

2 최근의 일시적인 일

b I want to buy a new smartphone. So I'**m working** part-time at a restaurant.

c I'**m taking** piano lessons *this month*.

3 가까운 미래의 일

d A: What **are** you **doing** tonight?
B: I'**m meeting** David for dinner.

4 습관적으로 반복되는 일이나 행위

e Eric is nice. He'**s always helping** others.

f Oh, no! I left my wallet at home again. I'**m always forgetting** something.

---

1 말하고 있는 시점(at the time of speaking)에 진행 중인 일을 말할 때 현재진행형을 사용하며 '~하는 중이다'라고 해석한다.

2 최근에 일시적으로 하고 있는 일을 나타낼 때도 현재진행형을 사용한다.

b 말하고 있는 순간에 아르바이트를 하고 있는 것은 아니다.

3 이미 예정된 가까운 미래의 일을 표현할 때에도 현재진행형을 쓸 수 있다.

d David과 저녁을 같이 먹을 예정임 **참조** UNIT 02 B 2

4 현재진행형이 always, continually, forever와 함께 쓰이면 습관적으로 반복되는 일을 나타낸다. 문맥에 따라 바람직하지 않은 반복적 행위에 대한 화자의 불만을 나타내기도 한다.

---

work part-time 아르바이트하다 wallet 지갑

26 G-ZONE CHAPTER 01

B 과거진행형 (was[were] v-ing)

과거의 특정 시점을 전후해서 진행 중이던 일을 나타낼 때 과거진행형을 쓴다.

1 과거의 특정 시점에 진행 중이던 일	**1**
a A: What **were** you **doing** yesterday afternoon? B: I **was having** a swimming lesson.	a 어제 오후(과거의 특정 시점)에 수영 강습이 진행 중이었음
2 과거진행형과 과거시제가 함께 쓰일 때	**2** 어떤 동작을 하고 있는데 다른 동작이 끼어드는 상황을 나타낸다. 이때, 더 길게 지속된 동작·상황은 과거진행형으로, 짧게 일어난 동작은 과거시제로 쓴다.
b I **was waiting** for the bus when I **ran** into one of my old friends.	b wait는 길게 지속된 동작, run into는 짧게 일어난 동작
c I **called** him while he **was sleeping**.	c sleep은 길게 지속된 동작, call은 짧게 일어난 동작

run into ~를 우연히 만나다

C 미래진행형 (will be v-ing)

미래의 특정 시점을 전후해서 진행 중일 일을 나타낼 때 미래진행형을 사용하며, 미래의 예정을 나타낼 때 사용하기도 한다.

a My exams will be over tomorrow. At this time tomorrow, I **will be sleeping**.	a 내일 이맘때쯤(미래의 특정 시점)에 내가 잠을 자고 있는 중일 것임
b Visit me around 3 p.m. I'**ll be waiting** for you.	b 오후 3시(미래의 특정 시점)에 내가 너를 기다리고 있는 중일 것임
c I'**ll be coming** home early today. Let's have dinner together.	c 일찍 돌아올 것이라는 미래의 예정

A a A: (전화 통화 중) 여보세요? B: 안녕 Bob. 나 Cathy야. A: 아, Cathy! 내가 나중에 전화해도 되겠니? 지금 운전 중이거든. B: 그래. 나중에 이야기하자.
b 나는 새 스마트폰을 사고 싶어. 그래서 음식점에서 아르바이트하고 있어. c 나는 이번 달에 피아노 교습을 받고 있다. d A: 오늘 밤 뭐 할 거니? B: David를
만나서 저녁 식사 할 거야. e Eric은 다정해. 항상 남을 돕는다니까. f 이런! 지갑을 또 집에 두고 왔네. 나는 늘 뭔가 잊어버린다니까.

B a A: 너 어제 오후에 뭐 하고 있었니? B: 수영을 강습받고 있었어. b 나는 버스를 기다리다가 오랜 친구 한 명을 우연히 만났어. c 그가 자고 있는 동안 내가
전화했다.

C a 내 시험은 내일 끝날 거야. 내일 이 시간에 난 잠을 자고 있겠지. b 오후 3시쯤에 나를 찾아와. 기다리고 있을게. c 난 오늘 집에 일찍 올 거야. 같이 저녁 먹자.

EXERCISE

정답 및 해설 p.04

A   괄호 안에서 알맞은 것을 고르시오.

1 I'll be out at two o'clock. I (was playing, will be playing) tennis.

2 Jane (is jogging, was jogging) in the park yesterday morning.

3 We (are throwing, were throwing) a Halloween party tomorrow.

4 I (am talking, was talking) to Peter when Steve took a picture of me.

5 A : How can I help you?

     B : I (am looking, will be looking) for a sweater in a size small.

B   괄호 안의 동사를 현재진행형, 과거진행형, 미래진행형 중 하나로 바꾸시오.

1 When I saw him last night, he _____ (carry) a big suitcase.

2 By the time you arrive in Seoul, I _____ (fly) to New York.

3 Please be quiet! Jessy _____ (try) to put the baby to sleep.

4 At this time tomorrow, Kate _____ (meet) her boyfriend.

5 I _____ (set) the table when Dad came home from work.

6 Someone _____ (knock) on the door. Can you answer it?

7 He _____ (always complain) about his job. He's never satisfied.

8 Tom _____ (surf) the Internet when you asked him to come over.

9 Please be here by eleven tomorrow. I _____ (wait) for you at the gate.

C   우리말과 일치하도록 괄호 안의 말과 진행형을 활용하여 문장을 완성하시오.

1 Jack은 이번 학기에 태권도를 배우고 있다. (take taekwondo lessons / this semester)

     → Jack _____.

2 Monica는 올해에 추리소설을 쓰고 있다. (write a detective story / this year)

     → Monica _____.

3 Cathy가 내게 전화했을 때 나는 운전을 하고 있었다. (drive / when / call)

     → I _____.

4 졸업 후에 너는 무엇을 하고 있을까? (do / after / graduation)

     → What _____?

5 전기가 나갔을 때 나는 TV를 보고 있었다. (watch TV / the electricity / go off)

     → I _____.

28   G-ZONE CHAPTER 01

D 아래 조건대로 대화를 완성하시오.

> A : Oh, I can't find my car key.
> B : Again? You ＿＿＿＿＿＿＿＿＿＿ things. (always / lose)

조건 **1** A가 물건을 너무 자주 잃어버리는 것에 대한 B의 불만을 나타낼 것

조건 **2** 괄호 안의 말을 활용할 것

GRAMMAR IN READING ···

A 밑줄 친 문장과 같은 의미가 되도록 빈칸을 채우시오.

> Peter and Nancy were talking with friends about an upcoming dinner party. When Nancy was asked what color shoes she was going to wear, she replied, "Silver." Right away her husband, Peter, said, "Silver—to match her hair." Looking at Peter's bald spot, Nancy asked, "<u>So, Peter, will you go barefoot?</u>"

→ So, Peter, ＿＿＿＿＿ ＿＿＿＿＿ ＿＿＿＿＿ barefoot?

B 다음 글을 읽고, 물음에 답하시오.

The Scream was painted in 1893 by Norwegian-born expressionist artist Edvard Munch. In the painting, you can see that a man is screaming in fear while two other men ⓐ <u>are walking away</u> from him. In the background, the clouds ⓑ <u>will be swirling</u> with red and orange. According to Munch's diaries, the idea for the painting ① (came, was coming) to him suddenly while he ② (was looking, looks) across the Norwegian landscape. One evening, he ⓒ <u>was taking</u> a walk with two friends. As the sun set, the sky turned red like blood. Munch stopped for a moment and felt as though nature itself was screaming. His friends continued walking, while he lagged behind, shivering with fear.

1 밑줄 친 ⓐ~ⓒ 중 어법상 **틀린** 것을 고르시오.

2 ①, ②의 괄호 안에서 알맞은 것을 고르시오.

Q 위 글의 제목으로 가장 적절한 것은?
① Expressionism vs. Realism
② How Munch's Painting Was Created
③ Edvard Munch: An Unlucky Artist

···

A   upcoming 다가오는 bald 대머리의 barefoot 맨발로[의]
B   scream 절규; 비명을 지르다 expressionist 표현주의자 swirl 소용돌이치다 landscape 풍경 lag 뒤에 처지다 shiver (몸을) 떨다

UNIT 04 현재시제 vs. 현재진행형

! Examine & Think

굵게 쓰인 말의 의미 차이를 생각해 보시오.

Ann is a music teacher. She **teaches** music, but she is not teaching now. She **is shopping**.

A 현재시제와 현재진행형의 차이

현재시제	현재진행형
1 일반적 · 과학적 사실, 반복적으로 일어나는 일	**1** 말하는 순간 또는 그즈음에 일어나고 있는 일
a It **rains** a lot in the summer in Korea. (한국의 여름 날씨에 대한 일반적 사실)	b It**'s raining** now. Take this umbrella. (말하고 있는 지금 비가 오는 중)
c Every object **falls** at the same speed. (물체의 낙하 속도에 대한 과학적 사실)	d Watch out! Something **is falling**. (말하고 있는 지금 무언가 떨어지고 있음)
e He rarely **buys** a newspaper. He usually **reads** the news online. (반복적으로 드러나는 그의 신문 읽는 습관)	f Dad **is reading** a newspaper in the living room. (말하고 있는 지금 신문을 읽고 있음)
2 상당 기간 동안 지속해서(permanently) 하는 일	**2** 최근에 일시적으로(temporarily) 하고 있는 일
g She is a teacher. She **teaches** music. (그녀가 직업으로 음악을 가르치는 것은 지속적인 것)	h This year she **is teaching** second graders. (매년 2학년을 가르치는 것이 아니고 올해만 가르치는 것임)

B 진행형으로 잘 쓰이지 않는 동사

감정, 지각, 소유 등을 나타내는 상태동사(state verb)는 진행형으로 잘 쓰이지 않는다.

a I really **hate** cockroaches.
~~I'm really hating cockroaches.~~

b I **know** that she is pretty.
~~I'm knowing that she is pretty.~~

c This book **belongs** to me.
~~This book is belonging to me.~~

hate, like, love, want, need, know, believe, belong, understand, have와 같이 정신적 · 정서적 상태, 인식, 오감, 소유 등을 나타내는 동사는 일반적으로 진행형으로 쓰지 않는다.

a 싫어하고 있는 중이다. (×)

b 알고 있는 중이다. (×)

c 나에게 속하고 있는 중이다. (×)

C 동작동사로 쓰일 때 진행형이 가능한 상태동사

상태동사는 일반적으로 진행형으로 쓰지 않지만, 여러 의미를 가진 동사가 특정 맥락에서 '동작'을 나타낼 때는 진행형을 쓸 수 있다.

1 think '믿다'(상태) vs. '고려하다'(동작)

a I **think** that he is a genius. (think = believe)
~~I am thinking that he is a genius.~~

b A: You look serious. What do you have in your mind now?
B: I'**m thinking** about breaking up with John. (think = consider)

1 think가 believe의 뜻으로 쓰일 경우 진행형으로 쓸 수 없지만 consider의 뜻으로 쓰일 경우에는 진행형이 가능하다.

2 have '소유하다'(상태) vs. '시간을 보내다'(동작)

c Jill **has** tickets for the concert. (have = own)
~~Jill's having tickets for the concert.~~

d I hope you'**re having** a great time here. (have = spend)

2 have가 own의 뜻으로 쓰일 경우는 진행형을 쓸 수 없지만, spend(시간을 보내다)의 뜻으로 쓰일 경우에는 진행형이 가능하다.

3 taste '맛이 ~하다'(상태) vs. '맛을 보다'(동작)

e This soup **tastes** too salty.
~~This soup is tasting too salty.~~

f I'**m tasting** the soup to make sure it's not too salty.

3 taste가 '맛이 ~하다'라는 뜻으로 쓰일 경우 진행형을 쓸 수 없지만, '맛을 보다'라는 뜻으로 쓰일 경우에는 진행형이 가능하다. 이외에도 smell '냄새를 맡다', see '보러 가다, 방문하다'의 뜻일 때 진행형이 가능하다.

4 feel '생각하다'(상태) vs. '기분이 ~하다'(동작)

g I **feel** you should apologize.
~~I'm feeling you should apologize.~~

h How **are** you **feeling** this morning?

cf. I **feel** fine. = I'**m feeling** fine.

4 feel이 '생각하다'라는 뜻으로 쓰일 경우 진행형을 쓸 수 없지만, '기분이 ~하다'라는 뜻으로 쓰일 경우에는 진행형이 가능하다.

cf. feel이 '기분이 ~하다'라는 뜻으로 쓰일 경우 현재형과 현재진행형이 큰 의미 차이 없이 쓰인다. look이 '~하게 보이다'라는 뜻으로 쓰일 경우도 마찬가지다.

break up with ~와 (사귀다가) 헤어지다

Examine & Think 상당 기간 지속적으로 하는 일은 현재시제(teaches)로 나타내고, 말하는 현재 일어나고 있는 일은 현재진행형(is shopping)으로 나타낸다. / Ann은 음악 선생님이다. 그녀는 음악을 가르치는데, 지금은 가르치고 있지 않다. 그녀는 쇼핑 중이다.

A a 한국은 여름에 비가 많이 온다. b 지금 비가 오고 있어. 이 우산 가져가. c 모든 물체는 같은 속도로 떨어진다. d 조심해! 뭔가가 떨어지고 있어. e 그는 신문을 거의 사지 않는다. 그는 보통 온라인으로 뉴스를 읽는다. f 아빠는 거실에서 신문을 읽고 계신다. g 그녀는 교사이다. 그녀는 음악을 가르친다. h 올해 그녀는 2학년을 가르치고 있다.
B a 나는 바퀴벌레를 정말 싫어한다. b 나는 그녀가 예쁘다는 것을 안다. c 이 책은 내 것이다.
C a 나는 그가 천재라고 생각한다. b A: 너 심각해 보인다. 지금 무엇을 생각하고 있는 거니? B: John과 헤어질까 생각 중이야. c Jill은 그 콘서트 표를 가지고 있다. d 네가 여기서 멋진 시간을 보내고 있길 바란다. e 이 국은 너무 짜다. f 나는 그 국이 너무 짜지 않도록 하기 위해 간을 보고 있다. g 나는 네가 사과해야 한다고 생각해. h 오늘 아침 기분 어때요? *cf.* 나는 기분이 좋아.

EXERCISE

정답 및 해설 p.05

A 괄호 안의 동사를 현재시제 또는 현재진행형으로 알맞게 바꾸어 문장을 완성하시오.

1 _____ (you / enjoy) the party?

2 Hurry up! The taxi driver _____ (wait for) us.

3 Don't turn off the computer. I _____ (work on) it.

4 Air mostly _____ (consist of) oxygen and nitrogen.

5 Jessie _____ (go) climbing in the mountains three times a year.

6 Tom _____ (live) with his parents, but this week he _____ (stay) at his sister's house in Seattle.

7 A : _____ (you / like) comedy shows?

B : Yes, I _____ (never / miss) them. This month, I _____ (watch) a new comedy show on Channel 6.

B 빈칸에 들어갈 말을 보기에서 골라 알맞은 형태로 쓰시오.

[보기]	rain	taste	think	belong to

1 The drink _____ like vinegar.

2 We can't go out for a walk. It _____ now.

3 Currently, Bill _____ of applying for graduate school.

4 We need to give her back this jewelry because it _____ her.

C 문장에서 어법상 틀린 부분을 찾아 바르게 고치시오. 틀린 부분이 없으면 ○표 하시오.

1 I'm knowing the answer to this question.

2 I am feeling tired right now. Can we talk later?

3 They are believing that Susan is the right person for the job.

4 Sue is needing a little more money to buy a computer.

D 괄호 안의 동사를 현재시제 또는 현재진행형으로 알맞게 바꾸어 다음 글을 완성하시오.

My dad ① _____ (write) short stories. He is a famous author. This year, he ② _____ (write) some short stories for children. My mom usually ③ _____ (watch) soap operas around 10 p.m., but she ④ _____ (watch) a documentary about the environment tonight.

32 G-ZONE CHAPTER 01

E 다음 그림을 보고, 괄호 안의 말을 활용하여 문장을 완성하시오.

usually   now

Tommy usually _____ _____ ,
but he _____ _____ _____
_____ now. (work hard / take a break)

조건 1 현재 Tommy의 행동이 평소와 어떻게 다른지 드러낼 것
조건 2 시제에 유의할 것

GRAMMAR IN READING ·····································

A 다음 글을 읽고, 어법상 <u>어색한</u> 부분 두 개를 찾아 바르게 고치시오.

> The settings of your dreams represent the feelings you have about the way your life goes at the moment. For example, if your dream is set in a dry, sandy desert, it could mean you're feeling lonely and isolated. On the other hand, dreaming of a familiar street could mean that you are wanting to return to places from your past.

B 다음 대화를 읽고, 물음에 답하시오.

> (*Over the phone*)
> A : Hello?
> B : Hey, where are you? You're late again!
> A : I'm on my way. I am rushing to the station. I'll be there in a minute.
> B : You ⓐ (make, are making) me late every day!
> A : Sorry, I am coming as fast as I can!
> B : Hurry up. ① (the express train / leave / at 7:30) every morning.
> A : I know, I know. What time is it now?
> B : It's 7:28. If you don't get here on time, I'm going without you.
> A : Okay, hang up! I ⓑ (run, am running) through the door right now.

1 ⓐ, ⓑ의 괄호 안에서 알맞은 것을 고르시오.

2 괄호 ① 안의 말을 활용하여 문장을 완성하시오.

Q 위 글의 내용과 일치하면 T, 일치하지 않으면 F를 쓰시오.
The express train already left. (   )

A represent 나타내다 desert 사막 isolated 고립된
B on one's way 도중에 rush 서두르다 as ~ as one can 가능한 한 ~하게[한] express train 급행열차 hang up (전화를) 끊다

UNIT 05 현재완료형 I

A 현재완료(have[has] v-ed)의 개념 (이 책에서는 '과거분사'를 v-ed로 표기함)

우리말과는 달리 영어에는 과거시제와 현재시제 사이에 현재완료가 있다. 현재완료는 과거의 일과 현재와의 관련성에 주된 관심이 있을 때 사용한다.

현재완료의 개념을 이해하기 위해서는 과거시제와의 차이점을 이해하는 것이 중요하다.

---

1 현재완료 vs. 과거시제

a₁ I**'ve turned** off the computer.
(So the computer is off now.)

a₂ I **turned** off the computer last night.
(I don't know if it's off or on now.)

b₁ He **has been** in the army for 10 years.
(He's in the army now.)

b₂ He **was** in the army for 10 years.
(He's not in the army now.)

2 현재완료를 쓰는 대표적인 경우

c Peter **has broken** his arm.
(His arm is still broken.)

d A: You should call Owen.
B: I **have** just **called** him.

e **Have** you ever **had** a part-time job?

f He **has served** as a police officer for 20 years.

3 현재완료와 과거를 나타내는 부사

g It **snowed** *yesterday*.
~~It has snowed yesterday.~~

---

1 현재완료가 과거시제와 다른 점은 과거의 사실뿐만 아니라 '그런 과거의 일로 인해 현재 어떠하다'라는 의미까지 전달해 준다는 것이다.

a₁ 지금 현재도 꺼져 있다는 뜻

a₂ 단순히 어젯밤에 껐다는 과거의 행위만 말할 뿐 현재의 상태에 대해서는 말하고 있지 않다.

b₁ 10년 전부터 현재까지 군대에 있다는 뜻

b₂ 예전에 10년 동안 군대에 있었다는 과거의 상태를 나타낸다. 현재는 군대에 있지 않다는 의미가 된다.

2

c 결과: 과거의 일이 현재 어떤 결과를 낳을 때

d 완료: 최근 또는 이제 막 완료된 일을 나타낼 때

e 경험: 과거부터 현재까지 경험해 본 것을 나타낼 때

f 계속: 과거부터 현재까지 계속되는 일을 나타낼 때

3 현재완료는 과거에 시작된 일이 현재와 연관성을 갖거나 현재에 영향을 미치는 것을 나타내므로, 명백한 과거의 시점을 나타내는 부사(last week, two years ago, yesterday, in 2014 등)와 함께 쓸 수 없다.

---

serve as ~로 복무하다

B ‘결과’를 나타내는 현재완료

과거의 일로 인해 현재에 어떤 결과가 생겼을 때 현재완료를 쓴다. 이때 해석은 ‘~했다’로 과거시제와 같지만, 현재완료는 ‘그 결과 지금은 어떠하다’라는 현재와의 연관성까지 내포한다.

a	A: Can I use your cell phone? B: Sorry. I**'ve left** it at home. (So I don't have it now.)	a	전화기를 집에 두고 온 결과 지금 가지고 있지 않은 상태 (I have left → I've left)
b	A: Do you want to eat anything else? B: No, I**'ve had** enough. (So now I'm full.)	b	이미 충분히 먹은 결과 지금은 배가 부른 상태
c	A: I **have forgotten** my PIN number. Can you help me? (So I don't know it now.) B: Sure. Do you have your ID?	c	과거에 잊어버린 결과 지금도 기억할 수 없는 상태
cf.	I **forgot** my PIN number, so I couldn't use my bank card.	cf.	비밀번호를 잊어버렸다는 과거만 언급하고 있다. 화자가 지금도 자신의 비밀번호를 모르는지, 아니면 알고 있는 지는 알 수 없다.

PIN number 개인 비밀번호 ID(= identification) 신분증

C ‘완료’를 나타내는 현재완료

최근에 또는 지금 막 완료된 행동에 대해 말할 때 현재완료를 쓴다. 이때 just, yet, already와 같은 부사와 함께 자주 쓰인다. 각각의 부사는 의미나 쓰임이 다르므로 구분해서 써야 한다.

a	A: Is that book interesting? B: I don't know. I**'ve** *just* **started** reading it.	a	just: ‘지금 막 ~했다’는 것을 강조할 때 쓴다.
b_1	I**'ve** *already* **searched** the Internet.	b_1	평서문의 already: 이미 ~했다
b_2	**Have** you *already* **eaten** dinner? That's a shame. I was going to take you out to eat.	b_2	의문문의 already: 어떤 일이 이미 일어난 것을 알고 놀라거나 실망할 때 쓰며 해석은 ‘벌써 ~했니?’라고 한다.
c_1	A: Are you ready to order? B: Sorry, I **haven't decided** *yet*.	c_1	부정문의 yet: 아직 ~하지 않았다
c_2	A: **Have** you **eaten** dinner *yet*? B: Not yet. I think I'll skip it.	c_2	의문문의 yet: 어떤 일이 지금쯤은 끝났을 것으로 기대할 때 쓰며 해석은 따로 하지 않는다.

That's a shame. 안타깝다, 유감이다 take someone out to eat ~를 데리고 외식하다

A a_1 나는 컴퓨터를 껐다. a_2 나는 어젯밤에 컴퓨터를 껐다. b_1 그는 (지금까지) 10년 동안 군대에 있었다. b_2 그는 (과거에) 10년 동안 군대에 있었다. c Peter 는 팔이 부러졌다. d A: 너는 Owen에게 전화를 걸어야 해. B: 그에게 방금 걸었어. e 아르바이트해 본 적 있니? f 그는 20년 동안 경찰관으로 복무해왔다. g 어제 눈이 왔다.

B a A: 네 휴대전화 좀 써도 되니? B: 미안해. 집에 두고 왔어. b A: 뭐 좀 더 드시겠어요? B: 아뇨, 충분히 먹었어요. c A: 제 비밀번호를 잊어버렸어요. 좀 도 와주실래요? B: 물론이죠. 신분증을 갖고 계세요? cf. 내 비밀번호를 잊어버려서 은행 카드를 사용할 수 없었다.

C a A: 그 책 재미있니? B: 모르겠어. 지금 막 읽기 시작했거든. b_1 이미 인터넷을 검색해봤어. b_2 너 벌써 저녁을 먹었니? 안타깝네. 널 데리고 외식하러 나가 려고 했는데. c_1 A: 주문하시겠습니까? B: 죄송하지만, 아직 정하지 못했어요. c_2 A: 너 (벌써) 저녁 먹었니? B: 아직. 거를 생각이야.

EXERCISE

정답 및 해설 p.07

A   그림의 상황에 맞도록 괄호 안의 말을 이용하여 문장을 완성하시오.

past ——————————+———————————————+——————→ future

two months ago   *now*

1 Kate _____. (buy glasses)

2 Jason _____. (grow a beard)

3 Nancy _____. (get a haircut)

B   보기의 동사를 이용하여 문장을 완성하시오.

[보기]	see	live	leave

1 A : Do you live with your family here in Seoul?

  B : No, I live alone. I _____ _____ by myself since 2010.

2 I can't find my keys. Maybe I _____ _____ them at the office.

3 A : Is Dave going to the movies with us?

  B : No, he _____ already _____ this movie.

C   우리말과 일치하도록 괄호 안의 말을 활용하여 문장을 완성하시오.

1 그 아기가 크게 울고 있다. 누군가가 그의 장난감 차를 망가뜨렸다. (break)

  → The baby is crying loudly. Somebody _____ _____ his toy car.

2 그녀에게 아직 말하진 않았지만, 우리와 함께 가는 것을 좋아할 거라 확신한다. (talk / yet)

  → I _____ _____ to her _____, but I'm sure she would love to go with us.

3 Will은 휴식을 취해야 한다. 그는 오늘 이미 많은 일을 했다. (already / do)

  → Will should take a break. He _____ _____ _____ too much work today.

D 다음 대화의 빈칸에 알맞은 말을 문장으로 쓰시오.

> A : Hey, Daisy. I called you twice this morning, but you didn't pick up!
> B : I'm sorry, Matt. I lost my cell phone. I _____. (find / it / yet)
> A : Didn't you take the bus this morning? You should give the bus company a call.

조건 1 아직까지 전화기를 찾지 못했다는 의미를 담을 것

조건 2 괄호 안의 단어를 포함하여 빈칸에 4단어로 쓸 것

GRAMMAR IN READING ······························

A 다음 글을 읽고, 우리말과 일치하도록 빈칸에 알맞은 말을 쓰시오.

> 당신은 방금 막 매운 음식을 먹었다, and the boss wants to see you. You need to brush your teeth quickly. Dental Dots were made for such times. Stick one on your finger and use it to give your teeth a quick brushing.

→ You _____ _____ _____ some spicy food (eat / just)

B 다음 글을 읽고, 물음에 답하시오.

> ◄ ► 🏠 ⟳ ⊕ ✛ | http:// | 🔍
>
> @ I study hard, but my grades don't reflect my efforts. There must be something wrong with my study habits. Do you know any ways I can study better?
> -
> Ⓐ Yes, I do. ⓐ (Have you tried, Are you trying) reviewing the material you've learned? Reviewing means going over the notes you ⓑ (are taking, have taken). This helps you remember more information and prevents you from forgetting important details. The best time for reviewing is ① (finished / when / have / you / just / learning something). It's not a good idea to wait until just before an exam to begin reviewing. However, a final review before an exam can be helpful. Follow these tips, and I'm sure your grades will improve.

1 ⓐ, ⓑ의 괄호 안에서 알맞은 것을 고르시오.

2 괄호 ① 안의 말을 문맥에 맞도록 배열하시오.

Q 위 글의 내용과 일치하면 T, 일치하지 않으면 F를 쓰시오.
You should begin reviewing just before an examination to get a good grade. (   )

······························

A stick 붙이다
B grade 등급; *성적 reflect 반사하다; *반영하다 review 복습하다; 복습 material 재료; *자료 go over ~을 복습하다, 다시 읽어보다 prevent A from v-ing A가 ~하지 못하게 하다

06 현재완료형 II

HAPPY 40TH ANNIVERSARY

☐ **Examine & Think**

대화를 읽고, B가 한 말의 의미로 맞는 것을 고르시오.

A: Wow, how long **have** they **been** married?

B: They **have been** married for 40 years.
   a. They're still married now.
   b. They're not married anymore.

A '경험'을 나타내는 현재완료

과거부터 현재까지의 기간에 있었던 일을 나타낼 때 현재완료를 쓴다. 대개 '~한 적이 있다'라고 해석하며 ever, never, before, once, twice 등의 부사와 함께 자주 쓰인다. 행위가 일어난 정확한 시점은 중요치 않다.

1 경험을 묻거나 말할 때	**1**
a A: **Have** you ever **bought** anything online? B: Sure. I**'ve bought** lots of things. In fact, just yesterday I **ordered** some new shoes.	a A: 과거 특정 시점(구매시기)을 묻는 것이 아니고 과거부터 현재까지 구매한 경험이 있는지를 묻는 것이므로 현재완료를 쓴다. B: 과거부터 현재까지 많은 물건을 산 경험을 말하므로 현재완료를 쓴다. 특정 과거 시점(yesterday)의 구매 행위를 말하는 두 번째 문장에서는 과거시제를 쓴다.
2 횟수를 물을 때	**2**
b A: How many times **has** Brazil **won** the World Cup? B: Five times. They **won** in 1958, 1962, 1970, 1994, and 2002.	b A: 과거 특정 시점의 우승에 관해 묻는 것이 아니고 브라질이 과거부터 현재까지 월드컵에서 우승한 횟수를 묻는 것이므로 과거시제가 아닌 현재완료를 쓴다. B: 우승한 연도 즉, 특정한 과거의 시점을 말하고 있으므로 과거시제를 쓴다.
c I**'ve never seen** him cry.	c 그가 우는 것을 한 번도 본 적이 없음
d I**'ve used** this product **before**.	d 상품을 전에 사용해 본 경험이 있음
e It is **the most** amazing film I**'ve ever seen**.	e the + 최상급 + (that) + S + have ever v-ed: S가 이제까지 ~한 것 중 가장 …한

'계속'을 나타내는 현재완료

과거부터 현재까지 계속해서 일어난 동작이나 지속적인 상태를 나타낼 때도 현재완료를 쓴다. 해석은 '(계속해서) ~해 왔다' 라고 하며 for(~동안), since(~이래로)와 함께 자주 쓰인다.

a	A: How long **have** you **known** each other? B: We**'ve known** each other for 10 years.	a	10년 전부터 현재까지 계속 알고 지낸 상태
b	I **have lived** in this apartment since 2012.	b	2012년 이후로 지금까지 살고 있음
cf.	I **have been living** in this apartment since 2012.	*cf.*	'계속'을 나타내는 현재완료는 현재완료진행형(have been v-ing)과 의미상 큰 차이 없이 쓰인다. 다만, 동작이 '계속'되고 있음을 강조할 때는 완료진행형을 쓸 수 있다. 참조 UNIT 08 C 1

UPGRADE YOUR GRAMMAR

has gone to vs. have been to

has gone to와 have been to는 형태는 비슷하지만 그 뜻이 전혀 다르므로 주의한다. 또한, have been to는 문맥에 따라 해석이 다양하므로 주의해야 한다.

1 has gone to: ~로 가 버렸다 (그래서 지금 여기 없다) **(결과)**

   a Monica **has gone to** a concert. (So she is not here now.)

2 have been to: ~에 가 본 적이 있다 **(경험)**

   b A: **Have** you ever **been to** a ballpark?

      B: Yes, I**'ve been to** many.

3 have been to: ~에 다녀왔다 **(완료)**

   c A: Jason is not home. I think he's in his office.

      B: I**'ve** already **been to** his office, but he wasn't there.

Examine & Think a / A: 와, 저분들 결혼하신 지 얼마나 되셨어요? B: 그분들은 결혼한 지 40년 됐습니다.

A a A: 너 온라인에서 물건을 산 적이 있니? B: 응. 많은 것을 사봤어. 사실은 어제도 새 신발을 주문했는걸. b A: 브라질이 월드컵에서 몇 번 우승했지? B: 다섯 번. 그들은 1958년, 1962년, 1970년, 1994년 그리고 2002년에 우승했어. c 나는 그가 우는 것을 본 적이 없다. d 나는 이 상품을 전에 써 본 적이 있다. e 그것은 지금까지 내가 본 것 중에서 가장 놀라운 영화다.
B a A: 서로 알고 지낸 지 얼마나 되었어? B: 10년 됐어. b=cf. 나는 2012년 이후로 이 아파트에서 줄곧 살고 있다.

UPGRADE YOUR GRAMMAR a Monica는 콘서트를 보러 갔어. (그래서 지금 여기 없어.) b A: 너 야구장에 가 본 적이 있니? B: 응, 여러 군데 가 봤지.
c A: Jason은 집에 없어. 그는 사무실에 있는 것 같아. B: 내가 이미 그의 사무실에 다녀왔지만 거기 없었어.

UNIT 06 **39**

EXERCISE

정답 및 해설 p.08

A 보기의 동사를 이용하여 문장을 완성하시오.

[보기]	take	see	work	be

1 How many tests _____ you _____ so far this week?

2 I _____ never _____ to Alaska, but I've seen it on TV.

3 Tori _____ _____ for a nonprofit organization since 2010.

4 This is one of the greatest playoff series that I _____ ever _____.

B 밑줄 친 부분에서 어법상 틀린 것을 바르게 고치시오.

1 How many love letters <u>did you get</u> from Mike since you first met him?

2 My parents <u>have been</u> to my grandma's house, so I'm alone tonight.

3 John Williams has written music for movies <u>for 1975</u>.

4 I <u>have just gone to</u> a magic show. It was really terrific!

C 다음 두 문장이 같은 뜻이 되도록 괄호 안의 말을 이용하여 문장을 완성하시오.

0 Kate is in France. She arrived there a week ago.

→ Kate <u>has been</u> in France for a week. (be)

1 Jim doesn't eat meat. He stopped eating meat five years ago.

→ Jim _____ meat for five years. (not / eat)

2 My family moved to this place 12 years ago. I still live here now.

→ I _____ here for 12 years. (live)

3 Ted read the *Harry Potter* series last year. He read it again this year.

→ Ted _____ the *Harry Potter* series twice. (read)

4 Gena was born and raised in San Francisco. She still lives there.

→ Gena _____ outside of San Francisco. (never / live)

5 I don't remember which year, but she received the best singer award.

→ She _____ the best singer award. (receive)

6 You are telling me a beautiful story. I have never heard such a beautiful story before.

→ This is the most beautiful story I _____. (hear)

D 다음 상황을 읽고, 괄호 안의 말을 이용하여 주어진 질문에 답하시오.

> David is traveling around Asia at the moment. He started his trip six months ago. It is his first trip to Asia.

1 How long has David been traveling? (for)

→ He _____ .

2 How many times has David been to Asia? (never / before)

→ He _____ .

GRAMMAR IN READING ....

A 다음 글을 읽고, 내용과 일치하도록 괄호 안의 말을 이용하여 빈칸을 채우시오.

> Andrew Lloyd Webber is the most successful writer of musicals in the UK, and *The Phantom of the Opera* is his most successful musical. Since the play opened in London in 1986, the theater has never had an empty seat.

→ The tickets _____ always _____ _____ since the show started. (sell out)

B 다음 글을 읽고, 물음에 답하시오.

> You've most likely heard of global warming by now. For years, scientists ⓐ <u>warn</u> us that the Earth is getting warmer. This rise in temperature is due to the fact that for more than a century, our civilization ⓑ <u>release</u> large amounts of greenhouse gases into the atmosphere. These gases prevent heat from escaping the atmosphere, which causes temperatures to rise. If greenhouse gases continue to be emitted at the current rate, the Earth will grow even warmer. Entire species of animals could die, and our lives will become more and more difficult.

1 밑줄 친 ⓐ, ⓑ를 어법에 맞게 고치시오.

2 지구 온난화에 관한 설명의 일부이다. 알맞은 동사 형태를 고르시오.
Greenhouse gas emissions (caused, have caused) the Earth's temperature to rise.

Q 위 글의 주제로 가장 적절한 것은?
① 온실가스 감소 방안
② 온실가스 배출 억제의 중요성
③ 지구 온난화 방지를 위한 과학자들의 노력

A phantom 유령 empty 비어있는, 텅 빈

B likely ~할 것 같은 warn 경고하다 due to ~ 때문에 century 세기, 100년 civilization 문명 release 놓아주다; *방출하다 atmosphere 대기 emit (소리·냄새 등을) 내뿜다, 배출하다 current 현재의 entire 전체의

UNIT 07 현재완료형 vs. 과거시제

⚠ **Examine & Think**

언제였는지는 상관없이 과거부터 현재까지의 경험을 말하는 문장을 고르시오.

a. I have taken Professor Dean's class before.
b. I took Professor Dean's class last year.

우리말에는 현재완료가 없으므로 언제 현재완료를 쓰고 언제 과거시제를 써야 할지 혼동될 때가 많다. 두 시제를 구분 짓는 핵심요소는 현재에 대한 정보를 주는가 여부이다. 즉, 과거시제는 현재와는 무관한 과거의 사실만을 말하지만, 현재완료는 과거에 대해 이야기를 하더라도 결국 말하고자 하는 것은 현재와 관련 있는 상황이라는 데 차이가 있다.

현재완료	과거시제
1 과거의 일이 현재도 계속될 때	**1** 과거에 시작한 일이 과거에 끝났을 때
a He **has been** a news anchor for five years. (5년 전부터 현재까지 계속 뉴스 앵커를 하고 있음)	b He **was** a news anchor for five years. (과거 5년 동안 뉴스 앵커였으나 지금은 더는 앵커가 아니라는 의미를 내포함)
5년 ⟶ 현재 과거 ├────────────┤ ⟶ 미래 has been a news anchor	5년 ⟶ 현재 과거 ├────────────┤ ⟶ 미래 was a news anchor
2 지금 현재 알게 된 새로운 소식을 전달할 때	**2** 일이 발생한 때에 대한 자세한 정보를 전달할 때
c Look! She **has released** a new music video. (뮤직비디오 공개는 과거에 했지만, 그 사실은 현재에 영향을 미치는 새로운 뉴스거리임)	d She **released** a new music video last week. (뮤직비디오가 언제 공개되었는지 구체적인 시간을 들어 말하고 있음)
3 구체적인 시점이 중요하지 않은 현재까지의 경험을 말할 때	**3** 구체적인 과거 시점에 한 일을 말할 때
e My father **has visited** China before. (아버지는 언젠가 중국을 방문한 적이 있음)	f My father **visited** China when I was seven. (아버지가 중국을 방문한 시점을 구체적으로 언급하고 있음)
4 과거에 일어난 일이 현재까지 영향을 미칠 때	**4** 현재와는 무관한 단순한 과거의 일
g My car **has broken** down. (지금도 고장이어서 사용할 수 없음)	h My car **broke** down last Saturday. (지난 토요일에 고장이 났다는 단순한 과거의 일로, 현재 어떤 상태인지는 알 수 없음)
i **Have** you **finished** your lunch? (Are you full now?) (점심을 먹어서 지금은 배가 부른지 묻고 있음)	j **Did** you **finish** your lunch? (단순히 점심을 먹었는지에 대한 여부만 묻고 있을 뿐 현재 상황과 관련된 정보를 묻는 것은 아님)

5 현재와 매우 가까운 시점에 일어난 과거의 일	**5** 현재와는 거리가 먼 과거의 일
k Mr. Miller **has** just **left** the office. I think you can catch up with him if you hurry. (지금 막 떠났기 때문에 따라잡을 수 있는 상황임)	l Mr. Miller **left** the office an hour ago. Why don't you try calling him at home? (1시간 전에 떠났기 때문에 만나기가 힘든 상황임)
6 말하는 시점이 언급하는 기간에 포함될 때	**6** 말하는 시점이 언급하는 기간 이후일 때
m John **has sold** five cars *this month*. (언급하고 있는 달이 아직 지나지 않았음)	n John **sold** only one car *last month*. (언급하고 있는 달이 말하는 시점을 기준으로 이미 지난달이 되었음)
o I**'ve been** really busy *this morning*. (언급된 기간인 오전이 아직 지나지 않았으며, 현재도 계속 바쁘다는 걸 암시함) ★ 여기서 this morning은 과거뿐만 아니라 현재도 포함하는 기간임 (아직 오전이 지나지 않았음)	p I **was** really busy *this morning*. (지금은 오후이며 오전처럼 바쁘지 않음을 암시함) ★ 여기서 this morning은 현재와 관련이 없는 순수한 과거의 기간임 (이미 오전이 지났음)
7 어떤 일이 일어났는지 아닌지를 물을 때	**7** 어떤 일이 일어난 때를 물을 때
q **Have** you **done** your homework? (숙제했는지 안 했는지를 알고 싶을 때)	r *When* **did** you do your homework? (숙제했다는 건 알지만, 어느 시점에 했는지가 궁금할 때) ★ when으로 시작하는 의문문에는 완료형을 쓸 수 없음

release 발표하다, 공개하다 break down (기계 등이) 고장 나다 catch up with ~을 따라잡다

Examine & Think a / a. 나는 전에 Dean 교수님의 수업을 들은 적이 있다. b. 나는 Dean 교수님의 수업을 작년에 들었다.

a 그는 5년 동안 뉴스 앵커를 해오고 있다. b 그는 5년 동안 뉴스 앵커였다. c 이것 봐! 그녀가 새 뮤직비디오를 공개했어. d 그녀는 지난주에 새 뮤직비디오를 공개했다. e 우리 아버지는 전에 중국에 가 보신 적이 있다. f 아버지는 내가 7살일 때 중국을 방문하셨다. g 내 차가 고장 났다. h 지난 토요일에 내 차가 고장 났다. i 점심 다 먹었어니? j 점심 다 먹었니? k Miller 씨는 지금 막 사무실을 떠났어요. 서두르면 따라잡을 수 있을 거예요. l Miller 씨는 한 시간 전에 사무실을 나갔어요. 집으로 한번 전화해 보는 게 어때요? m John은 이번 달에 (지금까지) 차를 다섯 대 팔았다. n John은 지난달에 차를 한 대밖에 팔지 못했다. o 오늘 오전은 정말 바쁘네. p 오늘 오전에는 정말로 바빴다. q 너 숙제 다 했니? r 너 언제 숙제했니?

EXERCISE

정답 및 해설 p.09

A   괄호 안의 동사를 과거시제 또는 현재완료로 알맞게 바꾸어 문장을 완성하시오.

1 Look at you! You _____ (grow) into a beautiful young lady.

2 _____ you _____ (eat) a lot of chocolate when you were a child?

3 Jenny lives in Berlin. She _____ (live) there since birth.

4 The weather _____ (not / be) very good since last Friday.

5 Richard _____ (go) home half an hour ago. He didn't seem to feel well.

6 I _____ (have) four cups of coffee so far this morning. I'm sure I won't fall asleep for the rest of the day.

B   다음 문장과 이어지는 질문을 읽고, 올바른 답에 ○표 하시오.

0 Ross went to England.

Q: Is he there now?   A: Yes. / (Don't know.)

1 Rachel has gone to England.

Q: Is she there now?   A: Yes. / Don't know.

2 Andy started running a bookstore three years ago.

Q: Is he still running the bookstore?   A: Yes. / Don't know.

3 Anika has started golf lessons.

Q: Is she taking the lessons now?   A: Yes. / Don't know.

4 I didn't have much to do this morning, so I made a cake.

Q: Am I still making a cake?   A: No. / Don't know.

C   괄호 안의 동사를 과거시제 또는 현재완료로 알맞게 바꾸어 문장을 완성하시오.

1 Things _____ ⓐ _____ (not / be) the same since you _____ ⓑ _____ (come) into my life. Before I _____ ⓒ _____ (meet) you, love _____ ⓓ _____ (mean) nothing to me.

2 Communication technology _____ ⓐ _____ (advance) rapidly in the last two or three decades. In the 1990s, few people _____ ⓑ _____ (use) cell phones.

3 I love traveling. I _____ ⓐ _____ (be) to most European countries. Several months ago, I _____ ⓑ _____ (go) to Greece and _____ ⓒ _____ (have) a great time.

D 다음 정보를 읽고, 문장을 완성하시오. (완료시제를 사용할 것)

past	→	now
study Spanish in school		forget most of it

→ I studied Spanish in school, but

_____ now.

GRAMMAR IN READING ....

A 밑줄 친 ⓐ, ⓑ를 문맥에 맞게 고치시오.

The United Nations Environmental Organization has found signs that the landscape of Mount Everest ⓐ change significantly since Sir Edmund Hillary first ⓑ conquer the peak in 1953. The primary cause is global warming. But the growing impact of commercial tourism is also affecting the world's highest mountain.

B 다음 글을 읽고, 물음에 답하시오.

The White House ⓐ (was, has been) the home to US presidents for more than 200 years. The current structure, however, is not the original. In 1791, George Washington ⓑ (chose, has chosen) the location for what  was then known as the "President's House," and construction was started a year later. The building, however, didn't last for long. The British army ⓒ (set, has set) it on fire during the War of 1812, burning it to the ground. However, <u>it was rebuilt in 1817, and has since been renovated many times.</u>

1 ⓐ~ⓒ의 괄호 안에서 알맞은 것을 고르시오.

2 밑줄 친 문장을 해석하시오.

Q 백악관에 대한 설명으로 위 글의 내용과 <u>다른</u> 것은?
① 미 대통령의 관저이다.
② 1791년에 처음으로 건설되었다.
③ 1812년에 화재로 소실된 적이 있다.

....

A landscape 풍경 significantly 상당히 conquer 정복하다 peak 정상 primary 주요한 commercial 상업적인 tourism 관광(산업)
B structure 구조; *건물 original 원래의; *원형 construction 건설, 건축 burn ~ to the ground ~을 완전히 태우다 rebuild 재건축하다
renovate ~을 새롭게 하다, 수리하다

과거완료형, 미래완료형, 완료진행형

A 과거완료형 (had v-ed)

과거완료는 현재완료의 개념이 과거로 옮겨진 것으로 생각하면 된다. 즉, 과거보다 더 이전에 시작된 일이 과거의 어느 시점까지 영향을 미친 경우 과거완료를 쓴다. 또한, 과거에 일어난 두 가지 일의 순서를 나타내기 위해 먼저 일어난 일을 나타낼 때도 과거완료를 쓰고 이를 '대과거'라고 부른다.

1 과거 어느 시점까지 영향을 미치는 일을 나타낼 때	**1** 현재완료와 마찬가지로 과거완료도 4가지 의미를 나타낼 수 있다.
a When I came home, I found that I **had left** my umbrella at school.	a 결과: 과거보다 이전에 일어난 일이 과거의 결과에 영향을 미칠 때
b The exam **had** already **started** when I entered the classroom.	b 완료: 과거에 막 완료됐던 일을 나타낼 때
c Steve **had** never **been** abroad before he went to university.	c 경험: 과거 이전부터 과거까지 경험한 것을 나타낼 때
d When I met Lisa last week, she looked great. She **had been** on a diet for two months.	d 계속: 과거 이전부터 과거까지 계속된 일을 나타낼 때

2 과거보다 이전에 있었던 일을 나타낼 때 (대과거)

e I got food poisoning yesterday from the food that I **had eaten** the day before.

f After I **had taken** some medicine, I felt a lot better.

cf. After I **took** some medicine, I felt a lot better.

2

e 식중독에 걸린 것은 과거, 음식을 먹은 것은 그보다 더 이전

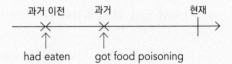

f 약을 먹은 것이 먼저, 나은 것은 그 이후

cf. before, after 등의 접속사가 있어 문맥상 일의 전후 관계가 분명한 경우는 대과거(had v-ed) 대신 과거시제를 써서 나타낼 수 있다.

be on a diet 다이어트 중이다 food poisoning 식중독

B 미래완료형 (will have v-ed)

미래의 어느 시점 또는 그 이전에 끝나거나 그 시점까지 계속되는 일을 나타낼 때 미래완료를 쓴다. 미래완료는 by(~까지), until, before 등의 말과 함께 자주 쓰인다.

a I **will have finished** my homework before 8 p.m.

a 미래의 특정 시점(오후 8시 전)에는 숙제를 다 했을 것이라는 의미

b The train **will have left** already by then.	b 미래의 특정 시점(그때)까지는 기차가 이미 떠나 있을 것이라는 의미
c I **will have studied** English for five years next year.	c 미래의 특정 시점(내년)이면 영어를 공부한 기간이 5년이 될 것이라는 의미

ⓒ 완료진행형

과거에 시작되어 현재에도 계속되는 일을 나타낼 때 현재완료형과 현재완료진행형 둘 다 쓸 수 있다. 하지만 현재에 진행 중임을 강조하고자 할 때 또는 현재까지 동작이 계속되고 있음을 나타낼 때는 현재완료진행형을 쓰는 것이 더 일반적이다. 과거완료진행형과 미래완료진행형은 시점이 다를 뿐 현재완료진행형의 쓰임과 같다.

1 현재완료진행형 (have[has] been v-ing)	**1**
a Edward looks tired. He **has been designing** his own website all day.	a 과거에 시작한 웹사이트 만드는 일이 현재도 진행 중임
cf₁ Look! Edward **has designed** his own website.	*cf₁* 웹사이트가 다 만들어진 상황이므로 '완료'의 의미를 나타내는 현재완료를 쓴다.
b I**'ve been waiting** here for two hours.	b b와 *cf₂*는 의미가 거의 같지만, 동작이 계속되고 있음을 강조할 때는 b처럼 현재완료진행형을 쓸 수 있다.
cf₂ I**'ve waited** here for two hours.	
2 과거완료진행형 (had been v-ing)	**2**
c He **had been sitting** for three hours, so his back started to hurt.	c 허리가 아프기 3시간 전부터 계속 앉아 있는 상황임
3 미래완료진행형 (will have been v-ing)	**3**
d He **will have been playing** in the NBA for 20 years next season.	d 이전부터 NBA에서 뛰었고 미래의 특정 시점(다음 시즌)에도 뛰고 있을 것이 예상됨

A a 집에 왔을 때 나는 우산을 학교에 두고 왔다는 것을 알았다. b 내가 교실에 들어갔을 때 시험은 이미 시작된 뒤였다. c Steve는 대학에 입학하기 전까지 외국에 나간 적이 없었다. d 내가 Lisa를 지난주에 만났을 때 그녀는 아주 멋져 보였다. 그녀는 2달 동안 다이어트를 해왔다. e 나는 그 전날 먹었던 음식 때문에 어제 식중독에 걸렸다. f=*cf.* 약을 먹고 나자 내 몸 상태가 많이 좋아졌다.
B a 난 오후 8시 전에는 숙제를 다 마쳤을 것이다. b 그때면 기차가 이미 떠나 있을 것이다. c 난 내년이면 5년째 영어 공부를 한 것이 된다.
C a Edward는 피곤해 보인다. 그는 온종일 자신의 웹사이트를 만들고 있는 중이다. *cf₁* 봐봐! Edward가 자기 웹사이트를 만들었어. b=*cf₂* 나는 여기서 두 시간째 기다리는 중이다. c 그는 세 시간째 앉아 있었기 때문에 허리가 아프기 시작했다. d 그는 다음 시즌이면 20년 동안 NBA에서 뛰고 있는 것이 될 것이다.

EXERCISE

정답 및 해설 p.10

A **괄호 안에서 알맞은 것을 고르시오.**

1 Julie and Mike (lived, had lived) together for 15 years when they (got, had got) divorced.

2 Mom (had already heard, already heard) the news when I told her about it.

3 When the police (had caught, caught) the thief, he (had spent, spent) all the money already.

4 She (called, had called) the police and said someone (stole, had stolen) her purse.

B **주어진 문장을 읽고, 시제에 유의하여 미래완료나 완료진행형이 들어간 문장으로 바꾸시오.**

0 It began to rain three days ago. It's still raining.

→ It has been raining for three days.

1 I'm doing my homework now. I will finish it by this evening.

→ I _____ .

2 They started to play cards five hours ago. They're still playing cards.

→ They _____ .

3 We got married 49 years ago. It's our 50th anniversary next year.

→ We _____ .

C **우리말과 일치하도록 괄호 안의 말을 활용하여 문장을 완성하시오.**

1 Pamela는 두 시간 동안 그 서류를 읽고 있다. (read the papers)

→ Pamela _____ two hours.

2 내가 퇴근하기 전에 그는 저녁 식사를 다 차렸을 거야. (fix dinner)

→ He _____ before I get home from work.

3 내일 나와 함께 그 영화를 보면 Charlie는 그 영화를 세 번째 보게 되는 거야. (see the movie)

→ Charlie _____ if he sees it with me tomorrow.

D **밑줄 친 부분에 유의하여 다음 문장을 해석하고 둘의 의미 차이를 설명하시오.**

1 a. He is working on the project.

b. He has been working on the project.

2 a. James has done his homework.

b. James has been doing his homework.

E   다음 상황을 읽고, 주어진 질문에 답하시오.

> On Saturday afternoon, everyone in my family was busy. After lunch, my sister Janet repaired her bicycle, Dad did the gardening, and Mom made a cake.

0   Who had a chain and wrench in his/her hands in the afternoon? Why?
    → Janet, because she had been repairing her bicycle.

1   Who had dirt on his/her hands and knees? Why?
    → _____ , _____ .

GRAMMAR IN READING ···

A   다음 글을 읽고, ⓐ의 괄호 안에서 알맞은 것을 고르시오.

> Some kids' bodies develop early, some late. But everyone gets there eventually. You may wish you weren't behind your classmates. But in a few years, your body ⓐ (has developed, will have developed), and these anxieties will be a distant memory.

B   다음 글을 읽고, 물음에 답하시오.

White Rhinos Heading for Extinction?

ⓐ One of the four remaining northern white rhinos has died. Some fear this means they are destined for extinction. A 41-year-old female called Nola had to be put down. ⓑ Vets had recently performed surgery on her for a bacterial infection, but her condition worsened. ⓒ Rhinoceros populations in both Asia and Africa are declining for decades due to habitat loss and poaching. If we are not careful, the northern white rhinoceros will soon be forgotten by humanity.

1   밑줄 친 ⓐ~ⓒ 중 어법상 틀린 것을 찾아 바르게 고치시오.

2   위 글의 내용과 일치하면 T, 일치하지 않으면 F를 쓰시오.
    Vets had been trying to save Nola when her condition got worse. ( )

Q 위 글의 목적으로 적절한 것은?
① to warn
② to complain
③ to advertise

···

B   rhinos(= rhinoceros) 코뿔소   extinction 멸종   destine 예정해 두다, *(운명으로) 정해지다   put A down A를 죽이다, 안락사시키다
    vet(= veterinarian) 수의사   infection 감염, 전염병   decline 줄어들다, 감소하다   poach 밀렵하다   humanity 인류, 인간

REVIEW TEST

A   괄호 안에서 알맞은 것을 고르시오.

1 A : Where (do you come, are you coming) from?

      B : I was born in Switzerland, but my family moved to South Africa when I was three.

2 A : I have never ridden a horse before. Have you?

      B : Yes. I (rode, had ridden) once when I went to Jeju last year. It was fun.

3 A : Why is everybody getting so angry?

      B : They (are hearing, have just heard) that the factory is going to close down.

4 A : Is he still there?

      B : Yes, he (was, has been) there since June.

5 A : What (did you do, were you doing) when the teacher came into the room?

      B : Talking and making noise.

6 A : Rachel won first prize in an international art competition.

      B : Oh really? I (will, am going to) call and congratulate her.

B   괄호 안의 말을 이용하여 문장을 완성하시오.

1 As soon as I _____ something from her, I will let you know. (hear)

2 By 9:00 we _____ for five hours, so I suggest we take a break then. (drive)

3 Please stay in your seats while the plane _____ . (still / move)

4 Please be quiet. The students _____ a test now. (take)

5 I arrived at the bus stop at 11:00, but the last bus _____ . (already / leave)

6 Mr. Woods _____ there for 50 years when he finally retired in 2015. (work)

C   주어진 문장을 읽고, 완료 또는 완료진행형이 들어간 문장으로 바꾸시오.

0 Ann finished her lunch. Then she sat down to read a book.

    → When Ann had finished her lunch, she sat down to read a book.

1 Chris turned off the lights in the room. Then he went to bed.

    → When Chris _____, he _____.

2 I was studying in the library. A few minutes later the lights suddenly went out.

    → I _____ in the library when the lights suddenly _____.

3 I'm going to clean all the windows today. I'll finish before you get back.

    → When you _____, I _____.

4 I cut my hair very short on Monday, so my friend didn't recognize me.

    → My friend _____ because I _____.

[D~E] 다음 중 어법상 틀린 것을 고르시오.

D

① The baby was crying when I came home.
② Tim has been to shopping. He'll be back soon.
③ I broke my leg yesterday, so I can't go swimming.
④ My plane departs at 10 a.m. tomorrow morning.
⑤ She is always doing laundry in the middle of the night.

E

① Bears hunt during the fall and sleep in the winter.
② Isaac Newton published his laws of gravity in 1687.
③ No one knew how the thief had gotten into the house.
④ We have been knowing the Thompsons for a long time.
⑤ Next year she will have been working at the company for 20 years.

F **(A), (B), (C)의 각 네모 안에서 문맥과 어법에 가장 알맞은 것을 고르시오.**

Antarctica is covered with 90% of the world's ice. It (A) didn't / doesn't snow much there, but the snow that does fall remains and grows thicker. In some areas of Antarctica, the ice is more than two miles thick. However, due to recent climate change, Antarctica's ice sheet (B) had begun / has begun to melt. The ice (C) is disappearing / will be disappearing at a worrying speed.

G **다음 글을 읽고, 물음에 답하시오.**

China ⓐ is the homeland of tea, one of the most widely consumed beverages in the world. The Chinese ⓑ will have grown tea shrubs for thousands of years. Chinese tea, along with silk and porcelain, ⓒ began to be known around the world more than 1,000 years ago. 그것은 그때 이후로 중국의 중요한 수출품이었다.

1 밑줄 친 ⓐ~ⓒ 중 어법상 틀린 것을 고르시오.

2 밑줄 친 우리말과 일치하도록 괄호 안의 말을 바르게 배열하시오. (시제에 알맞게 동사를 변형할 것)

(it / that time / an / Chinese export / important / since / be)

수능 Special 01

정답 및 해설 p.60

A 현재완료 vs. 과거시제

현재완료는 보통 just, already, since, for 등과 함께 자주 쓰며 명백한 과거 시점을 나타내는 부사(last, ago, 「in + 년도」 등)는 함께 쓸 수 없다.

> **a** The books [**remained** / **have remained**] continuously in print since their initial publication. 교육청 기출
>
> **b** Centuries ago, the Duke of Tuscany [**imposed** / **has imposed**] a tax on salt. 교육청 기출
>
> **a** 그 책들은 초판 발행 이후 지속적으로 인쇄되었다. **b** 몇 세기 전에 토스카나 공작은 소금에 세금을 부과했다.

B 시간과 조건의 부사절의 시제

when, if 등이 이끄는 시간·조건의 부사절에서는 미래의 일이라도 현재시제로 나타낸다.

> **c** When he [**comes** / **will come**] here tomorrow, I'll tell him the truth.
>
> **d** If you don't [**prepare** / **will prepare**] food until you are already hungry, you will be starving before it is ready. 교육청 기출 응용
>
> **c** 내일 그가 오면 그에게 사실을 말할 것이다. **d** 당신이 이미 배가 고플 때까지 음식을 준비하지 않으면 음식이 준비되기 전에 굶주릴 것이다.

TIP
특정 과거 시점보다 이전에 일어난 일은 대과거(had v-ed)로 나타낼 수 있다.

She knew who **had stolen** her bag.
그녀는 누가 가방을 훔쳤는지 알았다.

PRACTICE

A 밑줄 친 부분이 어법상 옳으면 ○표 하고, 틀린 부분은 바르게 고치시오.

1 I have visited Japan when I was a child.

2 The bridge connecting two islands has been built in 2012.

3 If you will offer me $10 today or $11 tomorrow, I'll probably say I'd rather have the $10 today. 교육청 기출

4 When the police arrived at the scene, more than half of the plane had already sunk into the ocean. 교육청 기출

B 다음 글의 밑줄 친 부분 중, 어법상 틀린 것은?

Former U.S. President Jimmy Carter, who promotes Habitat for Humanity, ① has toured various countries since 1994. In the summer of 2001, he ② has visited Asan, Korea, to participate in a house-building project. It was part of Habitat for Humanity International's campaign ③ to build houses for homeless people. He ④ worked alongside volunteers for the program, which ⑤ is named after him — the Jimmy Carter Work Project 2001.

시제(tense)와 실제 시간(time)

시제란 동사의 형태를 변화시키면서 시간관계를 나타내는 것을 일컫는 말이다. 그런데 시제를 공부하면서 주의해야 할 것은 문법상의 시제(tense)가 실제 생활의 시간(time)과 반드시 일치하는 것은 아니라는 것이다. 예를 들어, 현재시제는 현재형 동사를 사용하더라도 그것이 실제로 의미하는 시간이 항상 '지금 현재'인 것은 아니다. 다음을 살펴보자.

a Water **boils** at 100°C. (시제는 현재, 실제 의미는 일반적·과학적 사실)
물은 100°C에서 끓는다.

동사의 형태 즉, 시제는 현재(boils)이지만 그것이 실제로 의미하는 것은 현재 끓고 있다는 뜻이 아니라 언제라도 그럴 수 있다는 과학적 사실을 나타내고 있다.

b I always **doze off** in math class. (시제는 현재, 실제 의미는 습관)
나는 수학 시간에 항상 존다.

시제는 현재(doze off)이지만 그것이 실제로 의미하는 것은 어제도, 그저께도 수학 시간에 항상 졸았고 아마 내일 수학 시간에도 졸 것이라는 뜻이다. 즉, 시제는 현재이지만 실제로는 과거와 미래를 넘나들면서 습관적으로 일어나는 일을 나타내고 있다.

| 그제 | 어제 | 현재 | 내일 | 모레 |

c The exam **starts** at nine tomorrow. (시제는 현재, 실제 의미는 미래)
그 시험은 내일 9시에 시작한다.

시제는 현재(starts)인데, 실제 의미는 시험이 내일 9시에 시작한다는 뜻이므로 미래의 일을 나타내고 있다.

시제와 실제 시간이 다를 수 있는 경우는 비단 현재형에만 국한된 것은 아니다. 현재진행형이 미래의 의미를 나타낼 때도 있고(**참조** UNIT 03 A 3), 가정법 구문에서는 과거형이 현재의 의미를 나타낼 때도 있다.(**참조** UNIT 39) 따라서 동사 부분을 해석할 때 시제의 이름에 얽매여 무조건 현재시제이니까 현재 일어나는 일로, 진행시제이니까 바로 현장에서 진행되고 있는 일로 해석하면 안 되고, 문맥과 문장 안의 다른 단어(예를 들어 **b**의 always나 **c**의 tomorrow)들을 단서로 삼아 정확한 해석을 해야 한다.

CHAPTER

02

MODAL AUXILIARIES

조동사

조동사(助動詞, auxiliary verbs)는 본동사를 도와 본동사만으로는 표현하기 어려운 문법형식이나 의미를 나타내는 말이다. 조동사에는 *be, do, have 등의 문법형식을 나타내는 것과 가능, 추측, 허가, 의무, 충고 등 말하는 사람의 심적 태도를 나타내는 **법조동사**(modal auxiliaries)가 있다. 본 장에서는 편의상 법조동사를 조동사라 칭한다.

■ 조동사의 일반적 특징

I **will go** to visit my grandmother.

뒤에 동사원형이 옴
나는 할머니를 만나러 갈 것이다.

You **must not** lie.

부정은 뒤에 not을 붙임
너는 거짓말을 하면 안 된다.

You[He/She/They] **may** be right.

수, 인칭의 구분이 없음
당신은(그는/그녀는/그들은) 옳을 수도 있다.

You **will** *can* speak English well. (X)
You **will** *be able to* speak English well. (O)

두 개의 조동사를 연달아 사용할 수 없음
당신은 영어를 잘 구사할 수 있을 것이다.

■ 조동사의 의미

 능력

I **can** speak French.

나는 불어를 할 수 있다.

 추측

He **may** be in the library now.

그는 지금 도서관에 있을지도 모른다.

의무 · 충고

You **should** wear a seat belt in the car.

차내에서는 안전벨트를 매야 한다.

*참조 Chapter 02 Beyond Grammar

UNIT 09 can, could

⚠ Examine & Think 굵게 쓰인 각 조동사의 의미를 생각해 보시오.

A : I **can't** finish this project on time.
B : How about talking to your boss about it?
Maybe she **can** help you.

Ⓐ can

1 능력 (~할 수 있다)

a A : **Can** you inline skate?
B : No, I **can't[cannot]**. But I **can** ride a bike.
= I'm **able to** ride a bike.

b I **could** swim when I was six.

cf₁ The forest fire spread very fast, but we **were able to** put it out.
~~The forest fire spread very fast, but we could put it out.~~

c I **will be able to** keep my promise.
~~I will can keep my promise.~~

d I **have**n't **been able to** practice recently.

2 허가 및 요청

e Students **can** use mobile phones only in certain situations.
= Students **are allowed to** use mobile phones ~.

f You **can** take my bike if you like.

g A : **Can** I come in?
B : I'm sorry. You **can't** come in here just now.

cf₂ **May** I come in?

3 가능성 (~일[할] 수도 있다)

h Anybody **can** make a mistake.

i Dogs **can** be very aggressive.
= Dogs are sometimes very aggressive.

1

a 능력의 can은 be able to로 바꿔 쓸 수 있는데, 일반적으로는 can을 더 자주 사용한다. can의 부정은 can't (~할 수 없다)로 쓴다.

b could는 can의 과거형으로 과거의 일반적인 능력을 나타낸다. was[were] able to로 바꿔 쓸 수 있다.

cf₁ 과거의 특정한 상황에 실제로 어떤 일을 해내었다는 의미를 나타낼 때는 was[were] able to를 쓰며, could로 바꿔 쓸 수 없다.

c-d 미래시제, 완료형 등의 문장에서 조동사 두 개를 연달아 쓰지 않으므로, can을 be able to로 나타낸다.

2

e-f 가벼운 명령이나 허가를 나타낼 때 can을 쓸 수 있다. 이때 can은 「be allowed to-v」로 바꿀 수 있다.

g 상대방에게 허가를 구하거나 이에 대해 응답할 때도 can을 쓸 수 있다.

cf₂ 허가의 의미를 가진 may는 can보다 좀 더 격식을 갖춘 말이다. 참조 UNIT 10 A 1

3

h can은 어떤 행위나 상황이 발생할 논리적 가능성을 나타낸다.

i can은 바람직하지 않은 일이 간혹 일어날 수 있다는 의미를 간접적으로 나타내기도 한다.

4	강한 의문과 부정적 추측	**4**	
j	**Can** this **be** true?	j	의문문에 can이 쓰여 '과연 ~일까?'라는 뜻의 강한 의심을 나타낼 수 있다.
k	He is still alive? It **cannot be** possible.	k	cannot[can't]: '~일 리가 없다'라는 뜻으로 현재나 미래의 일에 대한 강한 부정적 추측을 나타낸다.
l	He **can't[couldn't] have been** there. He was here with me.	l	can't[couldn't] have v-ed: '~였[했]을 리가 없다'라는 뜻으로 과거의 일에 대한 강한 부정적 추측을 나타낸다.

inline skate 인라인스케이트를 타다 forest fire 산불 put out (불을) 끄다 keep one's promise 약속을 지키다 aggressive 공격적인

B could

could는 형식적으로 can의 과거형이지만, 현재나 미래에 대해 추측하거나 정중하고 부드럽게 표현할 때도 자주 쓴다.

1	can보다 정중하거나 부드러운 표현	**1**	
a	**Could** I have your address, please?	a	'Can I have your address?'보다 정중한 요청
b	You **could** borrow my book if you want to.	b	'You can borrow my book if you want to.'보다 부드러운 허가
2	현재나 미래에 대한 불확실한 추측 · 가능성	**2**	
c	The phone's ringing. It **could** be Tom.	c	현재나 미래에 일어날 수 있는 일에 대한 불확실한 추측이나 가능성을 나타낼 때 could를 쓸 수 있다.
d	There **could** be storms at this time of year.		
3	can의 과거형	**3**	
e	She said that she **could** lend me her notes. ← She said, "I **can** lend you my notes."	e	시제 일치를 위해 can을 could로 전환
f	I **couldn't** get there on time. = I **wasn't able to** get there on time.	f	과거의 특정한 상황에 실제로 해낸 일은 was[were] able to로 표현하지만, 하지 못했던 일은 wasn't[weren't] able to와 couldn't 모두 쓸 수 있다. **참조** UNIT 09 A 1

storm 폭풍(우)

Examine & Think can't - 능력, can - 가능성 / A: 나는 이 프로젝트를 제시간에 끝낼 수 없어요. B: 당신의 상사와 이야기해 보는 게 어때요? 그녀가 도와줄 수도 있잖아요.

A a A: 너 인라인스케이트 탈 수 있니? B: 아니 못 타. 하지만 자전거는 탈 수 있어. b 나는 여섯 살에 수영할 수 있었다. *cf.1* 산불이 매우 빠르게 번졌지만, 우리는 불을 끌 수 있었다. c 나는 약속을 지킬 수 있을 것이다. d 나는 최근에 연습할 수 없었다. e 학생들은 특정 상황에만 휴대전화를 쓸 수 있다. f 네가 원하면 내 자전거를 타도 돼. g A: 들어가도 되나요? B: 죄송해요. 지금 당장은 들어오실 수 없어요. *cf.2* 제가 들어가도 될까요? h 누구나 실수할 수 있다. i 개는 매우 공격적이 될 수 있다. j 이게 과연 사실일까? k 그가 아직 살아있다고? 그것이 가능할 리가 없어. l 그가 거기에 있었을 리가 없어. 그는 나와 함께 여기 있었어.

B a 주소를 알 수 있을까요? b 원한다면 제 책을 빌려 가도 돼요. c 전화벨이 울린다. Tom일 수도 있어. d 이맘때면 폭풍이 올 수 있다. e 그녀는 내게 노트를 빌려 줄 수 있다고 말했다. ← "네게 노트를 빌려 줄 수 있어."라고 그녀는 말했다. f 나는 그곳에 제시간에 가지 못했다.

EXERCISE

정답 및 해설 p.13

A can, could 또는 be able to 중 가장 적합한 것을 골라 문장을 완성하시오.

1 Diane missed the bus, but she _____ get to the train station on time.

2 When Sue was only three years old, she _____ read newspapers.

3 This new medicine has _____ help patients with severe pain.

4 They told me that they _____ fix this machine by next Tuesday.

5 You will _____ ski down difficult courses when you finish this class.

B can't, could, couldn't 중 알맞은 것과 괄호 안의 동사를 이용하여 대화를 완성하시오.

1 A : Excuse me, sir. You _____ (park) here.

  B : Oh, I'm sorry. I didn't see the sign.

2 A : I heard your father won a gold medal in swimming.

  B : Yes. When he was young, he _____ (beat) anyone.

3 A : This bill _____ (be) right! We only had two cups of tea.

  B : Let me have a look.

4 A : I didn't see you at Hanna's party.

  B : I visited my grandmother at the hospital that day, so I _____ (go).

5 A : You were never late when you worked in Manhattan.

  B : I lived close to the office, so I _____ (drive) to work in less than an hour.

C 우리말과 일치하도록 can, can't, could, couldn't 중 알맞은 것과 괄호 안의 말을 이용하여 문장을 완성하시오.

1 여러분은 시험장에 전자기기를 가지고 갈 수 없습니다.

  (bring electronic devices / into the exam room)

  → You _____.

2 (정중하게) 실례합니다. 그 담배를 좀 꺼주실 수 있으신가요? (put out / that cigarette)

  → Excuse me. _____, please?

3 차를 도난당했기 때문에 Kevin이 그녀를 집에 데려다 주었을 리가 없다. (drive / home)

  → Kevin _____, because his car was stolen.

4 그녀는 어울리기 힘든 사람이야. 가끔 퉁명스러워질 때가 있거든. (be unpleasant / at times)

  → It's hard to get along with her. She _____.

D 다음 상황을 읽고, 조건에 맞게 주어진 질문에 답하시오.

I played table tennis with Laura. She led at first, but I managed to beat her in the end.

조건 1 '~을 해낼 수 있었다'는 의미를 포함할 것   조건 2 4단어로 쓸 것
Q Who won the table tennis match?
→ I fell behind at first, but _____ come back and win.

GRAMMAR IN READING ....

A 다음 글을 읽고, 밑줄 친 문장을 해석하시오.

When you feel like crying, don't fight it. It's a natural and healthy emotional response. On the other hand, if crying interferes with your everyday life, see your doctor or a therapist. It could be an early sign of depression.

B 다음 글을 읽고, 물음에 답하시오.

Opinion

Geographical fairness is an important issue in the establishment of a nuclear installation. Nuclear waste storage sites are generally built in rural places far away from densely populated places. But ⓐ _____ it _____ fair to expose someone to a risk just because he or she happens to live in a rural area? And ⓑ _____ it _____ ethically sound for a particular group, based on where they live, to have the benefits of nuclear energy while another group must carry the burden of it? The establishment of a nuclear installation 삶의 환경적 질을 바꿀 수 있다, so the dilemma of where to locate a nuclear installation is not an easy one to solve.

1 빈칸 ⓐ, ⓑ에 공통으로 들어갈 두 단어를 쓰시오.

2 밑줄 친 우리말과 일치하도록 괄호 안의 말을 바르게 배열하시오.
(of / the environmental / quality / life / change / can)

Q 위 글에 쓰인 단어를 활용하여 글의 주제를 완성하시오.
the difficulties of deciding where to e_____ nuclear facilities

---

A   emotional 감정적인 response 반응, 응답 interfere with ~을 방해하다 therapist 심리 상담사 depression 우울증
B   establishment 설립 nuclear 원자력의; 핵의 installation 시설 storage 저장 rural 시골의 ethically 윤리적으로 sound 타당한

UNIT 10 may, might

⚠ Examine
& Think

대화를 읽고, 굵게 쓰인 각 말의 의도를 a, b에서 고르시오.

A : **May** I see your ticket?
B : Oh, I can't find it. I **might have lost** it.
  a. to ask for permission
  b. to make a guess about the past

A may

1 허가 및 요청	**1** 상대방에게 허가를 해주거나 허락을 구할 때 may를 쓸 수 있다.
a You **may** go now.	
cf. You **can** go now if you want.	*cf.* 허가의 may는 허가의 can보다 격식을 차린 말이며, 일상에서는 can을 더 많이 쓴다.
b **May** I see your driver's license, sir?	
2 허가·요청에 대한 응답	**2**
c A : **May** I have your autograph? B : Yes, you **may**. = Of course you **can**. = Sure. / Certainly. / No problem.	c 부탁을 수락할 때에는 can 또는 may를 쓸 수 있다. 조동사를 사용하지 않고, Sure, Certainly, No problem 등의 구어체 표현을 쓰기도 한다.
d A : **May** I sit here? B : No, you **may not**. This seat is taken. = *I'm afraid* you **can't**. / *I'm sorry*, but you **can't**. ≠ No, you can't. (직설적인 표현)	d 부탁을 거절할 때에는 may not 또는 can't를 쓰는데, can't는 직설적인 어감이 있으므로, 보통 I'm afraid나 I'm sorry를 먼저 써서 부드럽고 공손하게 표현하는 경우가 많다.
3 추측·가능성 (아마 ~일지도 모른다)	**3**
e Take an umbrella with you. It **may** rain today.	e 현재나 미래의 일에 대한 불확실한 추측이나 가능성을 나타낼 때 may를 쓸 수 있다.
f His face is familiar. We **may have gone** to the same school.	f may have v-ed: '(아마) ~했을[이었을]지도 모른다'라는 의미로 과거 상황에 대한 추측을 나타낸다.
4 기원 (부디 ~이기를!)	**4** 기원·소망을 나타낼 때 may를 쓰며 문어체 표현이다. 이 경우 「May + S + V」의 어순으로 쓴다.
g Ms. Cole passed away yesterday. **May** she rest in peace!	
h **May** I never see him again!	

5 may의 관용표현

i The prime minister **may well** step down soon.

j We **may[might] as well** go home. There's nothing we can do here.

5

i may well: 아마 ~일 것이다; ~하는 것이 당연하다

j may[might] as well: ~하는 것이 낫다 (다른 대안이 없는 상황에서 어쩔 수 없이 할 때)

---

autograph 서명(사인) pass away 돌아가시다 (die(죽다)의 완곡한 표현) prime minister 국무총리, 수상 step down 사직하다, 물러나다

B might

might는 형태상으로 may의 과거형이지만, 주로 현재나 미래에 대한 추측이나 가능성을 나타낼 때 사용한다.

---

1 현재나 미래의 추측 · 가능성 (아마 ~일지도 모른다)

a I don't think so. But you **might** be right.

b He **might** not come to the meeting tomorrow.

2 과거 사실의 불확실한 추측

c Ann looked serious. She **might[may] have done** poorly on the exam.
~ She might do poorly on the exam.

d He **might have been** hurt, but he looks fine now.

3 may의 과거형

e They said that he **might** be a criminal.
← They said, "He **may** be a criminal."

1 might도 may와 마찬가지로 현재나 미래의 일에 대한 불확실한 추측 · 가능성을 나타낼 수 있다. may보다 더 불확실한 상황에 쓰거나 완곡하게 표현할 때 쓴다.

2 may[might] have v-ed: '~이었을지도 모른다'는 의미로 과거의 일에 대한 추측을 나타낸다.
주의 might가 형태상 may의 과거형이라고 해서 단순히 might만 쓰지 않도록 주의한다.

d 「might have v-ed」는 문맥에 따라 '하마터면 ~할 뻔했다'라는 의미로 쓰일 수도 있다. (실제로는 다치지 않음)

3 시제 일치를 위해 may를 might로 전환
참조 UNIT 67 A 2

---

do poorly on the exam 시험을 잘 못 보다 criminal 범죄자

Examine & Think May – a (허락을 구함), might have lost – b (과거에 대해 추측) / A: 표 좀 봐도 될까요? B: 어라, 찾을 수가 없네요. 잃어버렸나 봐.

A a 지금 가도 됩니다. *cf.* 원한다면 지금 가도 돼. b 운전면허증을 봐도 될까요? c A: 제가 사인을 받을 수 있을까요? B: 예, 해 드리지요. / 물론, 받으실 수 있죠. = 물론이죠. / 당연하죠. / 문제 없습니다. d A: 여기 앉아도 되나요? B: 안 됩니다. 이 자리는 찼어요. = 안 될 것 같은데요. / 죄송하지만, 안 됩니다. e 우산을 가지고 가. 오늘 비가 올지도 몰라. f 그 사람은 낯이 익어. 우리 둘이 같은 학교에 다녔을지도 몰라. g Cole 씨가 어제 돌아가셨다. 그녀가 평안히 잠들기를! h 그를 다시는 보지 않기를! i 총리는 아마 곧 사임할 것이다. j 우린 (차라리) 집에 가는 게 낫겠다. 여기서 우리가 할 수 있는 것은 없어.

B a 나는 그렇게 생각하지 않아. 하지만 네가 옳을지도 모르지. b 그는 내일 회의에 안 올지도 모른다. c Ann은 심각해 보였어. 시험을 잘 보지 못했나 봐. d 그는 하마터면 다칠 수도 있었지만 지금은 괜찮아 보인다. e 그들은 그가 범인일지도 모른다고 말했다. ← 그들은 "그가 범인일지도 몰라."라고 말했다.

EXERCISE

A 밑줄 친 부분이 같은 의미로 쓰인 것끼리 연결하시오.

1 <u>May</u> God bless you! • • a. He <u>might</u> be busy with his term paper.

2 <u>May</u> I see the picture? • • b. <u>May</u> you find happiness!

3 He <u>may</u> be in his room. • • c. You <u>may</u> not use any equipment here.

B may well 또는 may as well과 보기의 말을 이용하여 문장을 완성하시오.

[보기]	be good at	give	get	go

1 Since we have nothing to lose, we _____ it a try.

2 She is not in her office. I _____ home.

3 Steve wants to be a banker. He _____ math.

4 His essay is full of spelling mistakes. He _____ a poor grade in writing.

C 밑줄 친 부분이 어법상 옳으면 ○표 하고, 틀린 부분은 바르게 고치시오.

1 Don't throw away the receipt. You <u>might need</u> it later.

2 <u>May you be</u> happy and healthy in the new year!

3 She wasn't at the meeting. She <u>might forget</u> to attend it.

4 Erika has been ill. She <u>may not have come</u> to the party tomorrow.

D might 또는 might have v-ed와 괄호 안의 말을 이용하여 적절한 응답을 완성하시오.

0 A : I can't find my car keys. I wonder where they are.

  B : <u>Jane might have taken them.</u> (Jane / take)

1 A : Why didn't Linda attend the ceremony? She said she would come.

  B : _____ (she / get stuck in / heavy traffic)

2 A : I need to talk to Cindy. Do you know where she is?

  B : _____ (she / be / in the library)

3 A : I wonder what James did this morning.

  B : _____ (he / walk / his dog)

4 A : How come she speaks fluent Japanese?

  B : _____ (she / study it / in school)

E 다음 상황을 읽고, 괄호 안의 문장과 의미가 같도록 주어진 말을 사용하여 문장을 완성하시오.

> Jack and Sarah aren't sure where Sophie is, but they have some ideas.

1 Jack: _____ (she / may)

    (= She is possibly in the cafeteria.)

2 Sarah: _____ (she / might)

    (= Perhaps she's meeting with her teacher.)

GRAMMAR IN READING ....

A 다음 글을 읽고, ⓐ의 문장 형식을 참고하여 ⓑ의 문장을 다시 쓰시오.

> ⓐ <u>May I have your attention, please?</u> Thomas Davenport will now describe for us how the information explosion affects business. Mr. Davenport is a director of the Institute for Economic Development, as well as a widely published author. ⓑ <u>Let's give him a big round of applause.</u>

→ _____ _____ ask you to _____ him a big round of applause, please?

B 다음 글을 읽고, 물음에 답하시오.

If you have the time, read it! May 12, 2016
Alex Howell (Illinois) ★ ★ ★ ★☆ (4.5)

I think this book is spectacular. It was a great follow-up to *The Two Towers*. In fact, I think *The Return of the King* is much more interesting. <u>당신은 그 영화들을 봤을 수도 있다</u>, but without reading this book, you will only know part of the story. Even though it takes a lot of time, it is worth reading. After you finish the last page, you ⓐ (may well, may as well) wish you could travel to Middle Earth!

1 밑줄 친 우리말과 일치하도록 괄호 안의 말을 활용하여 영작하시오.
(may / see)

2 ⓐ의 괄호 안에서 문맥상 알맞은 것을 고르시오.

Q 위 글의 종류로 가장 알맞은 것은?
① poster
② review
③ business letter

....

A   explosion 폭발; *급격한 증가 institute 협회, 연구소 a round of applause 박수 갈채
B   spectacular 초(超)대작의 follow-up 후속편 be worth v-ing ~할 가치가 있다

will, would, shall

A will

1 미래의 일 (~하게 될 것이다)	**1** will은 미래의 일을 예측하거나 앞으로의 일정 · 계획 등을 나타낼 때 쓸 수 있다.
a I **will** be 20 next year.	
b Your mother **will** be happy if you visit her.	
2 주어의 강한 의지 · 거절 (~일[할] 것이다)	**2** 현재나 미래의 일에 대한 주어의 의지는 will로, 강한 거절은 won't로 나타낼 수 있다.
c We **will** do our best to keep the peace.	
d He **won't** listen to me; he just ignores me.	
cf. He **wouldn't** listen to me; he just ignored me.	*cf.* won't 의 과거형은 wouldn't이다.
3 요청 · 제안 (~해 줄래요?)	**3** will은 상대방에게 요청이나 제안을 할 때도 쓸 수 있다.
e **Will** you please state your full name?	
f A : **Will** you have another coffee? B : Sure, thanks!	
4 일반적인 습성 · 경향 (~이기 마련이다)	**4** will은 '~이기 마련이다'라는 의미로 쓰여 주어의 일반적인 습성이나 경향을 나타내기도 한다.
g A good teacher **will** explain things clearly.	
5 확실한 추측 · 예측 (~일 것이다)	**5** will은 '~일 것이다'라는 의미로, 현재나 미래에 대한 확실한 추측 · 예측을 나타낼 때에도 사용한다.
h A : Someone is at the door. B : That **will** be Jill. She promised to stop by.	

ignore 무시하다 state 말하다, 진술하다 stop by 잠시 들르다

B would

would도 could, might와 마찬가지로 will의 과거형 역할을 할 뿐만 아니라 정중한 표현이나 현재 · 미래의 추측을 나타내는 데도 사용된다.

1 will보다 정중한 부탁 · 의뢰	**1**
a **Would** you shut the door? It's freezing.	a 'Will you shut the door?'보다 더 정중한 부탁
b **Would you like to** go shopping tomorrow?	b 'Do you want to go shopping?'보다 더 정중한 질문
cf. I **would like to** ask you a few questions.	*cf.* would like to-v: '~하고 싶다'라는 뜻으로 want to보다 더 정중한 표현이다. 구어체에서는 「I'd like to ~」로 자주 쓴다.

2 약한 추측 (~일 것이다)

c Camping in the mountains? That **would** be fun.

3 과거의 반복된 동작 · 습관 (~하곤 했다)

d She **would** often take a nap after lunch.

e On Saturdays, I **would** take a drive in the countryside.
 = On Saturdays, I **used to** take a drive ~.

4 will의 과거형

f He said that he **would** go to the doctor's.
 ← He said, "I **will** go to the doctor's."

g He **wouldn't** say why he was angry.

2 would로도 현재나 미래에 대한 추측 · 예측을 나타낼 수 있지만 will보다 확실성이 떨어진다.

3 과거에 자주 반복했던 일이지만, 현재는 더는 하지 않을 때 would를 쓴다. 이때 일반적으로 would 대신 used to로 바꾸어 쓸 수 있다. 참조 UNIT 13 A

4

f 시제 일치를 위해 will을 would로 전환

g 거절을 나타내는 won't의 과거형 wouldn't

---

freezing 몹시 추운 take a nap 낮잠 자다 take a drive 드라이브하다 countryside 시골, 전원 지대

C **shall**

---

1 Shall I / we ~? (~할까요?)

a **Shall we** go to the movies this weekend?

b What **shall I** do next?

2 I / We shall ~ (~할 것이다)

c **We shall** probably go to China on a school excursion.

d **I shan't** be a slave to money.

1 shall은 주로 제안할 때 쓴다. 이때 shall에는 상대방의 의사를 고려하겠다는 의미가 담겨 있다.

a Shall we ~?: (우리) ~할까요?

b Shall I ~?: (제가) ~할까요?

2 미래 조동사로서의 shall은 현대 영어에서는 거의 쓰지 않는다. 영국 영어에서 아주 드물게 사용하며, 1인칭 주어(I, We)하고만 같이 쓴다.

d shan't: shall not의 줄임말 (현대 영어에서는 거의 쓰지 않는 형태이다.)

---

school excursion 수학여행 slave 노예

A a 내년에 나는 스무 살이 될 것이다. b 네가 어머니를 방문한다면, 그분은 행복해하실 거야. c 우리는 평화를 지키기 위해 최선을 다할 것이다. d 그는 내 말을 들으려 하지 않고, 그저 나를 무시한다. *cf.* 그는 내 말을 들으려 하지 않았고, 그저 나를 무시했다. e 성함을 말씀해 주시겠습니까? f A: 커피 한 잔 더 할래요? B: 네, 고마워요! g 훌륭한 교사는 설명을 명확하게 하기 마련이다. h A: 누군가 현관에 있어. B: Jill일 거야. 잠시 들르기로 약속했거든.

B a 문을 좀 닫아주시겠어요? 매우 춥군요. b 내일 쇼핑 가시겠습니까? *cf.* 몇 가지 질문을 드리고 싶은데요. c 산에서 캠핑을? 그거 재미있겠다. d 그녀는 점심 후에 자주 낮잠을 자곤 했다. e 토요일마다 나는 시골로 드라이브를 가곤 했다. f 그는 병원에 갈 것이라고 말했다. ← 그는 "나는 병원에 갈 거야."라고 말했다. g 그는 왜 화났는지 말을 하지 않으려 했다.

C a 우리 이번 주말에 영화 보러 갈까요? b 다음에 제가 뭘 할까요? c 우리는 아마도 중국으로 수학여행을 갈 것이다. d 나는 돈의 노예가 되지는 않을 것이다.

EXERCISE

정답 및 해설 p.15

A 빈칸에 will, would, shall 중 알맞은 것을 쓰시오.

1 _____ you like to have some tea or coffee?

2 If you are too busy to go there, I _____ go instead.

3 The weather is beautiful. Let's go on a picnic, _____ we?

4 When I was in high school, I _____ visit my grandparents every weekend.

5 Okay, let's meet at the bus stop. What time _____ we meet?

6 He promised that he _____ buy his son a bicycle, but he didn't keep his word.

B 다음 a, b의 빈칸에 공통으로 들어갈 말을 will, won't, would 중에서 고르시오.

1 a. When he was young, he _____ often go to the movies.

b. Jim told us that he _____ attend the conference.

2 a. Don't worry about him. I'm sure he _____ be all right.

b. If you can't tell him that, I _____ do it for you.

3 a. Can I see you for a minute? It _____ take long.

b. Monica is so angry that she _____ even talk to me.

C 문장에서 어법상 <u>틀린</u> 부분을 찾아 바르게 고치시오. 틀린 부분이 없으면 ○표 하시오.

1 Would you please get me some eggs while you are out?

2 A: Do you want to go surfing?   B: Oh, that would be nice.

3 This restaurant looks crowded and noisy. Will we go to another place?

4 He said that he won't eat any of my birthday cake, but he ate a huge piece at the party.

D 우리말과 일치하도록 will, would, shall 중 하나와 괄호 안의 말을 이용하여 문장을 완성하시오.

1 아이들은 그런 동화들을 좋아하기 마련이다. (like)

→ Children _____ those fairy tales.

2 우리 버스 타고 갈까요, 걸어갈까요? (go)

→ _____ by bus or on foot?

3 비밀번호를 재설정하고 싶습니다. 어떻게 해야 하나요? (reset)

→ I _____ my password. What should I do?

E 다음 사진을 보고, 대화를 완성하시오.

A : Oh, this is a very long line! The game will start soon!
B : Don't worry. We _____ _____ _____ on time. (get in) The line is moving quickly.

조건 **1** 괄호 안의 말을 이용할 것
조건 **2** 제 시간에 들어갈 수 있을 것이라는 확신을 나타낼 것

GRAMMAR IN READING ....

A 다음 글을 읽고, 괄호 @ 안의 말을 문맥에 맞도록 배열하시오.

When choosing between two products, do you care if one costs $9.25 and the other costs $9.24? Most consumers @ (care about / not / a single / will / penny). But if the two prices are $9.99 and $10.00, chances are they will. That's because our brains tell us that one product costs $9 and the other costs $10.

B 다음 대화를 읽고, 물음에 답하시오.

A : This is Lauren Knight reporting live from Baynard High School. I'm interviewing Scott, the student who @ <u>will</u> be running next weekend's annual school fundraiser. Scott, how ⓑ <u>will</u> this year's event be different from last year's?
B : In the past, <u>우리는 수제 쿠키나 다른 간식들을 팔곤 했다</u> to raise money. This year, we ⓒ <u>would like</u> to sell raffle tickets and used clothes as well.
A : Where are you going to get the used clothes?
B : Actually, we already have them. Many of my classmates said that they ⓓ <u>will</u> give us things they don't wear anymore. All their donations are in a room right here. ⓔ <u>Shall</u> we take a look at them?
A : That would be great. Thanks, Scott!

1 밑줄 친 @~ⓔ 중 어법상 틀린 것을 고르시오.

Q 대화의 내용과 일치하면 T, 일치하지 않으면 F를 쓰시오.
Some students have donated new clothes for the event. ( )

2 밑줄 친 우리말과 일치하도록 괄호 안의 말을 바르게 배열하시오.
(sell / homemade cookies / we / and / would / other snacks)

A   consumer 소비자 chances are (that) ~ 아마 ~일 것이다
B   fundraiser 모금 행사 homemade 집에서 만든, 손으로 만든 raise (자금·사람 등을) 모으다 raffle ticket 복권 donation 기부, 기증

12 must, have to, should, ought to

A must, have to

1 필요 · 의무 (~해야만 한다)

a All members **must** obey the regulations.

b It's already ten o'clock. I **must[have to]** go now.

c The book was boring, but I **had to** finish it.

d If you fail the exam, you**'ll have to** take it again.
~~If you fail the exam, you will must take it again.~~

2 must not ≠ don't have to

e You **must not** tell her the story.

f You **don't have to** tell her the story. I will.
= You **need not** tell her the story.

3 확실한 추측 (~임이 틀림없다)

g She **must** be married. She is wearing a ring.

h That man **can't** be Tom. Tom is in Italy.

i He keeps yawning. He **must have stayed** up all night.

1 must = have to: 필요나 의무 때문에 '~해야 한다'라고 할 때 must 또는 have to를 쓸 수 있다.

c had to: '~해야 했다'라는 뜻으로 과거의 필요 · 의무를 나타낸다. must는 과거형이 따로 없다.

d will have to: '~해야 할 것이다'라는 뜻으로 미래의 필요 · 의무를 나타낸다.
주의 두 개의 조동사를 연달아 사용할 수 없음

2 must와 have to는 의미가 같지만 각각의 부정형은 전혀 다른 뜻이므로 주의한다.

e must not(= mustn't): ~하면 안 된다 (금지)

f don't have to(= need not): ~할 필요가 없다 (불필요)

3 어떤 분명한 근거로 보아 '~임이 틀림없다'라고 확신할 때 must를 쓸 수 있다.

h 부정적 추측은 must not이 아닌 cannot(~일 리가 없다)로 나타낸다. **참조** UNIT 09 A 4

i must have v-ed: '~이었음이 틀림없다'라는 의미로 과거의 일에 대한 강한 추측 · 확신을 나타낸다.

obey 복종하다, 따르다 regulation 규정, 규칙 yawn 하품하다 stay up all night 밤을 새우다

B should, ought to

1 필요 · 당연한 의무 ((마땅히) ~해야 한다)

a It's your fault. You **should[ought to]** apologize to her.

b There is one thing you **ought not to** forget.

c You **should[ought to] have seen** the show. It was great.
(I'm sorry that you didn't see the show.)

cf. The show was boring, but I **had to** watch it.
(I actually watched the show.)

1 should = ought to: should나 ought to는 must 보다 약한 의무를 나타내며, 주로 사회적 관습이나 양심에 비추어 마땅히 해야 하는 일에 쓴다. ought to보다 should를 더 자주 쓴다.

b ought to의 부정은 ought not to

c should have v-ed: 과거에 이미 발생한 일에 대한 후회나 유감을 나타내며 '~했어야 했다'의 의미

cf. had to도 '~해야 했다'라는 뜻이지만, 실제로 한 일을 말한다. (지루했지만 어쩔 수 없이 공연을 본 상황)

2 근거 있는 추측 (~일 것이다)

d She left hours ago. She **should** be home now.

e You're Mike's closest friend. You **should** know whom he has fallen in love with.

2 should는 상당한 근거를 가지고 추측할 때 쓴다. must 보다는 약하지만, 추측을 나타내는 다른 조동사 may, might, could보다는 확신의 정도가 강하다.

참조 UNIT 14 추측

ⓒ should의 특별 용법

---

1 요구 · 제안 · 주장 · 명령 등을 나타내는 동사 다음의 that절

a He *insisted* that we (**should**) **be** more honest with each other.

b I *recommended* that she (**should**) **see** a lawyer.

cf. Jim insisted that his son **had seen** a UFO that night.

1 이루어지지 않은 일에 대하여 '~해야[되어야] 한다'고 요구, 제안 또는 주장하는 경우 that절에 「should + 동사원형」을 쓴다. 대개 미국 영어에서는 should를 생략한다.
※ 대표 동사: demand(요구하다), suggest(제안하다), recommend(권하다), insist(주장하다), order(명령하다)

cf. that절의 내용이 실제 발생한 일에 대한 요구, 주장일 때에는 that절에 should를 쓰지 않고 시제 일치의 규칙에 따른다.

2 필요성 · 요구 · 권고 · 소망 등을 나타내는 형용사 다음의 that절

c It is *important* that everybody (**should**) **vote**.

d It is *necessary* that we (**should**) **be** on time.

2 말하는 이의 요구나 소망 등을 나타내는 형용사 다음의 that절에도 「should + 동사원형」을 쓰며, should는 생략할 수 있다.
※ 대표 형용사: necessary(필요한), important(중요한), essential(필수적인), vital(필수인)

3 감정 · 판단을 나타내는 말 다음의 that절

e It's *surprising* that he **should feel** that way.
≒ It's surprising that he **feels** that way.

3 주관적 판단과 감정을 나타내는 말 다음의 that절에는 should를 사용할 수도 있으나, 일반적으로 should 없이 동사를 인칭과 시제에 맞게 형태를 변형해서 쓴다.
※ 대표적 표현: surprising, natural, strange, a pity, a good thing

A a 모든 구성원은 규칙을 따라야 한다. b 벌써 10시야. 난 이제 가야 해. c 그 책은 지루했지만 나는 그것을 다 읽어야만 했다. d 그 시험에 합격하지 못하면 너는 그것을 다시 치러야 할 것이다. e 그녀에게 그 이야기를 해서는 안 된다. f 너는 그녀에게 그 이야기를 할 필요 없어. 내가 말할게. g 그녀는 결혼한 게 틀림없어. 반지를 끼고 있잖아. h 저 남자는 Tom일 리가 없어. Tom은 이탈리아에 있어. i 그는 계속해서 하품을 한다. 밤을 샜음이 틀림없다.

B a 그것은 네 잘못이야. 넌 그녀에게 사과해야 해. b 네가 잊지 말아야 할 한 가지 일이 있다. c 너는 그 공연을 봤어야 했어. 대단했거든. cf. 그 공연은 지루했지만 나는 그것을 봐야만 했다. d 그녀는 몇 시간 전에 떠났다. 그녀는 지금 집에 있을 것이다. e 너는 Mike의 가장 친한 친구잖아. 그가 누구와 사랑에 빠져 있는지 알 거야.

C a 그는 우리가 서로에게 좀 더 솔직해야 한다고 주장했다. b 나는 그녀에게 변호사를 만나보라고 권했다. cf. Jim은 그의 아들이 그날 밤에 UFO를 목격했다고 주장했다. c 모든 사람이 투표하는 것이 중요하다. d 우리가 시간을 지키는 것이 필요하다. e 그가 그런 식으로 느끼다니 놀랍다.

EXERCISE

정답 및 해설 p.16

A 괄호 안에서 알맞은 것을 고르시오.

1 He (must go, must have gone) to Canada. I haven't seen him for a while.

2 She lives near a busy airport. It (must be, must have been) very noisy.

3 He got a low grade in math. He (must have done, should have done) the homework.

B must 또는 have to를 이용하여 문장을 완성하시오. (둘 다 쓸 수 있는 경우는 must)

1 It's getting dark. We _____ leave now.

2 Jessica may _____ quit her job because she is moving to a different city.

3 I can always help you. You don't _____ do everything by yourself.

4 You _____ wear your uniform when you come to school.

5 He is wearing expensive shoes. He _____ be very rich.

C should 또는 should have v-ed와 보기의 말을 이용하여 문장을 완성하시오.

[보기]	~~stay up late~~	see	fasten
	attend	know	take a few days off

0 Jake was late for school this morning. He <u>shouldn't have stayed up late</u> last night.

1 John is stressed out at work. He _____.

2 The lecture was very good. You _____ it with me.

3 I have a sore throat and stuffy nose. I _____ a doctor.

4 He was seriously hurt in a car crash. He _____ his seat belt.

5 You've worked at this company for ten years. You _____ who Mr. Smith is.

D 문장에서 어법상 틀린 부분을 찾아 바르게 고치시오. 틀린 부분이 없으면 ○표 하시오.

1 You don't have to drink and drive. It's very dangerous.

2 Susan is not fat, so she doesn't have to go on a diet.

3 Carl is always kind to Clara. He must like her a lot.

4 I don't remember what he said during his lecture. I must doze off.

70 G-ZONE CHAPTER 02

E 다음 상황을 읽고, 'I'가 할 수 있는 알맞은 말을 완성하시오.

> I bought an expensive suitcase, and the first time I used it, one of the wheels came off. Unfortunately, I couldn't return it because I had bought it on sale. I didn't check the return policy before I bought it.

조건 1 과거의 일에 대한 후회의 의미를 담을 것 　 **조건 2** 본문에 나온 단어를 활용할 것

→ I _____ _____ _____ _____

_____ before buying the suitcase.

GRAMMAR IN READING ....

A 다음 글을 읽고, ⓐ의 괄호 안에서 문맥상 알맞은 것을 고르시오.

> One topic we have to talk about is school violence. Somehow we must find a solution. Parents, students, and teachers have the right to expect a school to be a safe place. We ⓐ (must not, don't have to) allow it to become a battlefield.

B 다음 대화를 읽고, 물음에 답하시오.

> Dave : What's the matter, Jenny? Have you been crying?
> Jenny : No. I just don't feel too good, that's all.
> Dave : It's those bullies again, isn't it? ⓐ You ought to ask for help this time.
> Jenny : I know I should, but it's not that easy.
> Dave : Listen, if you talk to our teacher, she'll try to help you.
> Jenny : But if the bullies find out, they'll be even meaner to me.
> Dave : Well, you have to do something! ⓑ They must have bullied other students, too.
> Jenny : I know. You're right. It seems to make them happy to upset people.
> Dave : I'm serious, Jenny. Let's talk to Mrs. Lee about it.

1 밑줄 친 ⓐ, ⓑ를 각각 해석하시오.

Q 밑줄 친 It이 가리키는 내용을 찾아 우리말로 쓰시오.

2 위 내용을 다음과 같이 요약할 때 괄호 안에서 알맞은 것을 고르시오.

Dave insisted that Jenny (tell, told) a teacher about the bullies.

....

A 　 violence 폭력 solution 해결책 battlefield 전쟁터
B 　 bully (특히 학교에서) (약자를) 괴롭히는 사람; (약자를) 괴롭히다 ask for (~을) 요청하다, 부탁하다 mean 못된, 심술궂은

UNIT 13 used to, had better, would rather, need

A used to (~하곤 했다, ~이었다)

a	Jill **used to** go jogging early in the morning. (Jill doesn't go jogging anymore.)	a-b	used to는 과거에 반복된 행동(a)이나 지속된 상태(b)를 나타내며, '현재는 그렇지 않다'는 뜻을 포함한다.
b	There **used to** be a bus stop here. (The bus stop is not here anymore.)		
c	I **didn't use to** eat sweets.	c	used to의 부정: didn't use to 또는 used not to
d	**Did** he **use to** come here every summer?	d	used to의 의문문: Did + 주어 + use to ~?
cf₁	I'm **not used to** living in the country.	**주의** used to와 다음 표현을 혼동하지 말아야 한다.
cf₂	Aspirin **is used to** reduce fever.	*cf₁*	be used to v-ing: ~에 익숙하다 (to는 전치사)
		cf₂	be used to-v: ~하는 데 사용되다

sweets (사탕류의) 단 것 reduce fever 열을 내리다[해열하다]

UPGRADE YOUR GRAMMAR

used to와 would의 차이

흔히 used to는 '과거의 규칙적인 습관'을 나타내고, would는 '과거의 불규칙적인 습관'을 나타낸다고 설명하는 경우가 많지만, 실제로는 과거의 습관에 대해 말할 때 used to나 would를 구분 없이 사용한다. 다만, 상태를 나타내는 동사일 경우에는 used to만 쓸 수 있으며, 일상 대화에서는 동작을 나타내는 동사일 때도 used to를 더 자주 쓴다.

a   I **used to[would]** read comic books in class. → used to, would 둘 다 가능
    나는 수업 중에 만화책을 읽곤 했다.

b   There **used to[~~would~~]** be a coffeehouse on that corner. → 상태를 나타내므로 used to만 가능
    그 모퉁이에는 커피집이 있었다.

B had better, would rather

1	had better (~하는 것이 낫다)	1	had better는 상대방 또는 자신에게 충고할 때 쓰는데, 특히 상대방에게 쓸 때는 충고를 안 따르면 불이익이 있을 수 있다는 뜻을 내포하므로 사용에 주의해야 한다.
a	You**'d better** wake up now, or we'll be late.		
b	A: Will you have some ice cream? B: I**'d better not**. It's nearly dinner time.	b	had better not: had better의 부정

c　A : Oh, it's snowing a lot outside.
　　B : You'd better drive carefully.
　　　→ You **should** drive carefully.
　　　→ **It would be good if you** drove carefully.

2　would rather (~하는 것이 더 좋다)

d　A : Shall we go out tonight?
　　B : I**'d rather** stay home. I have work to do.
　　　(I would prefer to stay home.)

e　I**'d rather not** wear that dress. It's too tight.

f　I**'d rather** see a doctor **than** be sick all day.

c　had better는 경고나 위협의 의미로 들릴 수 있기 때문에 나이가 많거나 지위가 높은 사람에게 쓰면 무례한 표현이 될 수 있다. 이런 상황에서는 should나 It would be good if you ~의 가정법 문장으로 대신할 수 있다.
참조 UNIT 14 충고 · 권유

2 would rather는 선택의 상황에서 쓰는 표현으로 '차라리 ~하고 싶다' 또는 '그냥 ~하겠다'라는 의미이다.

e　would rather not: would rather의 부정

f　would rather A than B: B하느니 차라리 A하겠다

ⓒ　need (~할 필요가 있다)

need는 부정문과 의문문에서 조동사로 쓰일 수 있지만 긍정문에서는 항상 일반동사(본동사)로 쓰인다.

a　He **need** not do the work.

b　**Need** I say it again?

cf₁　Everybody **needs to rest** sometimes.

cf₂　He **doesn't need to** do the work.

cf₃　**Do** I **need** to say it again?

need가 조동사로 쓰일 때는 뒤에 동사원형이 와야 하고, 조동사 need는 주어의 인칭과 수에 따라 형태가 변하지 않는다는 점에 주의한다.

cf₁　need to-v: 일반동사 need는 주어의 인칭과 수에 따라 형태가 변하고, 목적어로 to부정사를 취함

cf₂-cf₃ 일반동사 need는 부정문과 의문문에서 조동사 do[does/did]가 필요함

A　a Jill은 아침 일찍 조깅을 하러 가곤 했다. (Jill은 더는 조깅을 하지 않는다.)　b 이곳에 버스 정류장이 있었다. (이제 이곳에는 버스 정류장이 없다.)　c 나는 단 것을 즐겨 먹지 않았었다.　d 그가 매년 여름 이곳에 왔었나요? *cf₁* 나는 시골에 사는 것에 익숙하지 않다. *cf₂* 아스피린은 열을 내리는 데 사용된다.
B　a 지금 일어나는 게 좋을 거야. 안 그러면 우리는 늦어.　b A: 아이스크림 좀 드실래요? B: 안 먹는 게 좋겠어요. 저녁시간이 거의 다 돼서요.　c A: 이런, 밖에 눈이 많이 오네. B: 조심해서 운전하셔야겠어요.　d A: 우리 오늘 밤 외출할까? B: 그냥 집에 있을래. 해야 할 일이 있거든.　e 난 그 원피스를 입지 않는 게 낫겠어. 너무 꽉 껴.　f 온종일 아플 바에야 차라리 병원에 가겠다.
C　a 그는 그 일을 할 필요가 없다.　b 제가 그걸 다시 말해야 합니까? *cf₁* 모든 사람은 때로는 쉬어야 할 필요가 있다. *cf₂* 그는 그 일을 할 필요가 없다. *cf₃* 제가 그걸 다시 말해야 합니까?

EXERCISE

정답 및 해설 p.18

A 괄호 안에서 문맥상 알맞은 것을 고르시오.

1 You need (speak, to speak) up. I can hardly hear you.

2 I (had better, would rather) take a nap than watch a boring game.

3 This house (used to, would) belong to my grandmother, but it's mine now.

B 다음 문장을 used to를 이용하여 다시 쓰시오.

0 Her hair was long, but it's short now. = Her hair used to be long.

1 There was a gas station next to that building, but now there is a bookstore.

= There _____ .

2 Sam didn't like carrots when he was little. Now he likes them.

= Sam _____ .

3 She was very healthy before she had a car accident, but now she is not.

= She _____ .

C had better 또는 would rather와 보기의 말을 이용하여 문장을 완성하시오.

[보기]	reduce	stop chatting	watch TV at home
	babysit	be a freelancer	upset the bulldog

1 Well, lunch time is almost over. We _____ and head for the classroom.

2 It's raining outside. I _____ than go to the movies.

3 You _____ your spending; otherwise, you could go broke.

4 I _____ than a company worker. I need more time for my hobbies.

5 You _____ (not). It will bite you.

6 I _____ (not). I don't have a lot of time.

D 문장에서 어법상 틀린 부분을 찾아 바르게 고치시오. 틀린 부분이 없으면 ○표 하시오.

1 It looks like that woman was robbed. We had better call the police.

2 Your grades are good enough, so you need not to worry too much.

3 Most senior citizens are not used to use the Internet. They find it difficult.

4 TV commercials are used to sell products or services.

E 다음 상황을 읽고, 괄호 안의 말을 활용하여 질문에 답하시오.

> Your friend Tom should pay his taxes by this Friday. Otherwise, he will have to pay a late fee.

Q What would you advise Tom to do?

→ You _____ by this Friday. (had / pay)

GRAMMAR IN READING ....

A 밑줄 친 문장과 같은 의미가 되도록 빈칸을 채우시오.

> We're looking for a woman and a boy to play a 35-year-old mother and her 10-year-old son. <u>The actors need not be these exact ages</u>, but they need to look suitable. We only recruit volunteer actors, so you should love acting and be willing to donate your talent.

→ The actors _____ _____ _____ be these exact ages.

B 다음 글을 읽고, 물음에 답하시오.

> In the past, doctors and nutrition experts ⓐ (were used to, used to) think that low-fat foods were always healthier than normal foods, but that has changed. These days, they say that we had better be careful not to buy processed foods just because they are "low fat." <u>Many of these products need</u>  <u>have extra sugar or salt in them to replace the taste of the missing fat.</u> This means that they have just as many calories as the original full-fat foods, as well as an increased risk of causing heart attacks, strokes, and diabetes. To avoid these problems, people should check nutrition labels before buying processed foods. I ⓑ (would rather, had better) eat overall healthy foods than unhealthy low-fat foods. Wouldn't you?

1 ⓐ, ⓑ의 괄호 안에서 문맥상 알맞은 것을 고르시오.

2 밑줄 친 문장에서 어법상 틀린 부분을 찾아 바르게 고치시오.

Q 위 글의 내용과 일치하면 T, 일치하지 않으면 F를 쓰시오.
It's advisable to avoid eating every kind of low-fat food. (　)

A suitable 적당한, 어울리는 recruit 모집하다 volunteer 자원자
B nutrition 영양 processed food 가공식품 replace 대체하다 stroke 뇌졸중 diabetes 당뇨병 overall 전반적으로

UNIT 14 조동사의 의미별 정리

의미별로 분류된 다음 조동사들을 보고 같은 의미를 가진 조동사라도 어감상 어떤 차이가 있는지 알아보자.

의미	조동사	어감의 차이와 용례
능력	can could be able to	1 can과 be able to는 같은 뜻이지만 be able to는 좀 더 격식을 갖춘(formal) 표현이므로 회화에서는 can을 더 자주 쓴다. a Jack **can** speak Korean. = Jack **is able to** speak Korean. 2 could는 과거의 평상시 능력을 나타낼 때만 사용할 수 있다. 특정한 과거에 어떤 일을 실제로 해낸 경우에는 was[were] able to를 써야 한다. b I **could** see a beautiful lake from my room. c I didn't know where the book was, but I **was able to** find it in the end. 3 과거에 불가능했던 일을 나타낼 때는 couldn't와 was[were] not able to 둘 다 쓸 수 있다. d I **couldn't** understand his behavior. = I **wasn't able to** understand his behavior.
필요 · 의무	must have to should ought to	must나 have to는 필요에 의해 또는 상황이나 규칙 때문에 어쩔 수 없이 해야 하는 일에 쓰고, should나 ought to는 반드시 할 필요는 없지만 하는 것이 옳다고 생각되는 일에 쓴다. e A: Do I **have to** make a study plan every day? B: No. You **don't have to** waste your time planning all the time. You **should** create good study habits instead. f A: You **must[have to]** pack your bags tonight. Our flight leaves early tomorrow morning. B: But my cat is sick! I **must[have to]** take him to the animal hospital.
충고 · 권유	should had better	should와 had better는 둘 다 충고 또는 권유할 때 쓸 수 있다. 단, had better는 충고를 따르지 않을 경우 문제가 생길 수 있다는 경고의 의미를 포함하므로, 호의적 의도로 권유할 때에는 should를 쓰는 것이 바람직하다. g You**'d better** not smoke here. You'll have to pay a fine if you get caught. h You **should** see the movie. It's pretty funny. ~~You'd better see the movie.~~ (상대방을 생각해서 영화 보기를 권유하는 상황이지 경고하거나 위협하는 상황이 아니므로 had better를 쓰면 어색하다.)

의미	조동사	어감의 차이와 용례
미래의 가능성	**may** **could**	미래의 가능성을 나타낼 때 쓰는 may, could는 다음과 같은 어감의 차이가 있다. i It **may** rain tomorrow. (비 올 가능성이 어느 정도 있는 경우) j It **could** rain tomorrow. (비 올 가능성은 있지만 덜 확실한 경우)
추측	**must** **may** **might** **can't**	이들 조동사가 나타내는 확실성의 정도(degrees of certainty)는 다음과 같이 분류할 수 있다. 긍정 high 부정 He **must** be right. He **can't** be right. 그가 옳은 것이 틀림없다. 그가 옳을 리가 없다. He **may** be right. 그가 옳을지도 모른다. He **might** be right. low He **might not** be right. 그가 옳을지도 모른다. 그가 옳지 않을지도 모른다.
과거의 추정	**must** **may** **might** **can't** **+ have v-ed**	「조동사 + have v-ed」도 가능성의 정도에 따라 다음과 같이 분류할 수 있다. 긍정 high 부정 He **must have been** right. He **can't have been** right. 그가 옳았음에 틀림없다. 그가 옳았을 리가 없다. He **may have been** right. 그가 옳았을지도 모른다. He **might have been** right. low 그가 옳았을지도 모른다.

---

a Jack은 한국말을 할 줄 안다. b 나는 내 방에서 아름다운 호수를 볼 수 있었다. c 나는 책이 어디에 있는지 몰랐지만, 결국에는 찾을 수 있었다. d 나는 그의 행동을 이해할 수 없었다. e A: 매일 학업 계획을 세워야 하나요? B: 아뇨. 늘 계획을 세우느라 시간을 낭비할 필요는 없습니다. 대신 좋은 공부 습관을 들여야 합니다. f A: 너는 오늘 밤 짐을 다 꾸려야 해. 우리 비행기가 내일 아침에 일찍 출발하잖아. B: 하지만 내 고양이가 아파! 나는 얘를 동물 병원에 데려가야 해. g 여기서 담배 안 피우는 게 좋을 걸. 만일에 걸리면 벌금을 물어야 할 거야. h 너 그 영화 꼭 봐야 돼. 무척 재미있거든. i 내일 비가 올지도 모른다. j 내일 비가 올 수도 있다.

EXERCISE

정답 및 해설 p.19

A 괄호 안에서 알맞은 것을 고르시오.

1 Tina and Jane look alike and have the same address. They (must, can't) be sisters.

2 When you get a coupon, you (could, should) look at the expiration date on it.

3 If you don't study, you (must, might) fail the exam.

4 Judging from his accent, he (can't, mustn't) be an American.

5 If you want to get a master's degree, you (must, could) complete the graduate program.

6 If you bring the product back within 30 days, you (can, would) get a refund.

7 With such strong jaws, some dinosaurs (might, could) crush rocks or bones.

8 You (had better, should) try kimchi. It's delicious.

9 He (could, was able to) make it to the wedding thanks to the taxi driver.

B 빈칸에 들어갈 말을 보기에서 골라 알맞은 형태로 쓰시오. (단, 한 번씩만 쓸 것)

[보기]   can't   might   have to   had better   be able to

1 I _____ recognize Dean as soon as I saw him.

2 Because I have poor eyesight, I _____ wear glasses.

3 You _____ not tell the news to Jane. She would be shocked.

4 I haven't seen Jack for years. He _____ have gone abroad.

5 I saw her at the library a few minutes ago. She _____ be home already.

C 우리말과 일치하도록 괄호 안의 말을 활용하여 문장을 완성하시오.

1 그가 너를 보았을지도 모른다. (might / see)
→ He _____ you.

2 그는 진실을 미리 알고 있었음에 틀림없어. (must / know)
→ He _____ the truth in advance.

3 그녀가 내 물건을 버렸을 리가 없다. (could / throw away)
→ She _____ my stuff.

4 나는 그 웨이터에게 팁을 남겨뒀어야 했지만 하지 않았다. (should / leave a tip)
→ I _____ for the waiter, but I didn't.

78 G-ZONE CHAPTER 02

D   우리말과 일치하도록 다음 조건에 맞게 문장을 완성하시오.

> 조건 1 be, upset, hear, rumor를 활용할 것   조건 2 과거에 대해 추측하는 조동사를 사용할 것

Claire가 그 소문을 들었을 때 그녀는 기분이 상했음에 틀림없다.
→ Claire _____ when _____.

GRAMMAR IN READING ....

A   ⓐ, ⓑ, ⓒ의 괄호 안에서 알맞은 것을 고르시오.

> At the zoo, I often think that we human beings ⓐ (can't, must) seem just as
> entertaining to the monkeys and lions as they seem to us. We, too, are behind
> bars—from their point of view—and behave curiously. But they have the advantage
> of ⓑ (having to, being able to) stay at home without ⓒ (having to, being able to)
> pay anything for the pleasure of seeing us.

B   다음 글을 읽고, 물음에 답하시오.

Science News   **Spider-Man Needs a Hairy Suit**
Julian Cox, ABC Science Online
Monday, 26 April

New research suggests that Spider-Man ___ⓐ___ change his current suit for one
covered in tiny hairs. Then it would be easier for him to climb tall buildings. It is
known that spiders use their claws to cling to rough surfaces. <u>But spiders can also
stick to smooth surfaces, even when upside down.</u> To find out how, researchers
looked at the claw tufts on the feet of a jumping spider. The claw tufts are made
up of fine hairs. The tuft of hair at the tip of each foot helps the spider grip surfaces.

1 빈칸 ⓐ에 들어갈 말로 알맞은 것을 고르시오.
① may   ② used to   ③ must not
④ should   ⑤ is able to

Q 위 글의 목적으로 가장 적절한 것은?
① to inform
② to criticize
③ to advertise

2 밑줄 친 문장을 해석하시오.

....

REVIEW TEST

A   두 문장 a, b의 빈칸에 공통으로 들어갈 알맞은 조동사를 쓰시오.

1 a. The hotel is full. We ＿＿＿＿＿＿ have made a reservation.

  b. It is essential that you ＿＿＿＿＿＿ be given the medicine by a nurse.

2 a. You've learned tennis for only a week. You ＿＿＿＿＿＿ be a professional already.

  b. She is an honest person. She ＿＿＿＿＿＿ have lied to me the other day.

3 a. When we were children, we ＿＿＿＿＿＿ play games together.

  b. A : ＿＿＿＿＿＿ you like to go out this evening?

   B : I ＿＿＿＿＿＿ rather stay at home.

4 a. ＿＿＿＿＿＿ I have a look at your report?

  b. I got stuck in traffic, so I ＿＿＿＿＿＿ not get to the train station on time.

B   보기의 조동사를 이용하여 a와 b가 같은 의미가 되도록 빈칸을 완성하시오.

| [보기]   used to   have to   must not   must have |

1 a. You're not allowed to use your cell phone during the test.

  b. You ＿＿＿＿＿＿＿＿＿＿＿ your cell phone during the test.

2 a. It is necessary that you have an operation on your leg.

  b. You ＿＿＿＿＿＿＿＿＿＿＿ an operation on your leg.

3 a. She is a professor at a university. She was a singer in the past.

  b. The professor ＿＿＿＿＿＿＿＿＿＿＿ a singer.

4 a. Those shoes you bought are very nice. I'm sure that you paid a lot for them.

  b. Those shoes you bought are very nice. You ＿＿＿＿＿＿＿＿＿＿＿ a lot for them.

C   우리말과 일치하도록 괄호 안의 말을 활용하여 문장을 완성하시오.

1 난 그 파티에 가지 말았어야 했다. (go / the party)

  → I ＿＿＿＿＿＿＿＿＿＿＿＿＿＿＿＿＿.

2 Sue는 지금 쇼핑몰에 있는 것이 틀림없다. (be / at the mall)

  → ＿＿＿＿＿＿＿＿＿＿＿＿＿＿＿＿＿ now.

3 나는 직접 요리를 하느니 차라리 외식을 하겠다. (eat out)

  → ＿＿＿＿＿＿＿＿＿＿＿＿＿＿＿ than cook for myself.

4 나는 네가 규칙적으로 운동하는 것을 권한다. (exercise / regularly)

  → I recommend that ＿＿＿＿＿＿＿＿＿＿＿＿＿＿.

[D~E] 다음 중 어법상 틀린 것을 고르시오.

D
① You should not drive if you're tired.
② What would you like to do after school today?
③ This restaurant would be a theater a few years ago.
④ You had better watch your step. The floor is slippery.
⑤ This project will be a great benefit to the local community.

E
① I would rather go shopping this weekend.
② What shall we buy for Jane's birthday gift?
③ I will be able to stop by your house tomorrow.
④ I insisted that Tom apologizes for his mistakes first.
⑤ The temperature has dropped suddenly. It might snow today.

F **(A), (B), (C)의 각 네모 안에서 어법상 알맞은 것을 고르시오.**

My husband forgot to carry a photo ID with him on his last business trip. Thinking he (A) may / had better have some identification with him, he phoned and asked me if I (B) can / could send his driver's license. I sent it to him by express mail right away, but when he went to the post office to pick it up, the clerk said, "First I'll need (C) see / to see a photo ID."

G **다음 글을 읽고, 물음에 답하시오.**

I heard about your terrible experience last week, and I want you to know how proud we are of the way you behaved in such an emergency. You ⓐ must be very frightened and yet you ⓑ were able to stay calm and clearheaded. We think everyone ⓒ should know what you have done for your friends. Therefore, (would like / give / we / to / an award / you) for your bravery.

1 밑줄 친 ⓐ~ⓒ 중 어법상 어색한 것을 고르시오.

2 괄호 안의 말을 문맥에 맞도록 배열하시오.

A 조동사 + have v-ed

「조동사 + have v-ed」는 과거의 일에 대한 추측, 가능성이나 후회를 나타낸다.

> **a** You [**must** / ~~should~~] have been more careful to avoid getting hurt.
>
> **b** The capacity to form mental maps [**must have been** / ~~must be~~] essential for early humans. 교육청 기출
>
> **a** 너는 다치지 않도록 좀 더 조심했어야 했다. **b** 머릿속 지도를 구성하는 능력은 초기 인류에게 필수적이었음이 틀림없다.

TIP

must have v-ed
~했음이 틀림없다
may[might] have v-ed
~했을지도 모른다
can't have v-ed
~했을 리가 없다
should have v-ed
~했어야 했는데

B 요구, 제안, 주장 등에 쓰이는 should

요구, 제안, 주장을 의미하는 동사나 형용사 뒤의 that절이 '~해야 한다'는 의미를 나타낼 경우 that절의 동사를 「(should) + 동사원형」으로 쓴다. 단, that절의 내용이 단순한 사실을 나타내는 경우 시제 일치의 원칙을 따른다.

> **c** One doctor suggested that the babies [**be** / ~~was~~] held several times daily. 교육청 기출
>
> **d** The suspect insisted he [~~do~~ / **hadn't done**] anything wrong.
>
> **c** 한 의사는 아이를 하루에 여러 번 안아주어야 한다고 제안했다. **d** 그 용의자는 자신이 잘못한 것이 아무것도 없다고 주장했다.

TIP

주요 동사

insist, require, demand, suggest, order 등

주요 형용사

necessary, vital, important, essential 등

PRACTICE

A 밑줄 친 부분이 어법상 옳으면 ○표 하고, 틀린 부분은 바르게 고치시오.

1 Look at her eyes. She <u>must cry</u> all night.
2 The prosecutor insisted that the defendant <u>was sentenced</u> to 10 years in prison.
3 Medical procedures <u>may sound</u> scarier when presented in terms of the risk of dying.
4 The evidence suggests that early humans <u>prefer</u> the organ meat of the animal over its muscle meat. 교육청 기출 응용

B 다음 글의 밑줄 친 부분 중, 어법상 틀린 것은?

Tom ① <u>had been missing</u> for three years since going off to war. His father as well as his neighbors thought ② <u>that</u> his chances of survival ③ <u>were</u> very slim. But his mother, Mrs. Smith, insisted that his possessions ④ <u>had been kept</u> as they were in the house. She was sure that her son was still alive and ⑤ <u>would walk</u> through the front door at any moment.

have, be, do도 조동사이다

조동사는 본동사를 도와 본동사만으로는 나타내기 어려운 의미와 형식을 나타내는 말이다. 의미를 나타내는 조동사들은 이 Chapter에서 이미 다룬 것들로 can, may, must, should, would 등의 법조동사(modal auxiliaries)들을 말한다. 법조동사란 '말하는 사람의 심적 태도(speaker's attitude of mind)'를 나타내는 조동사를 일컫는다. 심적 태도란 어떤 일이나 생각(idea)에 대해 느끼는 바 즉, 그것이 가능하다고 생각하는지, 얼마만큼 확신하는지 또는 반드시 그래야만 한다고 생각하는지 등과 같은 마음의 상태를 의미한다.

그런데, 영어에서는 말하는 사람의 심적 태도 외에도 본동사만으로 나타낼 수 없는 것들이 있으니, 그것은 바로 완료형, 진행형, 수동태, 의문문, 부정문 등이다. 예를 들어, 'study(공부하다)'라는 본동사로 과거부터 지금까지 계속해오고 있다는 것(현재완료)을 나타내기 위해서는 have의 도움을 받아야 하고, 지금 현재 하고 있는 중이라는 것(진행형)을 나타내기 위해서는 be동사의 도움을 받아야 한다. 또한, 의문문이나 부정문을 만들기 위해서는 do, does, did의 도움을 받아야 한다. 동사 have, be, do는 비록 법조동사처럼 '심적 태도'라는 의미를 추가해주지는 않지만, 본동사만으로는 불가능한 여러 형식을 가능하게 도와주므로 조동사로 분류될 수 있다.

조동사 have, be, do가 나타낼 수 있는 형식은 다음과 같다.

기능 조동사	역할	예문
have	완료형을 만든다. 「have[has/had] v-ed」	Sue **has** already **done** her homework. Sue는 이미 숙제를 했다.
be	1 진행형을 만든다. 　「be v-ing」 2 수동태를 만든다. 　「be v-ed」	Sue **is doing** her homework. Sue는 지금 숙제를 하는 중이다. Sue's homework **was done** by Jane. Jane이 Sue의 숙제를 했다.
do	1 의문문을 만든다. 　「Do[Does/Did] ~ ?」 2 부정문을 만든다. 　「don't[doesn't/didn't]」	**Did** Sue do her homework? Sue는 숙제를 했니? Sue **didn't** do her homework. Sue는 숙제를 하지 않았다.

CHAPTER

03

PASSIVE VOICE

수동태

주어와 동사의 능동·수동관계를 나타내는 형식을 **태**(Voice)라고 한다. 문장의 주어가 동사의 행동을 스스로 하는 상황은 **능동태**(active voice)로 표현하고, 행동을 당하는 상황은 **수동태**(passive voice)로 표현한다. 수동태는 '누가 무엇을 했는가'보다는 행위를 받는 대상에 초점을 맞출 때 사용한다. 기본 형태는 「be v-ed」이며 시제는 be동사의 형태를 변형하여 나타낸다. 행위자를 밝힐 필요가 있을 때는 「by + 목적격」으로 나타낸다.

■ 능동태와 수동태의 형태 비교

`행위의 주체에 초점`

능동태 King Sejong **invented** Hangeul.   세종대왕이 한글을 창제하셨다.

수동태 Hangeul **was invented** by King Sejong.   한글은 세종대왕에 의해서 창제되었다.
`행위의 대상[결과]에 초점`

■ 수동태의 시제

현재	am[are/is] v-ed	This song **is loved** by many people. 이 노래는 많은 사람들에 의해 사랑받는다.
과거	was[were] v-ed	His novel **was translated** into English. 그의 소설은 영어로 번역되었다.
미래	will be v-ed	The movie **will be released** next week. 그 영화는 다음 주에 개봉될 것이다.
현재진행 과거진행	am[are/is] being v-ed was[were] being v-ed	The floor **is being swept** by Lisa. 바닥은 Lisa에 의해 청소되고 있다.
현재완료 과거완료 미래완료	have[has] been v-ed had been v-ed will have been v-ed	This homework **has** already **been done**. 이 숙제는 벌써 다 되었다. He didn't know why he **had been punished**. 그는 왜 꾸중을 들었는지 몰랐다. The project **will have been completed** by Monday. 그 프로젝트는 월요일까지 완료될 것이다.

15 수동태의 기본 개념 및 형태

! **Examine & Think**

다음 중 행위자를 드러내지 않고 그림을 설명한 것을 고르시오.

a. The ancient Egyptians built the Sphinx and the pyramids.
b. The Sphinx was carved from one large piece of limestone.

Ⓐ 능동태 vs. 수동태

능동태와 수동태가 전달하려는 객관적인 사실은 기본적으로 같다. 하지만 능동태는 행위자에 관심이 있고, 수동태는 행위의 영향을 받는 대상에 관심이 있다. 즉 행위자에 대해 말할 때는 능동태를, 행위의 영향을 받는 대상에 대해 말할 때는 수동태를 쓴다.

능동태 (~가 …하다)	수동태 (~가 …당하다[되다/받다])
a J. K. Rowling is a British writer. She **wrote** the *Harry Potter* series.	b The *Harry Potter* series was a big hit in Korea. It **was written** by J. K. Rowling.
첫 문장과 마찬가지로 전달하려는 메시지의 초점을 소설을 쓴 행위자인 Rowling에 맞추어, 그녀(She)를 주어로 한 능동태 문장을 쓰는 것이 맥락상 자연스럽다.	첫 문장과 마찬가지로 전달하려는 메시지의 초점을 집필의 대상인 '해리포터' 시리즈에 맞추어, '해리포터' 시리즈(It)를 주어로 한 수동태 문장을 쓰는 것이 맥락상 자연스럽다.

Ⓑ 수동태의 기본 형태 (be v-ed)

수동태의 기본 형태는 「be v-ed」이며, 행위자는 밝힐 필요가 있는 경우에만 「by + 목적격」의 형태로 쓴다.

1 시제의 변화에 따른 수동태의 형태	**1** 수동태의 시제는 be동사의 변화로 나타낸다.
a *Harry Potter* **is read** in many languages.	a 현재형: am[are/is] v-ed
b *Harry Potter* **was read** only in English at first.	b 과거형: was[were] v-ed
c *Harry Potter* **will be read** all over the world.	c 미래형: will be v-ed
2 행위자를 나타내는 「by + 목적격」	**2** 행위자를 밝힐 필요가 있는 경우 「by + 목적격」으로 나타낸다.
d Our team was defeated **by Germany**.	d 독일에 패했음을 밝히고 싶은 상황
e All the trouble was caused **by him**.	e 바로 그가 문제를 일으켰음을 말하고 싶은 상황

3 get v-ed

f I **got hurt** in a car accident last year.

「be v-ed」 대신 「get v-ed」로도 수동태를 나타낼 수 있다. 문맥에 따라 예상치 못한 부정적인 일을 당했음을 나타내기도 한다.

C 수동태를 쓰는 경우

수동태는 어떤 행위를 누가 했는지 모르거나, 중요치 않거나, 분명해서 밝힐 필요가 없는 경우에 사용한다.

a The Eiffel Tower **was built** in 1889.

b German **is spoken** in several European countries.

c Some magazines **are sold** at convenience stores.

d When he arrived, he **was arrested** by the police.

cf. When he arrived, the police arrested him.

a 행위자가 누구인지 모르거나 중요하지 않을 때

b 행위자가 불특정한 사람들일 때

c 행위자가 누구인지 분명할 때 (편의점에서는 편의점 점원이 잡지를 파는 것은 누구나 알고 있음)

d 앞에 나온 주어를 그대로 유지하기 위해

cf. 종속절의 주어(he)와 주절의 주어(police)가 달라도 되지만, d처럼 일치하는 게 좀 더 선호됨

D 수동태를 쓰지 않는 경우

목적어를 취하지 않는 자동사와 일부 타동사는 수동태로 쓰지 않는다.

1 자동사

a He suddenly **disappeared** in front of our eyes.
~~He suddenly was disappeared in front of ~.~~

1 자동사가 쓰인 문장에는 수동태의 주어가 될 수 있는 목적어가 없다.
e.g. arrive, appear, disappear, happen, consist, belong 등

2 수동태로 쓸 수 없는 타동사

b He **has** a nice car.
~~A nice car is had by him.~~

c Cindy **resembles** her mother.
~~Her mother is resembled by Cindy.~~

2 목적어가 있는 타동사 중에서도 수동태로 쓰지 않는 것들이 있다.

b have가 '가지다'라는 뜻으로 소유를 나타낼 때는 수동태로 쓸 수 없다.

c resemble(~와 닮다), fit(~에 맞다), suit(~와 어울리다), lack(~이 부족하다) 등은 수동태로 쓰지 않는다.

Examine & Think b / a. 고대 이집트인들은 스핑크스와 피라미드를 지었다. b. 스핑크스는 하나의 큰 석회암으로 조각되었다.

A a J. K. Rowling은 영국 작가이다. 그녀는 '해리포터' 시리즈를 썼다. b '해리포터' 시리즈는 한국에서 크게 성공했다. 그것은 J. K. Rowling에 의해 쓰였다.
B a '해리포터'는 많은 언어로 읽힌다. b '해리포터'는 처음에는 단지 영어로만 읽혔다. c '해리포터'는 전 세계적으로 읽힐 것이다. d 우리 팀은 독일에 패했다.
   e 모든 문제는 그로 인해 일어났다. f 작년에 나는 교통사고로 다쳤다.
C a 에펠탑은 1889년에 지어졌다. b 독일어는 몇몇 유럽 국가에서 사용된다. c 어떤 잡지들은 편의점에서 판매된다. d 그가 도착했을 때, 그는 경찰에 의해 체포되었다. *cf.* 그가 도착했을 때, 경찰이 그를 체포했다.
D a 그는 갑자기 우리 눈앞에서 사라졌다. b 그는 좋은 차를 가지고 있다. c Cindy는 엄마를 닮았다.

EXERCISE

정답 및 해설 p.22

A 괄호 안에서 알맞은 것을 고르시오.

1 Can you tell me how this word (pronounce, is pronounced)?

2 Pluto (discovered, was discovered) by Clyde Tombaugh in 1930.

3 The patient will (take, be taken) to a bigger hospital for the surgery.

4 They (decided, were decided) to hold a party in honor of her success.

B 괄호 안의 동사를 알맞은 형태로 바꾸어 문장을 완성하시오.

0 This dress was designed (design) by Giorgio Armani.

1 Basketball _____ (play) with two teams of five players.

2 All flights _____ (cancel) yesterday because of the heavy snow.

3 The results of the survey will _____ (explain) in detail at the next meeting.

4 I can't _____ (translate) this email. It _____ (write) in Arabic.

5 The letter _____ (send) last Friday, so it will _____ (arrive) soon.

6 The Statue of Liberty in New York _____ (make) in France and _____ (transport) to the US as a gift.

C 문장에서 어법상 <u>틀린</u> 부분을 찾아 바르게 고치시오.

1 I don't understand how the accident was happened.

2 I wanted to buy some food, but no money was had by me.

3 How about putting on a blue sweater? You are suited by blue.

D 우리말과 일치하도록 괄호 안의 말을 순서대로 활용하여 문장을 완성하시오.

1 그리스는 기원전 146년에 로마에 의해 정복당했다. (conquer / Rome / 146 BC)
→ Greece _____.

2 한국에서는 대통령 선거가 5년에 한 번씩 치러진다. (hold / every five years)
→ In Korea, a presidential election _____.

3 인터넷은 효과적인 마케팅 수단으로 사용된다. (use / as / an effective marketing tool)
→ The Internet _____.

4 그 낡은 공장은 개발자들에 의해 지난달 철거되었다. (demolish / developers)
→ The old factory _____.

5 입학원서는 이달 말까지 접수할 것입니다. (accept / until / the end of)
→ Applications for admission will _____.

88 G-ZONE CHAPTER 03

E 다음 상황을 읽고, 글의 내용과 일치하도록 문장을 완성하시오. (본문의 단어를 활용할 것)

> Yesterday, a man stole Jessica's bag. She reported it to the police right away, and fortunately, the police caught him.

→ Jessica's bag _____ _____ , but fortunately, the thief _____
_____ by the police.

GRAMMAR IN READING ....

A 다음 글을 읽고, 밑줄 친 ⓐ, ⓑ를 문맥에 맞게 고치시오.

> Originally Easter eggs were painted with bright colors to represent the spring sunlight and ⓐ <u>use</u> in egg-rolling contests or given as gifts. After they were colored and etched with pretty designs, the eggs ⓑ <u>exchange</u> by lovers, much the same as valentines.

B 다음 글을 읽고, 물음에 답하시오.

> ### GUARANTEE
>
>
>
> New Chef Cookware ⓐ <u>is guaranteed</u> against defective material or workmanship. The one-year guarantee entitles owners to replacements in the case of any defect. Damage due to accidents or abuse by the user ① (will / not / cover). <u>It</u> also ⓑ <u>doesn't cover</u> damage due to normal wear. Please send the defective product back to us via regular mail. Shipping will be the responsibility of the customer. After examination, if the parts are considered defective, the delivery fee ⓒ <u>will refund</u>.

1 밑줄 친 ⓐ~ⓒ 중 어법상 틀린 것을 찾아 바르게 고치시오.

Q 밑줄 친 It이 가리키는 것을 찾아 3단어로 쓰시오.

2 ①의 괄호 안의 말을 순서대로 활용하여 문장을 완성하시오.

....

A originally 원래 Easter 부활절 represent 나타내다 etch 새겨 넣다
B guarantee 보증(서); 보증하다 defective 결함이 있는 workmanship 제작기술 entitle A to B A에게 B에 대한 권리[자격]를 주다 replacement 교체(물) abuse 남용, 오용 cover 포함하다 wear 닳아 해짐, 마모 shipping 선적; 탁송 refund 환불하다

UNIT 16 수동태의 여러 가지 형태

A 진행형 수동태 (be being v-ed)

a Efforts **are being made** to improve the education system in Korea.

b A: **Are** you **being served**?
B: Not yet. Can I see the menu?

c The car **was being followed** by the police.

진행형 수동태는 수동태(be v-ed)의 be동사를 진행형(be v-ing)으로 바꾸어 나타낸다. be동사의 현재분사형은 being 이므로 진행형 수동태는 「be being v-ed」의 형태가 된다.

Efforts **are** + **v-ing** ~
Efforts **are** + made ~
──────────────
→ Efforts **are being made** ~
(노력이 행해지는 중이다)

c 과거진행형 수동태: was[were] being v-ed

Are you being served?(= Are you being waited on?) 주문하셨습니까?

B 완료형 수동태 (have been v-ed)

a This site **has been moved** to a new address.

b When I went into the room, it **had been cleaned** already.

c The final assessment **will have been completed** by May.

완료형 수동태는 수동태(be v-ed)의 be동사를 완료형(have v-ed)으로 바꾸어 나타낸다. be동사의 과거분사형은 been 이므로 완료형 수동태는 「have been v-ed」의 형태가 된다.

This site **has** + **v-ed** ~
This site **was** + moved ~
──────────────
→ This site **has been moved** ~
(이 사이트는 옮겨졌다)

b 과거완료 수동태: had been v-ed

c 미래완료 수동태: will have been v-ed

assessment 평가

C 조동사가 있는 수동태 (조동사 + be v-ed)

a My car **must be repaired** before next week.

b The fight **has to be stopped**.

c The same mistake **should** not **be made** again.

d What **can be done** to save the Earth?

e **May** I **be excused** from today's meeting?

> 조동사 뒤에는 동사원형이 와야 하므로 be동사의 원형인 be
> 를 써서 「조동사 + be v-ed」의 형태가 된다.
>
> My car **must** + 동사원형 ~
> My car _____ **is** + repaired ~
> _____
> → My car **must be repaired** ~
>   (내 차는 수리되어야 한다)

be excused 결석하다, 빠지다

D to부정사의 수동태 (to be v-ed)

a She wants **to be paid** more money.

b I hope **to be accepted** into medical school.

c I'm happy **to be invited** to the party.

> to부정사의 to 뒤에 동사원형이 와야 하므로 부정사의 수동태
> 는 「to be v-ed」의 형태가 된다.
>
> She wants **to** + 동사원형 ~
> She _____ **is** + paid ~
> _____
> → She wants **to be paid** ~
>   (그녀는 지불받는 것을 원한다)

be paid (돈 · 월급 등을) 받다 accept 받아들이다; *(기관 등에서) 받아 주다

E 동명사의 수동태 (being v-ed)

a She enjoys **being treated** like a queen.

b I can't remember **being given** the document.

c He was tired of **being asked** the same
   questions.

> be동사의 동명사형은 being이므로 동명사의 수동태는
> 「being v-ed」의 형태가 된다.
>
> She enjoys + **v-ing** ~
> She _____ **is** + treated ~
> _____
> → She enjoys **being treated** ~
>   (그녀는 대우받는 것을 즐긴다)

A a 한국의 교육 제도를 개선하기 위한 노력이 이뤄지고 있다. b A: 주문하셨습니까? B: 아직요. 메뉴를 볼 수 있을까요? c 그 차는 경찰에 의해 추격되고 있었다.

B a 이 사이트는 새 주소로 이전되었습니다. b 내가 방으로 들어갔을 때, 방은 이미 청소되어 있었다. c 최종 평가는 5월까지 완료될 것이다.

C a 내 차는 다음 주 전까지 수리되어야 한다. b 그 싸움은 중지되어야 한다. c 같은 실수가 반복되어서는 안 된다. d 지구를 보호하기 위해 무엇을 할 수 있을까요? e 제가 오늘 회의에 빠져도 될까요?

D a 그녀는 돈을 더 받고 싶어한다. b 나는 의대에 받아들여지길 희망한다. c 나는 그 파티에 초대받아서 기쁘다.

E a 그녀는 여왕처럼 대우받는 것을 즐긴다. b 나는 그 서류를 받은 것이 기억나지 않는다. c 그는 똑같은 질문을 받는 게 지겨웠다.

EXERCISE

정답 및 해설 p.23

A 괄호 안에서 알맞은 것을 고르시오.

1 The mystery hasn't (solved, been solved) yet.

2 Tom has (promoted, been promoted) recently.

3 Has my sweater (cleaned, been cleaned) yet? — Sorry, you can pick it up tomorrow.

4 The actor didn't want to (forget, be forgotten) by his fans.

5 Has this room (painted, been painted) again? It looks different.

6 Someone is (following, being followed) me! What should I do?

7 Dave likes horror movies. I don't understand why he enjoys (scaring, being scared).

B 문장에서 어법상 <u>틀린</u> 부분을 찾아 바르게 고치시오. 틀린 부분이 없으면 ○표 하시오.

1 Isn't this elevator being repaired?

2 The new design of the park has revised several times.

3 The residents insisted that the mall should build in their town.

C 다음 문장을 수동태로 바꾸시오. (행위자는 밝힐 필요 없음)

1 You must finish this report by tomorrow.

→ This report _____.

2 Can students use newspapers to study social issues?

→ Can newspapers _____?

3 Will Brian sing the national anthem in the opening ceremony?

→ Will the national anthem _____?

4 They are building a bridge over the river.

→ A bridge _____.

5 They haven't hired new employees for three years.

→ New employees _____.

6 We are treating our patients effectively and efficiently.

→ Our patients _____.

7 Tony had borrowed the instrument several times.

→ The instrument _____.

8 Don't worry about it! We'll have solved all the problems by next Monday.

→ Don't worry about it! All the problems _____.

D 다음 사진을 묘사하는 문장을 조건에 맞게 완성하시오.

조건 1 동작이 현재 진행 중임을 나타낼 것
조건 2 examine, the veterinarian을 활용할 것

→ The dog _____.

GRAMMAR IN READING

A 다음 글을 읽고, 내용과 일치하도록 본문의 단어를 활용하여 빈칸을 채우시오.

A new explanation about elephant communication has been proposed. Elephants vibrate the air in their trunks, creating a sound with an extremely low pitch—so low, in fact, that humans cannot hear it. However, other elephants can hear and understand these low-pitched sounds.

→ The low sounds of elephants _____ _____ _____ by humans.

B 다음 글을 읽고, 물음에 답하시오.

Time to Consider

South Korea's economy has developed rapidly, and the country has become globally renowned. However, it is hard to say that our society is as open to foreigners living here as our economy is. Many workers from developing countries have been harshly treated and many of them haven't even been paid. 그들은 그렇게 대우받아서는 안 된다. The nation's image in the international community is ⓐ (damaging, being damaged) substantially by these conditions. Therefore, there should be more support for foreign workers, who also ⓑ (contribute, is contributed) to our economy.

1 밑줄 친 우리말과 일치하도록 괄호 안의 말을 바르게 배열하시오.
(shouldn't / like / be / they / treated / that)

2 ⓐ, ⓑ의 괄호 안에서 알맞은 것을 고르시오.

Q 위 글에서 필자가 주장하는 바로 가장 적절한 것은?
① 최저 임금을 보장해야 한다.
② 국가 이미지를 바꿔야 한다.
③ 외국인 노동자의 권리가 신장되어야 한다.

A vibrate 진동시키다 trunk 코끼리 코 extremely 극히 pitch 음조
B renowned 유명한, 명성 있는 harshly 심하게 substantially 상당히, 많이 contribute (to) (~에) 기여하다

17 주의해야 할 수동태

A 목적어가 두 개인 문장의 수동태

간접목적어(~에게)와 직접목적어(~을)를 같이 취하는 동사가 쓰인 문장을 수동태로 만들 때 어느 목적어를 주어로 선택하느냐에 따라 다른 형태의 수동태 문장을 만들 수 있다.

1 화제(topic)에 따른 수동태 문장의 주어 선택 a₁ Leo **was given** the Best Actor award. a₂ The Best Actor award **was given** to Leo. 　 ← They gave Leo the Best Actor award.	**1** give와 같이 간접목적어(Leo)와 직접목적어(the Best Actor award)를 취하는 동사가 쓰인 문장은 각 목적어를 주어로 해서 수동태 문장을 만들 수 있는데, Leo가 화제일 때에는 a₁으로, the Best Actor award가 화제일 때에는 a₂로 쓴다.
2 직접목적어를 주어로 만들 때 전치사 추가 b A confirmation email will **be sent to** you shortly. 　 ← We'll send you a confirmation email shortly. c A picture **was shown to** me by the police. 　 ← The police showed me a picture. d This house **was bought for** him. 　 ← Someone bought him this house. 　 ~~He was bought this house.~~	**2** 직접목적어가 수동태 문장의 주어가 되는 경우 남아 있는 간접목적어 앞에 전치사 to 또는 for를 붙인다. **b-c** send, give, show, tell, lend, teach 등의 동사는 간접목적어 앞에 to를 쓴다. **d** buy, make, cook, choose 등의 동사는 간접목적어 앞에 for를 쓴다. 　**주의** d의 동사는 주로 직접목적어만 수동태 문장의 주어로 사용한다. 간접목적어가 주어로 쓰이면 의미상 어색하다.

award 상 confirmation 확인 shortly(= soon) 곧

B 목적어와 목적격 보어가 있는 문장의 수동태

목적어와 목적격 보어가 있는 문장을 수동태로 만들 때 일반적으로 목적격 보어의 형태는 변하지 않지만, 특정 동사가 쓰인 수동태 문장에서는 목적격 보어가 to부정사 또는 현재분사로 바뀐다.

a Mr. Davis **was elected** mayor. 　 ← The people elected Mr. Davis mayor. b This bag **was made** popular by an American celebrity. 　 ← An American celebrity made this bag popular. c Sam **was encouraged** to study art in college. 　 ← People encouraged Sam to study art in college.	a 목적격 보어가 명사 능동태 문장의 목적어(Mr. Davis)를 주어로 하고, 동사를 「be v-ed」로 바꾼 후, 목적격 보어(mayor)를 그대로 쓴다. b 목적격 보어가 형용사 목적어(this bag)를 주어로 하고, 동사를 수동태로 바꾼 후, 목적격 보어(popular)를 그대로 쓴다. c 목적격 보어가 to부정사 목적어(Sam)를 주어로 하고, 동사를 수동태로 바꾼 후, 목적격 보어(to study)를 그대로 쓴다.

d In *Oliver Twist*, orphans **are made to work**.
← In *Oliver Twist*, people make orphans work.

cf. I **was allowed to leave** early because I was feeling sick.
← They let me leave early because I ~.

e She **was heard to sing** loudly.
≒ She **was heard singing** loudly.
← People heard her sing loudly.

d 사역동사의 수동태
be made to-v: ~하도록 강요당하다
주의 사역동사 중 make만을 수동태로 쓸 수 있는데, 이 때 목적격 보어가 원형부정사에서 to부정사로 변한다.

cf. 사역동사 let은 수동태로는 거의 쓰이지 않으며, 대신 「be allowed to-v」로 수동의 의미를 나타낸다.

e 지각동사의 수동태
지각동사의 목적격 보어는 to부정사나 현재분사 둘 다로 바뀔 수 있다.

mayor 시장 celebrity 유명 인사 orphan 고아

ⓒ 동사구의 수동태

동사가 부사 또는 전치사와 결합하여 하나의 동사 역할을 하는 것을 동사구라고 한다. 이 중 타동사 역할을 하는 동사구는 전체를 하나의 동사처럼 취급하여 수동태로 만들 수 있다.

a My cat **was run over** by a car yesterday.
← A car ran over my cat yesterday.

a run over: ~을 치다

b People from the countryside **are looked down on** by some city people.
← Some city people look down on people ~.

b look down on: ~을 낮추어보다, 멸시하다

c The baseball game **was called off** due to rain.
← They called off the baseball game ~.

c call off: ~을 취소하다

d My dog **was looked after** by Chris while I was in China.
← Chris looked after my dog while I ~.

d look after: ~을 돌보다
주의 행위자를 나타내는 「by + 목적격」이 동사구 바로 다음에 올 때, 전치사가 연이어 나올 수 있으므로 형태에 주의한다.

LEARN MORE EXPRESSIONS

하나의 타동사처럼 취급하여 수동태로 만들 수 있는 「동사 + 명사 + 전치사」

수동태로 전환 시 마찬가지로 맨 앞의 동사만 「be v-ed」로 고치고 뒷말은 그대로 쓴다.

take care of ~을 돌보다   take advantage of ~을 이용하다   make fun of ~을 놀리다[비웃다]
make use of ~을 이용하다   pay attention to ~에 집중하다   take notice of ~을 주목하다

A a₁ Leo는 남우주연상을 받았다. a₂ 남우주연상이 Leo에게 수여되었다. **b** 확인 이메일이 당신에게 곧 발송될 것입니다. **c** 사진 한 장이 경찰에 의해 내게 보여졌다. **d** 이 집은 그를 위해 구매되었다.
B a Davis 씨는 시장으로 선출되었다. **b** 이 가방은 미국의 한 유명 인사에 의해 유행하게 되었다. **c** Sam은 대학에서 미술을 공부하도록 권유받았다. **d** '올리버 트위스트'에서는 고아들이 노동을 강요당한다. *cf.* 내가 몸이 좋지 않았기 때문에 조퇴를 허락받았다. **e** 그녀가 크게 노래 부르는 것이 들렸다.
C a 내 고양이가 어제 차에 치였다. **b** 시골에서 온 사람들은 일부 도시 사람들에게 무시당한다. **c** 그 야구 경기는 비 때문에 취소되었다. **d** 내가 중국에 있는 동안 내 강아지는 Chris에게 보살핌을 받았다.

EXERCISE

정답 및 해설 p.24

A   다음 괄호 안에서 알맞은 것을 고르시오.

1 The meeting was (called, called off) by my boss.

2 He was heard (whispering, whispered) on the phone by Kate.

3 I was made (clean, to clean) up the mess.

4 The computer should be (turned, turned off).

5 The twins have been (looked, looked after) by a nanny.

6 People (are called, call) New York City "the Big Apple."

7 You won't (be allowed to, be allowed) use your phone during tomorrow's test.

B   주어진 문장을 두 가지 형태의 수동태로 만드시오. (단, 한 가지만 가능한 것도 있음)

1 The bank didn't give him a loan.

→ _____

→ _____

2 My grandmother bought me this purse.

→ _____

→ _____

3 The curator showed the visitors the artist's latest work.

→ _____

→ _____

4 Jane sent me four tickets for the concert.

→ _____

→ _____

C   우리말과 일치하도록 괄호 안의 말을 바르게 배열하시오.

1 그녀는 위대한 교사로 여겨졌다.

→ She (considered / a great teacher / was).

2 피고는 사기 혐의로 유죄를 선고받았다.

→ The defendant (guilty of fraud / found / was).

3 그녀를 보았을 때, 나는 할 말을 잃었다.

→ When I saw her, I (was / speechless / left).

4 그 도둑들은 보석을 훔치고 있는 것을 들켰다.

→ The burglars (were / stealing / caught / the jewels).

D 다음 그림을 보고, 경비원이 발견한 것이 무엇이었는지 영작하시오.

The door _____
yesterday. (find / unlocked)

조건 1 수동태 문장으로 쓸 것
조건 2 괄호 안의 말을 활용할 것

GRAMMAR IN READING ....

A 밑줄 친 우리말과 일치하도록 본문의 표현을 활용하여 영작하시오.

Most young mammals and birds 그들의 부모들에 의해 보살핌을 받는다, but eventually they must leave their family and start living on their own. On the other hand, insects, spiders and other similar creatures usually neither take care of their eggs nor help their larvae at all.

B 다음 글을 읽고, 물음에 답하시오.

When organic materials such as wood or animal waste ⓐ are burned, they release heat. Called "biomass energy," this heat ⓑ can be used to generate electricity. People consider this eco-friendly for several reasons. For one thing, it is renewable. Biomass materials ⓒ produce continuously by plants and animals, so this resource will never run out. _____, biomass energy is economical. A lot of organic waste is just thrown in landfills or ⓓ leave to rot, so using it to make electricity saves money. Last, biomass energy isn't made from fossil fuels, preserving this non-renewable resource and protecting the environment. With biomass energy, we can help our planet.

1 밑줄 친 ⓐ~ⓓ 중 문맥과 어법상 틀린 것 두 개를 고르시오.

2 위 글의 밑줄 친 문장을 수동태로 바꾸시오.

Q 위 글의 빈칸에 들어갈 말로 가장 적절한 것은?
① However
② In addition
③ For example

....

A mammal 포유동물 eventually 결국, 마침내 larva (*pl.* larvae) 유충
B organic 생물에서 나온[만들어진], 유기의 generate 발생시키다 eco-friendly 친환경적인 renewable (자원이) 재생 가능한 continuously 계속해서, 끊임없이 run out 다 떨어지다[되다] landfill 쓰레기 매립지 rot 썩다, 부식[부패]하다 fossil fuel 화석 연료

18 다양한 수동태 표현

A by 이외의 전치사를 쓰는 경우

수동태의 행위자를 드러낼 때는 「by + 목적격」으로 나타내는 것이 일반적이나 with나 at과 같은 전치사가 쓰일 때도 있다.
by 이외의 전치사가 쓰이면 과거분사(v-ed)는 상태를 나타내는 형용사의 성질을 갖는다.

1	**감정의 표현**	**1**	
a	She **is satisfied with** her exam results.	a	be satisfied with: ~에 만족하다
b	People **are worried about** high unemployment.	b	be worried about: ~에 대해 걱정하다
c	Carol **was surprised at** the coldness in his voice.	c	be surprised at: ~에 놀라다
d	I'**m interested in** the works of Hemingway.	d	be interested in: ~에 흥미가 있다
2	**그 외의 경우**	**2**	
e	Water **is composed of** hydrogen and oxygen.	e	be composed of: ~로 구성되다
f	Students should **be involved in** decisions about their own learning.	f	be involved in: ~와 관련되다, 관여하다
g	These techniques **are known to** many in the field.	g	be known to: ~에게 알려져 있다
cf₁	They **were** best **known for** their debut album.	*cf₁*	be known for: ~로 유명하다
cf₂	BSE **is** also **known as** "Mad Cow Disease."	*cf₂*	be known as: ~로서 알려져 있다 (as 다음에는 별명 등의 다른 호칭을 씀)

unemployment 실업(률) coldness 냉담함, 쌀쌀맞음 hydrogen 수소

LEARN MORE EXPRESSIONS

by 이외의 전치사를 쓰는 대표적인 표현

be pleased with ~로 기뻐하다
be scared of ~할까 봐 두려워하다
be covered with[in] ~로 덮여 있다
be accustomed to ~에 익숙하다
be located in[at/on] ~에 위치하다
be made from ~로 만들어지다(재료·원료가 변할 경우)

be disappointed in[with] ~에 실망하다
be crowded with ~로 붐비다
be filled with ~로 가득 채워져 있다
be surrounded with ~로 둘러싸이다
be made of ~로 만들어지다(재료의 성질이 변하지 않을 때)

B **It is v-ed that ~**

that절이 목적어로 쓰인 문장을 수동태로 만드는 경우 흔히 가주어 it을 쓴다.

a₁ **It is said that** stress causes headaches. ← That stress causes headaches is said by people. ← People say that stress causes headaches.	a₁ People say that ~을 수동태로 전환하면 That ~ is said by people이 된다. 주어인 that절이 길기 때문에 뒤로 옮기고 빈 자리에 가주어 It을 쓴다. 행위자가 일반 인이므로 생략한다. **참조** UNIT 52 B 2
a₂ Stress **is said to cause** headaches.	a₂ that절의 주어(stress)를 수동태 문장의 주어로 쓸 수도 있는데, 이때 that절의 동사는 to부정사로 바뀐다.
b **It is believed that** infants learn language by listening first. = Infants **are believed to learn** language by listening first.	b a₁과 a₂처럼 두 가지 형태로 쓰일 수 있는 동사에는 believe, think, consider, report, expect 등이 있 다.
c **It is thought that** the driver was drunk. = The driver is **thought to have been** drunk.	c that절의 주어(the driver)가 문장의 주어로 오며 that 절의 시제가 주절보다 앞설 경우, that절의 동사는 「to have v-ed」의 완료형이 된다.

infant 유아, 아기

C **능동태이지만 수동태로 해석하는 경우**

형태는 능동이지만 수동의 의미를 가진 동사들이 있다.

a The book still **sells** well.	a sell: '팔다'가 아니라 '팔리다'
b Cooked tomatoes **peel** easily.	b peel: '껍질을 벗기다'가 아니라 '벗겨지다'
c Your beard **needs trimming**.	c need: '~을 필요로 하다'가 아니라 '~(당할) 필요가 있다' 이 경우, 동명사에는 수동의 의미가 포함되어 있다.
d Who is **to blame** for the accident?	d blame: '비난하다'가 아니라 '비난을 받다' blame이 「be to-v」의 형태로 쓰이면 이때 to부정사에 는 수동의 의미가 포함되어 있다.

trim 다듬다, 손질하다

A a 그녀는 자신의 시험 결과에 만족한다. b 사람들은 높은 실업률에 대해 걱정하고 있다. c Carol은 그의 목소리에 담긴 냉담함에 놀랐다. d 나는
Hemingway의 작품들에 관심이 있다. e 물은 수소와 산소로 구성되어 있다. f 학생들은 자신의 학습에 대한 결정에 관여해야 한다. g 이 기술들은 그 분야
에서 많은 이들에게 알려져 있다. cf₁ 그들은 자신들의 데뷔 앨범으로 가장 유명했었다. cf₂ BSE는 '광우병'으로도 알려져 있다.
B a₁=a₂ 스트레스는 두통을 일으킨다고 말한다. b 유아들은 우선 듣는 것으로 언어를 배운다고 여겨진다. c 그 운전자는 술에 취했던 것으로 여겨진다.
C a 그 책은 아직도 잘 팔린다. b 익힌 토마토는 (껍질이) 잘 벗겨진다. c 네 턱수염은 다듬을 필요가 있다. d 누가 그 사고에 대해 비난받아야 하는가?

EXERCISE

정답 및 해설 p.26

A 빈칸에 알맞은 전치사를 쓰시오.

1 Alex is interested _____ art history.

2 Earth has one huge satellite, which is known _____ us as the Moon.

3 I'm not doing well this semester. I'm worried _____ my grades.

4 I didn't answer the teacher's question because I was scared _____ making a mistake.

B 다음 문장을 예시와 같이 고치시오.

0 It is said that he is a very sincere person.

→ He is said to be a very sincere person.

1 It is thought that she is an expert in computer programming.

→ _____

2 It is believed that the politician took bribes.

→ _____

3 It is expected that this winter will be warmer than usual.

→ _____

C 다음 문장을 밑줄 친 부분에 유의하여 문장을 해석하시오.

1 This surface <u>cleans</u> easily.

2 These clothes <u>wash</u> well.

3 Tony, your hair <u>needs cutting</u>.

D 괄호 안에 주어진 말을 순서대로 활용하여 수동태 문장을 만드시오.

1 (most babies / scare / loud noises)

→ _____

2 (the organization / will compose / retired military officers)

→ _____

3 (during the holiday season / the mall / will crowd / shoppers)

→ _____

E 차트를 보고, 과거 특정 달의 유가 하락에 대한 보도 내용을 완성하시오. (괄호 안의 말을 활용할 것)

→ It is _____ that _____ in _____.
(report / fall sharply)

GRAMMAR IN READING ....

A 다음 글을 읽고, 빈칸 ⓐ, ⓑ에 각각 알맞은 전치사를 쓰시오.

> The beginning of any school year is filled ____ⓐ____ promise. It's a new grade, a new year and a new opportunity. School supplies seem to symbolize this: freshly sharpened pencils, unopened textbooks, and newly bought backpacks. The campus, hallways and classrooms all feel exciting and new. But you soon get accustomed ____ⓑ____ everything.

B 다음 글을 읽고, 물음에 답하시오.

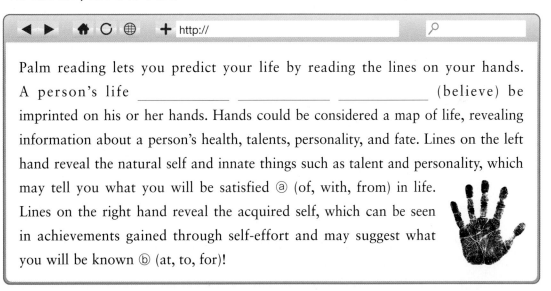

Palm reading lets you predict your life by reading the lines on your hands. A person's life _____ _____ _____ (believe) be imprinted on his or her hands. Hands could be considered a map of life, revealing information about a person's health, talents, personality, and fate. Lines on the left hand reveal the natural self and innate things such as talent and personality, which may tell you what you will be satisfied ⓐ (of, with, from) in life.
Lines on the right hand reveal the acquired self, which can be seen in achievements gained through self-effort and may suggest what you will be known ⓑ (at, to, for)!

1 위 글의 괄호 안의 말을 활용하여 빈칸을 알맞게 채우시오.

2 ⓐ, ⓑ의 괄호 안에서 가장 알맞은 것을 고르시오.

Q 위 글의 제목으로 가장 적절한 것은?
① Is Your Fate in Your Hands?
② History Revealed: Palm Reading
③ Why Palm Reading Is a Science

A school supplies 학용품 symbolize 상징하다 hallway 복도
B palm 손바닥 imprint 새겨넣다 reveal 나타내다 fate 운명 innate 타고난, 선천적인 acquired 후천적인 achievement 성과

REVIEW TEST

A   괄호 안에서 알맞은 것을 고르시오.

1 The statue was made (by, of) steel and concrete.

2 Everyone (had, was had) a great time at the festival.

3 A fund will (set up, be set up) for the war veterans.

4 The street was crowded (of, with) hundreds of demonstrators.

5 The sidewalk was covered (at, with) snow until this morning.

6 How many CDs (have recorded, have been recorded) by the violinist?

7 You can't come in. This room is (preparing, being prepared) for the contest.

8 High blood pressure can (cause, be caused) by being overweight or getting older.

B   주어진 문장의 밑줄 친 부분이 주어가 되도록 문장을 수동태로 바꾸시오. (행위자는 밝힐 필요 없음)

1 He didn't let us feed the animals at the zoo.

→ _____

2 People say that organic food tastes better.

→ _____

3 She persuaded me to run for president.

→ _____

4 You must send this application immediately.

→ _____

5 It is reported that coffee is good for people on diets.

→ _____

6 The company has offered me a new position abroad.

→ _____

C   괄호 안의 동사를 문맥에 맞게 수동태 또는 능동태로 바꾸어 문장을 완성하시오.

1 A law firm has recently rented a new office. It ___ⓐ___ (locate) right across from this building, and it will be open for business after it ___ⓑ___ (clean up).

2 Yesterday, Violet couldn't get into her office because the code to the front door ___ⓐ___ (have / change) by security. She tried some numbers, but none of them ___ⓑ___ (work).

3 All of their friends ___ⓐ___ (have / expect) Nick and Carol to get married in June. But after they were seen arguing several times, their wedding ___ⓑ___ (cancel).

4 I knew parking ___ⓐ___ (not / allow) in the area. But I left my car to pick up some food. It was just for a couple of minutes, but I ___ⓑ___ (give) a parking ticket anyway.

D 다음 중 어법상 맞는 것을 고르시오.

① The syrup is consisted of sugar and water.
② After hours of searching, the climbers found alive.
③ The Amazon rainforests have ruined by humans.
④ It was once believed that the Sun moved around the Earth.
⑤ I'm very pleased to your quick recovery from the injuries.

E 밑줄 친 부분이 어법상 옳으면 ○표 하고, 틀린 부분은 바르게 고치시오.

1 The children <u>were made stand</u> in line.
2 The puppies <u>will be taken care</u> by my mother-in-law.
3 The new vaccine <u>may first be tested</u> on laboratory animals.
4 The kids were told to put their toys where <u>they were belonged</u>.
5 Against all expectations, first prize <u>was awarded George</u>.

F (A), (B), (C)의 각 네모 안에서 문맥과 어법에 알맞은 것을 고르시오.

We often hear stories about phenomena that cannot (A) | explain / be explained | by science. Magazines and websites (B) | have created / have been created | to share information about these strange happenings. Although many of these events may (C) | dismiss / be dismissed | as practical jokes, scientists have yet to find any explanation for them.

G 다음 글을 읽고, 물음에 답하시오.

The Maori are a native people of New Zealand. In the past, they ⓐ <u>would paint</u> their faces using charcoal before battles. These facial designs ⓑ <u>were composed of</u> curves and spirals. Eventually, the markings ⓒ <u>made permanent</u> by tattooing so that their faces didn't ⓓ <u>have to be painted</u> repeatedly. 그 문신들은 'moko'로서 알려져 있다. Maori without *moko* ⓔ <u>were referred to</u> as "plain faces" and were considered social rebels.

1 밑줄 친 ⓐ~ⓔ 중 어법상 틀린 것을 고르시오.

2 밑줄 친 우리말과 일치하도록 다음 괄호 안의 말을 활용하여 영작하시오.
(tattoos / know)

A 목적격 보어가 있는 문장의 수동태

목적격 보어가 있는 문장을 수동태로 바꾸면, 목적격 보어는 「be v-ed」 뒤에 그대로 오지만, 지각동사의 경우 목적격 보어로 쓰인 동사원형은 to부정사나 현재분사가 된다. 사역동사의 경우 목적격 보어로 쓰인 동사원형은 to부정사가 된다.

> a   I'm not allowed [**to play** / **playing**] computer games.
>
> b   The families [**made** / **were made**] miserable by the noise, so they complained to the city government. 교육청 기출
>
> **a** 나는 컴퓨터 게임을 하는 것을 허락받지 못했다. **b** 그 가족들은 소음 때문에 괴로워서 시청에 항의했다.

TIP

지각동사의 수동태
be heard v-ing[to-v]
~하는 것이 들리다
be seen v-ing[to-v]
~하는 것이 보이다

사역동사의 수동태
be made to-v
~을 하도록 강요당하다

B 동사구의 수동태

동사가 전치사 또는 부사와 결합해 타동사 역할을 하는 동사구는 수동태로 쓰일 때 하나의 덩어리로 취급한다.

> c   The kangaroos [~~run over~~ / **were run over**] by a truck.
>
> d   He was [~~taken care~~ / **taken care of**] by his grandparents for most of his childhood.
>
> **c** 캥거루들이 트럭에 치였다. **d** 그는 어린 시절의 대부분 동안 조부모님께 보살핌을 받았다.

PRACTICE ···

A   밑줄 친 부분이 어법상 옳으면 ○표 하고, 틀린 부분은 바르게 고치시오.

1   The businessman <u>looks up to</u> by teenagers.

2   All of us agreed that repairing the water supply system <u>couldn't be put off</u> any longer.

3   Jason <u>was asked coming</u> to an interview.

4   Your job description may not list chores, but you will <u>be expected do</u> them from time to time. 교육청 기출

B   (A), (B), (C)의 각 네모 안에서 어법에 맞는 표현으로 가장 적절한 것은?

To effectively focus on your goals, you are encouraged (A) write / to write them down first. Although this advice may sound (B) obvious / obviously , many people don't follow it. As a result, their goals often remain unfocused, and therefore unrealized. Go to a fairly quiet place where you are not likely to (C) disturb / be disturbed , and make a specific list of all your goals.

동사에 담겨 있는 세 가지 정보

영어 문장의 동사 부분을 보면 대체적으로 다음의 세 가지 정보를 알 수 있다.

1 언제 그 행동을 했는가

a I **went** to bed at 11 last night. 나는 어젯밤 11시에 잠자리에 들었다.
→ 과거에 일어난 일임을 알 수 있다.

b She **will have** a baby soon. 그녀는 곧 아기를 낳을 것이다.
→ 미래에 일어날 일임을 알 수 있다.

2 어떤 사실이나 사건에 대해 말하는 사람이 어떤 심정 또는 얼마만큼의 확신이 있는가

c You **may leave** early if you want. 원한다면 일찍 가도 돼.
→ 말하는 사람이 허락하고 있음을 알 수 있다.

d She **must be** angry. 그녀는 화가 났음이 틀림없어.
→ 말하는 사람이 상당히 확신하고 있음을 알 수 있다.

3 그 행동을 주어가 주체적으로 하는 것인가 아니면 당하는 것인가

e People **call** him the king of rock 'n' roll. 사람들은 그를 로큰롤의 왕이라고 부른다.
→ 주어인 People이 능동적으로 부르는 것임을 알 수 있다.

f He **is called** the king of rock 'n' roll. 그는 로큰롤의 왕이라고 불린다.
→ 주어인 He가 수동적으로 불리는 것임을 알 수 있다.

정보 **1**과 관련된 내용이 시제이고, **2**, **3**과 관련된 내용이 각각 조동사와 수동태이다. 동사의 의미를 파악하는 것은 영문 독해에 있어서 핵심 중의 핵심이라고 할 수 있다. 문장 안에 모르는 단어가 있다 하더라도 동사를 통해 문장의 의미를 대략적으로 이해할 수 있기 때문이다. 동사의 의미를 제대로 파악하기 위해서는 위에서 언급한 동사에 담겨 있는 세 가지 정보를 잘 캐낼 수 있어야 한다.

CHAPTER

04

INFINITIVES

부정사

동사의 의미를 가지며 문장 속에서 다양한 역할을 하는 말을 *준동사라고 하는데, 그중 하나가 **부정사**(不定詞)이다. 부정사란 수, 시제, 인칭에 따라 형태가 변하지 않는 말이라는 의미로 크게 to부정사와 원형부정사가 있다. 서술어로만 쓰이는 동사와 달리 to부정사는 명사처럼 문장에서 **주어, 목적어, 보어**의 기능을 하고 형용사처럼 **명사를 수식**하며 부사처럼 **동사나 형용사를 수식**할 수 있다.

■ to부정사의 명사적 역할

주어

To make a movie is not easy.

영화를 만드는 것은 쉽지 않다.

목적어

I want **to make** movies.

나는 영화를 만들고 싶다.

보어

My plan for the future is **to make** movies.

나의 미래 계획은 영화를 만드는 것이다.

■ to부정사의 형용사적 역할

명사 수식

Where is the best place **to get** pasta?

파스타를 먹을 수 있는 가장 좋은 장소가 어디니?

■ to부정사의 부사적 역할

동사 수식

I bought some tickets **to watch** the baseball game.

나는 야구 경기를 보기 위해 표를 샀다.

형용사 수식

I thought the problem was easy **to solve**.

나는 그 문제가 풀기 쉽다고 생각했다.

*준동사: 참조 Chapter 5, 6 Beyond Grammar

19 명사처럼 쓰이는 to부정사 I

! **Examine & Think**

굵게 쓰인 각 말의 문장 내 역할이 무엇인지 생각해 보시오.

It's not easy for her **to forget** him.
Her wish is **to see** him again.

A to부정사의 명사적 용법

to부정사는 명사처럼 문장 안에서 주어, 목적어, 보어 역할을 할 수 있는데, 이를 to부정사의 명사적 용법이라고 한다.

---

1 주어 역할을 하는 to부정사	**1** a에서 명사인 A gold medal이 주어로 쓰였듯이 b의 To win a gold medal이 주어로 쓰였다.
a **A gold medal** is my goal.	
b **To win a gold medal** is my goal.	
2 목적어 역할을 하는 to부정사	**2** c에서 명사인 a 3D printer가 목적어로 쓰였듯이 d의 to buy a 3D printer가 목적어로 쓰였다.
c I want **a 3D printer**.	
d I want **to buy a 3D printer**.	
3 보어 역할을 하는 to부정사	**3** e에서 명사인 peace on Earth가 보어로 쓰였듯이 f의 to have peace on Earth가 보어로 쓰였다.
e My wish is **peace on Earth**.	
f My wish is **to have peace on Earth**.	

B 주어 역할 (~하는 것은[이])

---

1 「It ~ to-v」 가주어 · 진주어 구문

a **It** is impossible **to live** without sleep.

a₁ To live without sleep is impossible.

a₂ **Living** without sleep is impossible.

1 주어로 쓰이는 to부정사가 a₁처럼 문장 맨 앞에 올 수 있지만, 실제로 그렇게 자주 쓰지는 않는다. 대개 a처럼 to부정사를 뒤로 내고 빈 자리에 가주어 it을 쓰거나 a₂처럼 동명사를 쓴다.

주의 여기서 It(가주어)은 형식적인 주어이므로 구체적인 의미를 갖지 않는다.

2 to부정사가 문장 맨 앞에 오는 경우

b **To err** is **human**.

c **To know** her is **to love** her.

2 속담 · 격언 등의 문어체에서는 to부정사가 맨 앞에 쓰이기도 한다. 이 경우 c처럼 두 개의 to부정사를 대비해 「To-v ~ is to-v」의 형태로도 쓸 수 있다.

---

3 자주 쓰이는 「It is + 형용사 + to-v」 구문

d It's *wrong* **to torture** someone.

e It is *difficult* **not to** agree with him.

f It was *necessary* **for her** to get a visa.

3 이 구문은 '~하는 것은 …하다'라고 해석한다.

d to torture 이하가 진주어, It은 가주어

e to부정사의 부정형은 부정어(not, never)를 to 바로 앞에 붙여 나타낸다.

f to부정사의 행위자는 to 앞에 「for[of] + 목적격」의 형태로 밝혀준다. **참조** UNIT 24 A 2

---

err 실수를 범하다 torture 고문하다 visa 비자, 사증

자주 쓰이는 「It is + 형용사 + to-v」 구문

It is important to-v ~하는 것은 중요하다

It is dangerous to-v ~하는 것은 위험하다

It is wonderful to-v ~하는 것은 멋진 일이다

It is easy[hard] to-v ~하는 것은 쉽다[어렵다]

It is interesting to-v ~하는 것은 흥미로운 일이다

It is essential to-v ~하는 것은 중요하다[필수적이다]

 주격 보어 역할 (~하는 것(이다))

to부정사는 주어를 보충 설명하는 주격 보어로도 쓰일 수 있다. 이때 주어와 to부정사는 동격 관계에 있다.

---

a Her job is **to train** new employees.

b The purpose of the military is **to defend** the country.

c A: Did you enjoy your vacation?
   B: No, because *all Tyler did* was **(to) complain** about the weather.

a Her job = to train new employees

b The purpose = to defend the country

c 「All ~ do」, 「What ~ do」처럼 be동사의 주어 부분에 일반동사 do가 있는 경우, 구어에서는 대개 보어로 쓰인 to부정사에서 to를 생략한다.

---

military 군대 defend 방어하다

Examine & Think to forget – 주어 역할, to see – 주격 보어 역할 / 그녀가 그를 잊는 것은 쉽지 않다. 그녀의 소망은 그를 다시 보는 것이다.

A a 금메달이 나의 목표이다. b 금메달을 따는 것이 나의 목표이다. c 나는 3D 프린터를 원한다. d 나는 3D 프린터를 사기를 원한다. e 내 소원은 지구의 평화이다. f 내 소원은 지구의 평화를 유지하는 것이다.

B a=a₁=a₂ 자지 않고 사는 것은 불가능하다. b 실수를 범하는 것이 인간이다. c 그녀를 아는 것은 그녀를 사랑하는 것이다. (그녀를 알면 그녀를 사랑하게 된다.) d 누군가를 고문하는 것은 잘못된 것이다. e 그의 의견에 동의하지 않기는 어렵다. f 그녀가 비자를 발급받는 것은 필요한 일이었다.

C a 그녀의 일은 신입 사원을 교육하는 것이다. b 군대의 목적은 국가를 방어하는 것이다. c A: 너는 휴가를 잘 보냈니? B: 아니, 왜냐하면 Tyler가 한 것이라곤 날씨에 대해 불평한 게 전부였거든.

EXERCISE

정답 및 해설 p.29

A 보기의 동사를 이용하여 문장을 완성하시오.

> [보기]　~~break~~　　hold　　see　　find　　read

0 He tried to break the ice with a joke.
1 My New Year's resolution is ＿＿＿＿＿＿＿ one book a week.
2 ＿＿＿＿＿＿＿ someone with experience in this area is very difficult.
3 Dean is a musician. His plan is ＿＿＿＿＿＿＿ concerts in major cities.
4 Penny always tries to be positive, and ＿＿＿＿＿＿＿ her doing so makes people smile.

B 자연스러운 문장이 되도록 괄호 안의 말을 바르게 배열하시오.

1 All I could do (was / wait and see / to).
2 It (customary / is / to / offer) a drink or a snack to guests.
3 Daniel's job (translate / is / Korean novels / into English / to).
4 It (is / to / convenient / use) the Internet to see what movies are in theaters.
5 The actor's (to / is / improve / main concern) his acting skills.

C 문장에서 어법상 틀린 부분을 찾아 바르게 고치시오. 틀린 부분이 없으면 ○표 하시오.

1 That will be interesting to see who wins the game.
2 What she did after failing the test was study harder.
3 It was very hard not read the end of this book first.

D 우리말과 일치하도록 「It ~ to-v」 구문과 괄호 안의 말을 활용하여 문장을 완성하시오.

1 대도시에서 주차하는 것은 어렵다. (difficult / park in a big city)
→ ＿＿＿＿＿＿＿＿＿＿＿＿＿＿＿＿＿＿＿

2 밤을 새워 공부하는 것은 좋은 생각이 아니다. (a good idea / study all night)
→ ＿＿＿＿＿＿＿＿＿＿＿＿＿＿＿＿＿＿＿

3 일에서 벗어나 휴식을 취한 것은 정말 좋았다. (really good / get away from work and relax)
→ ＿＿＿＿＿＿＿＿＿＿＿＿＿＿＿＿＿＿＿

4 비수기에는 방을 예약할 필요가 없다. (not necessary / book a room / during the off-season)
→ ＿＿＿＿＿＿＿＿＿＿＿＿＿＿＿＿＿＿＿

E   다음 상황을 읽고, to부정사를 이용하여 Audrey에 관한 문장을 완성하시오.

> Audrey loves animals. She wants to become a veterinarian. It is her lifelong dream.

→ Audrey's dream _____.

GRAMMAR IN READING ....

A   다음 글을 읽고, 어법상 틀린 부분 한 개를 찾아 바르게 고치시오.

> If you are starting a fitness program, be careful to avoid injuries. When training for strength and stamina, make sure that you get enough rest. It is essential don't to train when you are tired, as tiredness itself can cause injury.

B   다음 글을 읽고, 물음에 답하시오.

◀ ▶ 🏠 ⟳ 🌐 ＋ http://   🔍

Is there something you can do better than anyone else? The Guinness World Records can make it official. To get started is easy. The first step is ___ⓐ___ us what record you're interested in breaking. Just fill out the form on our website and email it to us. If you want ___ⓑ___ an existing record, we'll give you some guidelines for your attempt. We will also explain what evidence you need to submit to prove you have set a record. And if you want to achieve something that hasn't been done before, you might be accepted as a new world record holder.

1 밑줄 친 문장을 「It ~ to-v」 구문으로 바꾸시오.

2 빈칸 ⓐ, ⓑ에 들어갈 말로 알맞게 짝지어진 것을 고르시오.
 ① tell, break   ② tell, to break
 ③ to tell, break   ④ to tell, to break
 ⑤ to tell, breaking

Q 위 글의 목적으로 가장 적절한 것은?
 ① 공식 기록 수립을 축하하려고
 ② 신기록 인정 요건을 설명하려고
 ③ 신기록 수립을 위한 프로그램 가입을 홍보하려고

....

A   fitness 건강, 체력 injury 부상 stamina 체력 tiredness 피로
B   official 공식적인 fill out (용지에) 기입하다 evidence 증거 submit 제출하다 set a record 기록을 세우다

UNIT 20 명사처럼 쓰이는 to부정사 II

! **Examine & Think**

굵게 쓰인 it이 가리키는 어구를 찾으시오.

Eric decided to get in shape, but he finds **it** very hard to exercise regularly.

A 목적어 역할 (~하는 것을, ~하기를)

a I **hope to travel** around the world one day.

b The government **plans to lower** taxes.

c She **refused to take** my advice.

d He **agreed not to publish** his story.

e I **decided never to cut** my hair.

> agree, ask, decide, hope, need, offer, plan, refuse, want 등의 동사 뒤에는 to부정사가 목적어로 온다. 이때 to부정사는 '~하는 것을', '~하기를'의 의미이다.
> **참조** Appendix 5

B 동사 + (목적어) + to-v

to부정사를 수반하는 동사 중 ask, expect, need, want 등은 to부정사 바로 앞에 행위자를 목적격 형태로 쓸 수 있다. 이때 to부정사구는 목적격 보어의 역할을 한다.

a I **want to listen** to the song.

b I **want you to listen** to the song.

c I never **expected to meet** him.

d I never **expected him to meet** me.

e He **asked to sit** in an aisle seat.

f He **asked me to sit** in an aisle seat.

cf. She **advised me to go** to the emergency room.

a 주어인 I가 listen하다

b 목적어인 you(← you)가 listen하다

c 주어인 I가 meet하다

d 목적어인 him(← he)이 meet하다

e 주어인 He가 sit하다

f 목적어인 me(← I)가 sit하다

cf. advise, allow, encourage, force, order, tell 등은 to부정사 앞에 반드시 목적격(사람)이 와야 한다.
참조 UNIT 26 B

aisle seat (비행기의) 통로 쪽 좌석 emergency room(= ER) 응급실

ⓒ 가목적어

think, find, consider, make 등의 동사는 「동사 + it + 형용사[명사] + to-v」 형태의 구문으로 자주 쓰인다. 이 구문은 진목적어인 to부정사구가 길어서 뒤로 이동시키고 이를 대신해 빈 자리에 가목적어 it을 쓴 것이다.

a I **thought it easy to remove** computer viruses. I thought [to remove computer viruses] easy. (X)	a think it + 형용사 + to-v: ~하는 것이 …하다고 생각하다
b He **found it** very **hard to breathe** in the mask.	b find it + 형용사 + to-v: ~하는 것이 …한 것을 알게 되다
c She **made it a rule to save** half of her allowance.	c make it + 명사 + to-v: ~하는 것을 …로 만들다 **주의** 여기서 it은 형식적인 목적어이므로 '그것'이라고 해석하지 않는다.

breathe 숨 쉬다, 호흡하다 allowance 용돈

ⓓ 의문사 + to-v

「의문사 + to-v」는 문장에서 주어, 목적어, 보어로서 쓰일 수 있는데, 동사 뒤에서 목적어로 쓰이는 경우가 가장 많다. 단, 의문사 why는 이 구문으로 쓰지 않는다.

a **How to pay** the bill was included in the email.	a how to-v: 어떻게 ~해야 할지 〈주어 역할〉
b Now the question is **where to borrow** money.	b where to-v: 어디로[어디에서] ~해야 할지 〈보어 역할〉
c She doesn't know **what to do**.	c what to-v: 무엇을 ~해야 할지 〈목적어 역할〉
d I told my kids **when to cross** the street.	d when to-v: 언제 ~해야 할지
e They are discussing **who(m) to hire**.	e who(m) to-v: 누구를[누구와, 누구에게] ~해야 할지 이때 목적격인 whom 대신 who도 자주 쓰인다.
f Ideas **about how to punish** children differ from culture to culture.	f 「의문사 + to-v」가 전치사의 목적어로 쓰이기도 한다.

Examine & Think to exercise regularly / Eric은 튼튼해지기로 결심했지만, 규칙적으로 운동하는 것이 매우 어렵다는 것을 알게 되었다.

A a 나는 언젠가 세계를 여행하기를 희망한다. b 정부는 세금을 내리는 것을 계획하고 있다. c 그녀는 나의 충고를 받아들이기를 거부했다. d 그는 자신의 이야기를 출간하지 않기로 합의했다. e 나는 절대 내 머리를 자르지 않기로 결심했다.

B a 나는 그 음악을 듣고 싶다. b 나는 네가 그 음악을 듣길 바란다. c 내가 그를 만나리라고는 전혀 예상하지 못했다. d 나는 그가 나를 만나리라고는 전혀 기대하지 않았다. e 그는 통로 쪽 좌석에 앉을 것을 요청했다. f 그는 나에게 통로 쪽 좌석에 앉을 것을 부탁했다. *cf.* 그녀는 나에게 응급실로 가라고 조언했다.

C a 나는 컴퓨터 바이러스를 제거하는 것이 쉽다고 생각했다. b 그는 마스크를 쓴 채로 숨쉬기가 매우 어렵다는 것을 깨달았다. c 그녀는 용돈의 절반을 저축하는 것을 원칙으로 했다.

D a 어떻게 청구서를 지불해야 할지는 이메일에 포함되어 있었다. b 이제 문제는 어디서 돈을 빌려야 하는지이다. c 그녀는 무엇을 해야 할지 모른다. d 나는 아이들에게 언제 길을 건너야 할지 알려 주었다. e 그들은 누구를 고용할지를 논의하고 있다. f 아이를 벌하는 방법에 대한 생각들은 문화마다 다르다.

EXERCISE

정답 및 해설 p.30

A 괄호 안의 의문사와 보기의 동사를 이용하여 문장을 완성하시오.

> [보기] get   invite   say   get off   park

0 Do you know <u>how to get</u> there?

1 I was wondering _____ my car. (where)

2 Have you decided _____ to the opening ceremony? (who)

3 I am going to City Hall. Could you let me know _____? (when)

4 I was so sorry to hear the news. I just didn't know _____. (what)

B 밑줄 친 부분이 어법상 옳으면 ○표 하고, 틀린 부분은 바르게 고치시오.

1 They agreed <u>working</u> together to find solutions.

2 As a Korean, she <u>found easy</u> to learn Japanese.

3 Did you ever expect him <u>become</u> the president of Korea?

4 Tara calculated <u>how much to pay</u> on the back of a postcard.

C 우리말과 일치하도록 괄호 안의 말을 바르게 배열하시오.

1 일부 사람들은 공공장소에서 흡연하는 것이 잘못됐다고 여긴다.

→ Some people (wrong / consider / smoke / to / it) in public areas.

2 교수님은 우리에게 어디로 지원서를 제출해야 할지 말씀하셨다.

→ The professor told us (to / our applications / hand in / where).

3 그녀는 자신의 그림을 파는 것으로는 생계를 유지하는 것이 불가능하다고 여겼다.

→ She (it / impossible / make a living / thought / to) from the sale of her paintings.

D 다음 두 문장이 서로 비슷한 뜻이 되도록 괄호 안의 동사를 이용하여 문장을 완성하시오.

0 Daniel said to me, "Please fasten your seat belt."

→ Daniel <u>asked me to fasten my seat belt</u>. (ask)

1 My friend often tells me, "You should wear black dresses."

→ My friend often _____. (advise)

2 A police officer said to me, "You have to pull over."

→ A police officer _____. (force)

3 He has a good voice, so I told him, "You should audition for the choir."

→ I _____. (encourage)

114 G-ZONE CHAPTER 04

E   대화를 읽고, 상황을 설명하는 문장을 완성하시오. (괄호 안의 말을 활용할 것)

Craig   : Can I carry these boxes for you?
Jessica : Thank you!

→ _____ _____ _____ _____

the boxes, and Jessica appreciated it. (Craig / offer)

GRAMMAR IN READING ··

A   ⓐ, ⓑ의 괄호 안에서 알맞은 것을 고르시오.

> Micropro File Finder makes ⓐ (it, them) easy to search for files on your computer. A variety of options allow you ⓑ (searching, to search) by file name, date, or type, and we guarantee the fastest results possible. Here at Micropro, we want you to know your computer.

B   다음 글을 읽고, 물음에 답하시오.

> Do you want to increase your intellectual performance? A recent experiment produced some interesting results. The researchers ⓐ (tell / one group of students / discuss) a social topic, another group to finish three mental exercises, and a third group to watch a funny TV show.
>
>
>
> After 10 minutes, the researchers gave all three groups tests to measure their mental speed and memory. Surprisingly, the first group's discussion ⓑ (make / it / possible / for them / do) as well on the tests as the group that performed the traditional mental exercises. So <u>don't forget what to do before your next test</u>: prepare your brain by chatting with your friends!

1   ⓐ, ⓑ의 괄호 안의 말을 순서대로 활용하여 각 문장을 완성하시오.

    ⓐ _____

    ⓑ _____

Q 본문에서 단어를 찾아 글의 요지를 완성하시오.
Socializing is an effective way of improving _____ _____.

2   밑줄 친 문장을 해석하시오.

··

A   guarantee 보증하다
B   intellectual 지능의, 지적인 discuss 토론하다, 논의하다 (몡 discussion 토론, 논의) measure 측정하다 surprisingly 놀랍게도

21 형용사처럼 쓰이는 to부정사

☐ **Examine & Think**

굵게 쓰인 말 중 예정된 미래를 가리키는 표현을 고르시오.

Now is a great time **to take a vacation**.
We **are to go** on a vacation tomorrow.

A to부정사의 형용사적 용법

to부정사는 형용사와 마찬가지로, 명사를 수식하여 의미를 한정해 주거나 주어의 상태를 서술하는 역할을 할 수 있다. 이를 to부정사의 형용사적 용법이라고 한다.

1 명사를 수식하는 to부정사	**1** a의 형용사 countless가 명사 stars를 수식하듯 b의 to watch the stars가 앞의 명사 time을 수식한다.
a There are **countless** stars in the universe. (수없이 많은 별)	
b Now is the best time **to watch** the stars. (별을 볼 시간)	
2 주어를 서술하는 to부정사	**2** c의 형용사 honest가 주어인 Monica의 상태를 서술하듯 d의 to be honest가 주어인 She의 상태를 서술한다. to부정사가 seem, appear, prove 등과 같은 동사와 함께 쓰이면 주어를 서술하는 역할을 할 수 있다.
c Monica is **honest**.	
d She *seems[appears]* **to be honest**.	

countless 셀 수 없이 많은

B 명사를 수식하는 to-v (~할, ~하는)

1 명사 + to-v	**1**
a You're not the only *one* **to make** that mistake.	a (실수를) 하는 사람
b I've got *something* **to show** you.	b 보여줄 무언가
c Dad made *a promise* **to buy** a drone.	c 사준다는 약속
2 명사 + to-v + 전치사	**2** 「동사 + 전치사」로 이루어진 동사구의 경우 to부정사로 쓸 때 전치사를 빠뜨리지 않도록 주의한다.
d They have no *house* **to live in**.	d ← live in a house (집에서 살다)
e He needs *someone* **to talk to**.	e ← talk to someone (누군가와 말하다)
f Do you have *a mentor* **to look up to**?	f ← look up to a mentor (멘토를 존경하다)

drone 드론, 무인 항공기 mentor 멘토, 조언을 해 주는 유경험자 look up to ~를 존경하다, 우러러보다

「명사 + to-v」와 「동사 + to-v」

아래 제시된 명사들은 「명사 + to-v(형용사적 용법)」 형태로 자주 쓰이며, 「동사 + to-v(명사적 용법)」로도 바꿔 쓸 수 있다.

My boss made a **decision to step down**. 내 상사는 사임하겠다고 결정했다.

↪ My boss **decided to step down**.

decision to-v ~하겠다는 결정	decide to-v ~하기로 정하다
tendency to-v ~하는 경향	tend to-v ~하는 경향이 있다
arrangement to-v ~할 준비	arrange to-v ~하기로 정하다
promise to-v ~하겠다는 약속	promise to-v ~하기로 약속하다
failure to-v ~을 하지 않음	fail to-v ~하지 않다

ⓒ 주어를 서술하는 be to-v

「be to-v」 구문은 주로 격식체로 많이 쓰이며, 문맥에 따라 여러 가지 의미로 쓰일 수 있다.

a We **are to meet** in the conference room.

b You **are to submit** your report by Tuesday.

c Hard work is important if you **are to be** successful.

d Not a sound **was to be heard**.

e She **was** not **to see** her son for 20 years.

a 약속 · 예정: ~할 예정이다

b 명령 · 의무: ~해야 한다

c 목표 · 조건: (if 조건절에서) ~하려면
= if you intend to be successful

d 가능: (주로 수동태로) ~할 수 있다

e 운명: ~할 운명이다
= She was destined not to see ~.

Examine & Think are to go / 지금은 휴가를 떠나기에 좋은 시기다. 우리는 내일 휴가를 떠날 예정이다.

A a 우주에는 셀 수 없이 많은 별이 있다. b 지금이 별들을 보기에 가장 좋은 시간이다. c Monica는 정직하다. d 그녀는 정직한 것 같다.
B a 그런 실수를 범하는 사람이 너만은 아니다. b 너에게 보여줄 게 있어. c 아빠가 드론을 사준다는 약속을 했다. d 그들은 살 집이 없다. e 그는 이야기를 나눌 사람이 필요하다. f 당신은 존경하는 멘토가 있나요?
C a 우리는 회의실에서 만날 예정이다. b 당신은 보고서를 화요일까지 제출해야 합니다. c 당신이 성공하려면 열심히 일하는 것이 중요합니다. d 어떤 소리도 들리지 않았다. e 그녀는 자기 아들을 20년간 못 볼 운명이었다.

UNIT 21 **117**

EXERCISE

정답 및 해설 p.31

A   보기의 말을 이용하여 문장을 완성하시오.

> [보기]   ~~talk about~~   depend on   deal with   look up to   live in

0   If you have anything to <u>talk about</u>, feel free to call me.

1   Everybody is searching for a hero _____ .

2   I heard you got a job in New York. Have you found an apartment _____ ?

3   Some say there is no one in the world _____ but yourself.

4   The customer service department has lots of complaints _____ .

B   우리말과 일치하도록 괄호 안의 말을 활용하여 문장을 완성하시오.

1   지난달에 나는 지불해야 할 청구서가 많았다. (many bills / pay)

→ Last month, I had too _____ _____ _____ _____ .

2   우리에게는 함께 일할 사람이 없다. (anyone / work with)

→ We don't have _____ _____ _____ _____ .

3   Sam은 언젠가 훌륭한 작가가 될 운명이었다. (to / become)

→ Sam _____ _____ _____ a great writer one day.

4   그 운전자는 음주 운전 혐의에 대한 책임으로 법정에 설 예정이다. (to / appear)

→ The driver _____ _____ _____ in court on a drunk-driving charge.

C   다음 두 문장이 같은 뜻이 되도록 「be to-v」 구문을 이용하여 빈칸을 채우시오.

1   If you intend to be a singer, you will have to take voice lessons.

= If you _____ , you will have to take voice lessons.

2   Linda has to come back by 9 o'clock.

= Linda _____ .

3   They were destined to make their fortune in the city.

= They _____ .

4   It's a secret. You must not tell them anything about our plan.

= It's a secret. You _____ .

5   We are going to meet in the lobby of the hotel tomorrow morning.

= We _____ .

118   G-ZONE CHAPTER 04

D Iceland와 관련해 웹사이트에서 발췌한 글을 읽고, 괄호 안의 말을 활용하여 글의 제목을 완성하시오. (8단어로 쓸 것)

_____
(why / Iceland / be / a great place / visit)

Iceland has more than glaciers and cold weather. Did you know you can bathe in the beautiful Blue Lagoon? Its water will make your skin feel wonderful!

GRAMMAR IN READING

A 괄호 안의 말을 문맥에 맞도록 배열하시오.

As science and industry advanced in the 19th century, it was believed that humans were on an inevitable path to perfection. The century of steam (to / was / give way to) the century of oil and electricity, both of which would be important to the future of industrialization.

B 다음 글을 읽고, 물음에 답하시오.

 BOOK HOUSE Training a Happy Family Dog

A family dog is ⓐ a joy to have in the home. But dog ownership is also a big responsibility—especially when you have ⓑ children to take care too. In order to be a good dog owner you ⓒ need to train your dog to be well-mannered. So, 만약 당신이 애완견을 키우려고 한다면, you must be prepared. Read *21 Days to Train Your Dog*. It is a fantastic book for those who want to learn ⓓ how to train and care for the family dog.

1 밑줄 친 ⓐ~ⓓ 중 어법상 틀린 것을 찾아 바르게 고치시오.

2 밑줄 친 우리말과 일치하도록 괄호 안의 말을 활용하여 영작하시오.

→ _____ you _____ _____ _____ a puppy (be / get)

Q 위 글의 내용과 일치하면 T, 그렇지 않으면 F를 쓰시오.
This is a book to help pet owners train their dogs. ( )

A inevitable 필연적인 steam 김, 증기 give way to ~에 양보하다, 지다 electricity 전기
B responsibility 책임 especially 특히 well-mannered 예절 바른, 얌전한

UNIT 22 부사처럼 쓰이는 to부정사 I

A to부정사의 부사적 용법

to부정사는 부사와 마찬가지로 동사, 형용사, 부사, 또는 문장 전체를 수식하는 역할을 할 수 있다. 이를 to부정사의 부사적 용법이라고 한다.

1 동사를 수식하는 to부정사

a I'll do it **soon**.
(곧 하다)

b I'll do it **to help** you.
(너를 돕기 위해 하다)

2 형용사를 수식하는 to부정사

c This ladder is **quite** safe.
(정말 안전한)

d This ladder is safe **to use**.
(사용하기에 안전한)

1 a의 부사 soon이 동사 do를 수식하듯 b의 to help you가 앞에 있는 동사 do를 수식한다.

2 c의 부사 quite가 형용사 safe를 수식하듯 d의 to use 가 앞에 있는 형용사 safe를 수식한다.

B 목적 · 결과 · 조건을 나타내는 to부정사

1 목적 (~하기 위해)

a₁ He went to the hospital **to have** an operation.

a₂ He went to the hospital **in order to have** an operation.

a₃ He went to the hospital **so as to have** an operation.

b They spoke quietly **in order not to wake** their baby.

c She hurried **so as not to miss** the bus.

2 (in order) to-v = so that ~ can[could]

d She's wearing a coat **(in order) to keep** warm.
= She's wearing a coat **so that** she **can** keep warm.

1 행동의 이유나 목적을 밝힐 때 to부정사를 사용할 수 있다. 이때 a₂와 a₃처럼 to 앞에 in order나 so as가 붙으면 목적의 뜻이 더 명확해지는데, 이는 격식을 많이 갖춘 표현이다.

b in order to의 부정은 in order not to

c so as to의 부정은 so as not to

2 so (that) + S + can[may, will ...]
목적을 나타내는 to부정사는 「so that ~ can[could]」 구문으로 바꾸어 쓸 수 있다.

3	**결과 (그래서 ~하다 / 하지만 결국 ~하다)**	**3**	결과의 의미로 쓰이는 to부정사는 문맥에 따라 and 또는 but의 의미로 해석된다.
e	Jason awoke **to find** himself famous overnight.	e	awoke and found himself famous ~
f	She grew up **to be** a supermodel.	f	grew up and became a supermodel
g	The team made it to the final, **only to lose** badly.	g	made it to the final but lost badly
h	He left the house, **never to come back** again.	h	left the house and never came back again
4	**조건 (만일 ~라면)**	**4**	to부정사구가 가정법의 if절을 대신해 쓰이기도 한다.
i	**To hear her talk**, you would take her for an expert. = If you heard her talk, ~.		**참조** UNIT 42 C

---

have an operation 수술을 받다 make it to ~에 이르다, (성공적으로) ~을 이루다

● 문장 전체를 수식하는 to-v (독립부정사)

다음 to부정사 구문은 관용적인 표현으로, 다른 문장 성분과 관계 없이 삽입되어 문장 전체를 수식하는 부사 역할을 한다.

a	**Strange to say**, she dreamed the same thing nearly every night.	a	이상한 이야기이지만[말이지만]
b	**To make matters worse**, he got sick while I was gone.	b	설상가상으로
c	**To be honest**, I didn't like him for many years.	c	사실은, 솔직히 말해서

LEARN **MORE EXPRESSIONS**

주요 독립부정사

to tell (you) the truth 사실대로 말하면	to be frank (with you) 솔직히 말하면
to begin with 우선, 먼저	not to mention(= not to speak of) ~은 말할 것도 없이
so to speak 말하자면	to put it simply 간단히 말하자면

A a 나는 그것을 곧 할 것이다. b 나는 너를 돕기 위해 그것을 할 것이다. c 이 사다리는 정말 안전하다. d 이 사다리는 사용하기에 안전하다.
B a₁=a₂=a₃ 그는 수술을 받기 위해 병원에 입원했다. b 그들은 아기를 깨우지 않기 위해 조용히 이야기했다. c 그녀는 버스를 놓치지 않기 위해 서둘렀다.
d 그녀는 몸을 따뜻하게 하기 위해 코트를 입고 있다. e Jason은 깨어나 하룻밤 사이에 자신이 유명해졌다는 것을 알게 되었다. f 그녀는 자라서 슈퍼모델이 되었다. g 그 팀은 결승에 진출했으나 결국 형편없이 지고 말았다. h 그는 그 집을 떠나 다시 돌아오지 않았다. i 그녀가 이야기하는 걸 들으면, 그녀가 전문가라고 생각하게 될 거야.
C a 이상한 얘기지만 그녀는 거의 매일 밤 같은 꿈을 꾸었다. b 설상가상으로 그는 내가 없는 동안 병이 났다. c 솔직히 말하면 나는 그를 오랫동안 좋아하지 않았다.

EXERCISE

정답 및 해설 p.32

A   빈칸에 들어갈 알맞은 말을 보기에서 골라 쓰시오.

> [보기]   not to speak of   to be frank   to make matters worse

1 _____, I don't think you are capable of this mission.

2 I disagree with their taste in music, _____ their taste in clothes.

3 The severe drought continues. _____, there is now a food shortage in some areas of the country also.

B   문장에서 어법상 <u>틀린</u> 부분을 찾아 바르게 고치시오. 틀린 부분이 없으면 ○표 하시오.

1 I accessed the Internet so that I could find out the population of Indonesia.

2 My grandmother lived be the oldest woman in the world.

3 I ran to the theater so as to not miss the *Phantom of the Opera*.

4 To hear about his troubles, you would never expect him to be so kind.

C   우리말과 일치하도록 to부정사와 괄호 안의 말을 활용하여 문장을 완성하시오.

1 그는 그 시험에 대비하기 위해 책을 샀다. (prepare for)

→ He bought a book in order _____ the exam.

2 Jennifer는 자라서 세계적인 물리학자가 되었다. (grow up / become)

→ Jennifer _____ a world-class physicist.

3 그 노인은 잠자리에 들었고 두 번 다시 깨어나지 못했다. (never / wake up)

→ The old man went to bed, _____ again.

D   서로 의미가 통하는 문장을 짝지어 예시와 같이 고치시오.

⓪ All doors should be locked securely.   a. ~~It will prevent theft.~~

① Tom called the restaurant.   b. He didn't want to forget her birthday.

② Gary wrote Jan's name on the calendar.   c. He did this to run his business efficiently.

③ My brother bought some computers.   d. He wanted to make a reservation.

0 All doors should be locked securely <u>in order to prevent theft</u>.

1 Tom called the restaurant _____.

2 Gary wrote Jan's name on the calendar _____.

3 My brother bought some computers _____.

E 다음 표를 읽고, 과거의 상황을 한 문장으로 요약하시오. (괄호 안의 말을 활용할 것)

Q1. What was the possible problem?	A1. delayed construction work
Q2. What was done to avoid it?	A2. The land was bought quickly.

→ The land _____ the construction work. (so as to / not)

GRAMMAR IN READING ....

A 다음 글을 읽고, 내용과 일치하면 T, 일치하지 않으면 F를 쓰시오.

Many people are concerned that too many trees are being chopped down every year to produce paper. As a result, some companies now use old paper instead of wood pulp to make new paper. Recycling paper reduces the number of trees that are used every year.

→ Some companies recycle paper so that they can cut down fewer trees. (   )

B 다음 글을 읽고, 물음에 답하시오.

GAME ZONE

A Pleasant Surprise

ⓐ (To be honest, To make matters worse), I didn't expect much from this game. I was prepared to write about what a bad idea it was to make a game based on a film. I wanted to explain how doing so took away the game designers' ability to be creative. But then I played it, 그것이 실은 제법 괜찮다는 것을 알게 되었다. There were realistic graphics and interesting characters, ⓑ (so to speak, not to mention) some difficult challenges. It almost felt as if I were in the movie itself. So despite my expectations, I recommend this game to everyone.

1 ⓐ, ⓑ의 괄호 안에서 문맥상 알맞은 것을 고르시오.

2 밑줄 친 우리말과 일치하도록 다음 괄호 안의 말을 바르게 배열하시오.
(was / find / actually quite good / to / it / only / that)

Q 위 글의 필자의 어조로 적절한 것은?
① sympathetic
② critical
③ supportive

A concerned 염려하는 chop down ~을 찍어서 넘기다 recycle 재활용하다
B realistic 현실적인 challenge 도전(과제) despite ~에도 불구하고 expectation 기대, 예상

23 부사처럼 쓰이는 to부정사 II

A 형용사를 수식하는 to부정사

to부정사는 형용사를 뒤에서 수식하는 역할을 할 수 있다. 이때 형용사의 종류에 따라 해석이 달라지는 것에 유의한다.

1 감정을 나타내는 형용사 + to-v (~해서 …한)	**1** to부정사는 감정의 원인을 나타낸다.
a We're **glad to work** with you.	※ 기타 자주 쓰이는 형용사: sorry, pleased, sad 등
b The actor was **disappointed to miss** the awards show.	
c I was **surprised to find out** he was still alive.	
2 사람에 대한 평가를 나타내는 형용사 + to-v (~하다니 …한)	**2** to부정사는 칭찬이나 비판을 하는 근거를 나타낸다. 「It is + 형용사 + of + 목적격 + to-v」 구문으로도 바꿔 쓸 수 있으며, 문장의 주어가 to부정사의 의미상 주어로 쓰인다. 참조 UNIT 24 A 2
d You are pretty **brave to challenge** us.	※ 기타 자주 쓰이는 형용사: nice, kind, rude, careless, stupid, clever 등
e They are **silly to do** such a thing. → **It** is **silly** *of them* **to do** such a thing.	
3 쉽고 어려움을 나타내는 형용사 + to-v (~하기가 쉬운[어려운])	**3** to부정사는 「It is + 형용사 + to-v」 구문으로 바꿔 쓸 수 있는데, 이 경우에는 g처럼 문장의 주어(His idea)가 to부정사의 목적어로 쓰인다.
f This equation is **easy to solve**.	※ 기타 자주 쓰이는 형용사: difficult, dangerous, impossible, safe, convenient 등
g His idea is **hard to understand**. → **It** is **hard to understand** his idea.	
4 확신의 정도를 나타내는 형용사 + to-v	**4** 「be certain[likely] to-v」는 「It is certain[likely] that ~」으로 바꿔 쓸 수 있다. 이때 that절 안에는 미래 조동사 will을 쓴다.
h Tom always speeds. He**'s certain[sure] to get** a traffic ticket. = **It is certain that** he **will** get a traffic ticket.	h be certain[sure] to-v: 확실히 ~하다 주의 sure는 사람을 주어로 하므로 「be sure to-v」를 「It is sure that ~」으로 바꿔 쓸 수 없다.
i The world economy **is likely to shrink** this year. = **It is likely that** the world economy **will** shrink this year.	i be likely to-v: ~할 것 같다

equation 방정식 speed 과속하다 get a (traffic) ticket 교통 위반 딱지를 떼이다 shrink 움츠러들다

자주 쓰이는 「be + 형용사 + to-v」 구문

be anxious to-v ~하기를 열망하다   be afraid to-v ~하기를 두려워하다

be hesitant to-v ~하기를 주저하다   be willing to-v 기꺼이 ~하다

be ready to-v ~할 준비가 되어 있다   be free to-v 자유롭게 ~하다

be eager to-v ~을 간절히 하고 싶어하다   be determined to-v ~하기로 굳게 마음먹다

be reluctant to-v ~하기를 꺼리다, 마지 못해 ~하다

B to부정사를 이용한 주요 구문

1 too + 형용사[부사] + to-v (너무 ~해서 …할 수 없는, …하기에 너무 ~한)

a I'm **too busy to attend** the meeting.
= I'm **so busy that I can't** attend the meeting.

b She ran **too fast to be** caught by the others.
= She ran **so fast that** she **couldn't** be caught ~.

c I've known him **too long not to know** when he is uncomfortable.

2 형용사[부사] + enough to-v (~할 만큼 충분히 …한[하게])

d He is **humorous enough to make** anyone laugh.
= He is **so humorous that** he **can** make anyone laugh.

1 「too + 형용사[부사] + to-v」 구문은 「so + 형용사[부사] + that ~ can't[couldn't]」 구문으로 바꿔 쓸 수 있다.

a 현재시제: so + 형용사[부사] + that ~ can't

b 과거시제: so + 형용사[부사] + that ~ couldn't

c too + 형용사[부사] + not to-v: ~못하기에는 너무 …한, 매우 …해서 ~할 수 있다

2 「형용사[부사] + enough to-v」 구문은 「so + 형용사[부사] + that ~ can[could]」 구문으로 대신할 수 있다.

주의 부사로 쓰이는 enough는 반드시 to부정사 앞, 형용사[부사] 뒤에 와야 한다.

---

uncomfortable (몸·마음 등이) 불편한, 거북한   humorous 유머러스한, 재미있는

A   a 당신과 같이 일해서 우린 기뻐요.   b 그 배우는 시상식에 참석 못해서 실망했다.   c 나는 그가 여전히 살아있다는 것을 알고 놀랐다.   d 우리에게 도전하다니 너는 참 용감하구나.   e 그런 짓을 하다니 그들은 어리석다.   f 이 방정식은 풀기 쉽다.   g 그의 생각은 이해하기 힘들다.   h Tom은 항상 과속한다. 그는 틀림없이 교통 위반 딱지를 떼일 것이다.   i 세계 경제는 올해 위축될 것 같다.

B   a 나는 너무 바빠서 그 모임에 참석할 수 없다.   b 그녀는 다른 사람들에게 따라잡히기에는 너무 빨리 달렸다.   c 나는 그를 안지 정말 오래되어서 언제 그가 불편하게 느끼는지 알 수 있다.   d 그는 누구라도 웃게 할 정도로 충분히 재미있다.

EXERCISE

정답 및 해설 p.33

A 괄호 안의 말을 이용하여 문장을 완성하시오.

1 I'm _____ (glad / hear) that he is recovering from his illness.

2 The curry that Zoe made was too spicy for me _____ (eat).

3 Jack must be very smart _____ (get) a perfect score on the math test.

4 Although his parents won't allow it, he _____ (determined / be) a singer.

B 자연스러운 문장이 되도록 괄호 안의 말을 바르게 배열하시오.

1 The missiles (too / were / buy / expensive / for / to / the military).

2 Our team (win / is / to / the Korean Series / likely) this year.

3 Dry ice (touch / is / to / dangerous) with your bare hands.

4 (of / it / to / was / you / laugh / rude) when your friend made a mistake.

C 다음 두 문장이 같은 뜻이 되도록 to부정사를 이용하여 빈칸을 채우시오.

1 Jenny was so energetic that she could run a marathon.

= Jenny was _____.

2 It is certain that the council members will approve the plan.

= The council members _____.

3 This customer is difficult to deal with.

= It is _____.

4 Tim was so sick that he couldn't make it to work yesterday.

= Tim was too _____ _____ yesterday.

D 우리말과 일치하도록 to부정사와 괄호 안의 말을 활용하여 문장을 완성하시오.

1 이 상자는 내 모든 물건을 넣을 수 있을 정도로 충분히 크다. (box / big / put)

→ _____ all my stuff in.

2 그녀는 그 배우를 실제로 만나서 행복했다. (happy / meet the actor)

→ _____ in person.

3 그는 분명히 파티에 올 것이다. (sure / come)

→ _____ to the party.

4 그들은 그들의 연구 결과를 발표할 준비가 되어 있다. (ready / present)

→ _____ the findings from their study.

E 다음 정보를 읽고, 괄호 안의 말을 이용하여 문장을 완성하시오.

In New York, you can do this at ...					
14	work part-time	**16**	drive a car	**18**	vote

1 Mark is 14. → Mark _____ a car. (too / young)

2 Darren is 18. → Darren _____ vote. (old / enough)

GRAMMAR IN READING ....

A 밑줄 친 ⓐ, ⓑ와 같은 의미가 되도록 빈칸을 채우시오.

> Despite its attractive exterior, this hotel was truly disappointing. My room was dirty, and ⓐ the bed was uncomfortable to sleep in. When I asked to change rooms, the hotel staff was very rude. ⓑ I was disappointed that I received such poor service.

→ ⓐ It _____ uncomfortable _____ _____ in the bed.

ⓑ I was _____ _____ _____ such poor service.

B 다음 글을 읽고, 물음에 답하시오.

> ◀ ▶ 🏠 C 🌐 ➕ http://   🔍
>
> Ⓠ Why is it important for dogs ⓐ donate blood?
>
> Ⓐ It is important because injured dogs sometimes need blood transfusions.
>
> --
>
> Ⓠ What kind of dogs can donate blood?
>
> Ⓐ To donate, a dog must be between one and eight years old and over 25 kilograms. Please make sure ① your dog is not too young, too old, or too light to give blood before taking it to a donation center.
>
> --
>
> Ⓠ Do dogs ever get hurt when they donate blood?
>
> Ⓐ No. Vets always check to see if a dog is healthy enough ⓑ give blood before starting the donation. They also give the dog anesthetic during the process.

1 밑줄 친 ⓐ, ⓑ를 어법에 맞게 고치시오.

2 밑줄 친 ①을 해석하시오.

Q 위 글의 주제로 가장 알맞은 것은?
① how to keep a dog healthy
② the advantages of blood transfusions
③ information on animal blood donations

A exterior 외관

B donate 기부하다; *헌혈하다 (명 donation) injured 부상당한 blood transfusion 수혈 vet(= veterinarian) 수의사 anesthetic 마취제

24 부정사의 의미상 주어·시제

☐ **Examine & Think**

굵게 쓰인 부분의 동작의 주체로 알맞은 것을 고르시오.

She wants him **to stop playing games.**
a. She may stop playing games.
b. He may stop playing games.

A 의미상 주어

부정사는 동사가 변형된 것이므로 당연히 그 동작의 주체가 있기 마련이다. 이를 부정사의 의미상 주어라고 하는데 문장 안에서 늘 밝히는 것은 아니며, 필요한 경우 「전치사 + 목적격」의 형태로 나타낸다.

1 의미상 주어를 밝히지 않는 경우

(1) 문장의 주어 = 의미상 주어

a **She** decided **to go** on a diet.

b **He** promised **to come back** before dinner.

(2) 의미상 주어가 막연한 일반인일 경우

c Twenty thousand dollars is a high price **to pay** for this car.

d It takes a long time **to read** this novel.

cf. It **took me** a long time **to read** this novel.

(3) 문장의 목적어 = 의미상 주어

e She told **her brother to book** a ticket for the musical.

f I persuaded **Rita to change** her mind.

2 의미상 주어를 따로 밝히는 경우

(1) for + 목적격 + to-v

g It's impossible **for her to climb** the mountain.

h Her poems are too difficult **for me to understand**.

i Do you have time **for me to tell** you a story?

1

(1)

a 다이어트를 하는 것은 문장의 주어인 She

b 돌아오는 것은 문장의 주어인 He

(2)

c 2만 달러는 일반인에겐 비싼 가격

d 이 소설을 읽는 것은 대부분 사람에게 오래 걸림

cf. 「It takes ~ to-v」 구문은 takes 바로 뒤에 목적격을 써서 to부정사의 의미상 주어를 나타낼 수 있다.

(3) 「동사 + 목적어 + to-v」 구문의 경우 목적어가 to부정사의 의미상 주어다. **참조** UNIT 20 B

e 입장권을 예매하는 것은 문장의 목적어인 그녀의 남동생

f 생각을 바꾸는 것은 문장의 목적어인 Rita

2

(1) 보통 to 바로 앞에 「for + 목적격」의 형태로 의미상 주어를 나타낸다.

g 등산하는 것은 her

h 이해하는 것은 me

i 상대방에게 이야기하려는 것은 me

(2) of + 목적격 + to-v

j　It was *kind* **of her to help** you.

k　It was *careless* **of you to trust** that man.

l　It was *rude* **of him not to apologize** to you.
　　→ **He** was rude not to apologize to you.

(2) 사람에 대한 주관적 평가를 나타내는 형용사 뒤에는 「of + 목적격」을 쓴다.

l　이러한 구문은 의미상 주어(him)를 문장의 주어(He)로 하여 바꿔 쓸 수 있다. 참조 **UNIT 23 A 2**

LEARN MORE EXPRESSIONS

사람에 대한 주관적 평가를 나타내는 형용사

· 칭찬할 때 쓰는 형용사: generous(관대한, 아낌없이 주는), brave, nice, polite(정중한), wise, honest 등
· 비난할 때 쓰는 형용사: foolish, silly, cruel(잔인한), wrong, selfish(이기적인), irresponsible(책임감 없는) 등

B　부정사의 시제

to부정사도 동사와 마찬가지로 시제를 나타낼 수 있다. 본동사보다 이전에 일어난 일은 「to have v-ed」의 형태로 나타내며 완료부정사라고 한다.

1　단순부정사: to-v

a　He seems **to be** a police officer.
　　= It **seems** that he **is** a police officer.

b　He seemed **to be** a police officer.
　　= It **seemed** that he **was** a police officer.

c　I promise **to call** you back.
　　= I promise that I **will call** you back.

2　완료부정사: to have v-ed

d　They seem **to have made** a mistake.
　　= It **seems** that they **made[have made]** a
　　mistake.

e　They seemed **to have made** a mistake.
　　= It **seemed** that they **had made** a mistake.

1　본동사와 동일 시점 또는 그 이후에 일어난 일을 나타낸다.

a　지금 현재 경찰인 것처럼 보임

b　과거 그 당시 경찰인 것처럼 보였음

c　의지나 소망의 뜻을 지닌 동사(promise, expect, hope 등) 뒤에 쓰인 to-v는 본동사가 가리키는 때 이후를 나타낸다.

2　본동사가 가리키는 시점 이전에 일어난 일을 나타낸다.

d　'보이는 것'은 현재이나 '실수한 것'은 그보다 앞서 벌어진 일

e　'보였던 것'은 과거이지만, '실수한 것'은 그보다 더 앞선 과거의 일

Examine & Think　b / 그녀는 그가 게임을 그만하길 원한다.

A　a 그녀는 다이어트를 하기로 결심했다. b 그는 저녁 식사 전에 돌아오겠다고 약속했다. c 2만 달러는 이 차의 비용으로 내기엔 비싼 가격이다. d 이 소설을 읽는 데 오랜 시간이 걸린다. *cf.* 내가 이 소설을 읽는 데 오랜 시간이 걸렸다. e 그녀는 남동생에게 뮤지컬 입장권을 예매하라고 말했다. f 나는 Rita에게 생각을 바꾸라고 설득했다. g 그녀가 그 산을 오르는 것은 불가능하다. h 그녀의 시는 너무 어려워서 내가 이해하기 힘들다. i 내가 너에게 이야기를 들려줄 시간 좀 있니? j 너를 돕다니 그녀는 참 친절했어. k 당신이 그 남자를 믿은 것은 경솔했다. l 그가 네게 사과하지 않은 것은 무례했다.
B　a 그는 경찰인 것처럼 보인다. b 그는 경찰인 것처럼 보였다. c 너에게 다시 전화하기로 약속할게. d 그들은 실수했던 것으로 보인다. e 그들은 실수했었던 것으로 보였다.

EXERCISE

정답 및 해설 p.35

A 밑줄 친 부분의 의미상 주어를 찾아 쓰시오.

1 Our company has decided <u>to shut down</u> one of its branches. [   ]

2 It wasn't easy for him <u>to say</u> who would be the winner. [   ]

3 It was irresponsible of her <u>to leave</u> the child alone in the pool. [   ]

4 She asks her son <u>to keep</u> an eye on her dog when she goes out. [   ]

B 밑줄 친 부분이 어법상 옳으면 ○표 하고, 틀린 부분은 바르게 고치시오.

1 She decided <u>for her</u> to accept the job offer.

2 I took a long time <u>me to clean</u> the house.

3 Mary seems <u>to solve</u> the problem years ago.

4 It is impossible <u>for me</u> to get up at 6 in the morning.

C 다음 두 문장이 같은 뜻이 되도록 to부정사를 이용하여 문장을 완성하시오.

1 It seems that they worked together in the past.

= They seem _____.

2 Sam expects that I will complete the project soon.

= Sam expects me _____.

3 The man was proud that he had invented the machine.

= The man was proud _____.

4 My brother promised that he would repaint the wall.

= My brother promised _____.

D 우리말과 일치하도록 to부정사와 괄호 안의 말을 활용하여 문장을 완성하시오.

1 네가 거기에 혼자 간 것은 경솔했다. (careless / go there)

→ It was _____ alone.

2 그 영화가 너무 무서워서 그들은 볼 수 없었다. (too / scary / watch)

→ The movie was _____.

3 법원은 그에게 벌금을 내라고 명령했다. (order / pay)

→ The court _____ the fine.

4 그가 너에게 펜을 빌려주지 않은 것은 이기적이었다. (selfish / lend)

→ It was _____ you his pen.

E 대화에서 드러난 Dave의 생각을 괄호 안의 말과 to부정사를 활용하여 다시 쓰시오.

> Sam : What's wrong with Jane?
> Dave : It looks like she might be upset with her boyfriend.

→ Jane _____ _____ _____ _____ with her boyfriend. (seem / upset)

GRAMMAR IN READING ....

A 다음 글을 읽고, 내용과 일치하도록 빈칸을 채우시오.

> Prescription-only medication should not be shared because it is prescribed for a patient's specific condition. You might be allergic to the substances in others' medications, so it is dangerous to take them.

→ It would be foolish _____ you _____ _____ someone else's prescribed medication.

B 다음 글을 읽고, 물음에 답하시오.

> Of all the great apes, which include chimpanzees, orangutans, and gorillas, bonobos are believed to ⓐ (be, have been) the closest to humans biologically. In fact, about 98% of our genetic makeup is the same as bonobos'. Physically, they closely resemble *Australopithecus*, one of our early ancestors. Bonobos walk on two feet more often and more easily than other apes and are highly intelligent. Wild bonobos are only found in the Democratic Republic of Congo, an African nation suffering under years of brutal warfare. The bonobo population is believed to ⓑ (decline, have declined) sharply due to this fighting. Therefore, it is necessary _____ _____ _____ _____ them.
>
> *Australopithecus 오스트랄로피테쿠스

1 ⓐ, ⓑ의 괄호 안에서 알맞은 것을 고르시오.

2 to부정사와 괄호 안의 말을 활용하여 빈칸을 채우시오.
(humans / protect)

Q bonobo에 대한 설명으로 틀린 것은?
① 인간과 가장 유사한 종족이다.
② 지능이 매우 높다.
③ 아프리카 전역에서 서식한다.

....

A prescription 처방전 (통 prescribe (의사가) 처방하다) medication 약 substance 물질
B ape 유인원 biologically 생물학적으로 genetic 유전적인 makeup 체질, 성질 brutal 잔혹한 warfare 전쟁 sharply 급격하게

25 원형부정사

! **Examine & Think**

굵게 쓰인 말의 공통점에 대해 생각해 보시오.

If I hear you **talk** in class again,
I'll make you **stay** after school.

A 원형부정사의 개념

보통 부정사라고 하면 「to + 동사원형」 형태의 to부정사만 생각하는데, 부정사에는 to 없이 쓰는 원형부정사도 있다. 원형부정사라는 이름은 그 모양이 동사원형과 같다고 해서 붙여진 것인데, 조동사 뒤에 오는 동사원형도 원형부정사로 볼 수 있다.

B 지각동사 + 목적어 + 원형부정사

지각동사는 목적격 보어로 원형부정사를 쓰는데, 이때 목적어가 원형부정사의 의미상 주어이다. 해석은 '~가 …하는 것을 보다[듣다, 느끼다 등]'으로 한다.

a I **heard** *you* **call out** in the middle of the night.	a 네가 소리치는 것을 듣다
b I **felt** *something* **touch** my shoulder.	b 무엇인가가 닿는 것을 느끼다
c Did you **notice** *anyone* **come** in?	c 누군가 들어오는 것을 알아차리다
cf₁ I **saw** *him* **standing** here with her. ← I saw him. He was standing here with her.	*cf₁* 목적어의 동작이 진행 중일 경우 원형부정사 대신 현재분사도 올 수 있다.
cf₂ I **saw** *him* **lifted** onto his teammates' shoulders.	*cf₂* 목적어가 목적격 보어로 쓰인 동사의 행위의 '대상'이 되는 경우 목적격 보어로 수동의 의미를 가진 과거분사를 쓴다. 참조 UNIT 32 B 2

call out 소리를 치다

C 사역동사 + 목적어 + 원형부정사

사역동사 make, have, let 등도 목적격 보어로 원형부정사를 취한다.

1 make + 목적어 + 원형부정사 (강요)	**1** 「make + 목적어 + 원형부정사」는 다음과 같은 두 가지 의미로 쓰인다.
a He **makes** his son **study** Spanish every day. = He **forces** his son **to study** Spanish every day.	a ~에게 …하도록 시키다(= force + 목적어 + to-v)
b These jeans **make** me **look** fat. = These jeans **cause** me **to look** fat.	b ~가 …하도록 초래하다(= cause + 목적어 + to-v)

2 have + 목적어 + 원형부정사 (가벼운 지시)

c He **had** his secretary **bring** him a newspaper.
= He **got** his secretary **to bring** him ~.

cf₁ I **had** my wisdom teeth **taken out**.

3 let + 목적어 + 원형부정사 (허가)

d Mom doesn't **let** me **oversleep**.
= Mom doesn't **allow** me **to oversleep**.

e Come over here. **Let me give** you a hug.

4 help + 목적어 + (to)-v

f Can you **help** me (**to**) **decorate** the room?

cf₂ Reaching your goals will **help keep** you motivated.

---

2 have도 '시키다'라는 의미가 있지만 make와 같이 강요의 의미는 없다.

c 가벼운 지시를 나타내는 「get + 목적어 + to-v」와 거의 비슷한 의미이다.

cf₁ 목적어가 목적격 보어로 쓰인 동사의 '대상'일 경우, 목적격 보어로 과거분사를 쓴다. [참조] UNIT 32 B 2

3 ~가 …하는 것을 허락하다(= allow + 목적어 + to-v)

d 내가 늦잠 자도록 허락하다

e Let me로 시작하는 명령문은 제안의 뜻이므로 '(내가) ~할게'라고 해석한다.

4 help는 목적격 보어로 원형부정사와 to부정사 둘 다 취할 수 있다.

f ~가 …하는 것을 도와주다

cf₂ help 뒤에 바로 원형부정사가 오기도 한다.

---

wisdom tooth 사랑니 give someone a hug ~를 안다[포옹하다]

Ⓓ 원형부정사의 관용표현

---

1 cannot (help) but + 원형부정사

a I **cannot but agree** with her idea.
= I **cannot help agreeing** with her idea.

2 do nothing but + 원형부정사

b The baby **does nothing but smile** when she is with her grandmother.

cf. He would **do anything but** break the law.

---

1 '~하지 않을 수 없다'의 의미로 「can't help v-ing」로 바꿔 쓸 수 있다.

2 단지 ~하기만 하다

cf. do anything but + 원형부정사: ~말고는 다 하다

EXERCISE

정답 및 해설 p.36

A   괄호 안에서 가장 알맞은 것을 고르시오.

1 I didn't see him (come, comes, to come) in.

2 Please let me (take, took, to take) a look at your passport.

3 At the movie theater, I heard my name (call, calling, called).

4 If you're in a rush, why not just have someone (fill, to fill, filled) out the form for you?

5 He did nothing but (relax, to relax, relaxed) at home during the holiday.

6 I really like hamburgers, but Mom (made, forced, let) me stop eating junk food.

7 Could you help me (find, finding, found) my luggage?

B   괄호 안의 말을 알맞은 형태로 바꾸어 문장을 완성하시오.

1 Peter felt something _____ (crawl) up his back.

2 His parents couldn't help but _____ (worry) about his safety.

3 We watched the stars _____ (appear) in the sky.

4 Some people suspected that he let the criminal _____ (escape).

5 The immigrants forced Native Americans _____ (leave) their land.

C   문장에서 어법상 <u>틀린</u> 부분을 찾아 바르게 고치시오. 틀린 부분이 없으면 ○표 하시오.

1 She had her shoes repair yesterday.

2 Ann got her husband take pictures of her.

3 This book will help build your critical thinking skills.

4 The play made her to realize how much she wanted to be an actress.

D   우리말과 일치하도록 부정사와 괄호 안의 말을 활용하여 문장을 완성하시오.

1 나는 그들이 정치 문제로 논쟁하는 것을 들었다. (hear / argue about)

→ I _____ political issues.

2 Johnson 선생님은 그의 학생들에게 신문을 읽도록 했다. (have / read)

→ Mr. Johnson _____ the newspaper.

3 엄마는 내가 그 파티에 가는 것을 허락하시지 않으려 한다. (let / go)

→ My mom wouldn't _____ to the party.

4 경찰관은 그들에게 주머니에 든 것을 다 꺼내게 시켰다. (make / empty)

→ The police officer _____ their pockets.

E 설문조사 결과를 나타낸 다음 그래프를 보고 문장을 완성하시오.

Is meditation helpful for relieving stress?

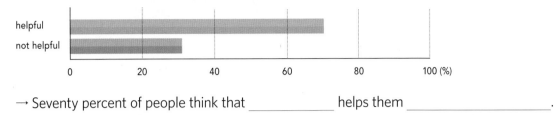

→ Seventy percent of people think that _____ helps them _____.

GRAMMAR IN READING ···

A 다음 글을 읽고, 어법상 <u>틀린</u> 부분 두 개를 찾아 바르게 고치시오.

Ellen, who is blind, knows the time despite the fact that she can't see a clock. This special ability was discovered one day after her mother allowed her listen to the "time lady" on the radio. Somehow Ellen set her own internal clock, which lets her known the exact time.

B 다음 글을 읽고, 물음에 답하시오.

Cape Town, South Africa, is one of the most scenic cities I've ever been to. Table Mountain and the nearby ocean offer many opportunities for terrific photographs. It's a friendly place too. <u>그곳의 사람들은 우리가 바로 집에 있는 것처럼 편하게 느끼도록 해 주었다.</u> On our first day there, we wandered around the Victoria and Alfred Waterfront, a very safe and clean area. There were plenty of restaurants and shops ⓐ (spend, to spend) time at, as well as the Two Oceans Aquarium. We watched the sharks ⓑ (to swim, swimming) overhead through the shark tunnel, which was really enjoyable.

1 밑줄 친 우리말과 일치하도록 괄호 안의 말로 문장을 완성하시오.

→ The people there _____ right at home.
(make / feel)

Q 위 글의 종류로 가장 알맞은 것은?
① science fiction
② biography
③ travel journal

2 ⓐ, ⓑ의 괄호 안에서 알맞은 것을 고르시오.

··

A somehow 어쩐지, 웬일인지 internal 내부의
B scenic 경치가 좋은, 아름다운 nearby 가까운 terrific 멋진, 훌륭한 wander 막연히 걸어가다, 배회하다 overhead 머리 위에[로]

UNIT 25 **135**

UNIT 26 자주 쓰이는 to부정사 구문

A happen, manage, seem, etc. + to-v

happen, manage, seem, try 등의 동사는 to부정사와 함께 자주 쓰인다. 이들 동사 뒤에 오는 to부정사는 '~을[를]'로 해석하지 않는 경우가 많다.

a I **happened to see** a balloon in the sky.	a happen to-v: 우연히[공교롭게도] ~하다
cf. Do you **happen to know** where she is?	*cf.* (의문문에서) 혹시 ~하는가?
b He **seems[appears] to know** the answer.	b seem[appear] to-v: ~처럼 보이다, ~인 것 같다
c In the end, our trip **proved to be** an unpleasant experience.	c prove to-v: ~로 판명되다
d The tickets were almost sold out, but I **managed to get** one.	d manage to-v: 어떻게든 해서 (결국) ~을 해내다
e I **tried to forget** about my ex-girlfriend.	e try to-v: ~하려고 노력하다, 애써 ~하려고 하다
f I **tend to get up** late on weekends.	f tend to-v: ~하는 경향이 있다
g Anna **failed to pay** her water bill.	g fail to-v: ~하지 못하다

balloon 기구 be sold out 매진되다 water bill 수도 요금

B 동사 + 목적어 + to-v

allow, ask, advise, get, tell 등의 동사는 「동사 + 목적어(사람) + to-v」 형태로 많이 쓰이는데, 여기서 to부정사는 목적어의 상태나 동작을 보충 설명하는 목적격 보어이다. 참조 UNIT 20 B

a My dad won't **allow** *me* **to see** my friend.	a allow + 목적어 + to-v: ~이 …하는 것을 허락하다
b I **asked** *Mom* **not to show** Dad my report card.	b ask + 목적어 + to-v: ~에게 …하라고 요청하다
c He **advised** *me* **to be** careful.	c advise + 목적어 + to-v: ~에게 …하라고 조언하다
d How can we **get** *our kids* **to enjoy** reading?	d get + 목적어 + to-v: ~로 하여금 …하게 하다
e I **told** *him* **to think** twice about marriage.	e tell + 목적어 + to-v: ~에게 …하라고 말하다
f The doctors **warned** *him* **to quit** smoking.	f warn + 목적어 + to-v: ~에게 …하라고 경고하다

report card 성적표

「동사 + 목적어 + to-v」 형태로 자주 쓰이는 구문

force + 목적어 + to-v ~에게 …하라고 강요하다, 억지로 …하게 하다
order + 목적어 + to-v ~에게 …하라고 명령하다
urge + 목적어 + to-v ~에게 …하라고 촉구하다
enable + 목적어 + to-v ~가 …할 수 있게 하다

require + 목적어 + to-v ~에게 …할 것을 요구하다
persuade + 목적어 + to-v ~가 …하도록 설득하다
permit + 목적어 + to-v ~가 …하는 것을 허락하다
encourage + 목적어 + to-v ~가 …하도록 격려하다[장려하다]

ⓒ 「동사 + 목적어 + to-v」의 수동형

B의 「동사 + 목적어 + to-v」 구문은 다음과 같이 수동형 문장으로도 쓸 수 있다. 자주 쓰이는 표현은 숙어처럼 익혀두면 도움이 된다.

a He **was expected to be** on time.

b Drivers **were asked to follow** the detour.

c People **are advised not to travel** to areas with a high malaria risk.

d Students **are** not **allowed to smoke**.

e The airport **was forced to close** because of heavy fog.

f I **was told to wait** until my name was called.

a be expected to-v: ~할 것으로 기대[예상]되다

b be asked to-v: ~하도록 요청을 받다

c be advised to-v: ~하라는 충고[조언]를 받다

d be allowed to-v: ~하는 것을 허락받다

e be forced to-v: 어쩔 수 없이 ~하다, 억지로 ~하다

f be told to-v: ~하라는 말을 듣다

detour 우회로   malaria (의학) 말라리아

EXERCISE

정답 및 해설 p.38

A 다음 두 문장이 같은 뜻이 되도록 괄호 안의 단어를 이용하여 문장을 완성하시오.

1 I went to the party, but I couldn't find Mr. Grant.

= I went to the party, but I _____ (fail) Mr. Grant.

2 I ran into one of my colleagues by chance.

= I _____ (happen) one of my colleagues.

3 The programmer succeeded in making new anti-virus software.

= The programmer _____ (manage) new anti-virus software.

4 The students at this high school usually study in groups rather than alone.

= The students at this high school _____ (tend) in groups rather than alone.

B 문장에서 어법상 <u>틀린</u> 부분을 찾아 바르게 고치시오. 틀린 부분이 없으면 ○표 하시오.

1 This book enabled me overcome my weakness.

2 People encourage to save energy by the government last summer.

3 The lifeguards warned us being careful of jellyfish in the sea.

4 Will the city council permit you to build a house there?

C 우리말과 일치하도록 괄호 안의 말을 활용하여 문장을 완성하시오.

1 우리는 다음 달까지 아파트에서 이사 나가라는 말을 들었다. (tell / move)

→ We _____ out of the apartment by next month.

2 그 선생님은 Emily가 그 대회에 참가하도록 설득해야 한다. (persuade / participate in)

→ The teacher should _____ the competition.

3 우리나라는 경제 위기에 처하리라 예상되었으나, 그런 일은 일어나지 않았다. (expect / face)

→ Our country _____ an economic crisis, but that didn't happen.

4 그 다친 병사들은 남아 있으라는 명령을 받았으나, 그 명령에 따르지 않았다. (order / stay)

→ The wounded soldiers _____ behind, but they didn't follow the order.

5 어떻게 그녀가 나한테 차를 빌려주게 만들 수 있을까? (get / lend)

→ How can I _____ me her car?

6 비행기가 이륙할 때, 승객들은 자기 자리에 앉아 있도록 요구된다. (require / remain)

→ When the airplane takes off, passengers _____ in their seats.

D 다음 대화를 읽고, 괄호 안의 단어를 이용하여 질문에 답하시오.

> Kate : I have trouble sleeping at night.
> Caleb : You shouldn't use your cell phone right before bedtime.

Q What did Caleb tell Kate?

→ He _____ her _____. (advise / bedtime)

GRAMMAR IN READING

A 다음 글을 읽고, ⓐ, ⓑ의 괄호 안의 말을 문맥에 맞도록 배열하시오.

> Imagine you are shown pictures of my family. Later, ⓐ (happen / you / me / see / to) and think that I look familiar even though I don't look exactly like any of them. This is because similarities add up in our memory, and this ⓑ (things / us / to / enables / identify) as familiar.

B 다음 글을 읽고, 물음에 답하시오.

Text Neck: How Smartphones Are Damaging Our Spines

How do you hold your head when you use your phone? ⓐ This may seem to be a strange question, but it is important. These days, ⓑ people tend using smartphones wherever they are. As a result, most users bend their necks forward over their phones for several hours a day, and this puts a lot of pressure on their spines. This pressure can lead to headaches and back problems, even in teenagers. 그것이 사람들이 이 자세를 피하도록 권장되는 이유이다.  ⓒ Some manage to do it by regularly taking breaks from their phones or stretching their necks.

1 밑줄 친 ⓐ~ⓒ 중 어법상 틀린 것을 찾아 바르게 고치시오.

2 밑줄 친 우리말과 일치하도록 괄호 안의 말로 문장을 완성하시오.

→ That is why _____

this posture. (encourage / avoid)

Q 위 글의 내용과 일치하면 T, 일치하지 않으면 F를 쓰시오.
To avoid "text neck," people should use their smartphones less and stretch often. (   )

REVIEW TEST

A   괄호 안에서 알맞은 것을 고르시오.

1   Sue had all her appointments (cancel, canceled).

2   The professor gave me a paper (read, to read).

3   He is reluctant (make, to make) speeches in public.

4   My worst fear would be (sing, to sing) in front of lots of people.

5   Because our rent was raised, we (forced to, were forced to) move out of our office a month ago.

B   괄호 안의 말과 to부정사 또는 원형부정사를 이용하여 문장을 완성하시오.

1   You _____ (be / wait) in line until it's your turn.

2   Students _____ (not / allow / enter) the room once the test begins.

3   He called the police when he heard _____ (someone / cry) for help.

4   He is planning _____ (where / go) first when he travels to Italy.

C   자연스러운 문장이 되도록 괄호 안의 말을 바르게 배열하시오.

1   He (it / thought / to / right / resign) from his position.

2   The cheetah is (enough / to / fast / catch) its prey easily.

3   (dangerous / ride / it / a bike / is / to) without a helmet.

4   My cousin (graduate from / is / middle school / to) next month.

5   Its population (increase / is / expected / to) over the next few years.

6   Students (how / solve / discuss / to / will) school violence problems.

D   다음 두 문장이 같은 뜻이 되도록 빈칸을 채우시오.

1   It seemed that John had had a big argument with his father.

    = John seemed _____ with his father.

2   The professor's lecture is so difficult that students can't follow it.

    = The professor's lecture is _____.

3   A mansion is expensive to maintain.

    = It _____ to maintain a mansion.

4   It is certain that Sue will stay in France for another week.

    = Sue is _____ in France for another week.

5   They are working on weekends so that they won't delay the project.

    = They are working on weekends so as _____ the project.

E 다음 중 어법상 맞는 것을 <u>모두</u> 고르시오.

① We want you leaded our team.
② Who was the first person to walk on the moon?
③ The man decided helping the poor children.
④ The worker told us ask for a spare key at the front desk.
⑤ He thought it difficult to get accurate information on the Internet.

F 문장에서 어법상 <u>틀린</u> 부분을 찾아 바르게 고치시오. 틀린 부분이 없으면 ○표 하시오.

1 Janet got him fix the copy machine.
2 People sometimes use their cell phones pay for things.
3 People were asked to wear masks to the costume party.
4 All I could do was quietly sit beside him and listen.
5 It was kind for her to prepare lunch for everyone at the meeting.

G (A), (B), (C)의 각 네모 안에서 어법상 알맞은 것을 고르시오.

Stonehenge was built between 2800 and 1800 BC. Though it remains a mystery, there are a few theories about the purpose of its construction. It was said (A) to be / to have been designed as an observatory. It may have enabled ancient people (B) track / to track the movement of the sun and moon, as well as to mark the changing seasons. However, the discovery of human bones buried there helped another theory (C) arise / arising . Some experts now believe that it used to be a graveyard.

H 다음 글을 읽고, 물음에 답하시오.

Calcium helps your body ⓐ form and maintain healthy bones. During adolescence, when bones grow rapidly, 십 대들이 식사에서 충분한 칼슘을 섭취하는 것이 필요하다. If they don't, their body takes calcium from their bones, which causes their bones ⓑ become weak. People who smoke or drink coffee or alcohol must be especially careful, as those substances interfere with the body's ability ⓒ to absorb and use calcium.

1 밑줄 친 ⓐ~ⓒ 중 어법상 <u>틀린</u> 것을 고르시오.

2 밑줄 친 우리말과 일치하도록 다음 괄호 안의 말을 활용하여 영작하시오.
　　→ it _____ in their diet
　　　(necessary / teenagers / get / sufficient)

수능 Special 04

A **to부정사를 목적격 보어로 취하는 동사들**

ask, advise, order, force, allow, encourage 등의 동사는 to부정사를 목적격 보어로 취하여 「동사 + 목적어 + to-v」의 형태로 쓴다.

> **a** The court ordered David [**pay** / **to pay**] a fine of $3,000.
>
> **b** Snow leopards' large paws allow them [**grip** / **to grip**] rocks.
>
> **a** 법원은 David에게 3,000달러의 벌금을 내라고 명령했다. **b** 눈표범의 큰 앞발은 그들이 바윗돌을 꽉 잡을 수 있도록 해준다.

B **원형부정사를 목적격 보어로 취하는 동사들**

지각동사(see, hear, feel 등)와 사역동사(have, let, make)는 목적격 보어로 원형부정사를 취하며, help는 원형부정사와 to부정사 둘 다 취할 수 있다.

> **c** I heard him [**scream** / **to scream**], "Get out of the water!" 수능 기출 응용
>
> **d** We often let emotion [**affect** / **to affect**] our judgement. 교육청 기출
>
> **c** 나는 "물에서 나오세요!"라고 그가 외치는 것을 들었다. **d** 우리는 흔히 감정이 판단에 영향을 미치게 한다.

> **TIP**
> 지각동사와 사역동사 have는 진행 중이거나 지속되는 일을 나타낼 때 목적격 보어로 현재분사를 취하기도 한다.
> **I saw a woman approaching me.**
> 나는 한 여자가 내게 다가오고 있는 것을 봤다.

PRACTICE

A **괄호 안에서 어법상 알맞은 것을 고르시오.**

1 The teacher had the students [read / to read] an article and summarize it.

2 Churchill's secretary asked him [send / to send] the painting to England. 교육청 기출

3 Many doctors advise people [drink / to drink] water from glass or stainless steel containers. 교육청 기출 응용

B **다음 글의 밑줄 친 부분 중, 어법상 틀린 것은?**

At age 17, Malala Yousafzai became the youngest Nobel Peace Prize winner for her work in Pakistan ① as a female education rights activist. When she was 11, the Taliban prevented many girls from ② going to school, so she started a BBC blog about why education is important for girls. In retaliation, a Taliban gunman attacked her, almost ③ killing her. This would have forced many other people ④ quitting. But Malala returned to activism as soon as she was healthy again. This bravery led to important education initiatives. Her story shows ⑤ that anyone can positively promote change.

부정사의 정체는?

a He loves **to watch** movies. **(목적어)** → 명사
그는 영화 **보는 것을** 좋아한다.

b The multiplex is the best place **to watch** movies. **(명사 수식)** → 형용사
그 복합영화관은 영화를 **볼 만한** 가장 좋은 장소이다.

c He goes to the multiplex every Sunday **to watch** movies. **(동사 수식)** → 부사
그는 매주 일요일 그 복합영화관에 영화를 **보기 위해** 간다.

부정사에 대해 '부정사는 변신을 잘해서 명사도 되고 형용사도 되고 또 부사도 된다. 따라서 품사를 꼭 집어서 정할 수 없는 말이기 때문에 부정사라고 한다.'라고 알고 있는 경우가 종종 있다. 위 문장들에서도 똑같은 'to watch'가 여러 가지 품사로 쓰이는 것을 볼 때, 그렇게 설명하는 것이 큰 문제가 될 것 같지는 않다. 하지만 부정사의 정의가 '품사를 정할 수 없는 말'은 아니다. 부정사의 본래 의미는 인칭과 수, 시제에 의해 형태가 규정(定)되지 않은(不) 말(詞)이다.

다음 문장들을 특히 watch의 형태에 주목하여 살펴보자.

d I **watch** TV.   **e** He **watches** TV.   **f** He **watched** TV.
g I want **to watch** TV. **h** He wants **to watch** TV. **i** He wanted **to watch** TV.
j I see him **watch** TV. **k** I saw him **watch** TV.   **l** I can **watch** TV.

문장 **d~f**의 경우 동사 watch는 주어의 인칭과, 단수/복수 여부, 동사의 시제 때문에 형태가 watches, watched 등으로 변했다. 이것은 주어의 인칭, 수, 또는 시제가 동사 watch의 형태를 규정한다는 것을 의미한다. 문장 **g~i**의 경우 watch는 주변 상황과 관계없이 계속 형태가 to watch이고, **j~l**의 경우 계속 watch이다. 주어의 인칭과 수, 동사의 시제에 의해 형태가 규정(定)되지 않고(不) 있는 것이다. 이것이 바로 부정사이다. **g~i**를 to가 있다고 해서 to부정사(to-infinitive)라고 하고 **j~l**을 to 없이 동사원형만 쓰기 때문에 원형부정사(bare infinitive)라고 한다. 흔히 우리는 지각동사, 사역동사 뒤에 '동사원형' 또는 조동사 뒤에 '동사원형'이 온다고 하는데 결국 그때의 '동사원형'이 사실은 '원형부정사'인 셈이다.

CHAPTER

05

GERUNDS

동명사

동명사(動名詞)는 to부정사와 마찬가지로 동사의 형태를 변형하여 문장 속에서 다양한 역할을 할 수 있게 한 준동사이다. 동명사는 동사와 명사를 합친 말이므로, 문장에서 명사의 역할을 하면서 동사의 성질도 갖고 있다. **동사의 성질**을 갖는다는 것은 동작이나 상태를 나타내면서 뒤에 목적어나 보어, 수식어를 취할 수 있다는 것이고, **명사 역할**을 한다는 것은 문장에서 주어, 목적어, 보어로 쓰인다는 것이다. to부정사가 문장에서 명사, 형용사, 부사의 역할을 할 수 있는 것과 달리 동명사는 명사의 역할만 할 수 있다.

■ 동명사의 동사적 성질

`동명사의 목적어`

Watching **video clips on the Internet** is fun.

`동명사의 수식어`

인터넷에서 동영상을 보는 것은 재미있다.

■ 동명사의 명사적 역할

`주어`

Taking a walk is one of my favorite things to do.

산책하는 것은 내가 가장 좋아하는 일 중 하나이다.

`목적어`

I enjoy **taking a walk** along the lake.

나는 호숫가를 따라 산책하는 것을 즐긴다.

`보어`

Mr. James' routine is **taking a walk** in the morning.

James 씨의 일과는 아침에 산책하는 것이다.

UNIT 27 동명사의 개념 및 역할

! Examine & Think

굵게 쓰인 말의 문장 내 역할에 대해 생각해 보시오.

She likes **reading books**.
Reading is her favorite way to learn new things.

A 동명사의 동사적 성질

'동사'와 '명사'가 합쳐진 말인 동명사는 동사의 성질을 가지면서도 문장에서는 명사의 역할을 한다. 동사가 목적어나 보어, 수식어 등을 취할 수 있듯이 동명사도 목적어, 보어, 수식어 등을 취할 수 있다.

a	**Taking** *the subway* is much cheaper than driving.	a	동명사 Taking이 the subway를 목적어로 취함
b	She enjoys **playing** *chess* in her free time.	b	동명사 playing이 chess를 목적어로 취함
cf.	By **not reacting** emotionally to criticism, he avoided any further trouble.	*cf.*	동명사의 부정은 동명사 바로 앞에 not을 붙여서 나타낸다.
c	**Staying up** *late* is not good for your health.	c	동명사 Staying up이 late의 수식을 받음

react to ~에 반응하다 emotionally 감정적으로 criticism 비난, 비판

B 동명사의 명사적 역할

명사와 마찬가지로 동명사(구)도 문장에서 주어, 보어, 목적어 역할을 한다. 이때 해석은 '~하기', '~하는 것'으로 한다.

1 주어 역할

a **The exam** was not easy.

b **Preparing for the exam** was not easy.

cf₁ **Preparing for the exam in just a few hours was** not easy.

cf₂ **It** is nice **taking a walk with you**.

2 보어 역할

c He is **a movie director**.

d His job is **directing movies**.

1 a에서 명사 The exam이 주어로 쓰였듯이 b의 동명사구 Preparing for the exam이 주어로 쓰임

cf₁ 동명사구가 주어일 때는 단수 동사를 쓴다. 동명사구가 수식어구(in just a few hours)의 수식을 받아 길어질 때 동사의 수 일치에 유의한다.

cf₂ 동명사를 사용하여 「It ~ v-ing」와 같이 가주어·진주어 구문을 만들 수 있으나 이 구문은 잘 쓰지 않는다.

2 c에서 명사 a movie director가 보어로 쓰였듯이 d의 동명사구 directing movies도 보어로 쓰임

3 목적어 역할

e I like **sitcoms**.

f I like **watching sitcoms**.

4 전치사의 목적어 역할

g Thank you for **the news**.

h Thank you for **telling me the news**.

3 e에서 명사 sitcoms가 동사 like의 목적어로 쓰였듯이 f의 동명사구 watching sitcoms도 목적어로 쓰임

4 g에서 명사인 the news가 전치사 for의 목적어로 쓰였듯이 h의 동명사구 telling me the news도 for의 목적어로 쓰임

참고 전치사 뒤에는 명사(구), 대명사, 동명사, 명사절 등의 명사 상당어구가 목적어로 와야 한다. (to부정사는 전치사 뒤에 쓰지 않음) **참조** UNIT 60 B

---

direct (영화를) 감독하다 sitcom 시트콤

UPGRADE YOUR GRAMMAR

「It ~ v-ing」 구문의 쓰임

to부정사가 주어일 때는 it을 가주어로 한 「It ~ to-v」 구문의 쓰임이 훨씬 더 일반적이나, 동명사가 주어일 때는 it을 가주어로 한 구문은 잘 쓰지 않는다.

a Is **it** that difficult **to learn** Arabic? 아랍어를 배우는 것이 그렇게 힘든가요?
  ≒ Is **it** that difficult **learning** Arabic?

「It ~ v-ing」 형태는 주로 nice, no fun, no use[good], (not) worth 등과 함께 관용적으로 쓰인다. **참조** UNIT 30

b **It** is **nice having** a dog. [It's nice v-ing: ~하는 것이 좋다]
  개를 키우는 것이 좋다.

c **It** was **no fun being** with Charles. [It's no fun v-ing: ~하는 것은 재미없다]
  Charles와 함께 있는 것은 정말 재미없었다.

Examine & Think reading books – 목적어 역할, Reading – 주어 역할 / 그녀는 책 읽는 것을 좋아한다. 책을 읽는 것은 그녀가 새로운 것을 배우는 가장 좋아하는 방법이다.

A a 지하철을 타는 것이 운전하는 것보다 훨씬 저렴하다. b 그녀는 한가할 때 체스 두는 것을 좋아한다. *cf.* 비난에 감정적으로 대응하지 않음으로써 그는 더 이상의 말썽을 피했다. c 늦게까지 자지 않고 있는 것은 네 건강에 좋지 않다.

B a 시험은 쉽지 않았다. b 시험에 대비하기가 쉽지 않았다. *cf₁* 단지 몇 시간 만에 시험에 대비하기가 쉽지 않았다. *cf₂* 너와 함께 산책하는 것이 좋다. c 그는 영화감독이다. d 그의 직업은 영화를 감독하는 것이다. e 나는 시트콤을 좋아한다. f 나는 시트콤 보는 것을 좋아한다. g 그 소식 고마워요. h 그 소식을 나에게 말해줘서 고마워요.

EXERCISE

정답 및 해설 p.40

A   밑줄 친 동명사구가 문장 안에서 하는 역할을 쓰고, 문장을 해석하시오.

1 Dave has a good chance of underline{breaking the world record}.   [   ]

2 The actress supports underline{working for children's rights}.   [   ]

3 One of my favorite activities is underline{walking in the countryside}.   [   ]

4 Habitually underline{being late} does not make you look good.   [   ]

B   괄호 안에서 알맞은 것을 고르시오.

1 Their aim is (boost, boosting) their sales by 30% this year.

2 (Learn, Learning) about other cultures is really interesting.

3 Can you forgive me for (keeping not, not keeping) my word?

4 She left the country without (to say, saying) goodbye to her family.

C   괄호 안의 단어를 이용하여 다음 문장을 완성하시오.

0 His lecture is educational. (take)

→ Taking his lecture is educational.

1 She is in charge of the new project. (complete)

→ She is in charge of _____.

2 You should give up coffee to sleep better at night. (drink)

→ You should give up _____.

3 The director finished his first movie. (film)

→ The director finished _____.

D   동명사와 보기의 표현을 이용하여 문장을 완성하시오.

| [보기] | take vitamin C | coordinate her clothes |
| | become a news anchor | answer those questions |

1 _____ for CNN is her dream.

2 Carol is famous for her fashion sense. She's really good at _____.

3 _____ helps you recover from colds.

4 I tried to avoid _____ because they were very sensitive issues.

148   G-ZONE CHAPTER 05

다음 대화를 읽고, 대화 속 단어를 활용하여 주어진 질문에 답하시오.

> Sam : Are you okay? You look nervous.
> Sue : I'm worried that I might make a mistake during the speech.

Q What is Sue worried about?

→ She is worried about _____ .

GRAMMAR IN READING

A 밑줄 친 ⓐ, ⓑ를 어법에 맞게 고치시오.

> Advertising plays an important role in ⓐ <u>promote</u> business. It is an effective way to make your customers aware of your products. Doing business without advertising is like ⓑ <u>smile</u> at someone in the dark—no one but you knows what you're doing.

B 다음 글을 읽고, 물음에 답하시오.

Coffee and Caffeine: How Much Should You Drink?

The caffeine contained in coffee is considered to be safe in moderation. Most experts estimate 200 to 300 mg of caffeine each day to be a moderate amount for an adult. But the truth is that _____ as little as 100 mg of caffeine a day can cause you to become dependent. This means that (can / quitting caffeine / *withdrawal symptoms / lead to / unpleasant), including excessive tiredness and headaches. So before you order that second cup of coffee, you should think about the potential consequences.

*withdrawal symptom 금단 증상

---

1 빈칸에 들어갈 말로 알맞은 것을 고르시오.

① consume   ② consumes   ③ consumed

④ consuming   ⑤ to be consumed

Q 글쓴이의 주장으로 가장 알맞은 것은?
① 카페인 섭취를 중단해야 한다.
② 적당량의 카페인을 섭취하는 것이 중요하다.
③ 카페인은 안전한 물질이다.

2 괄호 안의 말을 문맥에 맞도록 배열하시오.

A   play a role 역할을 하다   promote 촉진시키다   aware of ~을 아는, 깨달은

B   moderation 알맞음 (형 moderate 알맞은, 적당한)   expert 전문가   estimate 추정하다   excessive 과도한, 엄청난   tiredness 피로   potential 잠재적인   consequence 결과

UNIT 28 동명사의 의미상 주어 · 시제 · 수동태

A 동명사의 의미상 주어

동명사의 행위 주체를 밝혀야 할 필요가 있는 경우 소유격 또는 목적격의 형태로 의미상 주어를 써 준다.

1	**의미상 주어를 밝히지 않는 경우**	**1**	
a	I'm sorry for **asking** you this again.	a	물어보는 것은 문장의 주어인 I (문장의 주어 = 동명사의 의미상 주어)
b	Thank you for **visiting** our website.	b	방문하는 것은 문장의 목적어인 you (문장의 목적어 = 동명사의 의미상 주어)
c	**Mastering** foreign languages is not easy.	c	의미상 주어가 일반인

2	**의미상 주어를 밝히는 경우**	**2**	동명사의 의미상 주어는 동명사 바로 앞에 쓰며 보통 소유격으로 나타낸다.
d	I like **his singing**.	d	노래하는 것은 I가 아니라 he → his
e	I'm very sorry about **her failing** the test.	e	낙제한 것은 I가 아니라 she → her
f	His mother was disappointed about **his not coming** back.	f	돌아오지 않는 것은 his mother가 아니라 he → his
g	I was shocked at **Ted's[his] being** so rude to me.	g	무례하게 군 것은 I가 아니라 Ted → Ted's[his]
cf.	I was shocked at **Ted[him] being** so rude to me.	*cf.*	의미상 주어로 소유격을 쓰는 것이 원칙이나 동명사가 동사나 전치사의 목적어일 경우 구어체에서는 목적격도 쓴다.
h	**His being** fired surprised everyone.	h	동명사가 문장의 주어일 때 의미상 주어는 소유격으로 쓴다.
i	I have no doubt of **this being** true.	i	소유격을 만들 수 없는 대명사(all, both, this, those 등)의 경우는 그대로 써 준다.

fail (시험에) 낙제하다, 떨어지다 fire 해고하다 have no doubt of ~을 의심하지 않다

B 동명사의 시제

동명사는 동사적 성질을 띠므로 동사와 마찬가지로 시제를 나타낼 수 있다.

1	**v-ing (단순형)**	**1**	동명사가 나타내는 때가 본동사의 시제와 같거나 이후의 일일 때에는 단순동명사로 쓴다.
a	I'm proud of **being** Korean. = I'm proud that I am Korean.	a	자랑스러운 것은 현재, 한국인인 것도 현재
b	I don't mind his **going** out tonight. = I don't mind that he will go out tonight.	b	내가 신경 쓰는 것은 현재, 그가 외출할 것은 미래

2 having v-ed (완료형)

c He's proud of **having been** a coach for the national team.
= He's proud that he **was** a coach for the ~.

d She boasted of **having met** the president.
= She boasted that she **had met** the president.

cf. He admitted **having cheated** on the exam.
= He admitted **cheating** on the exam.

2 동명사가 나타내는 때가 본동사의 시제보다 앞설 때는 「having v-ed」의 형태로 쓴다.

c 자랑스러워하는 것은 현재, 코치였던 것은 과거

d 자랑한 것은 과거, 대통령을 만난 것은 그 이전

cf. remember, deny, admit 등의 동사는 단순동명사 (v-ing)로 본동사보다 앞선 때를 나타낼 수 있다.
참조 UNIT 29 Upgrade Your Grammar

---

boast of ~을 뽐내다, 자랑하다 cheat (시험에서) 부정행위를 하다

C 동명사의 수동태

동명사는 동사적 성질을 띠므로 동사와 마찬가지로 수동태로 쓸 수 있다. 동명사의 수동태도 단순형과 완료형이 있다.

---

1 being v-ed (단순형)

a Loving is more precious than **being loved**.

b People love **being taken care of**.

1 수동태(be v-ed)에서 be를 동명사 형태인 being으로 변형

2 having been v-ed (완료형)

c I'm ashamed of **having been proven** wrong.
→ I'm ashamed that I **was proven** wrong.

d She complained of **having been insulted**.
→ She complained that she **had been insulted**.

2 완료형 수동태(have been v-ed)에서 have를 동명사 형태인 having으로 변형

---

precious 소중한, 값진 insult 모욕하다

A a 이것을 다시 여쭤봐서 죄송합니다. b 저희 웹사이트를 방문해 주셔서 감사합니다. c 외국어를 완전히 익히는 것은 쉬운 일이 아니다. d 나는 그가 노래하는 것이 좋다. e 나는 그녀가 시험에서 떨어진 것이 매우 안타깝다. f 그의 어머니는 그가 돌아오지 않아서 실망했다. g=*cf.* 나는 Ted가 내게 너무 무례하게 군 것에 충격을 받았다. h 그가 해고당한 것은 모든 사람을 놀라게 했다. i 나는 이것이 사실이라는 데 의심이 없다.
B a 나는 한국인임이 자랑스럽다. b 난 그가 오늘 밤 외출하는 것을 신경 쓰지 않는다. c 그는 국가 대표팀의 감독이었던 것을 자랑스럽게 생각한다. d 그녀는 대통령을 만났던 것을 뽐냈다. *cf.* 그는 시험에서 부정행위를 했다고 인정했다.
C a 사랑하는 것은 사랑받는 것보다 더 값지다. b 사람들은 보살핌을 받는 것을 좋아한다. c 내가 틀린 것이 밝혀진 게 부끄럽다. d 그녀는 (전에) 모욕당한 것에 대해 불평했다.

EXERCISE

정답 및 해설 p.41

A 괄호 안의 명사 또는 대명사를 활용하여 문장을 완성하시오.

0 Would you mind turning on the radio?

→ Would you mind <u>my turning on the radio?</u> (I)

1 I'm worried about playing computer games too much.

→ I'm worried about _____. (he)

2 We have no doubts about conquering Mt. Everest this time.

→ We have no doubts about _____. (she)

3 Daniel was proud of becoming a world-famous musician.

→ Daniel was proud of _____. (his daughter)

4 I'm sure of getting good results in this final experiment.

→ I'm sure of _____. (we)

B 다음 두 문장이 같은 뜻이 되도록 빈칸을 채우시오.

1 Ms. Jones seems frustrated that she lost the election.

= Ms. Jones seems frustrated at _____ _____ the election.

2 Do you mind if I ask you a personal question?

= Do you mind _____ _____ _____ a personal question?

3 She complains that Dean makes fun of her.

= She complains about _____ _____ _____ _____ her.

4 He was afraid that he might be criticized by his colleagues.

= He was afraid of _____ _____ by his colleagues.

5 Serena was pleased because she had been promoted.

= Serena was pleased about _____ _____ _____.

C 우리말과 일치하도록 괄호 안의 말을 바르게 배열하시오.

1 나는 그가 사제가 되었다는 사실에 충격을 받았다. (his / at / a priest / becoming)

→ I was shocked _____.

2 그녀가 파티에 오지 못한다는 것은 정말로 실망스럽다. (coming / her / to the party / not)

→ _____ is very disappointing.

3 어젯밤에 네가 자는 것을 방해해서 미안해. (disturbed / last night / having / your sleep)

→ I'm sorry about _____.

D 다음 상황을 읽고, 주어진 말을 순서대로 활용하여 문맥에 맞게 문장을 완성하시오.

> With only a small number of survivors, the army was retreating. But they were not afraid of _____ . (be / attack / their enemy)
> The enemy had lost as many, if not more, soldiers.

GRAMMAR IN READING

A 다음 글의 밑줄 친 부분을 응용하여 우리말과 일치하도록 빈칸을 채우시오. (괄호 안의 말을 활용할 것)

> When Drew Barrymore starred in the first *Charlie's Angels* movie, <u>jokes were made about her being overweight and having to hide it in the film.</u> Though her acting was delightful, critics commented on her weight instead. Shouldn't movie critics tell us about actors' performances in their films rather than focusing on their appearance?

나는 그녀가 여우주연상을 받을 것이라고 확신해.
→ I'm sure of _____ _____ the Best Actress award. (win)

B 다음 대화를 읽고, 물음에 답하시오.

> A : Now, seated to my right is Mrs. Jones. <u>Do you recall that you have seen her before?</u>
> B : No. I've never seen her before in my life.
> A : Are you really sure you didn't see her when the burglary happened in her store?
> B : No. This is the first time I've seen her.
> A : Then how can you explain ⓐ (having seen, having been seen) by Mrs. Jones in the store?
> B : I don't know. She may have confused me with someone else.
> A : So what were you doing that night?
> B : I was at home. I sat watching TV for a while before ⓑ (fall, falling) asleep.

1 밑줄 친 문장을 다음과 같이 바꾸어 쓸 때 빈칸에 알맞은 단어를 쓰시오.
→ Do you recall _____ _____ her before?

2 ⓐ, ⓑ의 괄호 안에서 알맞은 것을 고르시오.

Q 위 대화의 내용과 일치하면 T, 일치하지 않으면 F를 쓰시오.
Mrs. Jones was a victim of a burglary. (　)

A star (영화·연극 등에서) 주연을 맡다 overweight 과체중의 critic 비평가 performance 연기 appearance 외모
B recall 상기하다, 생각해 내다 burglary 절도, 도둑질

29 동명사 vs. to부정사

A 동명사를 목적어로 취하는 동사 vs. to부정사를 목적어로 취하는 동사 [참조] Appendix 4, 5

동명사를 목적어로 취하는 타동사	to부정사를 목적어로 취하는 타동사
enjoy, finish, mind(꺼리다), avoid, keep, quit, stop, give up(그만두다), deny, admit, put off(연기하다) 등	afford(~할 여유가 있다), choose, want, hope, decide, learn, plan, promise, expect, agree, refuse 등

a I really **enjoyed talking** to you.

b Haven't you **finished shopping** yet?

c He **denies having** ever met Tim.

d Teach me how to **avoid misspelling** words.

e They **expected to hire** more workers.

f I **hope to see** you soon.

g She **decided to stay** in L.A.

h He **plans to found** a hospital.

found (기관을) 설립하다

B 동명사와 to부정사 둘 다 목적어로 취하는 동사 (1) [참조] Appendix 8

a It **began to rain**.
  = It **began raining**.

b I **prefer to buy** things at Joe's shop.
  = I **prefer buying** things at Joe's shop.

cf. I **prefer walking to taking** the bus.

begin, start, like, love, prefer, hate, continue 등과 같은 동사들은 목적어로 동명사와 to부정사를 모두 취할 수 있으며, 의미 차이가 거의 없다.

cf. prefer A to B: B보다 A를 더 좋아하다 (이 경우 일반적으로 동명사를 목적어로 취함)

C 동명사와 to부정사 둘 다 목적어로 취하는 동사 (2)

다음 동사들은 동명사와 to부정사 모두를 목적어로 취할 수 있지만, 각각의 의미가 다르므로 주의한다.

a I **remember sending** the email to him.

b **Remember to send** the email to him.

c I **forgot seeing** him at the cafeteria.

d I **forgot to give** him your message.

e I **regretted telling** her a lie.

f I **regret to tell** you this bad news.

a-b remember v-ing: ~했던 것을 기억하다
remember to-v: ~할 것을 기억하다

c-d forget v-ing: ~했던 것을 잊다
forget to-v: ~할 것을 잊다

e-f regret v-ing: ~했던 것을 후회하다
regret to-v: ~하게 되어 유감이다

g If you're bored, **try doing** something active.

h Mom **tried to teach** me how to cook.

cf₁ He **stopped talking** and went out.

cf₂ We **stopped to look** around for a moment.

g-h try v-ing: (시험 삼아) ~해보다
     try to-v: ~하려고 애쓰다

cf₁-cf₂ stop v-ing: ~하는 것을 멈추다[그만두다]
      stop to-v: ~하기 위해 멈추다

주의 「stop to-v」의 to부정사는 stop의 목적어 역할을 하는 명사적 용법이 아니라 '목적'을 나타내는 부사적 용법이다.

UPGRADE YOUR GRAMMAR

동명사와 to부정사가 나타내는 뉘앙스의 차이

동명사에는 '전에 한 일 또는 이미 하고 있는 일'이라는 과거의 의미가 담겨 있다. 따라서 '전에 한 일을 ~하다' 혹은 '이미 하고 있는 일을 ~하다'라는 뜻의 동사들(finish, quit, deny, stop 등) 다음에는 동명사가 온다.

a He **denied throwing** it out.
    그는 그것을 버린 것을 부인했다.

(throw한 것은 denied보다 이전의 일)

마찬가지로 remember, forget 등의 동사가 동명사를 목적어로 취할 때는 그 동사의 시제 이전에 있었던 사실에 대한 기억 여부를 말한다.

c She **remembered seeing** a doctor.
    그녀는 의사의 진찰을 받았던 것을 기억했다.

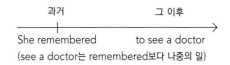

(see a doctor한 것은 remembered보다 이전의 일)

to부정사에는 앞으로 할 일이라는 미래의 의미가 담겨 있다. 따라서 '앞으로 할 일을 ~하다'라는 뜻의 소망, 계획, 의도 등을 나타내는 동사들(want, hope, decide, plan 등) 뒤에는 to부정사가 온다.

b I **want to take** the course.
    나는 그 강좌를 수강하기를 원한다.

```
    현재              미래
─────┼──────────────┼──────────►
   I want      to take the course
(take the course는 want보다 나중의 일)
```

마찬가지로 remember, forget 등의 동사가 to부정사를 목적어로 취할 때는 그 동사의 시제 이후에 할 일에 대한 기억 여부를 말한다.

d She **remembered to see** a doctor.
    그녀는 의사의 진찰을 받을 것을 기억했다.

```
    과거            그 이후
─────┼──────────────┼──────────►
 She remembered   to see a doctor
(see a doctor는 remembered보다 나중의 일)
```

A a 당신과 대화한 것은 정말 즐거웠습니다. b 아직도 쇼핑 안 끝났어? c 그는 Tim을 만났던 것을 부인한다. d 철자를 틀리지 않는 법을 가르쳐 줘. e 그들은 근로자들을 더 채용할 것을 기대했다. f 곧 당신을 만나길 바랍니다. g 그녀는 L.A.에 머물기로 했다. h 그는 병원을 설립할 계획이다.

B a 비가 오기 시작했다. b 나는 Joe네 가게에서 물건 사는 것을 선호한다. *cf.* 나는 버스 타는 것보다 걷는 것을 더 좋아한다.

C a 나는 그에게 메일을 보냈던 것을 기억한다. b 그에게 메일을 보내는 것을 기억해 주세요. c 나는 구내식당에서 그를 본 것을 잊었다. d 나는 그에게 네 말을 전해야 할 것을 잊고 있었다. e 나는 그녀에게 거짓말했던 걸 후회했다. f 당신에게 이런 나쁜 소식을 전하게 되어 유감입니다. g 지루하다면 뭔가 활동적인 것을 해보세요. h 엄마는 나에게 요리법을 가르치려고 노력하셨다. *cf₁* 그는 말하다 멈추고 밖으로 나가 버렸다. *cf₂* 우리는 잠시 둘러보기 위해 (가던 길을) 멈추었다.

EXERCISE

정답 및 해설 p.43

A 괄호 안의 동사를 알맞은 형태로 바꾸어 문장을 완성하시오.

1 I didn't expect _____ (see) you here.

2 She refused _____ (tell) me the truth.

3 They have decided _____ (buy) a bigger house.

4 I think you should avoid _____ (eat) high-fat food.

5 I can't put off _____ (go) to the dentist any longer.

6 I prefer watching baseball to _____ (play) it.

7 The two countries hope _____ (strengthen) their relationship.

8 She forgot _____ (write) a letter to me, so she wrote another one.

9 We've been hiking for hours. Why don't we stop _____ (take) a break?

10 I regret _____ (inform) you that your grandmother has just passed away.

11 My brother promised _____ (install) new software on my laptop.

12 We have saved enough money. We can afford _____ (travel) around Europe.

B 문장에서 어법상 <u>틀린</u> 부분을 찾아 바르게 고치시오. 틀린 부분이 없으면 ○표 하시오.

1 I agreed going fishing over the weekend.

2 If you stop to try, you will regret it for the rest of your life.

3 Steve denied to steal my money, but I'm sure he did.

4 When he finished sweeping the floor, he dusted the furniture.

C 우리말과 일치하도록 to부정사 또는 동명사와 괄호 안의 말을 활용하여 문장을 완성하시오.

1 나는 나갈 때 컴퓨터 끄는 것을 잊었다. (forget / turn off / the computer)

→ I _____ when I left.

2 나는 주머니에 내 지갑을 넣은 것을 기억한다. (remember / put / wallet)

→ I _____ in my pocket.

3 그 의사는 환자의 눈을 수술하기로 했다. (decide / operate)

→ The doctor _____ on the patient's eyes.

4 나는 그녀의 조언을 받아들이지 않은 것을 후회한다. (regret / take / advice)

→ I _____ .

5 나는 그의 화풍을 따라 해 보려고 애썼지만, 못했다. (try / imitate / painting style)

→ I _____ , but I couldn't.

D   다음 취급 설명서를 읽고, 같은 뜻이 되도록 동명사나 to부정사를 이용하여 문장을 완성하시오.

Instruction Manual

1 Do not plug it in with wet hands.

→ Please avoid _____ .

2 You should charge it fully before using it.

→ Don't forget _____ .

GRAMMAR IN READING ···

A   다음 글을 읽고, 문맥과 어법상 <u>틀린</u> 부분 두 개를 찾아 바르게 고치시오.

Children sometimes behave badly when they want getting their parents' attention. In this situation, ignoring them can be a useful technique. If they aren't getting attention, they may stop to misbehave.

B   다음 글을 읽고, 물음에 답하시오.

How to Study

Don't Quit until You Get It

<u>Have you ever regretted not going over your notes before an exam?</u> Let's say you keep ⓐ (to read, reading) over your notes. _____, you just can't grasp a certain topic the way your teacher has explained it. It's not that you're incapable of understanding; it's that we all respond differently to different teaching methods—and your teacher's isn't working for you. So, remember ⓑ (to search, searching) for other materials that break down the subject in a way that makes sense to you.

1 밑줄 친 문장을 우리말로 해석하시오.

2 ⓐ, ⓑ의 괄호 안에서 알맞은 것을 고르시오.

Q 위 글의 빈칸에 들어갈 말로 가장 알맞은 것은?
① However
② Therefore
③ In addition

A   ignore 무시하다 misbehave 나쁜 행동을 하다

B   go over 복습하다 grasp 이해하다 incapable ~할 수 없는, ~하지 못하는 break down 분해[분석]하다 make sense 이치에 닿다; 이해가 되다

자주 쓰이는 동명사의 관용 표현은 다음과 같다.

a **can't help v-ing**: ~하지 않을 수 없다 (= cannot (help) but + 동사원형)

I **can't help falling** in love with you.

(= I cannot (help) but fall in love with you.)

b **go v-ing**: ~하러 가다

Let's **go snowboarding** this weekend.

c **look forward to v-ing**: ~할 것을 고대하다[기대하다]

I'm really **looking forward to meeting** new friends there.

d **be accustomed to v-ing**: ~에 익숙하다

The nurse **is accustomed to dealing** with babies.

e **be used to v-ing**: ~에 익숙하다

Jason **is used to eating** spicy food.

cf. **used to-v**: ~하곤 했다

She **used to eat** late at night.

f **be busy v-ing**: ~하느라 바쁘다

My brother **is busy doing** his math homework.

g **be on the point of v-ing**: 막 ~하려던 참이다 (= be about to-v)

She **was on the point of going** out when the policemen rushed into the room.

(= She was about to go out when the policemen rushed into the room.)

h **be worth v-ing**: ~할 가치가 있다 (= It is worthwhile to-v)

All knowledge **is worth having**.

(= It is worthwhile to have all knowledge.)

i **feel like v-ing**: ~하고 싶다

I don't **feel like talking** to him at the moment.

j **never ~ without v-ing**: …하지 않고는 ~않는다, ~할 때마다 …한다 (= whenever ~)

I **never** play **without wearing** my lucky shoes.

(= Whenever I play, I wear my lucky shoes.)

k **prevent[keep/prohibit/stop] A from v-ing**: A가 ~하지 못하게 하다

Heavy rain **prevented** us **from leaving** the hotel.

l **on v-ing**: ~하자마자 (= As soon as + 주어 + 동사 ~)

On seeing the bus, they began to run.
(= As soon as they saw the bus, they began to run.)

m **have trouble[difficulty] v-ing**: ~하는 데 어려움을 겪다

I **have trouble remembering** faces.

n **There is no v-ing**: ~하는 것은 불가능하다, ~할 수 없다 (= It is impossible to-v)

There is no changing the past.
(= It is impossible to change the past.)

o **spend + 시간[돈] + (on) v-ing**: ~하느라 시간[돈]을 소비하다

We **spent** too much money (**on**) **renovating** the kitchen.

p **It is no use v-ing**: ~해도 소용없다 (= It is useless to-v)

It is no use trying to persuade him. He is really stubborn.
(= It is useless to try to persuade him.)

q **It goes without saying that ~**: ~은 말할 필요도 없다

It goes without saying that we need to protect the environment.

---

renovate 개조[보수]하다 stubborn 고집 센

UPGRADE YOUR GRAMMAR

전치사의 목적어로 쓰이는 명사 상당어구

위의 구문을 무턱대고 외우면 전치사 뒤에는 반드시 동명사만 올 수 있다고 생각하기 쉽다. 그러나 전치사는 명사 상당어구를 목적어로 취하므로 명사, 대명사 등도 목적어로 쓰일 수 있다. 위의 관용 표현에서 동명사가 쓰인다고 강조하는 이유는 해당 자리에 동사원형이나 to부정사를 쓰는 실수가 흔하기 때문이다.

a I'm looking forward to **getting my birthday present**. [동명사구]
나는 내 생일 선물을 받기를 고대하고 있다.

b I'm looking forward to **my birthday present**. [명사구]
나는 내 생일 선물을 고대하고 있다.

c I'm looking forward to **it**. [대명사]
나는 그것을 고대하고 있다.

---

a 난 너와 사랑에 빠지지 않을 수 없다. b 이번 주말에 스노보드 타러 가자. c 나는 거기에서 새로운 친구들을 만날 것이 정말 기대된다. d 그 간호사는 아기들을 다루는 것에 익숙하다. e Jason은 매운 음식 먹는 것에 익숙하다. cf. 그녀는 밤늦게 먹곤 했다. f 내 남동생은 수학 숙제를 하느라 바쁘다. g 경찰이 방으로 들이 닥쳤을 때, 그녀는 막 외출하려던 참이었다. h 모든 지식은 습득할 가치가 있다. i 나는 당장은 그와 얘기하고 싶지 않다. j 난 내 행운의 신발을 신지 않고는 놀지 않는다. (= 놀 때마다 내 행운의 신발을 신는다.) k 비가 너무 많이 와서 우리는 호텔을 나서지 못했다. l 버스를 보자마자, 그들은 뛰기 시작했다. m 나는 사람 얼굴을 기억하는 데 어려움을 겪는다. n 과거를 바꾸는 것은 불가능하다. o 우리는 부엌을 개조하는 데 너무 많은 돈을 썼다. p 그를 설득하려고 애써봐야 소용없다. 그는 고집이 정말 세다. q 우리가 환경을 보호해야 한다는 것은 말할 필요도 없다.

EXERCISE

정답 및 해설 p.44

A   괄호 안에서 알맞은 것을 고르시오.

1 I spent my whole weekend (relax, relaxing) at home.

2 I'm looking forward to (watching, watch) the semi-final.

3 They agreed that the plan was worth (to approve, approving).

4 When I used to (living, live) in Korea, I wasn't used to (using, use) chopsticks.

B   빈칸에 들어갈 말을 보기에서 골라 알맞은 형태로 쓰시오.

[보기]	check	raise	find	sleep	shop

1 Before you go _____, it's better to make a list of what to buy.

2 If you have trouble _____ our house, please call me.

3 Every day, he spends an hour _____ email messages from customers.

4 The company couldn't help _____ the price of its products.

5 My four-year-old sister isn't accustomed to _____ alone.

C   다음 두 문장이 같은 뜻이 되도록 동명사를 이용하여 빈칸을 채우시오.

1 It is useless to complain about the past.

= It is _____ _____ _____ about the past.

2 I want to take a hot bath.

= I _____ _____ _____ a hot bath.

3 Whenever she listens to the song, she thinks of her mother.

= She _____ listens to the song _____ _____ of her mother.

4 As soon as he arrived home, he gave me a souvenir he bought in Hawaii.

= _____ _____ home, he gave me a souvenir he bought in Hawaii.

5 It is impossible to fix this laptop.

= There _____ _____ _____ this laptop.

D   자연스러운 문장이 되도록 괄호 안의 말을 바르게 배열하시오.

1 (busy / the pianist / practicing / is) for his concert.

2 I (hanging up / was / on / of / the point) when you answered.

3 (saying / goes / it / without / that) education is really important.

E   다음 사진을 설명하는 문장을 조건에 맞게 완성하시오.

조건 1   과거 시제로 쓸 것
조건 2   illness, prevent, go out을 순서대로 포함하여 빈칸에 6단어로 쓸 것

→ Her _____ .

GRAMMAR IN READING ....

A   밑줄 친 우리말과 일치하도록 괄호 안의 말을 바르게 배열하시오.

> In 1950, India qualified for the World Cup finals but didn't play in the tournament. Why? <u>대부분의 인도 선수들은 맨발로 경기하는 것에 익숙했다.</u> Since FIFA ruled that shoes must be worn without exception to protect players' feet, the India Football Federation decided to withdraw from the tournament.

→ Most of (players / used / India's / to / playing / were) barefoot.

B   다음 글을 읽고, 물음에 답하시오.

> <u>ⓐ It is definitely worthwhile to visit Paris</u>—even if only for one day. There are so many attractions for you to take in. Perhaps you'd like to see the famous Eiffel Tower or a magnificent medieval cathedral. Maybe you'd like to gaze on Mona Lisa's smile at the Louvre Museum, or perhaps you'd simply like to enjoy the scent of freshly baked baguettes in the air. <u>비행기에서 내리자마자</u>, you'll have trouble choosing where to go first. Whether you can get to Paris for a couple of weeks or a couple of hours, just get there. As Audrey Hepburn said 50 years ago, "Paris is always a good idea."

1 밑줄 친 ⓐ와 같은 뜻이 되도록 빈칸에 알맞은 말을 쓰시오.

    → Paris is definitely _____ _____

Q 위 글의 제목으로 가장 알맞은 것은?
① Paris: The City of Beauty
② History of the Louvre Museum
③ Famous Medieval Cathedrals

2 밑줄 친 우리말과 일치하도록 괄호 안의 말을 이용하여 영작하시오.

    (on / get off / the plane)

....

A   qualify 자격을 얻다   tournament 토너먼트, 시합   rule 규칙; *규정하다   exception 예외   withdraw 물러나다, 그만두다   barefoot 맨발로
B   take in 구경하다, 방문하다   magnificent 장엄한   medieval 중세(풍)의   cathedral 대성당   baguette 바게트   a couple of 몇몇의

REVIEW TEST

A   괄호 안에서 알맞은 것을 고르시오.

1   I was surprised by (she, her) trying to avoid me.

2   The teacher is busy (to prepare, preparing) for class.

3   We are used to (get, getting) up early in the morning.

4   There is no (to tell, telling) what will happen in the future.

5   My parents agreed (to send, sending) me abroad to study music.

B   괄호 안의 동사를 알맞은 형태로 바꾸어 문장을 완성하시오.

1   She refused _____ (accept) my proposal.

2   William regrets not _____ (sell) his house last year.

3   I am very proud of _____ (complete) the marathon.

4   Kevin is considering _____ (take) the test one more time.

5   Some people just choose not _____ (get) married.

6   Don't forget _____ (take) the dog for a walk after you come back.

7   Remember _____ (bring) your passport when you leave for the airport.

8   They stopped _____ (eat) dinner when they heard a sudden noise outside.

9   I recognized Judy because I remembered _____ (see) her two years ago.

C   문장에서 어법상 <u>틀린</u> 부분을 찾아 바르게 고치시오. 틀린 부분이 없으면 ○표 하시오.

1   Mickey was afraid of punishing by his parents.

2   I sometimes have difficulty to recall the names of people.

3   I could not help cry when I read the last part of the novel.

4   You should avoid using technical terms when teaching children.

D   우리말과 일치하도록 보기의 표현과 괄호 안의 말을 활용하여 문장을 완성하시오.

[보기] feel like	look forward to	be on the point of

1   우리는 이 프로젝트에서 당신과 함께 일하기를 정말 고대하고 있습니다. (work)

     → We are really _____ with you on this project.

2   그 식당은 새로운 주인에게 팔리려던 참이었다. (sell)

     → The restaurant _____ to a new owner.

3   Molly는 냉장고를 열었지만, 그녀는 먹고 싶지가 않았다. (eat)

     → Molly opened the refrigerator, but she _____.

[E~F] 다음 중 어법상 틀린 것을 고르시오.

E

① Designing furniture is her job.
② I don't mind his going to the party without me.
③ Do scientists expect discovering living things on Mars?
④ The coach promised to fully support the players' decision.
⑤ I don't think she is sorry for interrupting us during the meeting.

F

① Donating blood can help save many lives.
② She didn't give up looking for her lost dog.
③ Sarah quit eating processed food to stay healthy.
④ The prison officer denied to help the prisoner escape.
⑤ The critic said that this movie is worth watching many times.

G **(A), (B), (C)의 각 네모 안에서 어법상 알맞은 것을 고르시오.**

David admitted (A) | to be / being | Sam's partner. The two had planned (B) | to break / breaking | into the apartment together. They called a locksmith, acting like they had lost the key to their apartment. They thought no one would know they were robbers. David confessed that he spent all the stolen money (C) | pay / paying | off his debts.

H **다음 글을 읽고, 물음에 답하시오.**

Kate invited me to a dinner party, where I enjoyed ⓐ to meet new people. I decided ⓑ to thank her for the invitation, but 나의 바쁜 일정이 내가 그녀에게 감사 선물을 보내지 못하게 했다. Instead, I wrote an email that said, "I should have done this earlier, and I didn't want ⓒ to let another day go by without ⓓ telling you how much I enjoyed your party." I figured it was much better than not ⓔ doing anything at all.

1 밑줄 친 ⓐ~ⓔ 중 어법상 틀린 것을 고르시오.

2 밑줄 친 우리말과 일치하도록 다음 괄호 안의 말을 활용하여 문장을 완성하시오.
→ my busy schedule _____ a thank-you gift (keep / send)

A to부정사를 목적어로 취하는 동사 vs. 동명사를 목적어로 취하는 동사

want, expect, decide, choose처럼 to부정사만을 목적어로 취하거나, enjoy, mind, finish, delay처럼 동명사만을 목적어로 취하는 동사들을 잘 익혀둔다.

a When my son turned sixteen, he decided [**to get** / getting] a driver's license. 교육청 기출

b Dad didn't mind [to live / **living**] in an unfinished house. 수능 기출

a 16살이 되자, 내 아들은 운전면허증을 따기로 결심했다. b 아버지는 미완성 상태인 집에서 사는 것을 개의치 않아 하셨다.

TIP

to부정사 vs. 동명사의 의미 차이

remember v-ing
~했던 것을 기억하다
remember to-v
~할 것을 기억하다
forget v-ing
~했던 것을 잊다
forget to-v
~할 것을 잊다
regret v-ing
~했던 것을 후회하다
regret to-v
~하게 되어 유감이다

B 전치사 to의 목적어로 쓰이는 동명사

to가 전치사로 사용되는 경우에는 동명사가 목적어로 와야 한다. 전치사 to를 to부정사의 to로 혼동하여 동사원형을 쓰지 않도록 유의한다.

c In this modern world, people are not used to [live / **living**] with discomfort. 수능 기출

d I strongly object to [work / **working**] overtime for no pay.

c 현대사회에서 사람들은 불편하게 사는 것에 익숙하지 않다. d 나는 수당 없이 초과근무를 하는 것에 강하게 반대한다.

TIP

전치사 to의 관용표현

be dedicated to
~에 전념하다
object to ~에 반대하다
(= be opposed to)
look forward to
~을 기대하다
when it comes to
~에 관한 한
be used to ~에 익숙하다

PRACTICE ···

A 밑줄 친 부분이 어법상 옳으면 ○표 하고, 틀린 부분은 바르게 고치시오.

1 Dave always regretted to leave school so early.

2 I'm looking forward to see the musical this Saturday.

3 I had just finished writing a TV script when my computer froze. 교육청 기출 응용

4 She must have forgotten coming to the meeting. I couldn't find her there.

B 다음 글의 밑줄 친 부분 중, 어법상 틀린 것은?

When the mine was shut down, everybody lost their jobs. ① Faced with a grim future, the miners chose ② trying running the mine themselves. They were dedicated ③ to providing for their families, so they used all their money to buy the mine. In 1995, the mine reopened. It is now more efficient and profitable ④ than it used to be, and the miners earn more money than before. ⑤ By keeping the mine open, they saved the jobs of the whole community.

동사에 준하는 성격을 가진 준동사 I

본래 동사는 문장에서 주어, 목적어, 수식어로는 쓰일 수 없지만, 형태를 약간 변형하면 명사처럼 주어, 목적어, 보어로도 쓰이고 또 형용사나 부사처럼 수식어로도 쓰일 수 있게 된다. 이처럼 동사의 형태를 변형하여 명사나 형용사, 부사처럼 쓰이게 한 것이 부정사, 동명사, 분사이며 이 셋을 합쳐서 준동사(準動詞)라고 한다. 다음의 예들을 통해 준동사가 어떻게 만들어지는지 확인해보자.

1 부정사: 동사 앞에 to를 붙이며, 명사, 형용사, 부사의 역할

a I ~~want sleep~~ in my own bed. **(틀린 문장)**
나는 내 침대에서 ~~자다~~ 원한다.

b I want **to sleep** in my own bed. **(명사: want의 목적어)**
나는 내 침대에서 자기를 원한다.

c I need some ~~water drink~~. **(틀린 문장)**
나는 ~~마시다~~ 물어 좀 필요하다.

d I need some water **to drink**. **(형용사: water 수식)**
나는 마실 물이 좀 필요하다.

e She ~~came apply~~ for the job. **(틀린 문장)**
그녀는 그 일에 ~~지원하다~~ 왔다.

f She came **to apply** for the job. **(부사: 목적을 나타냄)**
그녀는 그 일에 지원하기 위해서 왔다.

2 동명사: 동사의 어미에 -ing를 붙이며, 명사의 역할

g ~~Play baseball~~ is fun. **(틀린 문장)**
~~야구를 하다~~ 재미있다.

h **Playing** baseball is fun. **(명사: 주어)**
야구를 하는 것은 재미있다.

3 분사: 동사의 어미에 -ing를 붙이거나 과거분사형으로 변형시키며, 형용사의 역할

i Jane handed ~~the sleep baby~~ to Tom. **(틀린 문장)**
Jane은 ~~자다 아커~~를 Tom에게 건네주었다.

j Jane handed the **sleeping** baby to Tom. **(형용사: 현재분사)**
Jane은 자는 아기를 Tom에게 건네주었다.

k He had an ~~embarrass look~~ on his face. **(틀린 문장)**
그는 ~~당황하게 하다~~ 표정을 하고 있었다.

l He had an **embarrassed** look on his face. **(형용사: 과거분사)**
그는 당황한 표정을 하고 있었다.

CHAPTER

06

PARTICIPLES

분사

분사란 동사의 원형에 '-ing' 또는 '-ed'를 붙여(불규칙의 경우 제외) **형용사**처럼 쓰이는 말이다. 즉, 동작의 의미를 가지면서 형용사 역할을 하는 일종의 동작 형용사이다. 따라서 분사는 형용사와 마찬가지로 명사를 수식하거나 주어, 목적어를 서술해 준다. 부정사나 동명사와 마찬가지로 분사도 동사적 성질을 가지므로 뒤에 목적어나 수식어를 둘 수 있다. 분사에는 현재분사와 과거분사가 있는데 현재분사(v-ing)는 **능동·진행**의 의미를, 과거분사(v-ed)는 **수동·완료**의 의미를 가진다.

■ 분사의 형용사적 역할

명사 수식

He rescued children from a **burning** house.

그는 불타는 집에서 아이들을 구했다.

명사 수식

He swept up the **broken** glass.

그는 깨진 유리를 쓸었다.

주격 보어

The problem remained **unsolved**.

그 문제는 해결되지 않은 채로 남았다.

목적격 보어

She left the door **unlocked**.

그녀는 문이 잠기지 않은 채로 두었다.

31 분사의 종류 및 역할

☐ Examine & Think

굵게 쓰인 말 중 문장 내 역할이 <u>다른</u> 하나를 고르시오.

Look at the **sleeping** dog. He looks **relaxed**.
I may need some **sleeping** pills though.

Ⓐ 분사의 종류

현재분사(v-ing)	과거분사(v-ed)
a an **exciting** movie 흥미진진한 영화 (= a movie that excites ~) c a **barking dog** 짖고 있는 개 (= a dog that is barking)	b **fallen** leaves 떨어진 잎들 (= leaves that have fallen) d a **wounded** dog 상처 입은 개 (= a dog that is wounded)
의미: 능동 또는 진행 (~하고 있는, ~하게 하는, ~시키는)	의미: 수동 또는 동작의 완료·상태 (~한, ~된, ~되는, ~하여진)

Ⓑ 분사의 역할

1 명사를 수식할 때

a an **interesting** story / a **grown** man

b the police **questioning** the suspect /

  the door **locked** from the inside

2 주격 보어, 목적격 보어가 될 때

c She came into the room **sobbing** loudly.

d The issue remained **unsettled**.

e I saw Janet **waiting** for a taxi.

f He left his project **unfinished**.

1 분사는 명사 앞이나 뒤에서 명사를 수식한다.

a 분사 단독으로 명사를 수식할 경우에는 명사 앞에 온다.

b 분사에 목적어나 수식어구 등이 함께 쓰여 길어질 때는 명사 뒤에서 수식한다. 참조 **UNIT 44 C 2**

2 분사는 주어나 목적어의 상태·동작을 서술해주는 보어 역할을 한다. 해석은 '~하면서', '~한 채로'

c sobbing이 주어인 She의 행동을 보충 설명

d unsettled가 주어인 The issue의 상태를 보충 설명

e waiting이 목적어인 Janet의 행동을 보충 설명

f unfinished가 목적어인 his project의 상태를 보충 설명

3 분사구문을 만들 때

g **Walking** away, he smiled at me.

h **Left** alone, she began to listen to the radio.

3

g ≒ As he walked away, he smiled at me.

h ≒ When she was left alone, she began to ~.

주의 분사는 형용사 역할을 하지만, 분사구문은 문장 전체를 수식하는 부사 역할을 한다. 참조 UNIT 33

4 진행형, 완료형, 수동태를 만들 때

i Kids **are playing** on the beach.

j The researchers **have** just **completed** a study.

k We **were surprised** by his appearance.

4

i 진행형: be v-ing (현재분사)

j 완료형: have[has/had] v-ed (과거분사)

k 수동형: be v-ed (과거분사)

---

suspect 용의자 sob 흐느끼다, 흐느껴 울다 unsettled 미해결의, 결정되지 않은

UPGRADE YOUR GRAMMAR

현재분사와 동명사의 구별

1 명사 앞에 올 때: 동작의 의미를 갖는 형용사로 해석도 형용사처럼 '~한', '~하는'이라면 현재분사, '~하기 위한'의 의미로 명사의 용도나 목적을 나타내는 것이라면 동명사

  a **a** <u>dancing</u> bear [현재분사] 춤추는 곰

    = a bear that is dancing 춤을 추고 있는 곰

  b <u>dancing</u> shoes [동명사] 무용화

    = shoes for dancing 춤을 추기 위한 신발

2 동작 동사 뒤에 올 때: 주어의 상태·동작을 나타내어 '~하면서'라고 해석되면 현재분사, 동사의 목적어로 쓰여 '~하는 것을'이라고 해석되면 동명사

  c She sat **reading** the newspaper. [현재분사]

    그녀는 신문을 읽으면서 앉아 있었다.

  d She likes **reading** magazines. [동명사]

    그녀는 잡지 읽는 것을 좋아한다.

3 be동사 뒤에 올 때: 진행형으로 쓰여 '~하는 중이다'라고 해석되면 현재분사, 보어로서 '~하기', '~하는 것'으로 해석되면 동명사

  e She is **singing** for her friends. [현재분사]

    그녀는 친구들을 위해 노래하고 있다.

  f His job is **singing** in a band. [동명사]

    그의 직업은 밴드에서 노래하는 것이다.

<u>Examine & Think</u> 두 번째 sleeping은 동명사 (나머지는 모두 분사) / 자고 있는 개를 봐. 그는 편안해 보여. 나는 아마 수면제가 필요할지도 모르지만.

B a 재미있는 이야기 / 성인 b 용의자를 심문하고 있는 경찰 / 안에서 잠긴 문 c 그녀는 큰 소리로 흐느끼면서 방으로 들어왔다. d 그 안건은 해결되지 않은 채로 남았다. e 나는 Janet이 택시를 기다리고 있는 것을 보았다. f 그는 자신의 프로젝트를 미완성으로 두었다. g 떠나가면서, 그는 나에게 미소 지었다. h 혼자 남겨지자 그녀는 라디오를 듣기 시작했다. i 아이들은 해변에서 놀고 있다. j 그 연구원들은 연구를 막 마쳤다. k 우리는 그의 모습에 놀랐다.

EXERCISE

정답 및 해설 p.46

A 밑줄 친 부분이 현재분사이면 '분', 동명사이면 '동'을 쓰시오.

1 Do you know the woman <u>standing</u> at the gate? [ ]

2 You're going the wrong way. The <u>fitting</u> room is over there. [ ]

3 <u>Being</u> on time is very important in the business world. [ ]

4 Jenny and John enjoy <u>getting</u> things at the flea market. [ ]

5 We heard Linda <u>yelling</u> at her dogs. [ ]

6 I came home <u>running</u> all the way from school. [ ]

B 괄호 안의 동사를 알맞은 형태로 바꾸어 문장을 완성하시오.

1 You should stop acting like a _____ (spoil) child.

2 The waiter was lazy and didn't care about the people _____ (wait) to order.

3 He was standing in the hallway _____ (surround) by his fans.

4 I saw a police officer _____ (chase) a pickpocket.

5 We were able to buy a _____ (use) car at a bargain price.

6 She pointed to a picture _____ (take) by a famous photographer.

7 New research shows student debt is _____ (grow) nationally.

8 We found her _____ (sit) on the couch with a plate of uneaten food.

C 문장에서 어법상 틀린 부분을 찾아 바르게 고치시오. 틀린 부분이 없으면 ○표 하시오.

1 It feels good to walk on the falling leaves.

2 Rob was lying down read a comic book.

3 The paintings stealing from the museum haven't been found yet.

4 Cars moved slowly on the bridge connecting the downtown to the suburbs.

D 우리말과 일치하도록 괄호 안의 말을 바르게 배열하시오.

1 나는 Sonya가 춤추는 것을 본 적이 없어.

→ I (never / dancing / have / seen / Sonya).

2 그 일자리를 얻지 못한다면 나는 매우 상심할 거야.

→ I (get / very / disappointed / be / will / if / the job / don't / I).

3 이사회에 의해 이뤄진 결정들은 우리 모두에게 영향을 미칠 수 있다.

→ The decisions (affect / all of us / by / made / could / the board).

E 다음 대화를 읽고, 아래 조건대로 상황을 묘사하시오.

> A : Something is burning. Can you smell it?
> B : Oh my! It's the stew!

조건 1 smell, burn, stew를 순서대로 사용할 것   **조건 2** 특정 단어를 분사로 활용할 것

→ They could _____ _____ _____ _____.

GRAMMAR IN READING ....

A 밑줄 친 ⓐ, ⓑ를 어법에 맞게 고치시오.

> For food safety, remember these tips. First put dairy products in the refrigerator once opened, and pay attention to their expiration dates. Throw away ⓐ <u>expire</u> items even if they seem fresh. Second remember to wash chopping boards and knives before and after cutting both ⓑ <u>cook</u> and raw foods.

B 다음 글을 읽고, 물음에 답하시오.

> **Latest Local News**
>
> — Two ⓐ <u>armed</u> men stole about £7,000 from the Newtown branch of the Farmer's Bank yesterday. Police said the men were armed with pistols when they entered the bank just after it opened at 10 a.m. They forced the two tellers to hand over the cash.
>
> The manager of the bank, Mr. Jack Wiseman, said that the bundles of money ⓑ <u>contained</u> three dye packets. These are devices ⓒ <u>designed</u> to explode and splash the robbers with dye when the bundles are ⓓ <u>opened</u>. The dye cannot be ⓔ <u>washed</u> off.

1 밑줄 친 ⓐ~ⓔ 중 쓰임이 <u>다른</u> 하나를 고르시오.

2 위 글의 내용과 일치하면 T, 일치하지 않으면 F를 쓰시오.

a. The bank was robbed by men armed with weapons. (   )

b. The spots of dye can be easily removed. (   )

Q 위 기사의 제목으로 가장 알맞은 것은?
① Bank Branch Robbed
② Police Find Stolen Money
③ Bank Destroyed in Flood

....

A   dairy product 유제품 expiration 만기 (통 expire 만기가 되다) chopping board 도마 raw 날것의
B   armed 무장한 branch 지점 pistol 권총 teller 은행 출납원 hand over 넘겨주다 bundle 묶음, 다발 contain 포함하다 dye 염색약 explode 폭발하다 splash (물 등을) 튀기다 robber 강도 (통 rob 털다, 도둑질하다)

32 능동의 v-ing vs. 수동의 v-ed

A 감정을 유발하는 v-ing vs. 감정을 느끼는 v-ed

shock, excite 등과 같이 사람의 감정을 나타내는 동사는 분사 형태로 형용사처럼 자주 쓰인다. 이때 '~한 감정을 유발하는'이라는 능동의 뜻일 때는 현재분사를, '~한 감정을 느끼게 되는'이라는 수동의 뜻일 때는 과거분사를 쓴다.

1 현재분사	**1** 감정을 유발함 (능동)
a It was **shocking** news to her.	a 충격을 준 소식이므로 능동 → shocking
b Our trip was pretty **exciting**.	b 여행이 신나게 만드는 것이므로 능동 → exciting
2 과거분사	**2** 감정을 느낌 (수동)
c There are a lot of people **shocked** at the news.	c 충격을 받은 사람들이므로 수동 → shocked
d We were really **excited** about our trip.	d 우리가 신나게 된 것이므로 수동 → excited
cf. Tess is **interesting** and quite stylish. = Tess interests (people).	**주의** 감정의 동사를 분사로 쓸 때 단순히 주어가 사람이면 과거분사를, 주어가 사물이면 현재분사를 쓰기 쉬우나 의미 주체에 따라 *cf.*처럼 쓰일 수 있으므로 주의한다.

LEARN MORE EXPRESSIONS

기타 감정을 나타내는 형용사처럼 쓰이는 분사들 (v-ing vs. v-ed)

amazing 놀라운 – amazed 놀란, 감탄한
boring 지루하게 하는 – bored 지겨워하는
annoying 짜증스러운 – annoyed 짜증이 난
surprising 깜짝 놀랄 만한 – surprised 깜짝 놀란

embarrassing 난처하게 하는 – embarrassed 난처한
confusing 혼란스럽게 하는 – confused 혼동된, 혼란스러운
disappointing 실망시키는 – disappointed 실망한
satisfying 만족스럽게 하는 – satisfied 만족스러운

B 목적격 보어로 쓰이는 v-ing vs. v-ed

「동사 + 목적어 + 목적격 보어」의 형태로 쓰이는 동사 중에 목적격 보어로 분사를 취하는 동사들이 있다. 이때, 목적어가 분사의 행위의 주체(능동 관계)일 때는 현재분사를, 행위의 대상(수동 관계)일 때는 과거분사를 쓴다.

1 keep, leave, find 등	**1**
a You shouldn't **keep** him **waiting** for long.	a 그가(him) 기다리는 것 (능동)
b He **left** the food **untouched**.	b 음식이 건드려지지 않은 것 (수동)
c When he awoke, he **found** himself **tied** to a chair.	c 그가 자신을 묶은 것이 아니고 묶인 것 (수동)

2 지각동사, 사역동사

d   I **watched** them **cleaning** the table.

cf₁   I **watched** them **clean** the table.

e   I **heard** my name **mentioned** in the discussion.

f   She **had** her car **washed**.

cf₂   She **had** the mechanic **check** the engine.

2

d   그들이(them) 상을 치우는 것 (능동)

cf₁   지각동사의 경우 목적어와 목적격 보어가 능동 관계일 때는 원형부정사를 쓰기도 한다. 〖참조〗 UNIT 25 B

e   내 이름이 언급되는 것 (수동)

f   차가 세차되는 것 (수동)

cf₂   사역동사의 경우 목적어와 목적격 보어가 능동 관계일 때는 원형부정사를 쓴다. 〖참조〗 UNIT 25 C

mechanic 정비사

UPGRADE YOUR GRAMMAR

현재분사(능동)와 과거분사(수동)의 구별

① 분사와 분사가 수식하는 명사를 확인한다.

a₁ **a plane** *carrying* many people 많은 사람을 태운 비행기	분사 carrying이 수식하는 것은 a plane이므로 a plane과 carrying의 관계를 살펴야 함
b₁ I heard **my name** *called.* 나는 내 이름이 불리는 것을 들었다.	분사 called는 목적격 보어이므로 목적어 my name과 called의 관계를 살펴야 함

② 능동인지 수동인지 판단할 때는 능동태, 수동태를 떠올린다.

수식을 받는 명사를 주어로, 분사를 본동사로 써 보았을 때, 능동태인지 수동태인지 확인한다. 그리고 능동태면 현재분사, 수동태면 과거분사를 쓴다.

a₂ *A plane* **carries** many people. 비행기는 많은 사람을 실어 나른다.	a plane이 동사 carry의 주어가 되면 능동태 문장이 됨
b₂ *My name* **was called**. 내 이름이 불렸다.	my name이 동사 call의 목적어가 되면 수동태 문장이 됨

A   a 그것은 그녀에게 충격적인 소식이었다. b 우리의 여행은 꽤 흥미진진했다. c 그 소식에 충격을 받은 사람들이 많이 있다. d 우리는 여행 때문에 정말로 신났다. *cf.* Tess는 흥미롭고 아주 멋지다. = Tess는 (사람들을) 흥미롭게 한다.
B   a 너는 그를 오랫동안 기다리게 해서는 안 된다. b 그는 음식을 손도 대지 않은 채로 두었다. c 그가 깨어났을 때 그는 자신이 의자에 묶여있는 것을 알았다. d 나는 그들이 식탁을 치우고 있는 것을 보았다. *cf₁* 나는 그들이 식탁을 치우는 것을 보았다. e 나는 내 이름이 토론에서 언급되는 것을 들었다. f 그녀는 자기 차가 세차되게 했다. *cf₂* 그녀는 정비사에게 엔진을 점검하게 했다.

EXERCISE

정답 및 해설 p.48

A   괄호 안에서 알맞은 것을 고르시오.

1   Please make the news (knowing, known) to everybody.

2   I felt something (crawling, crawled) up my back.

3   Mike has had his hair (cutting, cut), but it looks really bad.

4   The treasure that they found was kept (hiding, hidden) for many years.

B   빈칸에 들어갈 말을 보기에서 골라 알맞은 분사 형태로 쓰시오. (두 번씩 사용할 것)

[보기]	satisfy	surprise	bore	confuse	disappoint

1   He was _____ that his team lost.

2   Though he did his best, his test score was somewhat _____.

3   You'd be _____ if I told you how expensive this motorcycle was.

4   Matt is shy, so it is _____ that he has many friends.

5   I was _____ by her instructions and had to ask again.

6   The complicated directions are too _____ to follow.

7   Bill is never _____ with what he has. He always wants more.

8   A small amount of this tart makes a _____ dessert when served with fruit.

9   His lecture was so _____ that most students fell asleep.

10 I was _____ because he said the same thing to me over and over again.

C   문장에서 어법상 <u>틀린</u> 부분을 찾아 바르게 고치시오. 틀린 부분이 없으면 ○표 하시오.

1   Those bullies left the poor girl cried in the classroom.

2   On the night before my wedding, I was too excited to sleep.

3   I found Americans very interested. They don't take off their shoes inside their houses.

D   우리말과 일치하도록 괄호 안의 말을 순서대로 활용하여 문장을 완성하시오.

1   이 집을 리모델링하는 것이 어떨까요? (have / this house / remodel)

    → Why don't we _____?

2   나는 그에게 오늘 일어난 일들을 내게 알려 달라고 부탁했다. (to keep / me / update)

    → I asked him _____ on the day's developments.

3   우리는 많은 사람들이 구급대에 의해 구조되는 것을 TV에서 보았다. (see / many people / rescue)

    → We _____ by the emergency crew on TV.

174   G-ZONE CHAPTER 06

E　다음 상황을 읽고, 주어진 질문에 답하시오. (괄호 안의 말을 활용할 것)

Mandy wanted to sleep soundly, but there were loud noises coming from upstairs all night.

Q How would you describe her feelings?
→ She must have _____. (very / annoy)

GRAMMAR IN READING ....

A　밑줄 친 ⓐ~ⓒ 중 어법상 틀린 것을 모두 찾아 바르게 고치시오.

On a ferry in Brazil, I had to use the women's room. ⓐ <u>When I saw a sign saying</u> <u>"HOMENS,"</u> I went inside. It was only when a man entered after me that I realized *homen* is the Portuguese word for "man"! ⓑ <u>It was quite an embarrassed moment.</u> But when I turned to him, ⓒ <u>he looked even more embarrassing</u> than me.

B　다음 글을 읽고, 물음에 답하시오.

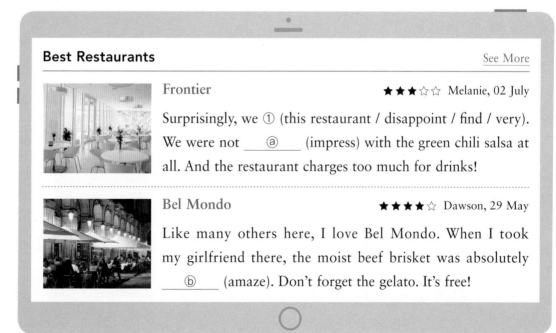

Best Restaurants　　　　　　　　　　　　　　　See More

Frontier　　　　　　　　　★★★☆☆ Melanie, 02 July

Surprisingly, we ① (this restaurant / disappoint / find / very). We were not ___ⓐ___ (impress) with the green chili salsa at all. And the restaurant charges too much for drinks!

Bel Mondo　　　　　　　　★★★★☆ Dawson, 29 May

Like many others here, I love Bel Mondo. When I took my girlfriend there, the moist beef brisket was absolutely ___ⓑ___ (amaze). Don't forget the gelato. It's free!

1 ① 안의 말을 알맞은 형태로 바꿔 배열하시오.

2 괄호 안의 동사를 알맞은 형태로 바꿔 빈칸 ⓐ, ⓑ를 채우시오.

Q 위 글의 내용과 일치하면 T, 일치하지 않으면 F를 쓰시오.
Frontier's food was expensive, but Melanie was satisfied with it. (　)

A　ferry 연락선, (카)페리　Portuguese 포르투갈의; 포르투갈어
B　surprisingly 놀랄 만큼; 의외로　impress 감동시키다　charge (요금·값을) 청구하다　moist 촉촉한　gelato 젤라토, (이탈리아식) 아이스크림

33 분사구문

Ⓐ 분사구문의 개념과 형태

분사구문이란 「접속사 + 주어 + 동사」로 구성된 부사절을 분사가 이끄는 부사구로 나타낸 구문이다. 분사구문은 문장을 간결하고 생동감 있게 하기 위해 쓰는데, 구어에서는 많이 사용하지 않는다.

a When she looked outside, she saw the tow truck.
부사절   주절

반복된 주어
→ she looked outside, she saw the tow truck.
  → looked outside, she saw the tow truck.
  → Looking outside, she saw the tow truck.
부사구

cf. While I was walking to school, I met an old friend of mine.
→ Walking to school, I met an old friend of mine.

b (Being) **Tired** from work, he went to bed early.
← As he was tired from work, he went to bed early.

c **Not knowing** what to say, I kept silent.
← As I didn't know what to say, I kept silent.

a 분사구문을 만드는 방법

① 접속사를 생략한다.
② 부사절과 주절의 주어가 같을 경우, 부사절의 주어를 생략한다.
③ 부사절의 동사를 현재분사(v-ing)로 바꾸고, 주절은 그대로 쓴다.

cf. 부사절의 동사가 진행형인 경우 v-ing만 남긴다.

b 분사구문의 동사가 be동사이면 보통 being을 생략한다.

c 분사구문의 부정: 부정어(not, never)를 분사 바로 앞에 붙인다.

tow truck 견인차   keep silent 침묵을 지키다

Ⓑ 분사구문의 의미

분사구문은 문맥에 따라 때, 동시동작, 연속상황, 원인·이유, 조건, 양보 등의 의미를 가질 수 있는데, 일반적으로 동시동작이나 연속상황을 나타내기 위해 쓰이는 경우가 많다.

1 때 (~할 때, ~하는 동안, ~한 후에)
a **Finding** her lost purse, she sighed with relief.
b **Rushing** for the subway, I dropped my cell phone.

1
a ≒ When she found her lost purse, ~.
b ≒ While I was rushing for the subway, ~.

2 동시동작 (~하면서, ~한 채)

c He talked on the phone, **arranging** his desk.
 = He arranged his desk, talking on the phone.

d She cried, **wiping** her cheeks with a tissue.

3 연속상황 (~하여, 그리고 ~)

e **Saving** the data, I turned off the laptop.

f **Opening** the bottle, he poured the wine.

4 원인 · 이유 (~이므로, ~하므로)

g **Barking** loudly, the dog scared me.

h **Being** away from home for years, she missed
 her family a lot.

5 조건 (만약 ~이면, ~하면), 양보 (비록 ~이지만)

i **Handled** with care, this device will last a long
 time.

j **Having been hunted** almost to extinction,
 rhinos have now made a comeback in the
 area.

cf. **Despite having** no license, he drove his
 friend's car.

2

c 동시에 이루어지고 있는 일이므로 순서가 바뀌어도 뜻의
 차이가 거의 없다.

3

e ≒ I saved the data and then turned off ~.

f ≒ He opened the bottle and then poured ~.

4

g ≒ Because it(= the dog) barked loudly, ~.

h ≒ As she was away from home for years, ~.

5

i ≒ If it(= this device) is handled with care, ~.

j ≒ Although they(= rhinos) had been hunted
 almost to extinction, ~.

주의 조건이나 양보를 나타내는 분사구문은 실제로는 드물게
쓰인다. 특히 양보를 나타내는 구문의 경우는 *cf.*처럼 대
개 전치사 despite(~에도 불구하고)를 써서 나타낸다.
(despite 뒤의 v-ing는 전치사의 목적어로 쓰인 동명
사)

---

sigh with relief 안도의 한숨을 쉬다 rush for ~을 향해 질주하다 arrange 정돈하다 wipe 닦다 extinction 멸종

A a 그녀가 밖을 내다보자 견인차가 보였다. *cf.* 학교에 걸어가다가 나는 옛 친구 한 명을 만났다. b 일에 지쳐서 그는 일찍 잠자리에 들었다. c 무슨 말을 해야
할지 몰라서 나는 침묵을 지켰다.
B a 잃어버린 지갑을 찾았을 때 그녀는 안도의 한숨을 내쉬었다. b 지하철을 타려고 질주하다가, 나는 휴대폰을 떨어뜨렸다. c 그는 책상을 정리하면서 전화 통
화를 했다. d 그녀는 화장지로 뺨을 닦으면서 울었다. e 나는 데이터를 저장하고 나서 노트북을 껐다. f 병을 따서 그는 와인을 부었다. g 크게 짖어서 그 개
가 나를 두렵게 했다. h 오랫동안 집을 떠나 있어서 그녀는 가족이 아주 그리웠다. i 주의 깊게 다뤄진다면, 이 장비는 오래 갈 것이다. j 거의 멸종될 때까지
사냥되었음에도 코뿔소는 그 지역에 다시 나타났다. *cf.* 면허증이 없음에도 불구하고 그는 친구의 차를 운전했다.

EXERCISE

정답 및 해설 p.49

A　밑줄 친 부분을 분사구문으로 바꾸시오.

1 As I had little money, I gave up trying to buy a house.

→ _____, I gave up trying to buy a house.

2 If it takes off at six, the plane will arrive there at ten in the morning.

→ _____, the plane will arrive there at ten in the morning.

3 She said goodbye to her mother and left home.

→ _____, she left home.

4 He met some interesting people while he was traveling around Eastern Europe.

→ _____, he met some interesting people.

5 After I finished the first assignment, I worked on the second one.

→ _____, I worked on the second one.

6 Since he doesn't have a good lawyer, Alex may lose the case.

→ _____, Alex may lose the case.

B　보기의 동사를 이용하여 문장을 완성하시오.

[보기]	~~open~~	hope	write	leave	walk	be

0 Opening the door, Mary found her son sleeping.

1 _____ your house now, you will make it to the airport on time.

2 _____ along the riverbank, I happened to meet one of my colleagues.

3 _____ in Spanish, the letter needs to be translated.

4 _____ the youngest child, Ted was his mother's favorite.

5 People gathered in front of the theater, _____ to see the celebrity in person.

C　문장에서 어법상 틀린 부분을 찾아 바르게 고치시오. 틀린 부분이 없으면 ○표 하시오.

1 Knowing not where to go, I stopped to ask for directions.

2 I was sitting in the garden, being drinking a cup of tea.

3 Trekking in the Alps, my brother got frostbite.

4 Picked up her new car, she parked it outside her apartment.

5 Sarah turned on the TV, put on a news channel.

D 대화를 읽고, 밑줄 친 문장과 가장 유사한 뜻이 되도록 분사구문을 이용하여 문장을 완성하시오.

A : Joseph, why didn't you stop by yesterday?
B : Sorry. It was late. And I was exhausted, so I went straight home.

→ _____ _____, Joseph went straight home.

GRAMMAR IN READING ....

A 다음 글의 내용과 일치하도록 밑줄 친 부분의 단어를 활용하여 빈칸을 채우시오.

Since the 1970s, many people have been using smoke detectors to protect their homes from fire. These machines detect smoke using a light beam. When smoke in the air interrupts the beam, an alarm goes off.

→ _____ _____ in the air, the machine reacts and rings an alarm.

B 다음 글을 읽고, 물음에 답하시오.

Can only humans understand the feelings of others? When elephants see family members are sick, they will try to ___①___ them. After seeing one of their group members shot, an elephant family was seen desperately attempting to save her, ___ⓐ___ her up with their tusks, and even ___ⓑ___ to feed her. It is also thought that elephants try to calm other elephants that are upset. Scientists ___ⓒ___ a herd of elephants found that when one elephant showed signs of suffering, ② others went to his or her side, made soft sounds and stroked the distressed animal with their trunks.

1 보기에서 빈칸 ⓐ~ⓒ에 알맞은 단어를 골라 어법에 맞게 변형하시오.

[보기] lift   abandon   try   show   study

Q 문맥상 위 글의 빈칸 ①에 들어갈 말로 가장 적절한 것은?
① resist
② assist
③ insist

2 밑줄 친 ②를 분사구문을 활용하여 고쳐 쓰시오.

....

A detector 탐지기 (통 detect 감지하다) protect 보호하다 beam 빛 줄기, 광선 interrupt 가로막다, 방해하다 react 반응하다
B desperately 필사적으로 attempt 시도; *시도하다 tusk (코끼리의) 엄니[상아] feed 먹이다, 먹이를 주다 calm 진정시키다 suffering 고통 stroke 쓰다듬다 distressed 괴로워하는 trunk (코끼리의) 코

A 분사구문의 시제와 태

1 완료형 분사구문 (Having v-ed)	**1** 부사절의 시제가 주절의 시제보다 앞선 때임을 나타내기 위해 「having v-ed」의 형태로 쓴다.
a **Having finished** the race, we all fell down. ≒ After we had finished the race, we all ~.	
2 수동형 분사구문 (Being[Having been] v-ed)	**2** 수동태인 부사절을 분사구문으로 고치면 「being v-ed」나 「having been v-ed」(완료형)가 된다. 이때 Being이나 Having been은 대부분 생략한다.
b (Being) **Stuck** in traffic, he missed the concert. ≒ As he was stuck in traffic, he missed ~.	b 부사절의 시제(was stuck)가 주절의 시제(missed)와 같은 경우
c (Having been) **Born** and **raised** in Italy, he speaks fluent Italian. ≒ As he was born and raised in Italy, he speaks ~.	c 부사절의 시제(was born and raised)가 주절의 시제(speaks)보다 앞선 경우

stuck in traffic 교통체증에 묶여있는 fluent 유창한

B 주어나 접속사가 남아 있는 분사구문

1 주어가 있는 분사구문 (독립 분사구문)	**1** 분사구문의 의미상 주어가 주절의 주어와 다를 때는 의미상 주어를 분사 앞에 써 주어야 한다.
a **The water pipe having burst** due to the sudden cold, he called a repairman. ≒ As the water pipe had burst due to the sudden cold, he called a repairman.	a 주절의 주어는 he, 분사구문의 의미상 주어는 The water pipe
cf. **There being** no objection, the bill was passed. ≒ As[Since] there was no objection, the bill ~.	*cf.* 「There is[was] ~」 구문을 분사구문으로 만들 때는 There를 분사 앞에 쓴다.
2 접속사를 생략하지 않은 분사구문	**2** 접속사는 대개 생략하지만, 분사구문이 나타내는 뜻을 명확히 하기 위해 밝히는 경우도 있다.
b **While waiting** in line for coffee, she tried to get WiFi.	b 접속사 뒤에 「주어 + be동사」가 생략된 것으로 볼 수도 있다. (≒ While she was waiting in line ~.)
c **Before leaving** the office, I turned off all the lights.	c before나 after 등을 전치사로 보아 뒤의 v-ing를 동명사로 취급하는 견해도 있다.

water pipe 수도관 objection 이의, 반대 bill 계산서; *법안 WiFi 와이파이, 무선 데이터 전송 시스템

C with + (대)명사 + 분사

「with + (대)명사 + 분사」 구문은 '~이 …한 채로, ~이 …되어'라고 해석되는 일종의 분사구문이다. 여기서 분사는 (대)명사의 동작·상태를 설명해주는데, (대)명사와 분사가 의미상 능동의 관계이면 현재분사를, 수동의 관계이면 과거분사를 쓴다.

a She leaned back in the chair **with her arms folded**.	a 그녀의 팔짱이 끼워진 채 (수동) → folded
b **With everyone sitting** in a circle, the game started.	b 모두가 앉은 채 (능동) → sitting
c **With her computer broken**, Lisa couldn't finish her essay.	c 컴퓨터가 고장 나서 (수동) → broken

D 관용적으로 쓰이는 분사구문 (비인칭 독립 분사구문)

분사구문의 의미상 주어가 we, you, one 등과 같은 막연한 일반인일 때는 주어를 생략하고 하나의 숙어처럼 쓸 수 있다.

a **Generally speaking**, public schools are cheaper.	a generally speaking: 일반적으로 말하자면
b Jerry looks amazingly healthy, **considering** his age.	b considering ~: ~을 감안한다면, ~을 고려하면
c **Judging from** the look on her face, his arrival was not expected.	c judging from ~: ~로 판단하건대

public school 공립학교

LEARN MORE EXPRESSIONS

주요 비인칭 독립 분사구문

strictly speaking 엄밀히 말하자면
speaking[talking] of ~ ~의 얘기가 나왔으니 말인데
assuming[supposing] that ~ ~라고 가정하면

frankly speaking 솔직히 말하자면
putting it mildly 완곡히 말하자면
granted that ~ 비록 ~이라 할지라도

A a 경주를 끝낸 후에 우리는 모두 쓰러졌다. b 차가 막혀서 그는 콘서트를 놓쳤다. c 그는 이탈리아에서 나고 자랐기 때문에 이탈리아어를 유창하게 한다.
B a 수도관이 갑작스러운 추위로 파열되어서 그는 수리공을 불렀다. cf. 반대가 없었기에 그 법안은 통과되었다. b 커피가 나오기를 기다리면서 그녀는 와이파이에 접속했다. c 사무실을 떠나기 전에 나는 모든 불을 껐다.
C a 그녀는 팔짱을 낀 채 의자에 기댔다. b 모두가 원형으로 자리에 앉자, 게임이 시작되었다. c Lisa는 컴퓨터가 고장 나서 보고서를 마칠 수 없었다.
D a 일반적으로 말해서 공립학교가 더 저렴하다. b 그의 나이를 고려하면 Jerry는 놀라울 정도로 건강해 보인다. c 그녀의 표정으로 판단하건대 그의 도착은 예상치 못했던 것이다.

EXERCISE

정답 및 해설 p.51

A 밑줄 친 부분을 분사구문으로 바꾸시오.

1 As all our savings were gone, we had to find part-time work.

→ _____, we had to find part-time work.

2 Because there was no bus service, I called my father for a ride.

→ _____, I called my father for a ride.

3 When it is seen from outer space, Earth is a mere blue dot.

→ _____, Earth is a mere blue dot.

4 After I was asked to lead the project, I went to work straight away.

→ _____, I went to work straight away.

5 While the teacher paused to catch her breath, I raised my hand to ask a question.

→ _____, I raised my hand to ask a question.

6 I failed to recognize Sean at first because I hadn't seen him in years.

→ I failed to recognize Sean at first, _____.

7 Since he has traveled a lot, he knows a lot about other countries.

→ _____, he knows a lot about other countries.

B 밑줄 친 부분에 유의하여 우리말로 옮기시오.

1 Judging from his accent, he must be British.

2 Hannah sat still, with her mouth tightened.

3 Having taken a lot of cooking classes, he can cook well.

4 Generally speaking, women are more concerned about their looks.

5 Speaking of France, I found an excellent French restaurant downtown.

C 밑줄 친 부분이 어법상 옳으면 ○표 하고, 틀린 부분은 바르게 고치시오.

1 Having used for over 20 years, this machine often malfunctions.

2 Had retired, Don decided to travel around the world.

3 He studied for the final with his fingers constantly tapped on the desk.

4 Seeing from an airplane, the cars on the street look like little ants.

5 No one recognizing her face, she stood alone at the party.

6 Being there unequal pay between men and women, some activists have begun to protest.

D 다음은 Paul이 산에서 스컹크를 만나 겪었던 일에 관한 글이다. 본문을 참고하여 1, 2번이 내용과 어법상 옳으면 O, 그렇지 않으면 X를 쓰고 간단하게 이유를 밝히시오.

> While he was hiking through the forest, Paul encountered a skunk on the path. He found it adorable at first, but it suddenly sprayed a bad-smelling liquid on him. He soaked his T-shirt in water for hours, but the smell never faded!

1 Hiking in the woods, a skunk crossed Paul's path.　　　　　　(　　)

2 Having been sprayed by a skunk, Paul soaked his clothes in water.　(　　)

GRAMMAR IN READING

A 괄호 ⓐ, ⓑ 안의 말을 문맥에 맞도록 배열하시오.

> Romeo and Juliet arrived early at the cell of Friar Lawrence. ⓐ (joining / before / them) in holy marriage, the good friar prayed for the heavens to smile upon them. ⓑ (having / the ceremony / completed / been), Juliet hurried home, where she waited impatiently for Romeo to come to her again.

B 다음 글을 읽고, 물음에 답하시오.

> Alex ⓐ (leaving, being left, having left) three hours before, Elaine still couldn't leave the place where they had said goodbye. It was raining heavily. She just stood in the rain with her umbrella ⓑ (folds, folding, folded). Not moving even a bit, she seemed almost like a statue. <u>As there was no one else on the street</u>, she felt like she was the only person in the whole world.

1 ⓐ, ⓑ의 괄호 안에서 알맞은 것을 고르시오.

2 밑줄 친 부분을 분사구문으로 바꾸시오.

Q Elaine의 심경으로 가장 적절한 것은?
① sad
② proud
③ relieved

A　cell 수도원의 독방　friar 가톨릭의 수도사　holy 신성한　smile upon 잘 봐주다, 호의적으로 대해주다　ceremony 의식　hurry 서두르다 impatiently 조바심 내며

B　statue 조각상, 동상

REVIEW TEST

A   괄호 안에서 알맞은 것을 고르시오.

1 The bride and groom were (dancing, danced) to the music.

2 We stood (shivering, shivered) in front of the theater.

3 This package (sent, sending) by my friend weighs more than five kilograms.

4 Santa Claus sat (surrounding, surrounded) by children waiting for presents.

5 After lunch, I relaxed in a hammock (listened, listening) to music.

6 They looked (disappointing, disappointed) about his sudden retirement.

7 Sally left the car (run, running) while she ran in to use the women's room.

B   두 문장이 같은 뜻이 되도록 빈칸을 채우시오.

0 When she saw me, she waved and called out my name.

    → <u>Seeing me</u>, she waved and called out my name.

1 Because we didn't want to be late, we ran to the train station.

    → _____, we ran to the train station.

2 When it is seen from a distance, it looks like the head of a dragon.

    → _____, it looks like the head of a dragon.

3 Since there was no class today, I went on a day trip with my friend.

    → _____, I went on a day trip with my friend.

4 As he has been ill for a week, he looks pale and weary.

    → _____, he looks pale and weary.

C   우리말과 일치하도록 괄호 안의 말을 바르게 배열하시오. (필요한 단어를 분사로 변형할 것)

1 오염된 공기는 감기 증상을 악화시킬 수 있다.

    → (air / can / worsen / pollute) the symptoms of a cold.

2 이 신약은 당뇨병을 앓는 환자들을 위한 것이다.

    → This new medicine is (diabetes / for / patients / suffer from).

3 최근까지 그 무덤들은 감춰진 채로 남아 있었다.

    → Until recently, (have remained / the graves / hide).

4 Moore에 의해 확립된 그 이론은 과학자들 사이에 반향을 일으켰다.

    → (the theory / by Moore / establish) created a sensation among scientists.

D 밑줄 친 부분의 성격이 다른 하나를 고르시오.

① A growing child needs a proper diet.
② She heard her husband playing the guitar.
③ In the changing room, I tried on a gorgeous gown.
④ Frankly speaking, I think people must put their own interests first.
⑤ After three lecture courses, I was too exhausted to listen any longer.

E 다음 중 어법상 맞는 것을 고르시오.

① She injured her ankle doing gymnastics.
② He is gazing at the stage with his arms folding.
③ Being only one student, the teacher canceled the class.
④ Being asking to leave the restaurant, we were very upset.
⑤ Though not very interesting in geology, he applied for the class.

F (A), (B), (C)의 각 네모 안에서 문맥과 어법에 알맞은 것을 고르시오.

Children who live with two or more household cats or dogs from birth are less likely to suffer from allergies than those (A) born / are born into animal-free homes. Though they can't say for sure, researchers suspect that early exposure to pets (B) carried / carrying bacteria on their fur may encourage the proper functioning of the immune system, (C) helps / helping it to attack only harmful things.

G 다음 글을 읽고, 물음에 답하시오.

New styles are introduced by the fashion centers of Paris, Milan, London, and New York, ⓐ changing fashion trends annually. Traditionally, the fashion industry has revolved around these four major hubs. ① As fashion evolved into a global business, however, each city's distinct personality changed. ⓑ No longer dominating by homegrown talent, these capitals have been flooded with designers from around the world. These designers combine the style legacy of ⓒ their adopted cities with their own ideas.

1 밑줄 친 ⓐ~ⓒ 중 어법상 틀린 것을 고르시오.

2 위 글의 밑줄 친 ①을 「with + (대)명사 + 분사」 구문으로 바꾸시오.

수능 Special 06

A 능동형 분사구문 vs. 수동형 분사구문

분사와 의미상 주어가 능동 관계이면 현재분사가, 수동 관계이면 과거분사가 이끄는 분사구문을 쓴다.

> **a** Never [**accepted** / **accepting**] payment for his good deeds, he lived his life for others. 교육청 기출
>
> **b** [**Dressed** / ~~Dressing~~] in his doctor's gown, he went in to see the patient. 교육청 기출
>
> **a** 선행에 대한 대가를 받지 않으며, 그는 다른 사람을 위해 살았다. **b** 의사 가운을 입은 채로, 그는 환자를 보기 위해 들어갔다.

TIP

수동형 분사구문에서 being 또는 having been의 생략

(Being) Given the opportunity, he would work abroad.
기회를 얻어 그는 해외에서 일할 것이다.

(Having been) Very ill, she grew extremely thin.
매우 아파서 그녀는 심하게 살이 빠졌다.

B with + (대)명사 + 분사

'~가 …한[된] 채로'의 의미를 나타내는 분사구문으로, (대)명사가 분사와 의미상 능동 · 진행 관계이면 현재분사를, 수동 · 완료 관계이면 과거분사를 쓴다.

> **c** He started his speech with everyone [**staring** / **stared**] at him.
>
> **d** It was a black-and-red, hardcover book with the title [**engraving** / **engraved**] in gold on the cover. 수능 기출
>
> **c** 그는 모든 사람이 응시하는 가운데 연설을 시작했다. **d** 그것은 검고 붉은 양장본이었는데, 표지에는 책제목이 금색으로 새겨져 있었다.

PRACTICE

A 밑줄 친 부분 중 어법상 옳으면 ○표 하고, 틀린 부분은 바르게 고치시오.

1 I usually eat dinner with the TV turning on.
2 Storing in a cool, dry place, this flour will last for months.
3 Anna was walking along the beach with her dog followed her.
4 Born in Budapest to a family of bankers, von Neumann was undeniably bright. 평가원 기출

B (A), (B), (C)의 각 네모 안에서 어법에 맞는 표현으로 가장 적절한 것은?

What's more important for our town: easing traffic pressure or (A) protect / protecting wildlife habitats? It's a complicated issue. Some people might say we don't need a new highway because they are worried about pollution (B) caused / causing by the heavy traffic. But others will say we can reduce traffic without damaging the environment. For example, public transportation could be improved, (C) reduced / reducing the cars on the roads.

동사에 준하는 성격을 가진 준동사 II

동사를 명사나 형용사, 부사처럼 쓰기 위해 모양을 약간 변형시키면 부정사(to-v), 동명사(v-ing), 분사(v-ing/v-ed) 등의 준동사가 된다는 것을 이미 살펴보았다.(**참조** Chapter 5 Beyond Grammar) 준동사는 말 그대로 동사에 준하는 것이기 때문에 비록 문장 내에서는 명사처럼 주어, 목적어, 보어로 쓰이거나 형용사나 부사처럼 수식어 역할을 하지만, 본래 동사적인 특성은 그대로 지니고 있다. 준동사의 동사적인 특징에 대해 정리해보자.

1 뒤에 종종 목적어, 보어, 부사(구)와 같은 수식어를 갖는다

부정사 I saved money for a year **to buy** <u>a new computer</u>. **(명사구를 목적어로 가짐)**
나는 새 컴퓨터를 사려고 1년 동안 돈을 모았다.

동명사 **Eating** <u>at a family restaurant</u> could be quite expensive. **(부사구를 수식어로 가짐)**
패밀리 레스토랑에서 식사하는 것은 비용이 많이 들 수 있다.

2 시제를 나타낼 수 있다

동명사 He is proud of **having played** in a big band in college. **(이전에 연주한 것)**
그는 대학에서 대형 밴드에서 연주했던 것을 자랑스럽게 여긴다.

분사 **Having fallen asleep**, I missed the TV show. **(과거보다 더 이전의 때를 나타냄)**
잠이 드는 바람에, TV 쇼를 놓쳤다.

3 수동태를 만들 수 있다

부정사 Mom sat on the bench and pretended not **to be worried**.
엄마는 의자에 앉으시고는 걱정되지 않는 것처럼 행동하셨다.

동명사 Loving is more pleasant than **being loved**.
사랑하는 것은 사랑받는 것보다 행복하다.

4 의미상의 주어를 갖는다

부정사 I expect **you** not **to give up** studying English grammar. **(give up하는 것은 you)**
나는 네가 영어문법 공부를 포기하지 않기를 기대한다.

동명사 His mother is proud of **his playing** for the national team. **(play하는 것은 he(his))**
그의 어머니는 그가 국가 대표팀에서 활동하는 것을 자랑스러워 한다.

CHAPTER

07

**CONJUNCTIONS &
CLAUSES**

접속사와 절

접속사란 단어와 단어, 구와 구, 또는 절과 절을 연결해주는 말이다. 이러한 접속사는 기능적으로 단어, 구, 절을 대등한 관계로 연결하는 **등위접속사**와 독립되지 못하고 문장의 일부분으로 쓰이는 종속절(명사절, *형용사절, 부사절)을 이끄는 **종속접속사**가 있다. 이 장에서는 여러 종속접속사와 종속접속사가 이끄는 명사절과 부사절의 역할에 대해 자세히 다루고자 한다.

■ 등위접속사

단어를 연결

Move it slowly **and** carefully.

그것을 천천히 그리고 조심스럽게 옮겨라.

구를 연결

We can go there by bus **or** by subway.

우리는 거기에 버스 또는 지하철로 갈 수 있다.

절을 연결

He made me pancakes, **but** I didn't eat them.

그가 내게 팬케이크를 만들어 주었지만 나는 그것을 먹지 않았다.

■ 종속접속사

명사절

Paul told Ann **that** he didn't love her.

Paul은 Ann에게 그가 그녀를 사랑하지 않는다고 말했다.

부사절

Ann almost cried **when** he said that.

Ann은 그가 그렇게 말했을 때 울 뻔했다.

*형용사절: 참조 Chapter 09

UNIT 35 접속사의 개념, 등위접속사(and, but, or, so)

Examine & Think

다음을 읽고, Sam과 Jim의 상황과 일치하는 문장을 고르시오.

Sam and Jim are sitting on the couch.
Neither Sam nor Jim is watching TV.
　a. Sam and Jim are watching TV.
　b. Sam and Jim aren't watching TV.

A 접속사의 개념 및 분류

접속사는 크게 등위접속사와 종속접속사로 나뉜다. 등위접속사는 문법적 역할이 대등한 단어, 구, 절 단위의 말을 연결하며 종속접속사는 주절과 종속절을 연결한다.

등위접속사	종속접속사
형태 및 문법적 역할이 대등한 단어, 구, 절을 연결한다. ※ and, but, or, both A and B, either A or B 등	종속절을 주절에 연결한다. 종속절은 단독으로는 쓰일 수 없으며 문장 속에서 명사, 형용사 또는 부사의 역할을 한다. ※ because, when, if, that, so that, as soon as 등
a　She spends a lot on jewelry **and** clothing. └── 대등 ──┘	b　You can talk to him **if** you need help. 주절　　　　　　종속절

B 등위접속사

등위접속사에는 and, but, or 등과 같이 단어 하나로 이루어진 것이 있고, both A and B, either A or B 등과 같이 짝으로 이루어진 상관접속사가 있다.

1 첨가를 나타내는 등위접속사: and

a　The gates open at 9:00 a.m., **and** admission is free.

b　He finished reading the book **and** searched for information about the author.

c　Believe in yourself, **and** you can succeed.
= If you believe in yourself, you can succeed.

d　Let's go **and** have some pizza.
= Let's go to have some pizza.

1

a　A and B: A와 B, A 그리고 B

b　시간적인 순서나 결과: ~하고 나서, ~하자

c　조건에 따르는 결과: (주로 명령문에서) (~해라) 그러면

d　to부정사의 의미: ~하러, ~하기 위해

e **Both** the price **and** the quality are important.

f **Not only** his songs **but also** his personality appeals to fans.
= His personality, **as well as** his songs, appeals to fans.

2 대조를 나타내는 등위접속사: but

g Karen wrote me a poem, **but** I didn't read it.

h I did it **not** to annoy you **but** to help you.

3 선택을 나타내는 등위접속사: or

i He might go by bus **or** call a taxi.

j Wear your helmet, **or** you could be seriously hurt.
= **If** you **don't** wear your helmet, you could be ~.

k It weighs two pounds, **or** about one kilogram.

l I was expecting you **either** today **or** tomorrow.

m He gave me **neither** an opinion **nor** any advice.

4 결과를 나타내는 등위접속사: so

n I forgot my ID, **so** I couldn't log in.

o He had cut his hair short, **so** I didn't recognize him at first.

---

e both A and B: A와 B 둘 다

f not only A but (also) B(= B as well as A): A뿐만 아니라 B도 (B에 강조점이 있으므로 이 구문이 주어로 쓰일 경우 B의 수와 인칭에 맞게 동사를 변형한다.)

2

g A but B: A 그러나 B

h not A but B: A가 아니라 B

3

i A or B: A 혹은 B

j 충고 또는 경고: (주로 명령문에서) (~해라) 그러지 않으면

k 부가 설명: 즉, 다시 말해서

l either A or B: A이거나 B

m neither A nor B: A와 B 둘 다 아닌

4 so: 그래서(= therefore)

---

admission 입장료 personality 성격 annoy 짜증 나게 하다 weigh (무게가) ~이다

Examine & Think b / Sam과 Jim은 소파에 앉아 있다. Sam과 Jim 둘 다 TV를 보지 않고 있다.

A a 그녀는 보석과 의류에 돈을 많이 쓴다. b 도움이 필요하면 그에게 말하면 된다.

B a 오전 9시에 개장하고, 입장료는 무료입니다. b 그는 책을 다 읽은 후 그 작가에 관한 정보를 찾아보았다. c 너 자신을 믿어라. 그러면 성공할 수 있다.(= 네 자신을 믿으면 성공할 수 있다.) d 피자 좀 먹으러 가자. e 가격과 품질 둘 다 중요하다. f 그의 노래뿐만 아니라 그의 성격도 팬들의 마음을 끈다. g Karen이 내게 시를 써 주었지만 나는 읽지 않았다. h 나는 네가 짜증 나게 하려 그걸 한 게 아니라 도우려고 한 거야. i 그는 버스를 타고 가거나 택시를 부를지도 모른다. j 헬멧을 써라. 그러지 않으면 심하게 다칠 수도 있다.(= 헬멧을 쓰지 않으면 심하게 다칠 수도 있다.) k 그것은 무게가 2파운드, 그러니까[다시 말해서] 약 1킬로그램 나간다. l 저는 당신이 오늘이나 내일 오실 거로 예상했어요. m 그는 나에게 의견이나 조언 어느 것도 말해주지 않았다. n 나는 내 아이디를 잊어버려서 로그인할 수 없었다. o 그는 머리를 짧게 깎아서 처음에 나는 그를 알아보지 못했다.

EXERCISE

정답 및 해설 p.54

A   빈칸에 and, but, or, so 중 가장 알맞은 것을 쓰시오.

1 He drew the curtain _____ took a nap.

2 It is 10 inches long, _____ about 25 centimeters.

3 I had a terrible headache, _____ I went to see a doctor.

4 Both our employees _____ their families get a 20 percent discount.

5 It's not easy to understand other cultures, _____ you should at least try.

6 Wash your hands before you eat, _____ you might get sick.

B   다음 두 문장을 괄호 안의 접속사를 이용하여 한 문장으로 바꾸시오.

1 Jim is going to go to Europe, or he is going to go to Africa. (either ~ or ...)
→ Jim is going to _____.

2 My parents don't like hamburgers. They don't like spaghetti. (neither ~ nor ...)
→ My parents _____.

3 He didn't go to the store to buy bread. He went there to buy eggs. (not ~ but ...)
→ He went to the store _____.

4 I overslept this morning. I was late for school. (so)
→ I _____.

5 Amy planned to go camping. She canceled her plans due to heavy rain. (but)
→ Amy planned _____.

C   우리말과 일치하도록 괄호 안의 말을 활용하여 문장을 완성하시오.

1 Cindy는 프랑스어를 말하고 쓸 수 있다. (both / speak / write / French)
→ Cindy can _____.

2 Pam은 변호사가 아니라 기자이다. (not / a lawyer / a journalist)
→ Pam is _____.

3 너는 보고서를 제출하거나 발표를 해야 한다. (either / submit a paper / give a presentation)
→ You must _____.

4 선수들뿐만 아니라 코치도 패배한 것에 충격받았다. (not only / the players / the coach / be shocked)
→ _____ by the defeat.

D 대화의 내용과 일치하도록 괄호 안의 말을 이용하여 문장을 완성하시오.

> A : Ryan works for the human resources team, doesn't he?
> B : No, he works for the public relations team.

→ Ryan works not for _____. (but)

GRAMMAR IN READING

A 밑줄 친 문장과 비슷한 뜻이 되도록 괄호 안의 말을 이용하여 문장을 완성하시오.

> The potential of education is enormous. Not only can it inform people, but it can also change them. It is not only a means for personal enlightenment, but also for cultural renewal.

→ It is a means for _____. (as well as)

B 다음 글을 읽고, 물음에 답하시오.

> The transition from adolescence to adulthood is a critical period in each individual's life. Youths aged from 16 to 19 who are ⓐ (either, neither) in school nor working are detached from both of the core activities that usually occupy teenagers during this period. Detachment from **both** school **and** the workforce puts youths at risk. Later, they could have less developed social skills ⓑ (and, but) a less stable employment history than their peers who stayed in school or secured jobs.

1 ⓐ, ⓑ의 괄호 안에서 알맞은 것을 고르시오.

2 밑줄 친 문장을 굵은 글씨에 유의하여 바르게 해석하시오.

Q 학교에 다니지 않는 청소년들의 문제로 언급된 것은?
① 낮은 임금
② 사회성의 결여
③ 사회의 부정적인 편견

A potential 잠재력 enormous 거대한, 엄청난 enlightenment 깨우침, 이해 renewal 부흥
B transition 전환 adolescence 사춘기 critical 결정적인 youth 젊은이, 청년 detach 분리하다 (몡 detachment 분리) core 핵심적인, 핵심이 되는 occupy 차지하다 put ~ at risk ~을 위험에 빠뜨리다 peer 또래, 동료 secure 확보하다

UNIT 36 명사절의 종속접속사(that, whether, if), 간접의문문

A 종속절의 개념

종속이란 독립하지 못하고 어느 큰 부분에 속해 있는 것을 말한다. 따라서, 종속절이란 단독으로 쓰일 수 없고 문장의 일부로만 쓰이는 절을 말한다. 종속절은 종속접속사나 관계사가 이끌며, 문장에서 명사, 형용사, 부사의 역할을 한다.

a	I know **that** he wants to marry her. ~하는 것을 (명사절)	a	명사절: that이 이끄는 절이 동사 know의 목적어 역할을 하므로 that절은 명사절이다.
b	I need someone **who** can help me. ~한, ~하는 (형용사절)	b	형용사절: who가 이끄는 절이 명사 someone을 수식하므로 who 이하는 형용사절이다. 참조 UNIT 43 A
c	We didn't swim **because** the water was cold. ~이기 때문에 (부사절)	c	부사절: because가 이끄는 절이 수영하지 않은 이유를 나타낸다. 때, 이유, 조건 등을 나타내는 말은 부사이므로 because가 이끄는 절은 부사절이다.

B 명사절을 이끄는 종속접속사

명사절은 문장에서 주어, 목적어, 보어 역할을 한다. 명사절을 이끄는 종속접속사로는 that, whether, if 등이 있다.

1 that

a It's a relief **that** my grades are not so bad.
 = That my grades are not so bad is a relief.

b Did you know (**that**) Fred and Nicole used to go out?

c The problem is **that** he doesn't feel guilty about it at all.

d I agree with *your opinion* **that** we need more dialogue.
 ~~I agree with your opinion we need more dialogue.~~

2 whether, if (~인지 아닌지)

e **Whether** he will succeed is not certain.

f The question is **whether** he will take the job or not.

1

a 주어 역할 (~라는 것은[이])
 that절이 주어로 쓰일 때는 항상 「It ~ that ....」 구문으로 쓴다. that절이 길어 뒤로 이동시키고 그 자리에 가주어 it을 쓴 것이다.

b 목적어 역할 (~라는 것을)
 that절이 목적어로 쓰일 때는 접속사 that을 생략할 수 있다.

c 보어 역할 (~라는 것(이다))

d 동격의 that <br> your opinion = that we ~ dialogue (대화가 더 필요하다는 당신의 의견) 참조 UNIT 70 C 2
 주의 동격절을 이끄는 접속사 that은 생략할 수 없다.

2 whether[if] ~ (or not): if가 명사절을 이끌어 '~인지 아닌지'를 뜻할 때는 whether와 같은 의미로 쓰인다.

e-f 주어나 보어 자리에는 일반적으로 whether를 쓰며 if는 잘 쓰지 않는다.

g	I wonder **whether[if]** I should wear a suit or not.	g	목적어 역할
cf.	There's an argument about **whether** hunting should be banned or not. ~~There's an argument about if hunting ~.~~	*cf.*	if가 이끄는 명사절은 전치사의 목적어로 쓰이지 않는다.

guilty 유죄의; 죄의식이 있는, 가책 받는 relief 안도, 안심

ⓒ 간접의문문

의문문이 종속절처럼 다른 문장의 일부로 쓰일 때, 이것을 간접의문문이라고 한다. 간접의문문은 「의문사 + 주어 + 동사」의 어순으로 쓰며, 문장에서 주어, 목적어, 보어의 역할을 한다.

1	**의문사가 있는 간접의문문**	**1**	
a	Do you know **what she is doing**? ← Do you know? + What is she doing?	a	의문문이 목적어처럼 문장의 일부가 되면서 어순이 「의문사(what) + 주어(she) + 동사(is doing)」로 바뀐다.
b	Tell me **who hit you**.	b	의문사가 주어일 경우 「의문사(주어) + 동사」의 어순으로 쓴다.
c	**What** *do you think* **they will do** next? ← Do you think? + What will they do next?	c-d	주절이 do you think[believe/guess/suppose] 등 yes/no로 대답할 수 없는 특수의문문의 경우 의문사를 문장 맨 앞에 둔다.
d	**Who** *do you believe* **will win** the election? ← Do you believe? + Who will win the election?		
2	**의문사가 없는 간접의문문**	**2**	의문사가 없는 간접의문문은 if나 whether(~인지 아닌
e	I asked him **if[whether]** he was hungry. ← I asked him, "Are you hungry?"		지)를 써서 연결한다. 참조 UNIT 67 B 1

A a 나는 그가 그녀와 결혼하고 싶어 한다는 것을 안다. b 나를 도울 수 있는 누군가가 내게 필요하다. c 우리는 물이 차가웠기 때문에 수영하지 않았다.
B a 내 점수가 그렇게 나쁘지 않다는 것이 다행이다. b 너는 Fred와 Nicole이 예전에 사귀었다는 것을 알고 있었니? c 문제는 그것에 대한 죄책감을 전혀 못 느낀다는 것이다. d 우리에게 더 많은 대화가 필요하다는 너의 의견에 동의해. e 그가 성공할 것인지는 확실하지 않다. f 문제는 그가 그 일을 맡느냐 마느냐 이다. g 나는 양복을 입어야 하는지 아닌지 궁금하다. *cf.* 사냥이 금지되어야 하는지 아닌지에 관한 논쟁이 있다.
C a 그녀가 무엇을 하고 있는지 아니? b 누가 너를 때렸는지 나에게 말해. c 너는 그들이 다음에는 뭘 할 것으로 생각하니? d 당신은 선거에서 누가 이길 것이라고 생각하세요? e 나는 그에게 배고픈지 물었다.

EXERCISE

정답 및 해설 p.55

A   문장에서 접속사 that이 들어갈 자리에 ✔표 하시오.

1 I didn't know you and Jason were brothers.

2 The problem is we don't have a big enough workforce.

3 I heard a rumor he leaked classified information.

4 It is very impressive a young boy designed such complex computer programs.

B   다음 두 문장을 한 문장으로 바꾸시오.

0 Can you tell me? + How much is it? → <u>Can you tell me how much it is?</u>

1 Do you think? + Who will be the next president?

→ _____

2 Will you tell me? + What did you buy?

→ _____

3 I'd like to know. + Is Jessy coming?

→ _____

4 I wonder. + Are we doing this the right way?

→ _____

C   문장에서 어법상 <u>틀린</u> 부분을 찾아 바르게 고치시오. 틀린 부분이 없으면 ○표 하시오.

1 Can you tell me what time does the concert end?

2 I remember who threw the ball at the window.

3 The decision depends on if she wants to make the investment or not.

D   우리말과 일치하도록 괄호 안의 말을 바르게 배열하시오.

1 나는 방이 있는지 알아보려고 호텔에 전화를 걸었다.

→ I called a hotel to (see / there was / if / a room) available.

2 당신은 그가 얼마 동안 거기에 머무를 것으로 생각합니까?

→ (do you think / will stay / he / how long) there?

3 그가 노벨상을 두 번 탔다는 사실이 놀랍다.

→ (he / the fact / won / that / the Nobel Prize) twice surprises me.

4 그가 내 아이디어를 좋아하는지 아닌지는 관계없다.

→ (my idea / whether / likes / he) or not doesn't make any difference.

E 다음 대화를 읽고, 질문에 답하시오. (간접의문문을 활용할 것)

Sarah : Jason, do you want to join my band?
Jason : Of course. I'd love to.

Q What does Sarah ask Jason?

→ Sarah asks Jason _____, and Jason says yes.

GRAMMAR IN READING ....

A 빈칸 ⓐ, ⓑ에 공통으로 들어갈 알맞은 접속사를 쓰시오.

> The fact ____ⓐ____ she is still young will not stop your daughter from doing what she really wants to do. All you can do as her mother is hope ____ⓑ____ you have given her enough sense of responsibility to cope with whatever happens.

B 다음 글을 읽고, 물음에 답하시오.

> ◄ ► 🏠 C 🌐 +   HARVARD UNIVERSITY   🔍
>
> ### A MESSAGE FROM THE PRESIDENT
> "Harvard is America's oldest institution of higher learning, founded 140 years before the *Declaration of Independence was signed. It is (we / our hope / always advance / that / will / ideas / new) and promote enduring knowledge. In this way, our school remains both open-minded and established in respected tradition. It is vital ____ⓐ____ we uphold an academic environment in which outstanding students and scholars are continually challenged and inspired to do their best possible work. I'm pleased to welcome you to Harvard. I hope you'll find your stay ____ⓑ____ enlightening and enjoyable."
>
> *Declaration of Independence 독립 선언(서)

1 괄호 안의 말을 문맥에 맞도록 배열하시오.

2 빈칸 ⓐ, ⓑ에 들어갈 접속사로 알맞게 짝지어진 것을 고르시오.
① that - either   ② that - both   ③ what - both
④ whether - neither   ⑤ whether - either

Q 위 글의 목적으로 가장 알맞은 것은?
① to give advice
② to welcome students
③ to announce a school event

....

A responsibility 책임감 cope with 대처하다
B institution 기관 found 설립하다 enduring 불후의, 영구적인 vital 매우 중요한, 필요한 uphold 유지하다, 옹호하다 outstanding 뛰어난, 걸출한 enlightening 많은 것을 깨닫게 하는

37 부사절의 종속접속사 Ⅰ
(when, while, as, since, until, because ...)

Ⓐ 때를 나타내는 접속사

1 before, after

a Serena left the library **before** I got there.

b **After** the party was over, we cleaned the room.

2 when (~할 때, ~할 때마다)

c **When** I was born, my father was 35.
= My father was 35 **when** I was born.

d **When** I'm cold, I often get a runny nose.

e I'll see you **when** you **come** back.
~~I'll see you when you will come back.~~

3 while (~하는 동안에, ~하면서)

f Please take care of my dog **while** I'm away.

g **While** I was watching TV, I fell asleep.

cf. The rich become richer, **while** the poor become poorer.

4 as (~할 때, ~함에 따라)

h **As** she walked in, Scott was leaving.

i **As** he works, he listens to classical music.

j **As** we got closer to the downtown, the bus became more crowded.

k **As soon as** I saw her, I recognized her.
= **The moment[instant]** I saw her, I ~.
= **On seeing** her, I ~.

5 since (~한 이래로)

l My hairstyle *hasn't changed* **since** I was 12.

m **Ever since** he was a kid, he **has** wanted to be a police officer.

1

a ~하기 전에

b ~한 후에

2 when은 보통 '~할 때'라는 뜻이지만 경우에 따라서는 '~할 때마다'라는 의미로 쓰이기도 한다.

c when절은 문장 앞이나 뒤 어느 위치에도 올 수 있다.

d ~할 때마다 (= Whenever I'm cold, ~.)

e 주의 때를 나타내는 부사절에서는 미래의 일이라도 현재시제로 나타낸다. 참조 UNIT 01 B 2

3 while은 동시에 진행되는 두 가지 동작·상황을 나타내는데, 진행형과도 자주 쓰인다.

cf. while은 '~인 반면에'라는 의미로 쓰이기도 한다.

4

h ~할 때 (= When she walked in, ~.)

i ~하면서 (= While he works, ~.)

j ~함에 따라 (보통 비교급과 함께)

k as soon as는 '~하자마자'라는 의미로 the moment ~, the instant ~, on v-ing ~로 바꾸어 쓸 수 있다.

5 since는 '~ 이래로 줄곧'이라는 의미이므로 주절에는 주로 완료시제를 쓴다.

m 어떤 시점 이래로 계속됨을 강조하기 위해 ever와 함께 쓰기도 한다.

6 until[till], by the time (that)

n Please wait here **until[till]** I come back.

o I did**n't** wake up **until** Mom yelled at me.

p The construction should be finished **by the time** (**that**) school starts.

6

n until은 동작 · 상태의 지속을 나타내며 '~까지 (계속)'으로 해석한다. till보다 until이 더 격식을 갖춘 표현이다.

o not ~ until ...: …하기 전까지는 ~ 않다, …하고 나서야 (비로소) ~하다 참조 **UNIT 68 A 4, 69 A 2**

p by the time (that)은 동작 · 상태의 종료 기한을 나타내며 '~때까지(는), ~할 때쯤에(는)'이라고 해석한다.

get a runny nose 콧물이 흐르다 while someone's away ~가 없는 동안에 construction 건설(공사)

B 이유 · 원인을 나타내는 접속사

1 because (왜냐하면, ~이니까)

a I lied **because** I was afraid.

cf. She married him **because of** his kind personality.

1 because 다음에는 절, because of 다음에는 cf.처럼 명사 상당어구가 온다.

2 as, since (~이므로)

b **As** she is under 7, she only pays half-price.

c **Since** you know this game well, I bet you're going to win.

2 since와 as 역시 이유를 나타내는데, 이들이 이끄는 종속절은 상대방이 이미 알거나 알법한 정보를 담고 있어 주절 앞에서 자주 쓰인다.

3 now that (~인 이상, ~이니까)

d **Now that** my finals are over, I'm going to relax.

3 now that은 이유를 나타내면서 '~한 이상 이제'라는 시간적 의미도 포함한다. 영국 영어에서 that은 자주 생략된다.

half-price 반값 bet 장담하다 final (pl.) 기말시험

A a 내가 가기 전에 Serena는 도서관을 떠났다. b 파티가 끝난 후에 우리는 방을 청소했다. c 내가 태어났을 때, 아버지는 35세였다. d 나는 추울 때마다 콧물이 흐른다. e 네가 돌아오면 그때 보자. f 제가 없는 동안 제 강아지를 돌봐 주세요. g 나는 TV를 보면서 잠이 들었다. cf. 가난한 사람들은 더 가난해지는 반면에, 부자들은 더 부유해진다. h 그녀가 걸어 들어왔을 때, Scott은 떠나는 길이었다. i 그는 일하면서 고전음악을 듣는다. j 우리가 시내 번화가에 점점 더 가까워짐에 따라 버스는 더욱 붐볐다. k 그녀를 보자마자 나는 그녀를 알아보았다. l 내 머리 스타일은 열두 살 때 이래로 바뀌지 않았다. m 그는 아이였을 때부터 계속 경찰이 되고 싶었다. n 내가 돌아올 때까지 여기서 기다려. o 나는 엄마가 내게 고함을 지르고 나서야 깼다. p 그 공사는 개학할 때까지는 끝나야 한다.
B a 나는 두려웠기 때문에 거짓말을 했다. cf. 그녀는 그의 자상한 성품 때문에 그와 결혼했다. b 그녀는 7살 미만이기 때문에 반값만 계산하면 된다. c 네가 이 게임을 잘 알고 있으니, 나는 네가 이길 것이라고 확신한다. d 내 기말시험이 끝났으니까 이제 난 쉴 거야.

EXERCISE

정답 및 해설 p.56

A 괄호 안에서 알맞은 것을 고르시오.

1 (While, As soon as) I got home, I headed straight to bed.

2 We didn't know they had broken up (since, until) you told us the news.

3 (While, Since) we were having a meeting, someone's cell phone rang.

4 You will be totally different (ever since, by the time) you finish your military service.

5 (Since, Until) the water supply was cut off, I couldn't take a shower.

6 (While, Now that) the game is over, you can interview the game's MVP.

B 빈칸에 들어갈 알맞은 말을 보기에서 골라 쓰시오. (단, 한 번씩만 쓸 것)

[보기]	while	since	until	as

1 We have known each other _____ we were in elementary school.

2 He fell off the ladder _____ he was changing a light bulb.

3 _____ he got older, he looked more like his grandfather.

4 Jack stayed at his desk _____ he finished all his homework.

C 문장에서 어법상 틀린 부분을 찾아 바르게 고치시오. 틀린 부분이 없으면 ○표 하시오.

1 I will go to Tokyo Disneyland when I will go back to Japan.

2 We hired Ms. Johnson because her experience in this field.

3 By the time she gets here, the class will be over.

4 She felt a lot better after she lay down and got some rest.

D 다음 두 문장이 비슷한 뜻이 되도록 빈칸에 알맞은 말을 쓰시오.

1 On seeing the cockroach, the girl screamed.

→ _____ _____ _____ she saw the cockroach, the girl screamed.

2 I like this singer because her songs are beautiful.

→ I like this singer _____ _____ her beautiful songs.

3 He graduated from university three years ago.

→ It has been three years _____ he graduated from university.

E 다음 그림을 보고, 조건에 맞게 문장을 완성하시오.

조건 1 '~할 때까지'의 의미를 담을 것

조건 2 it, stop, rain을 활용할 것

→ He couldn't go out to play baseball _____ _____

_____ _____.

GRAMMAR IN READING ....

A ⓐ, ⓑ의 괄호 안에서 알맞은 것을 고르시오.

"*Identical twins not only look alike ⓐ (since, when) they are young," explains
Dr. David Teplike, "but also are controlled by similar genes throughout their lives.
ⓑ (While, After) I was carrying out my studies, I came across an interesting fact.
A pair of twin sisters at the age of 75 developed a small lump on their left ear at
exactly the same time."   *identical twin 일란성 쌍둥이

B 다음 글을 읽고, 물음에 답하시오.

Diets aren't the best way for a person to go about losing weight. That's
_____ⓐ_____ the eating patterns that they create are temporary; therefore, the
results are too. Most dieters gain back their lost weight _____ⓑ_____ they return
to their previous eating patterns. Because this, the best way to lose weight
and not regain it is to redefine what is normal for you. Successful weight
loss occurs when people change their old unhealthy habits into new healthy
ones.

1 ⓐ, ⓑ에 들어갈 접속사로 알맞게 짝지어진 것을 고르시오.

① when - because   ② if - because   ③ why - when
④ as - although   ⑤ because - when

2 밑줄 친 문장에서 어법상 틀린 부분을 찾아 바르게 고치시오.

Q 위 글의 주제로 가장 알맞은 것은?
① benefits of exercise
② what to eat for a healthy life
③ how to lose weight effectively

A   gene 유전자 carry out ~을 수행하다 come across ~와 마주치다, ~을 우연히 발견하다 lump 혹
B   temporary 일시적인 previous 앞의, 이전의 redefine (개념을) 재정의하다

38 부사절의 종속접속사 II
(if, as long as, though, so ~ that)

A 조건을 나타내는 접속사

1 if (만일 ~라면), unless (만일 ~하지 않는다면)

a **If** I have nothing to do, I usually watch TV.

b **If** he **visits** me tomorrow, I'll take him to the museum.
~~If he will visit me tomorrow, ~.~~

c Some lawyers are paid **only if** they win.

d I tend to forget things **unless** I take notes.
= I tend to forget things **if** I **don't** take notes.

2 as[so] long as (~하는 한)

e I don't care who you are, where you are from, or what you did, **as long as** you love me.

3 in case (~할 경우에 대비해서)

f Take an umbrella **in case** it rains.
(Take an umbrella because it might rain.)

cf. Take an umbrella **if** it rains.
(Take an umbrella only if it rains.)

1

a ~하면(≒ whenever)

b ~한다면
주의 조건을 나타내는 if절에서는 미래의 일이라도 현재 시제로 나타낸다.

c only if ~: ~할 때에만
if 앞에 only를 써서 더 엄격한 조건을 나타낼 수 있다.

d unless(= if ~ not): (만약) ~하지 않는다면

2 as[so] long as: ~하는 한, ~하기만 하면

3

f in case와 if의 차이점: f는 '비가 올지 모르니까 만약을 위해서' 우산을 가져가라는 의미인 데 반해, *cf.*는 '비가 오는 경우에만' 우산을 가져가라는 의미이다.

B 양보를 나타내는 접속사

a **Though[Although]** he is 81, his memory is still good.

b He ran to save the kid **even though** his own life was at risk.

cf₁ He was optimistic **despite[in spite of]** *his failure.*

cf₂ I know a nice restaurant. It's far from here, **though**.

c I will wait, **even if** it takes all day.
= I will wait **if** it takes all day.

a though[although]: 비록 ~이지만
though나 even though는 종속절의 내용이 기정 사실임을 전제로 함

b even though: (though의 강조) 비록 ~이지만

cf₁ despite(= in spite of): ~에도 불구하고
전치사이므로 뒤에 명사 상당어구가 온다.

cf₂ 부사로 쓰인 though는 문장 끝에 오며 '그러나', '그래도'의 뜻을 가진다. (= But it's far from here.)

c even if, if: 혹시 ~일지라도
종속절은 가정, 가상의 의미가 내포됨

d **No matter how** old you are, you're still my baby.

e **No matter what** they say, she won't give up.

f He loves to watch football, **while** I don't even know the rules.

d	no matter how + 형용사[부사]: 아무리 ~하더라도
e	no matter what: 무엇이[을] ~하더라도
f	while: ~인 반면에, ~이지만(= whereas) 대조를 이루는 두 절을 연결한다.

C 기타 종속접속사

a The steak was not cooked **as** I had ordered it.

b **As** this picture shows, he was a cute boy.

c It was **so** dark (**that**) I couldn't see anything.

d It is **such** a good chance (**that**) I can't miss it.

e I turned my face **so** (**that**) she wouldn't see my tears.
   = I turned my face **in order that** she wouldn't ~.

a-b	as: ~한 대로, ~하듯이 〈방법·방식〉
c	so + 형용사[부사]+ (that) ~: 매우 …해서 ~하다 〈결과〉
d	such + (a[an]) + 형용사 + 명사 + (that) ~: 매우 ~한 …라서 ~하다 〈결과〉
e	so (that) ~: ~하도록, ~하기 위하여(= in order that ~) 〈목적〉 「in order that ~」은 「so that ~」보다 더 격식을 갖춘 표현으로 자주 쓰이진 않는다. 참조 UNIT 22 B 2

UPGRADE YOUR GRAMMAR

as의 여러 가지 의미

a **As** we got there, the movie was just starting.
   우리가 거기에 도착했을 때, 그 영화는 막 시작하고 있었다.
   → ~할 때 (= when)

b **As** people grow older, they become physically weaker.
   사람들은 나이가 들면서 신체적으로 약해진다.
   → ~하면서, ~함에 따라

c **As** I couldn't sleep last night, I'm sleepy now.
   난 어제 잠을 못 자서 지금 졸리다.
   → ~이기 때문에 (= because)

d My son is a striker, **as** I was at his age.
   내 아들은 내가 그 나이에 그랬던 것처럼 공격수이다.
   → ~인 것과 같이 (= in the same way)

e She has a special talent **as** a violinist.
   그녀는 바이올리니스트로서 특별한 재능을 가지고 있다.
   → ~로서 (이 경우 as는 전치사)

A a 나는 할 일이 없으면 보통 TV를 본다. b 그가 내일 오면, 나는 그를 박물관에 데리고 갈 것이다. c 어떤 변호사들은 이기는 경우에만 돈을 받는다. d 난 메모를 안 하면 잊어버리는 경향이 있다. e 네가 나를 사랑하기만 하면, 네가 누구든, 어디 출신이든, 무엇을 했든 나는 상관하지 않는다. f 비가 올 경우에 대비해서 우산을 챙겨라. cf. 비가 오면 우산을 챙겨라.
B a 그는 81세지만 기억력은 아직 좋다. b 자신의 목숨도 위태로웠지만, 그는 그 아이를 구하기 위해 달려갔다. cf1 그는 실패했음에도 불구하고 낙관적이었다. cf2 나는 괜찮은 음식점을 알고 있지만 여기서 멀어. c 하루 종일이 걸린다고 해도 나는 기다릴게. d 네가 아무리 나이가 들었어도 넌 여전히 나의 아기야. e 그들이 뭐라고 하든, 그녀는 포기하지 않을 것이다. f 나는 규칙조차 알지 못하는 반면에 그는 미식축구 경기 보는 것을 매우 좋아한다.
C a 그 스테이크는 내가 주문한 대로 요리되지 않았다. b 이 사진이 보여주듯, 그는 귀여운 소년이었다. c 너무 어두워서 나는 아무것도 볼 수 없었다. d 그것은 매우 좋은 기회여서 난 그것을 놓칠 수 없다. e 그녀가 내 눈물을 보지 못하도록 나는 얼굴을 돌렸다.

EXERCISE

정답 및 해설 p.57

A   괄호 안에서 알맞은 것을 고르시오.

1 I like English very much. I'm not good at it, (although, though).

2 (If, While) I don't enjoy exercise, I find rock climbing quite exciting.

3 She did everything (so, such) perfectly that I couldn't find any mistakes.

4 I usually ask Mike for help (in case, if) I have trouble solving math problems.

5 (In case, Even though) the battery runs out, take your phone charger with you.

B   빈칸에 들어갈 알맞은 말을 보기에서 골라 쓰시오.

[보기]   so that   as long as   in case   although   unless

1 Write your name in the book _____ you lose it.

2 Please turn off the TV _____ I can get to sleep.

3 We're willing to help you _____ it's not against the law.

4 The performance was impressive, _____ it was pretty short.

5 You may leave now, _____ you think this presentation will be helpful.

C   밑줄 친 as가 같은 의미로 쓰인 것끼리 연결하시오.

1 <u>As</u> we came closer to the party, I heard loud music.   •

2 <u>As</u> I walked down the street, I met him.   •

3 <u>As</u> I was sick, I saw a doctor.   •

4 When in Rome, do <u>as</u> the Romans do.   •

• a. <u>As</u> I entered the room, I noticed a new painting on the wall.

• b. <u>As</u> it was cold, I put on warmer clothes.

• c. <u>As</u> I get older, I'm losing my memory.

• d. The sauce was made <u>as</u> I like it.

D   우리말과 일치하도록 괄호 안의 말을 바르게 배열하시오.

1 그가 뭐라고 하든지, 사람들은 그를 믿지 않을 것이다.

→ (he / no matter what / says), people won't believe him.

2 그것은 정말 좋은 책이어서 나는 친구들에게 추천했다.

→ (was / a good book / it / such / that) I recommended it to my friends.

3 조용히 대화할 수 있도록 다른 장소로 옮길까요?

→ Should we move to another place (we / so / can / talk in private / that)?

E 다음 표지판을 보고, 괄호 안에 주어진 말을 활용하여 대화를 완성하시오.

DANGER

KEEP OUT UNLESS AUTHORIZED

A : We can't go this way, Tim. Look at the sign.
B : What?
A : It says you can't go this way _____.
(if / you / authorize)

GRAMMAR IN READING

A 다음 글을 읽고, 내용과 일치하도록 빈칸을 채우시오.

Your résumé is a tool to show that you're qualified for a job. It should include what kind of knowledge and experience you have. You should point out even your part-time experience in a related area because it could be valuable.

→ _____ _____ _____ insignificant your experiences look, you should consider including them in your résumé.

B 다음 글을 읽고, 물음에 답하시오.

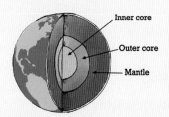

Inner core
Outer core
Mantle

What do compass needles do at the North Pole? Surprisingly, if you were at the geographic North Pole, your compass would point south. This is because the magnetic North Pole is actually located in northern Canada currently. ⓐ (Though, Since) the geographic North Pole is a fixed place, the magnetic North Pole has moved about 1,100 kilometers since it was first located in the early 1800s. This movement happens ⓑ (because, unless) the Earth's magnetic field is always changing. Liquid metal in the planet's outer core generates the magnetic field. ① (this metal / around / as / flows) the core, the magnetic North and South Poles move constantly. With enough time, they can even switch places.

1 ⓐ, ⓑ의 괄호 안에서 알맞은 것을 고르시오.

Q 밑줄 친 they가 가리키는 것을 찾아 쓰시오.

2 괄호 ① 안의 말을 문맥에 맞도록 배열하시오.

A   résumé 이력서 qualified 자격이 있는 point out 언급하다 insignificant 대수롭지 않은
B   compass 나침반 North Pole 북극(↔ South Pole 남극) geographic 지리적인 magnetic 자성[자기]의 locate ~의 위치를 찾아내다; ~에 위치
    시키다 liquid 액체 outer 외부의, 바깥 surface 표면의 core 중심부; 핵심 generate 생성하다 constantly 끊임없이 switch 맞바꾸다

REVIEW TEST

A 괄호 안에서 알맞은 것을 고르시오.

1 (Because, Though) it hasn't been raining, the streets are wet.

2 (As, As soon as) it is getting late, I suggest we break off now.

3 (If, Unless) no one else wants to run for president, Jim will be the sole candidate.

4 He often wondered why (she loved, did she love) him so much.

5 Serena is very kind, (so, but) all of her friends like her.

6 This skirt is still dirty (even if, even though) I've washed it twice.

B 1, 2, 3의 that과 같은 용법으로 쓰인 것을 보기에서 찾아 각 기호를 쓰시오.

> [보기]   a. The photographs proved that she was the thief.
> b. The musical was so famous that we couldn't reserve a good seat.
> c. I agree with his opinion that we should develop alternative energy.

1 He stayed up late despite the fact that he was very tired. [   ]

2 Studies show that early childhood education is important. [   ]

3 He has such a good memory that he never needs to write anything down. [   ]

C 자연스러운 문장이 되도록 괄호 안의 말을 바르게 배열하시오.

1 He (couldn't / he / shook / hands / that / believe) with the actress.

2 Amanda burned her hands (taking / she / food / as / was) out of the oven.

3 I think (not only / is / informative / his class / but also) enjoyable.

4 (as soon as / the thief / the police car / saw), he ran the other way.

5 You should get travel insurance (have / you / an accident / in case).

D 다음 두 문장이 비슷한 뜻이 되도록 괄호 안의 말을 이용하여 문장을 완성하시오.

1 She has gone back to Canada, so I am sad.

→ I _____. (because)

2 Do your homework, or you won't learn anything.

→ You _____. (unless)

3 They had been friends for 10 years, but Jane betrayed Dean.

→ Jane _____. (although)

E 다음 중 어법상 맞는 것을 <u>모두</u> 고르시오.

① Both Brian or Sally were qualified for the position.
② The actor was such nervous that he forgot his lines.
③ Please avoid drinking alcohol until you get better.
④ Many people worry about if the miners will survive in the collapsed mine.
⑤ Before the man died, he helped hundreds of orphans around the world.

F 밑줄 친 부분이 어법상 옳으면 ○표 하고, 틀린 부분은 바르게 고치시오.

1 The equipment is neither accurate <u>nor</u> safe.
2 Do you know <u>when did they leave</u> for the airport?
3 The jury couldn't decide <u>that</u> the man was guilty or not.
4 It's cold outside. Put on your coat, <u>and</u> you'll catch a cold.
5 We couldn't drive across the bridge <u>because of</u> it was closed.

G (A), (B), (C)의 각 네모 안에서 문맥과 어법상 알맞은 것을 고르시오.

Science fiction stories are not only about fantastic impossibilities (A) and / but also about things that could be realized in the future. In the past, people may have wondered (B) that / whether inventions in science fiction movies would ever be real. Yet today, (C) as / until technology advances, things that used to be considered impossible, such as robotic arms and self-driving cars, have become reality.

H 다음 글을 읽고, 물음에 답하시오.

During 1960s and 1970s, the number of polar bears decreased drastically ⓐ (because, though, unless) people hunted them recklessly. In 1973, the US, Canada, Denmark, Norway, and the Soviet Union signed an agreement in which <u>그들이 북극곰을 보호할 수 있도록 그들은 새로운 규정을 만들었다</u>. These countries ⓑ (both, either, neither) banned hunting or made policies limiting the number of polar bears that hunters could kill. ⓒ (If, Since, While) these policies were made, polar bear populations have been kept stable.

1 ⓐ~ⓒ의 괄호 안에서 문맥과 어법상 가장 알맞은 것을 고르시오.

2 밑줄 친 우리말과 일치하도록 괄호 안의 말을 바르게 배열하시오.
(polar bears / established / they / new rules / so that / could / protect / they)

수능 Special 07

A 상관접속사

떨어져 있는 한 쌍의 어구가 짝을 이루어 의미를 전달하는 상관접속사의 의미를 알아둔다.

a Conflict is not only unavoidable [**and** / **but**] actually crucial for the long-term success of a relationship. 교육청 기출

b Licensing preserves both new [**and** / **or**] older music. 교육청 기출 응용

a 갈등은 피할 수 없을 뿐만 아니라, 실제로 관계의 장기적인 성공에 중요하다. **b** 음악 면허권은 새로운 음악과 이전 음악 모두를 지켜준다.

TIP

상관접속사

both A and B
A와 B 둘 다

either A or B
A이거나 B

neither A nor B
A와 B 둘 다 아닌

not A but B
A가 아니라 B

not only A but (also) B
A뿐만 아니라 B도

B 접속사 that

접속사 that은 명사절을 이끌어 '~라는 것'을 의미한다. 또한 fact, belief, idea, opinion, threat 등의 명사를 보충 설명하는 동격절을 이끌 수 있다.

c The conclusion was [**that** / **what**], in general, females are not as motivated by competition as males. 교육청 기출 응용

d The threat [**that** / **when**] climate change could damage agriculture is frightening. 교육청 기출

c 결론은 일반적으로 여성들이 남성만큼 경쟁에 의해서 동기유발이 되지 않는다는 것이다. **d** 기후 변화가 농업에 타격을 줄 수도 있다는 위협은 무섭다.

PRACTICE

A 문장에서 어법상 틀린 부분을 찾아 바르게 고치시오. 틀린 부분이 없으면 ○표 하시오.

1 He tried to hide the fact if he had failed the entrance exam.

2 The electricity went out, so neither the TV or the computer is working.

3 That we hold the power to influence our circumstances is a reassuring thought. 교육청 기출

B 다음 글의 밑줄 친 부분 중, 어법상 틀린 것은?

Recently, I had an unusual customer service experience: the representative was too apologetic! I could tell ① <u>that</u> she did not actually care about my problem, and the fact ② <u>that</u> she was so obviously faking it made me angry. Of course, I understand that most jobs involve ③ <u>putting</u> on a good face. This idea ④ <u>what</u> we should pretend to feel things while working is known as "emotional labor." In moderate quantities, it is beneficial, but we cannot forget that the main source of our identities ⑤ <u>has</u> to be us, not our companies.

접속사와 접속부사

접속사만 문장과 문장을 연결해 주는 기능을 하는 것은 아니다. 접속부사도 연결 어구의 역할을 할 수 있는데, 다만 접속부사는 품사상 부사이므로 두 문장을 의미상으로만 연결해 준다. 다음 예문을 통해 접속사와 접속부사의 차이점에 대해 알아보자.

1 접속부사는 부사다

접속부사는 접속사처럼 단어, 구, 절을 한 문장으로 연결할 수 없다. 완전한 두 개의 문장을 의미상으로만 연결한다.

a I visited Tom, **and** we went to the mall to shop. **(접속사: 절과 절을 연결)**
나는 Tom을 방문했고, 우리는 쇼핑하기 위해 쇼핑몰에 갔다.

b I missed the last bus. **Moreover**, it began to rain. **(접속부사: 두 문장을 의미상으로만 연결)**
~~I missed the last bus, moreover it began to rain.~~ 나는 마지막 버스를 놓쳤다. 게다가 비가 오기 시작했다.

2 접속부사의 위치는 접속사와 달리 자유롭다

등위접속사는 두 절 사이에만 위치하며, 종속접속사는 종속절의 앞자리에만 올 수 있다. 그러나 본래 부사인 접속부사는 문장의 앞, 중간, 또는 뒤에 올 수 있다.

c I made her lemonade, **but** she didn't drink it. **(등위접속사)**
~~But I made her lemonade, she didn't drink it.~~ 내가 그녀에게 레모네이드를 만들어주었지만 그녀는 안 마셨다.

d I didn't like the movie **although** many critics recommended it. **(종속접속사)**
= **Although** many critics recommended it, I didn't like the movie.
많은 평론가가 그 영화를 추천했지만 나는 별로였다.

e She is a nice person. **However**, she has few friends. **(접속부사)**
= She is a nice person. She has, **however**, few friends.
= She is a nice person. She has few friends, **however**. 그녀는 좋은 사람이다. 하지만 친구가 거의 없다.

이러한 의미 연결어에는 다음과 같은 것들이 있다.

역할	접속사	접속부사
비교 · 대조	(al)though, even though, while, whereas 등	however, nevertheless, on the other hand, instead, in contrast 등
원인 · 결과	because, since, as 등	therefore, consequently, hence, as a result, thus 등
첨가	and	in addition, furthermore, moreover, likewise 등
시간	after, before, as soon as, since, when 등	then, afterwards, after that, before that, subsequently 등

APPENDIX

1 불규칙 변화 동사표

현재	과거	과거분사
arise (일어나다)	arose	arisen
awake (깨우다)	awoke	awoken
be (~이다, 있다)	was / were	been
beat (치다)	beat	beaten
become (되다)	became	become
begin (시작하다)	began	begun
bend (구부리다)	bent	bent
bet (내기하다)	bet	bet
bite (물다)	bit	bitten
bleed (피 흘리다)	bled	bled
blow (불다)	blew	blown
break (깨다)	broke	broken
bring (가져오다)	brought	brought
build (세우다)	built	built
burn (타다)	burned / burnt	burned / burnt
burst (터지다)	burst	burst
buy (사다)	bought	bought
cast (던지다)	cast	cast
catch (잡다)	caught	caught
choose (선택하다)	chose	chosen
cling (달라붙다)	clung	clung
come (오다)	came	come
cost (비용이 들다)	cost	cost
creep (기다)	crept	crept
cut (자르다)	cut	cut
deal (다루다)	dealt	dealt
dig (파다)	dug	dug
dive (뛰어들다)	dived / dove	dived
do (하다)	did	done
draw (그리다)	drew	drawn
dream (꿈꾸다)	dreamed / dreamt	dreamed / dreamt
drink (마시다)	drank	drunk
drive (운전하다)	drove	driven
eat (먹다)	ate	eaten

현재	과거	과거분사
fall (떨어지다)	fell	fallen
feed (먹이다)	fed	fed
feel (느끼다)	felt	felt
fight (싸우다)	fought	fought
find (발견하다)	found	found
fit (꼭 맞다)	fit	fit
flee (도망가다)	fled	fled
fling (휙 던지다)	flung	flung
fly (날다)	flew	flown
forbid (금하다)	forbade / forbad	forbidden
forget (잊다)	forgot	forgotten
forgive (용서하다)	forgave	forgiven
freeze (얼다)	froze	frozen
get (얻다)	got	got / gotten
give (주다)	gave	given
go (가다)	went	gone
grind (갈다)	ground	ground
grow (자라다)	grew	grown
hang (걸다)	hung	hung
have (가지다)	had	had
hear (듣다)	heard	heard
hide (숨기다)	hid	hidden
hit (치다)	hit	hit
hold (쥐다)	held	held
hurt (다치게 하다)	hurt	hurt
keep (유지하다)	kept	kept
kneel (무릎 꿇다)	knelt / kneeled	knelt / kneeled
knit (뜨다)	knit / knitted	knit / knitted
know (알다)	knew	known
lay (놓다)	laid	laid
lead (이끌다)	led	led
leap (도약하다)	leapt / leaped	leapt / leaped
leave (떠나다)	left	left
lend (빌려주다)	lent	lent

현재	과거	과거분사
let (시키다)	let	let
lie (눕다)	lay	lain
light (비추다)	lit / lighted	lit / lighted
lose (지다)	lost	lost
make (만들다)	made	made
mean (뜻하다)	meant	meant
meet (만나다)	met	met
pay (지불하다)	paid	paid
prove (증명하다)	proved	proved / proven
put (놓다, 두다)	put	put
quit (그만두다)	quit / quitted	quit / quitted
read[riːd] (읽다)	read[red]	read[red]
ride (타다)	rode	ridden
ring (울리다)	rang	rung
rise (일어나다)	rose	risen
run (달리다)	ran	run
say (말하다)	said	said
see (보다)	saw	seen
seek (찾다)	sought	sought
sell (팔다)	sold	sold
send (보내다)	sent	sent
set (배치하다)	set	set
sew (꿰매다)	sewed	sewn / sewed
shake (흔들다)	shook	shaken
shave (면도하다)	shaved	shaved / shaven
shine (빛나다)	shone	shone
shoot (쏘다)	shot	shot
show (보여주다)	showed	shown
shrink (움츠러들다)	shrank / shrunk	shrunk
shut (닫다)	shut	shut
sing (노래하다)	sang	sung
sink (가라앉다)	sank	sunk
sit (앉다)	sat	sat
sleep (자다)	slept	slept

현재	과거	과거분사
slide (미끄러지다)	slid	slid
speak (말하다)	spoke	spoken
speed (속력을 내다)	sped / speeded	sped / speeded
spell (철자를 쓰다)	spelt / spelled	spelt / spelled
spend (소비하다)	spent	spent
spill (엎지르다)	spilled / spilt	spilled / spilt
spin (실을 잣다)	spun	spun
spit (침을 뱉다)	spit / spat	spit / spat
split (쪼개다)	split	split
spread (펴다)	spread	spread
spring (튀어오르다)	sprang / sprung	sprung
stand (서 있다)	stood	stood
steal (훔치다)	stole	stolen
stick (고수하다)	stuck	stuck
sting (찌르다)	stung	stung
strike (치다)	struck	struck
swear (맹세하다)	swore	sworn
sweep (청소하다)	swept	swept
swim (수영하다)	swam	swum
swing (그네타다)	swung	swung
take (취하다)	took	taken
teach (가르치다)	taught	taught
tear (찢다)	tore	torn
tell (말하다)	told	told
think (생각하다)	thought	thought
throw (던지다)	threw	thrown
upset (뒤엎다)	upset	upset
wake (잠에서 깨다)	woke / waked	woken / waked
wear (입다)	wore	worn
weave (엮다)	wove	woven
weep (울다)	wept	wept
win (이기다)	won	won
wind (감다)	wound	wound
write (쓰다)	wrote	written

2 다음의 동사들은 두 개의 부분으로 이루어져 있는데, 뒷부분이 해당 불규칙 변화 동사표와 같이 변화한다.

broad**cast** (방송하다)	up**hold** (지지하다)	over**see** (감독하다)	mis**take** (실수하다)
fore**cast** (예보하다)	with**hold** (보류하다)	out**sell** (~보다 많이 팔리다)	over**take** (추월하다)
mis**cast** (배역을 잘못 정하다)	mis**lead** (오도하다)	be**set** (에워싸다)	under**take** (떠맡다)
over**come** (극복하다)	re**make** (다시 만들다)	re**set** (고쳐 놓다)	fore**tell** (예고하다)
un**do** (본래대로 하다)	re**pay** (갚다, 보답하다)	over**sleep** (늦잠자다)	re**think** (다시 생각하다)
with**draw** (물러나다)	mis**read** (잘못 읽다)	mis**spell** (철자를 틀리다)	re**wind** (다시 감다)
over**eat** (과식하다)	over**ride** (~보다 우위에 서다)	under**stand** (이해하다)	re**write** (다시 쓰다)
under**go** (겪다)	out**run** (~보다 빨리 달리다)	misunder**stand** (잘못 이해하다, 오해하다)	under**write** (지급을 승낙하다)
out**grow** (확 자라다)	over**run** (초과하다)	with**stand** (저항하다)	
be**hold** (보다)	fore**see** (예견하다)		

3 진행형으로 쓸 수 없는 동사들 (상태 동사)

감정, 정신적 상태, 소망, 감각, 지각, 가치나 소유를 나타내는 동사들은 진행형으로 쓰지 않는다.

adore (숭배하다)	find (찾다)	recognize (인식하다)
agree (동의하다)	have (가지다)	regret (후회하다)
appear (~인 것 같다)	hate (싫어하다)	remember (기억하다)
appreciate (감사하다)	hear (들리다)	resemble (닮다)
assume (가정하다)	know (알다)	respect (존경하다)
be (~이다, 있다)	like (좋아하다)	see (보다)
believe (믿다)	look (~하게 보이다)	seem (~처럼 보이다)
belong (~의 소유이다)	love (사랑하다)	signify (의미하다)
care (관심을 갖다)	matter (중요하다)	smell (~한 냄새가 나다)
contain (포함하다)	mean (뜻하다)	sound (~처럼 들리다)
cost (비용이 들다)	mind (꺼리다)	suppose (가정하다)
detest (혐오하다)	need (필요하다)	suspect (의심하다)
disagree (의견을 달리하다)	notice (주목하다)	taste (~한 맛이 나다)
disbelieve (믿지 않다)	observe (관찰하다)	think (~라고 믿고 있다)
dislike (싫어하다)	own (소유하다)	trust (신용하다)
doubt (의심하다)	perceive (감지하다)	understand (이해하다)
envy (질투하다)	possess (소유하다)	want (원하다)
equal (같다)	prefer (~을 더 좋아하다)	weigh (무게가 ~ 나가다)
estimate (견적내다)	presume (가정하다)	wish (바라다)
fear (두려워하다)	realize (깨닫다)	

4 동명사를 목적어로 취하는 동사

admit (인정하다)	deny (부인하다)	mention (언급하다)
avoid (피하다)	enjoy (즐기다)	mind (꺼리다)
can't help (~하지 않을 수 없다)	escape (피하다)	postpone (연기하다)
consider (고려하다)	feel like (~하고 싶다)	quit (그만두다)
delay (미루다, 연기하다)	finish (끝내다)	suggest (제안하다)

5 to부정사를 목적어로 취하는 동사

afford (~할 여유가 있다)	hesitate (주저하다)	promise (약속하다)
agree (동의하다)	hope (희망하다)	refuse (거절하다)
ask (부탁하다)	learn (배우다)	seem (~처럼 보이다)
attempt (시도하다)	manage (가까스로 해내다)	struggle (투쟁하다)
can't wait (~를 못 기다리다)	mean (의도하다)	swear (맹세하다)
choose (선택하다)	need (필요가 있다)	want (원하다)
decide (결정하다)	neglect (태만히 하다)	wish (바라다)
deserve (~할 자격이 있다)	offer (제안하다)	would like (~하고 싶다)
expect (기대하다)	plan (계획하다)	yearn (열망하다)
fail (실패하다)	prepare (준비하다)	
help (돕다)	pretend (~인 체하다)	

6 「동사 + 목적어 + to부정사」 형태를 취하는 동사

* 표시되어 있는 동사들은 「동사 + to부정사」 형태로도 쓸 수 있는 동사들이다.

advise (충고하다)	get (~하게 하다)	require (요구하다)
allow (허락하다)	*help (돕다)	teach (가르치다)
*ask (요청하다)	invite (초대하다)	tell (말하다)
cause (일으키다, 야기하다)	*need (필요하다)	urge (재촉하다, 촉구하다)
*choose (선택하다)	order (명령하다)	*want (원하다)
enable (~할 수 있게 하다)	permit (허락하다)	warn (경고하다)
*expect (기대하다)	persuade (설득하다)	*wish (바라다)
forbid (금지하다)	remind (상기시키다)	*would like (~하고 싶다)
force (강요하다)	request (요청하다)	

7 to부정사를 취하는 형용사

anxious (열망하는)	encouraged (고무된, 용기가 난)	lucky (행운인)
delighted (기쁜)	fortunate (운이 좋은)	ready (준비가 된)
determined (굳게 결심한)	glad (기쁜)	reluctant (마음 내키지 않는)
eager (열망하는)	happy (행복한)	willing (기꺼이 ~하는)
easy (쉬운)	likely (~일 것 같은)	

8 동명사, to부정사를 모두 목적어로 취하는 동사

* remember, forget, try 등은 동명사나 to부정사 모두를 목적어로 취할 수 있지만, 의미가 달라지므로 주의한다.
참조 UNIT 29 C

begin (시작하다)	hate (싫어하다)	*regret (후회하다, 유감이다)
can't stand (~을 견딜 수 없다)	like (좋아하다)	*remember (기억하다)
continue (계속하다)	love (사랑하다)	start (시작하다)
*forget (잊다)	prefer (~을 더 좋아하다)	*try (노력하다, 시도하다)

9 분사형 형용사

현재분사	과거분사
alarming (놀라게 하는)	alarmed (깜짝 놀란)
amazing (놀랄 만한)	amazed (놀란)
amusing (즐겁게 해주는)	amused (즐거운)
annoying (성가시게 하는)	annoyed (성가신)
astonishing (놀라운)	astonished (놀란)
boring (지루하게 하는)	bored (지루한)
confusing (혼란시키는)	confused (혼란스러운)
depressing (우울하게 하는)	depressed (우울한)
disappointing (실망스러운)	disappointed (실망한)
distressing (괴로움을 주는)	distressed (괴로운)
disturbing (귀찮게 하는)	disturbed (귀찮은)
embarrassing (당황하게 하는)	embarrassed (당황한)
entertaining (즐겁게 하는)	entertained (즐거운)
encouraging (고무시키는)	encouraged (고무된)
exciting (흥분시키는)	excited (흥분된)
exhausting (지치게 하는)	exhausted (지친)
fascinating (매혹시키는)	fascinated (매혹된)
frightening (겁먹게 하는)	frightened (겁에 질린)
frustrating (좌절시키는)	frustrated (좌절한)
horrifying (무섭게 하는)	horrified (겁에 질린)
inspiring (영감을 주는)	inspired (영감을 받은)
interesting (흥미가 느껴지는)	interested (흥미로운)
irritating (짜증나게 하는)	irritated (짜증난)
moving (감동적인)	moved (감동 받은)
paralyzing (마비시키는)	paralyzed (마비된)
pleasing (기쁘게 하는)	pleased (기쁜)
relaxing (긴장을 풀어주는)	relaxed (긴장이 풀린)
relieving (안심하게 하는)	relieved (안심한)
satisfying (만족스러운)	satisfied (만족하는)
scaring (겁먹게 하는)	scared (겁먹은)
shocking (충격을 주는)	shocked (충격 받은)
surprising (놀라운)	surprised (놀란)
terrifying (두렵게 하는)	terrified (두려운)
tiring (피곤하게 하는)	tired (피곤한)
touching (감동을 주는)	touched (감동 받은)
worrying (걱정하게 하는)	worried (걱정스러운)

10 동일 어원이면서 의미가 다른 형용사

① comparable (비교될 만한)
　comparative (비교적, 비교의)
② considerable (상당한, 중요한)
　considerate (생각이 깊은)
③ continual (빈번한)
　continuous (끊임없이 이어지는)
④ economic (경제의)
　economical (절약하는)
⑤ historic (역사적으로 중요한)
　historical (역사상의)
⑥ imaginary (상상의)
　imaginative (상상력이 풍부한)
　imaginable (상상할 수 있는)

⑦ industrial (산업의)
　industrious (근면한)
⑧ intellectual (지적인)
　intelligent (총명한)
⑨ literal (문자 그대로의)
　literary (문학의)
　literate (읽고 쓸 줄 아는)
⑩ respectable (존경할 만한)
　respectful (경의를 표하는)
　respective (각각의)
⑪ sensible (분별있는)
　sensitive (민감한)
⑫ successful (성공한)
　successive (연속적인)

11 수사

(1) 기수 (일, 이, 삼, 사…)

0 zero, nothing, naught, oh	**17** seventeen
1 one	**18** eighteen
2 two	**19** nineteen
3 three	**20** twenty
4 four	**21** twenty-one
5 five	**22** twenty-two
6 six	**23** twenty-three
7 seven	**24** twenty-four
8 eight	**25** twenty-five
9 nine	**26** twenty-six
10 ten	**27** twenty-seven
11 eleven	**28** twenty-eight
12 twelve	**29** twenty-nine
13 thirteen	**30** thirty
14 fourteen	**40** forty
15 fifteen	**50** fifty
16 sixteen	**60** sixty

70 seventy	**1001** a thousand and one
80 eighty	**1010** a thousand and ten
90 ninety	**2000** two thousand
100 a hundred, one hundred, hundred	**10,000** ten thousand
101 a hundred and one	**100,000** a hundred thousand
110 a hundred and ten	**1,000,000** a million
120 a hundred and twenty	**2,000,000** two million
200 two hundred	**1,000,000,000** a billion
1000 a thousand	

(2) 서수 (첫째, 둘째, 셋째, 넷째…)

1st first	**22nd** twenty-second
2nd second	**23rd** twenty-third
3rd third	**24th** twenty-fourth
4th fourth	**25th** twenty-fifth
5th fifth	**26th** twenty-sixth
6th sixth	**27th** twenty-seventh
7th seventh	**28th** twenty-eighth
8th eighth	**29th** twenty-ninth
9th ninth	**30th** thirtieth
10th tenth	**40th** fortieth
11th eleventh	**50th** fiftieth
12th twelfth	**60th** sixtieth
13th thirteenth	**70th** seventieth
14th fourteenth	**80th** eightieth
15th fifteenth	**90th** ninetieth
16th sixteenth	**100th** hundredth
17th seventeenth	**101st** hundred and first
18th eighteenth	**200th** two hundredth
19th nineteenth	**1000th** thousandth
20th twentieth	**1,000,000th** millionth
21st twenty-first	**1,000,000,000th** billionth

12 기수를 이용한 숫자 읽기

- 일반 숫자: 원칙적으로 세 자리씩 끊어 읽는다.
  - **a** 356 = three hundred and fifty-six
  - **b** 12,876 = twelve thousand eight hundred (and) seventy-six
  - **c** 34,567,348 = thirty-four million, five hundred and sixty-seven thousand, three hundred and forty-eight

- 연도: 연도를 읽을 때는 보통 두 자리씩 끊어 읽는다.
  - **a** 1865년 = eighteen sixty-five
  - **b** 2004년 = two thousand four
  - **c** 1500년 = fifteen hundred
  - **d** in the 1920's = in the nineteen twenties (1920년대)

- 전화번호: 원칙적으로 한 자리씩 끊어가며 읽는다. 0은 [zíːrou] 또는 [ou]로 읽으며, 숫자가 겹치는 경우는 'double'을 이용한다.
  - **a** 245-3760 = two four five, three seven six zero
  - **b** 2011-3450 = two [**ou**] one one, three four five zero
  - **c** 782-3552 = seven eight two, three **double** five two

- 시각: 「~전」은 to, before, of 등을, 「~후」는 past, after 등을 사용하여 나타낸다. 15분 전이나 후는 a quarter를 이용하여 나타낸다.
  - **a** 5:40 a.m. = five forty a.m. (오전 5시 40분)
  - **b** 2:45 = two forty-five, a **quarter to** three (2시 45분, 3시 15분 전)
  - **c** 5:30 = five thirty, half **past** five (5시 30분)

- 금액
  - **a** $20.30 = twenty dollars (and) thirty (cents)
    - *cf.* 1 cent = a penny, 5 cents = a nickel, 10 cents = a dime, 25 cents = a quarter

- 온도
  - **a** -15℃ = fifteen degrees **below zero Celsius, minus** fifteen degrees **Celsius** (섭씨 영하 15도)
  - **b** 87℉ = eighty seven degrees **Fahrenheit** (화씨 87도)

- 소수: 영어에서 소수점은 point로 읽으며, 소수점 이하는 자릿수대로 읽지 않고 하나씩 하나씩 읽는다.
  - **a** 3.27 = three **point** two seven

- 덧셈 · 뺄셈 · 곱셈 · 나눗셈: 덧셈 · 곱셈에서는 단수 · 복수 동사가 쓰이지만, 뺄셈 · 나눗셈은 단수 동사만 쓰인다.
  a 1 + 1 = 2 one **plus** one **equals** two, one and one **are[is, makes]** two
  b 6 − 3 = 3 six **minus** three **equals[is]** three, three **from** six **leaves** three
  c 5 × 4 = 20 five **multiplied by** four **equals[is]** twenty, five **times** four **is** twenty, five fours **are** twenty
  d 10 ÷ 2 = 5 ten **divided** by two **equals** five
  e 6 : 12 = 2 : 4 Six **to** twelve **equals** two **to** four, Six **is to** twelve **as[what]** two **is to** four

13 서수를 이용한 숫자 읽기

- 분수
  a 분수를 읽을 때에는 분자는 기수(one, two, three...)로, 분모는 서수(first, second, third...)로 읽으며, 분자를 먼저 읽고 분모를 나중에 읽는다. 또한, 분자가 2 이상일 경우 분모에 복수형을 만드는 '-s'를 붙인다.
     e.g. 3/5 = three-fifths
           2 2/3 = two and two-thirds
           1/2 = a half, one half
           1/4 = one-fourth, a quarter
  b 숫자가 두 자리 이상일 경우에는 분자를 기수로 읽은 다음 전치사 over를 넣어 분모를 기수로 읽는다.
     e.g. 23/61 = twenty-three **over** sixty-one

- 날짜: 월, 일을 먼저 읽고 연도를 나중에 읽는다.
  a June 5, 1993 = June (the) fifth, nineteen ninety-three (1993년 6월 5일)

- 기타
  a World War II = the Second World War, World War Two (2차 세계대전)
  b Elizabeth II = Elizabeth the Second (엘리자베스 2세)

14 명사의 수

(1) 규칙 복수형

원급	복수형	예시	예외
일반적인 경우	-s	cars, dogs, eggs	
어미가 s, x ch[ʧ] sh[ʃ]	-es	buses, classes, boxes, foxes benches, watches bushes, dishes	-ch가 [k]로 발음되는 단어는 -s를 붙임 epochs(시대), stomachs(위장)
어미가 〈자음 + o〉	-es	echoes, heroes, potatoes	외래어와 단축어는 -s를 붙임 solos, pianos, photos
어미가 〈자음 + y〉	y를 i로 바꾸고 -es	centuries, cities, ladies	
어미가 f, fe	f를 v로 바꾸고 -es[-s]	halves, leaves, loaves, knives, lives	roofs(지붕), chiefs(장(長)), cliffs(절벽), safes(금고)

(2) 불규칙 복수형

단수	복수	단수	복수	단수	복수
man	men	tooth	teeth	deer	deer
woman	women	analysis	analyses	fish	fish
child	children	crisis	crises	sheep	sheep
foot	feet	oasis	oases	salmon	salmon

15 비교급과 최상급의 형태가 2가지인 형용사

원급	비교급	최상급
common (공통의, 공공의)	commoner / more common	commonest / most common
cruel (잔인한)	crueler / more cruel	cruelest / most cruel
friendly (다정다감한)	friendlier / more friendly	friendliest / most friendly
handsome (잘생긴)	handsomer / more handsome	handsomest / most handsome
happy (행복한)	happier / more happy	happiest / most happy
likely (~일 것 같은)	likelier / more likely	likeliest / most likely
lonely (외로운)	lonelier / more lonely	loneliest / most lonely
lovely (사랑스러운)	lovelier / more lovely	loveliest / most lovely
narrow (좁은)	narrower / more narrow	narrowest / most narrow
pleasant (즐거운)	pleasanter / more pleasant	pleasantest / most pleasant
polite (예의바른)	politer / more polite	politest / most polite
quiet (조용한)	quieter / more quiet	quietest / most quiet
sincere (성실한)	sincerer / more sincere	sincerest / most sincere
stupid (어리석은)	stupider / more stupid	stupidest / most stupid
true (진실인)	truer / more true	truest / most true

16 형용사 + 전치사

afraid of (~을 두려워하는)

amazed at/by (~에 놀란)

angry at (~에 화난)

ashamed of (~을 부끄럽게 여기는)

aware of (~을 의식하고 있는)

bored with (~에 지루한)

capable of (~할 능력이 되는)

careful of (~에 조심하는)

concerned about (~에 대해 걱정하는)

content with (~에 만족하는)

curious about (~에 대해 궁금해 하는)

different from (~와 다른)

excited about (~에 대해 흥분한)

famous for (~로 유명한)

fed up with (~에 지겨워 하는)

fond of (~을 좋아하는)

good at (~에 능숙한)

interested in (~에 흥미가 있는)

nervous about (~에 대해 걱정하는)

opposed to (~에 반대하는)

responsible for (~에 책임이 있는)

safe from (~로부터 안전한)

satisfied with (~에 만족한)

shocked at/by (~에 놀란)

sick of (~에 질린, 싫증난)

sorry for/about (~에 미안한, 유감인)

surprised at/by (~때문에 놀란)

tired of (~에 싫증난)

worried about (~에 대해 걱정하는)

17 동사 + 전치사 / 부사

(1) 「동사 + 목적어(누구/무엇) + 부사」의 형태로 표시된 것은 「동사 + 부사 + 목적어」의 형태로도 쓸 수 있다. 다만, 목적어가 대명사인 경우 반드시 동사와 부사 사이에 위치해야 한다.

e.g. turn the radio off, turn off the radio

e.g. turn it off, ~~turn off it~~

(2) 「동사 + 전치사」의 경우에는 동사와 전치사 사이에 목적어가 올 수 없다.

e.g. look for the lost child, ~~look the lost child for~~

※ sth(something): 무엇 / sb(somebody): 누구

ask after : ~의 안부를 묻다	drop by/in : (약속을 정하지 않고) 들르다
ask sb over : 초대하다	drop sb/sth off : 내려 주다
block sth out : 막다	empty sth out : 완전히 비워버리다
blow sth out : 불어서 끄다	fall off : 떨어지다
blow sth up : 폭발시키다, 공기를 불어넣다	figure sb/sth out : 이해하다
break into : 침입하다	fill sth in : 채우다, 써넣다
bring sth about : 야기하다	fill sth out : (양식 등에) 기입하다
bring sb/sth back : 도로 가져다 놓다	fill sth up : 가득 채우다
care for : ~을 좋아하다	find sth out : 발견하다, 알아내다
call sb back : (나중에) 다시 전화하다	get sth back : 돌려받다
call sth off : 취소하다(= cancel)	get in : 들어가다
call sb up : 전화하다	get on : (탈 것에) 타다, 승차하다
calm sb down : 진정시키다	get sb/sth out of : ~로부터 (이익 등을) 얻어내다
carry on : 계속하다	get over : 극복하다
carry sth out : 수행하다	give sth away : 거저 주다
cheer sb up : 격려하다	give sth back : 반환하다, 되돌려주다
clear sth up : 말끔히 청소하다	give sth out : (냄새, 소리 등을) 내다, 발하다
come across : 우연히 만나다	give sth up : 그만두다, 포기하다
come by : 획득하다	go after sb/sth : 뒤를 쫓다, 구하다
cover sth up : 완전히 덮다	go on : 계속하다
cut sth down : 베어 넘어뜨리다, 삭감하다	go over : 초과하다, 검토하다
cut sth off : 베어내다, 삭제하다	hand sth down : (유산으로) 물려주다
deal with : ~을 다루다	hand sth in : 제출하다
dream of : ~에 대해 꿈꾸다	hand sth out : 나누어 주다
dress sb up : 차려입히다	hang sth up : 걸다
keep sb/sth away : 떨어져 있게 하다	see sb off : 배웅하다
keep on : 계속하다	set sth off : 작동시키다

keep sth up: 계속하다

lay sb off : 해고하다

leave sth out : 생략하다

let sb down : 실망시키다

let on : 비밀을 누설하다

let sb/sth out : (비밀, 정보 등을) 흘러나오게 하다

light sb/sth up : 비추다

look for sb/sth : ~을 찾다

look sb/sth over : 조사하다

look sth up: (사전에서) ~을 찾아보다

make for : ~을 향해 가다(= go toward)

make sb/sth out : 이해하다

make sb/sth up : 허위로 지어내다

pay sb/sth back : 갚다, 상환하다

pay sb off : ~에게 뇌물을 주다

pick sb/sth out : 고르다, 뽑다

pick sb/sth up : 들어올리다, (생각 등을) 끄집어내다

point sb/sth out : 지적하다, 가리키다

put sth away : 따로 두다, 저축하다

put sth off : 연기하다, 미루다

put sth on : (옷 등을) 입다

rip sth off : 벗겨내다, 찢어내다

run into sb : 우연히 만나다, 마주치다

run out of : ~을 다 써버리다

save up : 저축하다

set sth up : 착수하다

show sth off : 자랑하다, 뽐내다

sign up (for) : 서명하다

slow down : 속력/속도를 늦추다

speed sth up : 속력/속도를 내다(= go faster)

stand up for : 지지하다

stick to sth/sb : ~에 달라붙다, 고수하다

switch sth on : (전원을) 켜다

take sth away : 치우다, 없애다(= remove)

take sth back : 도로 가져가다

take sth off : (옷을) 벗다, (비행기가) 이륙하다

take sb/sth out : 데리고 나가다

talk sth over : ~에 대해 논의하다

tear sth up : 찢다

think sth over : 곰곰히 생각하다

throw sth away : 던져 버리다

try sth on : (옷이 맞는지) 한번 입어보다

turn sb/sth down : 거절하다 (= reject)

turn sth in : 제출하다

turn into : ~로 변하다

turn sth off : (전원을) 끄다

use sth up : 다 써버리다

wake sb up : 깨우다

work sth out : 해결하다(= solve)

write sth down : 적다, 받아적다

지은이

NE능률 영어교육연구소

NE능률 영어교육연구소는 혁신적이며 효율적인 영어 교재를 개발하고
영어 학습의 질을 한 단계 높이고자 노력하는 NE능률의 연구조직입니다.

GRAMMAR ZONE 〈기본편 1〉

펴 낸 이	주민홍
펴 낸 곳	서울특별시 마포구 월드컵북로 396(상암동) 누리꿈스퀘어 비즈니스타워 10층
	(주)NE능률 (우편번호 03925)
펴 낸 날	2017년 1월 5일 개정판 제1쇄
	2023년 8월 15일 제20쇄
전 화	02 2014 7114
팩 스	02 3142 0356
홈페이지	www.neungyule.com
등록번호	제 1-68호
I S B N	979-11-253-1232-1 53740
정 가	14,000원

NE 능률

고객센터

교재 내용 문의 : contact.nebooks.co.kr (별도의 가입 절차 없이 작성 가능)
제품 구매, 교환, 불량, 반품 문의 : 02-2014-7114
☎ 전화문의는 본사 업무시간 중에만 가능합니다.

NE능률 교재 MAP

아래 교재 MAP을 참고하여 본인의 현재 혹은 목표 수준에 따라 교재를 선택하세요.
NE능률 교재들과 함께 영어실력을 쑥쑥~ 올려보세요!
MP3 등 교재 부가 학습 서비스 및 자세한 교재 정보는 www.nebooks.co.kr 에서 확인하세요.

문법 구문

초1-2

초3
그래머버디 1
초등영어 문법이 된다 Starter 1

초3-4
그래머버디 2
초등영어 문법이 된다 Starter 2
초등 Grammar Inside 1
초등 Grammar Inside 2

초4-5
그래머버디 3
Grammar Bean 1
Grammar Bean 2
초등영어 문법이 된다 1
초등 Grammar Inside 3
초등 Grammar Inside 4

초5-6
Grammar Bean 3
Grammar Bean 4
초등영어 문법이 된다 2
초등 Grammar Inside 5
초등 Grammar Inside 6

초6-예비중
능률중학영어 예비중
Grammar Inside Starter
원리를 더한 영문법 STARTER

중1
능률중학영어 중1
Grammar Zone 입문편
Grammar Zone 워크북 입문편
1316 Grammar 1
문제로 마스터하는 중학영문법 1
Grammar Inside 1
열중 16강 문법 1
쓰기로 마스터하는 중학서술형 1학년

중1-2
능률중학영어 중2
1316 Grammar 2
문제로 마스터하는 중학영문법 2
Grammar Inside 2
열중 16강 문법 2
고득점 독해를 위한 중학 구문 마스터 1
원리를 더한 영문법 1
중학영문법 총정리 모의고사 1

중2-3
Grammar Zone 기초편
Grammar Zone 워크북 기초편
1316 Grammar 3
고득점 독해를 위한 중학 구문 마스터 2
원리를 더한 영문법 2
중학영문법 총정리 모의고사 2
쓰기로 마스터하는 중학서술형 2학년
천문장 입문

중3
능률중학영어 중3
문제로 마스터하는 중학영문법 3
Grammar Inside 3
열중 16강 문법 3
고득점 독해를 위한 중학 구문 마스터 3
중학영문법 총정리 모의고사 3
쓰기로 마스터하는 중학서술형 3학년

예비고-고1
문제로 마스터하는 고등영문법
올클 수능 어법 start
천문장 기본

고1
Grammar Zone 기본편 1
Grammar Zone 워크북 기본편 1
Grammar Zone 기본편 2
Grammar Zone 워크북 기본편 2
필히 통하는 고등영문법 기본
필히 통하는 고등 서술형 기본편

고1-2
필히 통하는 고등영문법 실력편
TEPS BY STEP G+R Basic
필히 통하는 고등 서술형 실전편

고2-3
Grammar Zone 종합편
Grammar Zone 워크북 종합편
올클 수능 어법 완성
천문장 완성

고3

수능 이상/
토플 80-89·
텝스 600-699점

수능 이상/
토플 90-99·
텝스 700-799점

수능 이상/
토플 100·
텝스 800점 이상

TEPS BY STEP G+R 1

TEPS BY STEP G+R 2

TEPS BY STEP G+R 3

GRAMMAR ZONE

The Standard for English Grammar Books

기본편1

NE능률 영어교육연구소
김진홍 한정은 배연희
이하나 송민아
www.nebooks.co.kr

ZONE

| 정답 및 해설 |

NE 능률

ZONE

기본편1 | 정답 및 해설

01 현재시제, 과거시제

EXERCISE

A

1 reserved **2** goes **3** was **4** comes **5** will attend

1 저는 일주일 전에 3박으로 방을 예약했습니다.
- ▸ 과거(a week ago)에 일어난 행위
- 어휘 reserve 예약하다

2 Serena는 일요일에는 거의 외출하지 않는다. 그녀는 보통 집에 있다.
- ▸ 반복적인 행동

3 그 야구선수는 지난 시즌에 MVP였다.
- ▸ 과거(last season)의 일

4 그녀가 집에 오면 우리는 저녁으로 피자를 주문할 것이다.
- ▸ when 이하가 때를 나타내는 부사절이므로 현재시제로 미래를 나타냄

5 James가 내일 회의에 참석할지 모르겠다.
- ▸ if 이하는 '~인지 아닌지'라는 의미의 명사절이므로 미래의 일은 미래시제로 나타냄
- 어휘 attend 참석하다

B

1 fought **2** comes **3** gets **4** wrote **5** causes

1 우리 할아버지는 1960년대에 베트남 전쟁에서 싸우셨다.
- ▸ 과거(during the 1960s)에 일어난 행위

2 핼리 혜성은 76년마다 지구에 가까이 온다.
- ▸ 반복되는 일
- 어휘 Halley's Comet (천문) 핼리 혜성

3 기회를 한 번 더 얻는다면 Sandy는 그렇게 쉽게 포기하지 않을 것이다.
- ▸ if 이하는 조건의 부사절이므로 현재시제로 미래를 나타냄

4 Rosa Parks는 1992년에 자서전을 썼다.
- ▸ 과거(in 1992)의 행위
- 어휘 autobiography 자서전

5 스트레스는 많은 질병을 일으키므로, 긍정적인 생각을 갖도록 노력하라.
- ▸ 일반적 사실
- 어휘 disease 질병 / positive 긍정적인

C

1 was → is **2** erupts → erupted **3** ○

1 수성은 태양에 가장 가까운 행성이다.
- ▸ 과학적 사실은 현재시제로 나타냄

2 그 화산은 작년에 폭발했고 지금은 휴화산 상태이다.
- ▸ 폭발한 것은 과거(last year)의 일이며, 활동하지 않는 것은 현재(now)의 상태
- 어휘 volcano 화산 / erupt (화산이) 폭발하다 / inactive 활동하지 않는

3 다음 열차는 10분 후에 도착합니다. 승차할 준비를 하시기 바랍니다.
- ▸ 확실히 정해져 있는 미래의 일은 현재시제로 나타낼 수 있음
- 어휘 board 승차하다

D

① go ② woke up ③ was ④ didn't go off ⑤ caught
⑥ takes ⑦ took ⑧ are

나는 보통 매일 아침 8시까지 학교에 간다. 그런데 오늘 아침엔 너무 늦게 일어나서 학교에 늦었다. 어떤 까닭인지 자명종이 평소처럼 7시에 울리지 않았다. 나는 서둘러서 버스를 탔지만 교통정체가 심했다. 보통은 학교 가는 데 20분도 걸리지 않는다. 오늘은 35분이나 걸렸다! 선생님께서는 "만약에 또 늦으면 너는 혼자 교실을 청소해야 할 거야." 라고 말씀하셨다.
- ▸ ①, ⑥ 빈도부사(usually)와 함께 쓰여 반복적인 일을 나타내는 현재시제
- ②, ③, ④, ⑤, ⑦ 과거(오늘 아침)에 일어난 일
- ⑧ 조건을 나타내는 부사절에서는 현재시제로 미래를 나타냄

E

1 went jogging for 30 minutes and visited her grandmother
2 goes jogging

3월 1일	3월 2일 (오늘)	3월 3일
• 30분 조깅 • 할머니 방문하기	• 45분 조깅 • 공원에서 자전거 타기	• 1시간 조깅 • Rachel과 영화 보기

1 Lisa는 어제 30분간 조깅을 했고 자신의 할머니를 방문했다.
- ▸ 과거의 특정 시점에 일어난 행동은 과거시제로 나타냄

2 Lisa는 매일 조깅을 한다.
- ▸ 반복적인 행동은 현재시제로 나타냄

GRAMMAR IN READING

A

제 이름은 재민이고 서울에 삽니다. 지금 저는 철학 박사 과정을 마무리하고 있습니다. 저는 철학과 관련된 모든 것에 매우 관심이 많습니다. 저는 철학에 대한 저의 애정을 모두와 나누기 위해 2015년 4월에 이 웹사이트를 개설했습니다. 오늘 제가 철학에 관한 흥미로운 기사를 게시했으니 자유롭게 읽고 평가를 남겨주세요.

▶ 문맥상 철학을 좋아하는 것은 현재의 지속적인 상태이므로 현재시제(have)를 써야 함

B

별자리 운세

지난달에 당신은 할 일이 많아서 주위 사람들과 시간을 보내지 못했다. 그 결과 이번 달, 아마도 4일경에 당신의 관계가 곤란에 처할 것이다. 하지만 일과 관계의 균형을 유지해야 한다는 것을 기억한다면 그날은 아무 문제 없이 지나갈 것이다. 당신은 아마도 중요한 시험이나 직장에서의 프로젝트를 기다리고 있을 것이다. 성공의 열쇠는 자신감을 갖고 최선을 다하는 것이다. 이것이 결국 좋은 결과로 이어질 것이다.

1 ▶ 과거(last month)의 일이므로 had로 고쳐야 함
2 ▶ if절은 조건을 나타내는 부사절로 현재시제가 미래를 나타냄
Q ▶ This는 바로 앞 문장의 내용을 가리킴

UNIT

02 미래시제

EXERCISE

A

1 A: 너 주말에 무슨 계획 있어?
   B: 난 뮤지컬 보러 갈 계획이야! 앞 좌석 티켓이 있어!
   ▶ 이미 정해 놓은 미래의 계획은 be going to가 더 자연스럽다.
2 A: 누가 전화 좀 받아 줄래? 난 지금 머리 감고 있거든.
   B: 내가 받아줄게.

▶ 어떤 상황에서 즉흥적으로 하기로 한 일은 will이 더 자연스럽다.
3 A: 그 상자를 왜 들고 있니?
   B: 내 남자친구를 위한 거야. 그에게 우편으로 보낼 거거든.
   ▶ 말하기 전에 이미 정해 놓은 일은 be going to가 더 자연스럽다.
4 A: 내 컴퓨터가 바이러스에 감염됐어. 좀 도와줄 수 있어?
   B: 글쎄, 내가 어떻게 손쓸 수 있을지 볼게.
   ▶ 즉흥적으로 결정한 일은 will이 더 자연스럽다.
   어휘 be[get] infected with ~에 감염되다

B

1 나는 내년에 3학년이 될 것이다.
   어휘 grader ~학년생
2 많은 사람들이 마라톤에 참가할 것이다.
   어휘 participate in ~에 참가[참여]하다
3 내 남동생은 서울에서 베이징으로 비행기를 타고 갈 것이다.
   어휘 fly (비행기·우주선을) 타다[타고 가다]
4 우리는 집을 청소한 후에 저녁을 먹을 것이다.
5 쌀값이 올해 말에 인상될 것이다.

C

목요일: 치과 가기
금요일: Jane과 함께 점심 먹기
토요일: 내 블로그 업데이트하기
다음 주: 휴가 가기

1 Tim은 목요일에 치과에 갈 것이다.
2 Tim은 금요일에 Jane과 함께 점심을 먹을 것이다.
3 Tim은 토요일에 그의 블로그를 업데이트할 것이다.
4 Tim은 다음 주에 휴가를 갈 것이다.

D

▶ 화자의 의지는 주로 will을 써서 나타냄

GRAMMAR IN READING

A

사람들은 때로 무언가 나쁜 일이 곧 일어날 것이라고 느낀다. 이것은 예감이라 불리며, 주로 자연재해나 비행기 추락과 같은 안 좋은 일과 관련되어 있다. 대부분의 예감은 꿈이나 환영의 형태이다. 또 어떤 예감은 뚜렷한 이유 없이 마음에 떠오르는 강한 느낌이나 생각에 지나지 않는다.

→ 예감은 무언가가, 특히 불쾌한 무언가가 일어날 거라는 강한 느낌이다.

▸ 미래의 일에 대한 예측을 나타낼 때 be going to를 사용할 수 있음

B

'Sea Diver'에서 마련한 이번 주 금·토요일의 San Miguel 섬에 있는 해저 바위들로의 1박 2일 여행에 더 많은 분들께서 참가할 자리가 남아 있습니다. 이 여행은 매년 자사의 잠수 여행 중 가장 인기가 많은 것들 중 하나로, Wilson 바위와 Richardson 바위를 포함하여 가능한 한 많은 해저 바위들에서 잠수할 예정입니다. 우리는 이번 주 목요일 자정에 섬으로 출발합니다. 여러분의 이름과 전화번호를 agent@seadiver.com으로 이메일을 보내어 자리를 예약하실 수 있습니다. 선장인 Frank Miller가 구체적인 일정을 보내드릴 것입니다. 식사와 잠수 장비 일체를 포함해서 여행 경비는 225달러입니다.

1 ▸ 미래의 계획을 말하고 있으므로 과거시제는 적합하지 않음

2 ▸ 화자의 약속 또는 의지를 나타내는 will

Q ▸ 신청 기간은 명시되어 있지 않음. 여행 기간이 이틀이라는 것과 혼동하지 말 것

UNIT

03 진행형

EXERCISE

A

1 나는 2시에 나가. 테니스를 하고 있을 거야.

▸ 미래 예정을 말하고 있으므로 미래진행형으로 나타냄

2 Jane은 어제 아침 공원에서 조깅을 하고 있었다.

▸ 과거 특정 시점에 진행 중이었던 일이므로 과거진행형

3 우리는 내일 핼러윈 파티를 열 것이다.

▸ 현재진행형으로 미래의 일을 나타낼 수 있음

4 Steve가 내 사진을 찍었을 때 나는 Peter와 대화하고 있었다.

▸ 대화한 것은 길게 지속된 동작, 사진을 찍은 것은 짧게 일어난 동작

5 A: 무엇을 도와드릴까요?
B: 저는 작은 치수의 스웨터를 찾고 있어요.

▸ 말하고 있는 시점에 진행 중인 일이므로 현재진행형

B

1 내가 어젯밤 그를 봤을 때, 그는 커다란 여행 가방을 들고 있었다.

어휘 suitcase 여행 가방

2 네가 서울에 도착할 때쯤이면 나는 뉴욕으로 비행기를 타고 가는 중일 것이다.

3 조용히 해! Jessy가 아기를 재우려 하고 있어.

어휘 put ~ to sleep ~를 재우다

4 내일 이맘때쯤 Kate는 남자친구를 만나고 있을 것이다.

5 아빠가 퇴근해서 집에 오셨을 때 나는 식탁을 차리고 있었다.

어휘 set the table 식탁을 차리다

6 누가 문을 두드리고 있어. 네가 열어 줄래?

어휘 answer the door 문을 열어주다

7 그는 항상 자신의 일에 대해 불평한다. 그는 결코 만족하지 않는다.

▸ 현재진행형이 always와 함께 쓰여 습관적으로 반복되는 행위를 나타냄

어휘 satisfied 만족한

8 네가 Tom한테 와 달라고 했을 때 그는 인터넷 검색을 하고 있었어.

어휘 come over 잠깐 들르다, 방문하다

9 이곳에 내일 11시까지 와 주세요. 제가 정문에서 당신을 기다리고 있겠습니다.

1, 5, 8 ▸ 과거의 특정 시점에 진행 중이었던 일을 나타내므로 과거진행형

2, 4, 9 ▸ 미래의 특정 시점에 진행 중일 일을 나타내므로 미래진행형

3, 6 ▸ 말하고 있는 시점에 진행 중인 일을 나타내므로 현재진행형

C

2 is writing a detective story this year
3 was driving when Cathy called me
4 will you be doing after graduation
5 was watching TV when the electricity went off

1~2 ▸ 현재진행형으로 최근에 일시적으로 하는 일을 나타낼 수 있다.
3 ▸ 운전을 하는 것은 길게 지속된 동작, 전화 거는 것은 짧게 일어난 동작
4 ▸ 미래진행형으로 미래의 예정을 나타낼 수 있다.
5 ▸ TV를 보는 것은 길게 지속된 동작, 전기가 나가는 것은 짧게 일어난 동작

D

are always losing

A: 아, 내 차 열쇠를 못 찾겠어.
B: 또? 너는 늘 물건을 잃어버리는구나.
▸ 현재진행형이 always, continually, forever와 함께 쓰여 바람직하지 않은 반복적 행위에 대한 화자의 부정적인 인상이나 느낌을 나타냄

GRAMMAR IN READING

A are, you, going **B 1** ⓑ **2** ① came ② was looking
Q ②

A

Peter와 Nancy는 다가오는 만찬 모임에 대해서 친구들과 이야기하고 있었다. 무슨 색깔의 신발을 신을 거냐는 물음에, Nancy는 "은색"이라고 대답했다. 그러자 바로 그녀의 남편인 Peter가 "은색이라, 그녀의 머리색과 어울리는군."이라고 말했다. Peter의 대머리를 바라보며 Nancy가 "그러면, Peter, 당신은 맨발로 갈 거예요?"라고 물었다.
▸ 가까운 미래의 일을 표현할 때 현재진행형을 쓸 수 있음

B

'절규'는 1893년, 노르웨이 태생의 표현주의 화가 Edvard Munch에 의해 그려졌다. 그 그림에서는, 한 남자가 공포에 질려 절규하는 동안 나머지 두 사람이 그로부터 멀어져 가는 것을 볼 수 있다. 배경에서는, 구름이 붉은색과 주황색으로 소용돌이치고 있다. Munch의 일기에 따르면, 그 그림에 대한 아이디어는 그가 노르웨이의 풍경을 바라보고 있을 때 갑자기 떠올랐다고 한다. 어느 날 저녁, 그는 두 친구와 함께 산책하고 있었다. 해가 지면서, 하늘이 피처럼 붉게 변했다.

Munch는 잠시 멈췄고 자연 그 자체가 절규하고 있는 것 같은 느낌을 받았다. 그가 뒤처져서 공포로 떠는 동안, 그의 친구들은 계속 걸었다.
1 ▸ 그림 속에서 현재 진행 중인 일을 나타내므로 현재진행형으로 써야 한다.
2 ▸ ① 생각이 떠오르는 것은 짧은 순간 일어난 동작이므로 과거시제로 쓴다.
  ② 바라보는 것은 길게 지속된 동작이므로 과거진행형으로 쓴다.
Q ① 표현주의 대 사실주의
  ② Munch의 그림은 어떻게 탄생하였는가
  ③ 비운의 예술가, Edvard Munch
  ▸ Munch가 절규를 그리게 된 일화이므로 ②가 제목으로 알맞다.

04 현재시제 vs. 현재진행형

EXERCISE

A

1 Are you enjoying **2** is waiting for **3** am working on
4 consists of **5** goes **6** lives, is staying
7 Do you like, never miss, am watching

1 파티 재미있으세요?
 ▸ 말하는 시점에 파티를 즐기고 있는지를 묻고 있으므로 현재진행형
2 서둘러! 택시 기사가 우리를 기다리고 있어.
 ▸ 말하는 시점에 진행 중인 일이므로 현재진행형
3 컴퓨터 끄지 마. 그걸로 작업하고 있어.
 ▸ 말하는 시점에 진행 중인 일이므로 현재진행형
4 공기는 대부분 산소와 질소로 구성되어 있다.
 ▸ 과학적 사실이므로 현재시제
 (어휘) consist of ~로 구성되다 / oxygen 산소 / nitrogen 질소
5 Jessie는 일 년에 세 번 등산을 간다.
 ▸ 반복적으로 일어나는 일이므로 현재시제
6 Tom은 (평소에는) 부모님과 함께 사는데 이번 주에는 시애틀에 있는 누나 집에 머물고 있다.
 ▸ 부모님과 함께 사는 것은 지속적인 일이므로 현재시제, 누나 집에 머무는 것은 이번 주의 일시적인 일이므로 현재진행형
7 A: 너 코미디 쇼 좋아하니?
  B: 응, 한 번도 빼먹지 않고 봐. 이번 달에는 6번 채널에서 하는

새 코미디 쇼를 보고 있어.

▶ 코미디 쇼를 좋아하는 것과 빼먹지 않고 보는 것은 지속적인 일이므로 현재시제, 새 코미디 쇼를 보고 있는 것은 최근에 일시적으로 일어난 일이므로 현재진행형

④ 일시적인 행동

어휘 short story 단편소설 / author 작가 / soap opera (텔레비전) 연속극 / documentary 다큐멘터리

B

1 tastes 2 is raining 3 is thinking 4 belongs to

1   그 음료는 식초 같은 맛이 난다.
    ▶ taste가 '~한 맛이 나다'라는 뜻의 상태동사로 쓰였으므로 현재시제
    어휘 vinegar 식초
2   우리는 산책하러 갈 수 없어. 지금 비가 오고 있어.
3   현재 Bill은 대학원에 지원하려고 생각 중이다.
    ▶ think가 맥락상 '고려하다'라는 의미로 주어의 '동작'을 나타내고, 최근에 일시적으로 하고 있는 일이므로 현재진행형
    어휘 graduate school 대학원
4   이 보석은 그녀의 것이므로 그녀에게 돌려 줘야 해.
    ▶ belong은 소유를 나타내는 상태동사이므로 진행형으로 잘 쓰이지 않음

C

1 am knowing → know 2 ○ 3 are believing → believe 4 is needing → needs

1   나는 이 문제의 답을 안다.
    ▶ know는 상태동사이므로 일반적으로 진행형으로 쓰지 않음
2   나 지금 피곤한데. 나중에 얘기해도 될까?
    ▶ 몸의 상태를 나타내는 feel은 진행형과 현재시제 둘 다 가능
3   그들은 Susan이 그 일에 적합한 사람이라고 생각한다.
    ▶ believe는 일반적으로 진행형으로 쓰지 않음
4   Sue는 컴퓨터를 사기 위해 돈이 조금 더 필요하다.
    ▶ need는 일반적으로 진행형으로 쓰지 않음

D

① writes ② is writing ③ watches ④ is watching

아빠는 단편소설을 쓴다. 아빠는 유명한 작가이다. 올해 아빠는 아이들을 위한 단편소설을 쓰고 있다. 엄마는 보통 밤 10시쯤에 드라마를 보는데, 오늘 밤에는 환경에 관한 다큐멘터리를 보고 있다.
▶ ① 직업으로 하는 지속적인 일
   ② 일시적인 행동
   ③ 반복적인 습관

E

works, hard, is, taking, a, break

▶ 지속적인 일은 현재시제로 나타내며, 현재 진행 중인 일시적인 행동은 현재진행형으로 나타냄

GRAMMAR IN READING
....

A goes → is going, are wanting → want
B 1 ⓐ make ⓑ am running **2** The express train leaves at 7:30 **Q** F

A

당신이 꾸는 꿈의 배경은 지금 당신의 삶이 가고 있는 방향에 대한 당신의 느낌을 나타낸다. 예를 들어 꿈의 배경이 메마른 모래 사막이라면 그것은 당신이 외로움과 고립감을 느끼고 있음을 의미할 수도 있다. 반면에 친숙한 거리에 대한 꿈을 꾸는 것은 당신이 과거의 장소로 돌아가고 싶어 한다는 것을 의미할 수 있다.
▶ 지금 일시적으로 진행 중인 일을 나타내므로 goes는 is going이 되어야 하고, want는 진행형으로 잘 쓰이지 않으므로 현재시제가 되어야 함

B

(전화 통화 중)
A: 여보세요?
B: 아니, 어디 있는 거야? 너 또 늦었잖아!
A: 가는 길이야. 지금 역으로 서둘러 가고 있어. 곧 도착할 거야.
B: 너는 매일 나를 늦게 만드는구나!
A: 미안해, 가능한 한 빨리 가고 있어!
B: 서둘러. 급행열차는 매일 아침 7시 30분에 떠나.
A: 알아, 알아. 지금 몇 시야?
B: 7시 28분이야. 시간 맞춰서 오지 않으면, 혼자 갈 거야.
A: 알았어. 전화 끊어! 지금 개찰구를 지나 뛰어가고 있어.
1   ▶ ⓐ 반복적으로 일어나는 일이므로 현재시제
       ⓑ 말하고 있는 지금 일어나고 있는 일이므로 현재진행형
2   ▶ 매일 반복적으로 일어나는 일이므로 현재시제
Q 급행열차가 이미 떠났다.
    ▶ 기차가 떠나기 직전의 상황이다.

05 현재완료형 I

A: Daisy. 오늘 아침에 너에게 전화를 두 번 걸었는데 받지 않더라!

B: 미안해, Matt. 나는 휴대전화를 잃어버렸어. 아직 그것을 찾지 못했어.

A: 오늘 아침에 버스를 타지 않니? 버스 회사에 전화해봐야 할 것 같다.

▶ 완료를 나타내는 현재완료 (부정문의 yet: 아직 ~하지 않았다)

EXERCISE

A

> **1** has bought glasses **2** has grown a beard
> **3** has gotten a haircut

1 Kate는 안경을 샀다.

2 Jason은 턱수염을 길렀다.
   어휘 beard 턱수염

3 Nancy는 머리를 잘랐다.

1~3 ▶ 과거와 비교해서 달라진 현재 상태를 현재완료형으로 나타냄

B

> **1** have, lived **2** have, left **3** has, seen

1 A: 너는 여기 서울에서 가족과 함께 사니?
   B: 아니, 혼자 살아. 난 2010년부터 혼자 살아왔어.
   ▶ 과거부터 현재까지 계속된 일을 나타내므로 현재완료

2 내 열쇠를 찾을 수가 없어. 아마 사무실에 두고 왔나 봐.
   ▶ 현재에 영향을 미치는 과거의 일(사무실에 열쇠를 두고 와서 지금 가지고 있지 않음)이므로 현재완료

3 A: Dave가 우리와 영화 보러 가는 거야?
   B: 아니, 그는 이 영화를 이미 봤어.
   ▶ 최근에 완료된 일을 나타내는 현재완료

C

> **1** has, broken **2** haven't, talked, yet **3** has, already, done

1 ▶ 결과를 나타내는 현재완료

2 ▶ 부정문과 함께 쓰이는 yet (아직 ~하지 않았다)

3 ▶ 평서문의 already (이미 ~했다)

D

> haven't found it yet

GRAMMAR IN READING

> **A** have, just, eaten **B 1** ⓐ Have you tried ⓑ have taken **2** when you have just finished learning something **Q** F

A

당신이 방금 막 매운 음식을 먹었는데 상사가 면담을 원합니다. 재빨리 양치질을 해야겠군요. '덴탈 닷츠'는 이런 경우를 위해 만들어졌습니다. 손가락에 한 개를 붙이고 이것을 사용해 재빨리 이를 닦으세요.

▶ 이제 막 완료된 행동을 말할 때 현재완료형을 쓰며, 강조하기 위해 부사 just를 사용

B

Q: 저는 열심히 공부하지만, 제 노력이 성적에 반영되지는 않아요. 제 공부 습관에 분명 뭔가 잘못된 게 있나 봐요. 공부를 더 잘할 수 있는 방법을 아세요?

A: 알죠. 배운 내용을 복습해 본 적 있으세요? 복습한다는 것의 의미는 당신이 필기한 내용을 다시 보는 것입니다. 이것이 더 많은 정보를 기억하는 데 도움을 주고 중요한 세부 내용을 잊어버리지 않도록 해줍니다. 복습하기에 가장 좋은 때는 무언가의 학습이 막 종료된 시점입니다. 시험 직전까지 기다려서 복습을 시작하는 것은 좋은 생각이 아닙니다. 하지만 시험 전의 최종적인 복습은 도움이 될 수 있겠지요. 이 조언을 따른다면 성적이 오를 거라고 확신합니다.

1 ▶ ⓐ 경험을 묻는 내용이므로 현재완료
   ⓑ 지금 막 완료된 행동을 나타내므로 현재완료

Q 좋은 성적을 얻으려면 시험 직전에 복습을 시작해야 한다.
   ▶ 공부를 마치자마자 복습하는 것이 효과적이라는 내용의 글

06 현재완료형 II

EXERCISE

A

> **1** have, taken **2** have, been **3** has, worked
> **4** have, seen

1 이번 주에 지금까지 시험을 몇 개나 봤니?
> ▶ 경험을 나타내는 현재완료
2 나는 알래스카에 가 본 적은 없지만 TV에서 본 적이 있다.
> ▶ have been to: ~에 가 본 적이 있다 (경험)
3 Tori는 2010년부터 비영리 단체에서 일했다.
> ▶ 계속을 나타내는 현재완료, since (~ 이후로)
4 이것은 내가 본 것 중 가장 훌륭한 플레이오프 경기이다.
> ▶ 경험을 나타내는 현재완료로 최상급의 의미
> 어휘 playoff 플레이오프 (시즌 종료 후의 우승 결정전)

B

> **1** did you get → have you gotten[got] **2** have been →
> have gone **3** for 1975 → since 1975 **4** have just gone
> to → have just been to

1 너는 Mike를 처음 만났던 이후로 그에게 연애편지를 몇 통이나
받았니?
> ▶ 일정 시점 이후로 계속된 행위를 나타내므로 현재완료
2 부모님이 할머니 댁에 가셔서 오늘 밤 나는 혼자 있다.
> ▶ 부모님이 나가셔서 지금은 집에 계시지 않은 것이므로 have
> gone
3 John Williams는 1975년부터 영화음악을 만들어왔다.
> ▶ 최근까지 계속된 행위가 시작된 기준 시점을 나타내야 하므로
> for가 아닌 since
4 나는 방금 마술쇼에 갔다 왔다. 그것은 정말 멋졌다!
> ▶ 마술쇼에 막 '다녀온' 것이므로 have just been to를 씀
> 어휘 terrific 멋진, 훌륭한

C

> **1** has not eaten[has not been eating]
> **2** have lived[have been living] **3** has read

(continued)

> **4** has never lived **5** has received **6** have ever heard

0 Kate는 프랑스에 일주일째 있다.
1 Jim은 5년째 고기를 먹지 않고 있다.
> ▶ '계속'을 나타내는 현재완료
2 나는 12년째 이곳에 살고 있다.
> ▶ 계속되는 상태를 나타내는 현재완료
3 Ted는 '해리포터' 시리즈를 두 번 읽었다.
4 Gena는 샌프란시스코 외의 지역에 살아 본 적이 없다.
5 그녀는 최고 가수상을 받은 적이 있다.
6 이것은 내가 지금까지 들어 본 것 중에 가장 아름다운 이야기이다.
3~6 ▶ 현재까지의 경험을 나타내는 현재완료

D

> **1** has been traveling for six months
> **2** has never been to Asia before 또는 has never been
> there before

David는 지금 아시아를 여행하고 있다. 그는 여행을 6개월 전에 시작
했다. 이것이 아시아로의 첫 여행이다.
1 David가 여행한 지 얼마나 되었는가?
> → 그는 6개월 동안 여행을 하고 있다.
2 David는 아시아에 몇 번 가 보았는가?
> → 그는 전에 아시아에 가 본 적이 없다.

GRAMMAR IN READING

> **A** have, sold, out **B 1** ⓐ have warned 또는 have been
> warning ⓑ has released 또는 has been releasing
> **2** have caused **Q** ②

A

Andrew Lloyd Webber는 영국에서 가장 성공한 뮤지컬 작곡가이
며, '오페라의 유령'은 그의 가장 성공한 뮤지컬이다. 1986년 런던에서
초연된 이후 극장에는 객석이 빈 적이 없었다.
→ 그 공연이 시작된 후로 표는 항상 매진이었다.
> ▶ 과거부터 현재까지 계속되는 상태를 말하고 있으므로 현재완료

B

여러분은 아마 지금쯤이면 지구 온난화에 대해 들은 적이 있을 것입
니다. 수년간, 과학자들은 지구가 점점 따뜻해지고 있다고 우리에게
경고해 왔습니다. 이러한 기온 상승은 한 세기 넘게 우리 문명이 대기

중으로 많은 양의 온실가스를 배출해왔기 때문입니다. 이 온실가스는 열이 대기로부터 빠져나가는 것을 막는데, 그로 인해 기온이 높아지게 됩니다. 온실가스가 현재와 같은 양으로 계속 방출된다면, 지구는 훨씬 더 더워질 것입니다. 모든 동물이 멸종할 수 있고, 우리의 삶은 점점 더 힘들어질 것입니다.

1 ▸ ⓐ 특정 기간(For years)이 언급되었으며 현재까지 계속되는 일이므로 '계속'의 현재완료 (현재완료진행형도 가능)
ⓑ 인류 문명이 온실가스를 배출해 온 것은 현재까지도 이어지고 있으므로 '계속'의 현재완료 (현재완료진행형도 가능)

2 온실가스 배출은 지구의 온도를 상승시켰다.

UNIT
07 현재완료형 vs. 과거시제

EXERCISE

A

1 have grown 2 Did, eat 3 has lived 4 has not been
5 went 6 have had

1 얘 좀 봐! 너 아주 예쁜 숙녀로 자랐구나.
   ▸ 현재의 상태를 근거로 말한 것이므로 과거의 일이 현재에 영향을 미침을 나타내는 현재완료
   어휘 Look at you! 상대방에 대한 놀라움을 표현

2 너는 어렸을 때 초콜릿을 많이 먹었니?
   ▸ 구체적인 과거 시점에 한 일을 나타내므로 과거시제

3 Jenny는 베를린에 산다. 그녀는 태어났을 때부터 그곳에 살았다.
   ▸ 과거부터 현재까지 베를린에 살아온 것이므로 계속을 나타내는 현재완료

4 지난 금요일부터 계속 날씨가 별로 좋지 않았다.
   ▸ 지난 금요일부터 지금까지 계속되는 상태를 나타내므로 현재완료

5 Richard는 30분 전에 집에 돌아갔다. 그는 몸이 별로 좋지 않은 것 같았다.
   ▸ 구체적인 과거 시점(half an hour ago)에 있었던 일이므로 과거시제

6 나는 오늘 오전에 커피를 지금까지 네 잔 마셨다. 나는 남은 하루 동안 잠이 들지 않을 거라고 확신한다.
   ▸ 오늘 오전에 커피를 마신 일이 현재와 미래에까지 영향을 미치므로 현재완료

B

1 Yes. 2 Don't know. 3 Yes. 4 No.

0 Ross는 영국에 갔다.
1 Rachel은 영국에 가고 (이곳에) 없다.
2 Andy는 3년 전에 서점을 운영하기 시작했다.
   어휘 run ~을 경영하다
3 Anika는 골프 개인지도를 시작했다.
4 나는 오전에 별로 할 일이 없어서 케이크를 만들었다.
1~4 ▸ 과거시제는 현재와 무관하게 과거에 끝난 일을 나타내고, 현재완료는 현재의 상태까지도 내포한다.

C

1 ⓐ have not been ⓑ came ⓒ met ⓓ meant
2 ⓐ has advanced ⓑ used
3 ⓐ have been ⓑ went ⓒ had

1 네가 내 인생에 들어오고 난 이후로 모든 것이 달라졌다. 너를 만나기 전에 사랑은 나에게 아무런 의미가 없었다.
   어휘 things haven't been the same 모든 것이 달라졌다 / mean nothing 아무런 의미가 없다

2 지난 2, 30년 동안 통신 기술이 급속히 발전했다. 1990년대에는 휴대전화를 사용하는 사람이 거의 없었다.
   어휘 decade 10년 / few 거의 없는, 극소수의

3 나는 여행을 좋아한다. 나는 대부분의 유럽 국가에 가 보았다. 몇 달 전에는 그리스에 가서 즐거운 시간을 보냈다.

D

I have forgotten most of it

나는 학교에서 스페인어를 공부했지만, 지금은 그 대부분을 잊어버렸다.
▸ 스페인어를 공부한 것은 과거 특정 시점의 일이므로 과거시제, 그 대부분을 잊어버려 현재 기억 못하는 것은 과거의 일이 현재에 영향을 미친 것이므로 현재완료

GRAMMAR IN READING

A ⓐ has changed ⓑ conquered B 1 ⓐ has been
ⓑ chose ⓒ set 2 그것은 1817년에 재건되었고, 그 후로 여러 번 수리되었다 Q ②

A

UN 환경기구는 에베레스트 산의 풍경이 1953년 Edmund Hillary 경이 처음으로 정상을 정복한 이후로 큰 폭으로 변해 왔다는 징후를 발견했다. 그 주요 원인은 지구 온난화이다. 하지만 증대되고 있는 상업적 관광의 영향 또한 세계에서 가장 높은 산에 영향을 끼치고 있다.

▶ 1953년 정상을 정복한 일은 구체적인 과거 시점의 일이므로 과거시제(conquered)로, 산의 풍경은 그 이래로 지금까지 변해온 것이므로 현재완료형(has changed)으로 써야 함

B

백악관은 200년이 넘는 기간 동안 미국 대통령의 사택이었다. 그러나 현재의 구조물은 원래의 것이 아니다. 1791년, George Washington이 당시에 '대통령 사택'이라고 알려졌던 것의 위치를 정했고, 그로부터 1년 후에 건축이 시작되었다. 그러나 그 건물은 오래 가지 못했다. 1812년의 전쟁 중에 영국 군대가 그것에 불을 질러 잿더미로 만들었다. 그러나 그것은 1817년에 재건되었고, 그 후로 여러 번 수리되었다.

1 ▶ ⓐ 과거부터 현재까지 계속되는 상황이므로 현재완료
　　ⓑ, ⓒ 각각 In 1791과 during the War of 1812는 구체적인 과거 시점을 나타내므로 과거시제

UNIT

08 과거완료형, 미래완료형, 완료진행형

EXERCISE

A

> 1 had lived, got 2 had already heard
> 3 caught, had spent 4 called, had stolen

1 Julie와 Mike가 이혼했을 때 그들은 15년 동안 함께 살아온 상태였다.
　어휘 divorce 이혼하다
2 내가 엄마에게 그 소식을 말해 주었을 때 엄마는 이미 그것을 들어서 알고 계셨다.
3 경찰이 그 도둑을 잡았을 때 그는 이미 돈을 다 써버린 뒤였다.
4 그녀는 경찰에 전화해서 누군가 자신의 지갑을 훔쳐갔다고 말했다.
1~4 ▶ 과거보다 이전에 있었던 일은 과거완료로 나타낸다.

B

> 1 will have finished my homework by this evening
> 2 have been playing cards for five hours
> 3 will have been married for 50 years next year

0 사흘째 비가 내리고 있다.
1 나는 오늘 저녁이면 숙제를 다 마쳤을 것이다.
　▶ 미래의 어느 시점까지의 완료를 나타내므로 미래완료
2 그들은 5시간째 카드놀이를 하고 있다.
　▶ 과거에 시작되어 현재에도 계속되고 있는 일을 나타내므로 현재완료진행형
3 내년이면 우리가 결혼한 지 50년이 된다.
　▶ 미래의 어느 시점까지의 계속을 나타내므로 미래완료

C

> 1 has been reading the papers for
> 2 will have fixed dinner
> 3 will have seen the movie three times

1 ▶ 과거에 시작되어 현재에도 계속되고 있는 동작을 나타내므로 현재완료진행형
2 ▶ 미래의 어느 시점까지 완료될 일을 나타내므로 미래완료
3 ▶ 미래의 어느 시점까지의 경험을 나타내므로 미래완료

D

> 1 a. 그는 그 프로젝트를 하고 있다.
> 　b. 그는 프로젝트를 해오는 중이다.
> 2 a. James는 숙제를 다 했다. (완료)
> 　b. James는 숙제를 계속하고 있다. (미완료)

1 a. ▶ 지금 하고 있다는 사실만 언급함
　b. ▶ 과거에 시작해서 지금도 수행 중임을 나타냄
2 a. ▶ 동작의 완료를 나타냄
　b. ▶ 동작이 계속됨을 강조할 때는 현재완료진행형을 씀

E

> Dad, because he had been doing the gardening
> [because he had been gardening]

토요일 오후에 우리 가족 모두는 바빴다. 점심 후, 내 여동생 Janet은 자신의 자전거를 수리했고, 아빠는 정원을 손질했고, 엄마는 케이크를 만들었다.
0 누가 오후에 체인과 렌치를 손에 들었는가? 왜?

→ Janet이다. 왜냐하면 자전거를 수리하고 있었기 때문이다.
1 누가 손과 무릎에 흙이 묻어 있었는가? 왜?
　→ 아버지이다. 왜냐하면 정원을 손질하고 있었기 때문이다.
　어휘 do gardening 정원을 손질하다 / wrench 렌치[스패너] /
　dirt 먼지, 흙

GRAMMAR IN READING
··

A ⓐ will have developed　**B** 1 ⓒ are declining → have
been declining 또는 have declined　2 T　**Q** ①

A

어떤 아이들의 신체는 빨리 발달하고 어떤 아이들은 느리다. 하지만
결국 누구나 자라게 된다. 여러분은 반 친구들에게 뒤처지지 않기를
바랄지 모른다. 그러나 몇 년 후면 여러분의 신체는 발달해 있을 것이
고, 이런 걱정들은 아득한 추억이 될 것이다.
▶ 미래의 어느 시점까지 완료되어 있을 일을 나타내므로 미래완료

B

북부흰코뿔소는 멸종을 향해 가는가?
남아 있는 북부흰코뿔소 네 마리 중 한 마리가 죽었다. 어떤 사람들은
이것이 그들이 멸종을 향하고 있다는 의미일까 걱정한다. Nola라는
41살의 암컷이 안락사를 당해야 했다. 수의사들이 최근 세균 감염 때
문에 Nola를 수술했지만, Nola의 상태는 악화되었다. 아시아와 아프
리카 양 대륙의 코뿔소 개체 수는 서식지 파괴와 밀렵 때문에 수십 년
간 감소해오고 있다. 우리가 주의를 기울이지 않으면, 북부흰코뿔소는
곧 인류에게 잊힐 것이다.
1 ▶ 일정 기간을 나타내는 for가 쓰였으므로 과거부터 현재까지 계
　속 감소하고 있다는 의미를 나타내기 위해 현재완료진행형 또는
　현재완료를 써야 한다.
2 수의사들은 Nola의 상태가 나빠졌을 때 Nola를 구하려고 노력
　해오던 중이었다.
Q ① 경고하기 위해
　② 불만을 제기하기 위해
　③ 광고하기 위해

REVIEW TEST 01
───────────────────────────

A 1 do you come　2 rode　3 have just heard
4 has been　5 were you doing　6 will
B 1 hear　2 will have been driving[will have driven]
3 is still moving　4 are taking　5 had already left

6 had worked[had been working]
C 1 had turned off the lights in the room, went to bed
2 had been studying, went out　3 get back, will have
cleaned[will have finished cleaning] all the windows
4 didn't recognize me, had cut my hair very short on
Monday
D ②　**E** ④　**F** (A) doesn't (B) has begun (C) is
disappearing　**G** 1 ⓑ　2 It has been an important
Chinese export since that time.

A

1 A: 당신은 어디 출신인가요?
　B: 저는 스위스에서 태어났지만 제가 3살 때 우리 가족은 남아프
　리카공화국으로 이주했어요.
　▶ 출신은 일시적인 것이 아니라 지속적인 상태를 나타내므로 현
　재시제
2 A: 난 말을 타 본 적이 없어. 너는 타 봤니?
　B: 응. 작년에 제주도에 갔을 때 한 번 타 봤어. 재미있었어.
　▶ 과거 특정 시점(last year)에 한 일이므로 과거시제
3 A: 다들 왜 저렇게 화를 내고 있어요?
　B: 공장이 문을 닫을 거라는 소식을 방금 들었거든요.
　▶ 소식을 들은 것은 방금 완료된 행위이므로 현재완료
　어휘 close down 폐업하다
4 A: 그가 아직 거기 있니?
　B: 응, 그는 6월부터 거기에 쭉 있었어.
　▶ 과거에서 현재까지 계속되는 상태이므로 현재완료
5 A: 선생님께서 교실에 들어오셨을 때 넌 뭘 하고 있었니?
　B: 이야기하고 떠들고 있었어요.
　▶ 과거 특정 시점에 진행 중이던 일을 나타내므로 과거진행형
　어휘 make noise 소음을 내다, 떠들다
6 A: Rachel이 국제미술전에서 1등을 했어.
　B: 아, 정말? 전화해서 축하해 줘야겠다.
　▶ 말하는 순간에 즉흥적으로 결정한 일은 will을 사용함
　어휘 congratulate 축하하다

B

1 그녀에게서 무언가 듣는 즉시 너에게 알려줄게.
　▶ 때를 나타내는 부사절에서는 미래의 일이라도 현재시제를 사용
　함
2 9시면 우리는 다섯 시간째 운전하고 있는 것일 테니 그 때 휴식을
　취했으면 합니다.
　▶ 과거부터 시작된 동작이 미래의 어느 시점까지 계속될 것임을
　나타낼 때는 미래완료진행형을 사용함 (미래완료도 가능)
3 비행기가 아직 움직이고 있는 동안은 그대로 좌석에 계시기 바랍
　니다.

▶ 현재 진행 중인 일이므로 현재진행형

4 조용히 해주세요. 학생들이 지금 시험을 보고 있어요.

　　▶ 현재 진행 중인 일이므로 현재진행형

5 나는 11시에 버스 정류장에 도착했지만, 막차는 이미 떠나 버렸다.

　　▶ 과거보다 앞선 일을 나타내고자 할 경우에는 과거완료를 사용함

6 2015년에 마침내 은퇴하였을 때 Woods 씨는 그곳에서 50년 동안 일해 왔다.

　　▶ 과거보다 더 이전에 시작된 일이 과거의 어느 시점까지 영향을 미친 경우이므로 과거완료를 쓰지만, 진행의 의미를 강조하고 싶은 경우 과거완료진행형을 쓸 수도 있다.

C

0 Ann은 점심을 먹고 나서 자리에 앉아 책을 읽었다.

　　▶ 점심을 먹은 것이 앉아서 책을 읽은 시점보다 앞서므로 과거완료를 사용함

1 Chris는 방 안의 불을 끄고 나서 잠자리에 들었다.

　　▶ 방 안의 불을 끈 시점이 잠자리에 든 시점보다 이전이므로 과거완료를 사용함

　　어휘 turn off (전기·기계 등을) 끄다

2 갑자기 정전되었을 때 나는 도서관에서 공부하고 있었다.

　　▶ 정전된 시점보다 먼저 공부를 시작해서 계속하던 중이었으므로 과거완료진행형을 사용함

3 당신이 돌아올 때면 나는 유리창을 전부 닦았을 것이다.

　　▶ 미래 특정 시점까지는 유리창 청소를 완료해 놓을 것이라는 의미이므로 미래완료를 사용함

4 내 친구는 나를 알아보지 못했는데, 내가 월요일에 머리를 매우 짧게 잘랐기 때문이었다.

　　▶ 머리를 짧게 자른 일이 친구가 자신을 알아보지 못한 일보다 앞서므로 과거완료를 사용함

D

① 내가 집에 갔을 때 그 아기는 울고 있었다.
② Tim은 쇼핑을 가버렸다. 그는 곧 돌아올 것이다.
③ 나는 어제 다리가 부러져서 수영하러 갈 수 없다.
④ 내 비행기는 내일 오전 10시에 출발한다.
⑤ 그녀는 늘 한밤중에 세탁한다.

▶ 쇼핑을 하러 가서 현재 그 자리에 없는 것이므로 has been이 아닌 has gone을 써야 함. 또한, 'go shopping'이 '쇼핑 가다, 물건을 사러 가다'의 뜻이므로 to를 지우고 has gone shopping으로 쓰거나 장소를 나타내는 명사를 넣어 has gone to the shopping mall로 수정해야 함.

E

① 곰은 가을 동안 사냥을 하고 겨울에 잠을 잔다.
② Isaac Newton은 1687년에 중력의 법칙을 발표[출간]했다.
③ 아무도 그 도둑이 어떻게 집 안으로 들어갔는지 알지 못했다.
④ 우리는 Thompson 가족을 오랫동안 알고 지냈다.
⑤ 내년이면 그녀는 회사에서 20년 동안 일한 것이 된다.

▶ know, understand 등의 상태동사는 진행형으로 거의 쓰이지 않으므로, 현재완료(have known)로 바꿔야 함

F

남극대륙은 지구 상에 있는 얼음의 90%가 덮여 있다. 그곳에는 눈이 그다지 많이 내리지는 않지만, 내리는 눈은 그대로 남아 점점 더 두꺼워진다. 남극 대륙의 일부 지역에서는 얼음의 두께가 2마일 이상이나 된다. 그러나 최근의 기후 변화로 인해 남극의 빙하가 녹기 시작했다. 얼음이 우려할 만한 속도로 사라지고 있는 것이다.

　　▶ (A) 특정 지역의 기후는 일시적이지 않고, 지속적인 특성을 가지므로 현재시제인 doesn't를 써야 한다.

　　(B) 최근의 기후 변화로 빙하가 감소하기 시작하는 것이므로, 현재완료인 has begun이 와야 한다.

　　(C) 얼음이 현재 사라지는 중이므로 현재진행형을 써야 한다.

　　어휘 Antarctica 남극 대륙 / thick 두꺼운; 두께가 ~인 / recent 최근의 / ice sheet 빙하 / worrying 걱정스러운

G

중국은 세계에서 가장 널리 음용되는 음료 중 하나인 차의 고향이다. 중국인들은 수천 년간 차나무를 재배해 왔다. 중국의 차는, 비단과 자기와 함께, 1,000년도 더 전에 전 세계에 알려지기 시작했다. 그것은 그때 이후로 중국의 중요한 수출품이었다.

1 ▶ 과거부터 현재까지 계속되는 상황을 나타내므로 현재완료인 have grown이나 현재완료진행형인 have been growing이 되어야 한다.

2 ▶ 과거부터 현재까지 지속되는 상태를 나타내기 위해 현재완료를 쓴다.

　　어휘 homeland 본국, 고국 / consume 소비하다; *먹다, 마시다 / beverage 음료 / shrub 관목 / porcelain 자기 / export 수출품

09 can, could

EXERCISE

A

1 was able to 2 could 또는 was able to 3 been able to
4 could 5 be able to

1 Diane은 버스를 놓쳤지만, 제시간에 기차역에 도착할 수 있었다.
  ▸ 과거 특정한 상황에 해낸 일을 나타내므로 be able to를 사용
2 Sue는 겨우 세 살 때 신문을 읽을 수 있었다.
  ▸ 과거의 일반적인 능력을 나타내는 could를 사용해도 되나, 특정한 상황에서 실제 어떠한 일을 해낸 것이라면 be able to를 사용
3 이 신약은 극심한 통증을 겪는 환자들을 도울 수 있었다.
  ▸ 완료형에 조동사를 연달아 쓸 수 없으므로 be able to를 사용
  어휘 severe 극심한, 심각한
4 그들은 이 기계를 다음 주 화요일까지 고칠 수 있다고 말했다.
  ▸ 시제 일치의 규칙에 따라 can의 과거형 could를 사용
5 당신은 이 수업을 마치면 어려운 코스에서 스키를 탈 수 있을 겁니다.
  ▸ 조동사 두 개를 연달아 쓸 수 없으므로 be able to를 사용
  어휘 ski down 활강하다, 스키를 타고 내려오다

B

1 can't park 2 could beat 3 can't be 4 couldn't go
5 could drive

1 A: 실례합니다. 이곳에 주차하실 수 없습니다.
  B: 아, 죄송합니다. 표지판을 못 봤어요.
  ▸ 불허(不許)의 의미를 나타내는 can't
2 A: 너희 아버지께서 수영에서 금메달을 따셨다고 들었어.
  B: 맞아. 아버지께서 젊으셨을 때, 누구든 다 이기셨지.
  ▸ 과거의 능력을 나타내므로 could
3 A: 이 계산서는 맞을 리가 없어요! 우리는 차 두 잔을 마셨을 뿐인데요.
  B: 제가 한번 좀 보겠습니다.
  ▸ 부정적 추측을 나타내는 can't
4 A: Hanna의 파티에서 네가 안 보이더라.
  B: 나는 그날 병원에 계신 할머니를 방문해서 갈 수 없었어.
  ▸ 과거에 하지 못한 일을 나타내는 couldn't

5 A: 맨해튼에서 일할 때 넌 절대 지각한 적이 없었잖아.
  B: 사무실에 가까이 살아서 차로 한 시간 안에 출근할 수 있었거든.
  ▸ 과거의 일반적인 능력을 나타내는 could

C

1 can't bring electronic devices into the exam room
2 Could you put out that cigarette
3 can't[couldn't] have driven her home
4 can be unpleasant at times

1 ▸ 허가를 나타내는 can의 부정형인 can't
2 ▸ 정중하게 요청하는 표현이므로 can보다는 could가 적절
  어휘 put out (불을) 끄다 / cigarette 담배
3 ▸ can't[couldn't] have v-ed: ~였[했]을 리가 없다 (과거 일에 대한 강한 부정적 추측)
4 ▸ 가능성을 나타내는 can으로 대개 바람직하지 않은 일이 생길 수 있음을 의미
  어휘 unpleasant 불친절한, 기분 나쁜, 무례한

D

I was able to

나는 Laura와 탁구를 했다. 처음에는 그녀가 이기고 있었지만, 결국 내가 그녀를 이길 수 있었다.
Q 누가 탁구 경기에서 이겼는가?
  → 나는 처음에는 뒤졌지만 만회하여 이길 수 있었다.
  ▸ 특정한 과거 상황에 해낼 수 있었던 일은 be able to를 사용하여 나타냄
  어휘 come back 돌아오다; *만회하다

GRAMMAR IN READING

A 그것은 우울증의 초기 증상일 수 있다. B 1 can, be 2 can change the environmental quality of life Q establish

A

울고 싶을 때는 참지 마라. 그것은 자연스럽고 건강한 감정적 반응이다. 하지만 우는 것이 일상생활을 방해한다면 의사나 심리상담사를 찾아가 보아라. 그것은 우울증의 초기 증상일 수 있다.
▸ could가 현재나 미래의 불확실한 추측이나 가능성을 의미함

B

지리적 공정성은 핵 시설 건립에서 중요한 사안이다. 핵폐기물 저장소는 일반적으로 인구 조밀 지역에서 멀리 떨어진 시골 지역에 건설된다. 하지만 시골에 살고 있다는 이유만으로 누군가를 위험에 노출시키는 것이 공정한 일인가? 또한, 살고 있는 곳에 따라 특정 집단은 핵에너지로부터 혜택을 얻는 반면 다른 집단은 그것의 짐을 져야 하는 것이 윤리적으로 타당할 수 있는가? 핵 시설 설립은 환경적 측면의 삶의 질을 바꿀 수 있으므로, 핵 시설을 어디에 짓느냐 하는 딜레마는 풀기 쉬운 문제가 아니다.

1 ▸ can을 써서 강한 의문을 나타냄
2 ▸ can을 써서 이론상의 가능성을 나타냄
Q 핵 시설을 설치할 장소를 선정하는 것의 어려움

UNIT

10 may, might

EXERCISE

A

> 1 b 2 c 3 a

1 신의 축복이 있기를! / b. 행복을 찾으시길! (기원)
2 그 사진을 봐도 될까요? / c. 당신은 이곳에서 어떤 장비도 사용해선 안 됩니다. (허가)
3 그는 자기 방에 있을지도 모른다. / a. 그는 보고서 준비로 바쁠지도 모른다. (추측)
   어휘 term paper (과제로 제출하는) 보고서

B

> 1 may as well give 2 may as well go 3 may well be good at 4 may well get

1 우리는 잃을 것이 없기에, 한번 시도해보는 것이 낫다.
   어휘 give ~ a try ~을 시도해 보다
2 그녀는 사무실에 없다. 난 집에 가는 것이 낫겠다.
3 Steve는 은행원이 되고 싶어 한다. 그는 아마 수학에 능숙할 것이다.
4 그의 글은 철자 오류로 가득하다. 그가 작문에서 낮은 성적을 받는 것은 당연하다.
1~2 ▸ may as well: ~하는 것이 낫다 (다른 대안이 없는 상황)

3~4 ▸ may well: 아마 ~일 것이다, ~하는 것이 당연하다

C

> 1 ○ 2 ○ 3 might forget → might[may] have forgotten
> 4 may not have come → may[might] not come

1 영수증을 버리지 마. 나중에 필요할지도 몰라.
   ▸ 추측이나 가능성의 might
2 당신이 새해에 행복하고 건강하기를!
   ▸ 기원을 나타내는 may
3 그녀는 회의에 없었다. 그녀는 참석할 것을 잊어버렸을 수도 있다.
   ▸ 과거 사실에 대한 불확실한 추측은 「might have v-ed」 또는 「may have v-ed」로 나타낸다.
4 Erika는 아팠다. 그녀는 내일 파티에 오지 않을지도 모른다.
   ▸ 미래의 추측을 나타내는 may[might]

D

> 1 She might have gotten stuck in heavy traffic.
> 2 She might be in the library.
> 3 He might have walked his dog.
> 4 She might have studied it in school.

0 A: 자동차 열쇠를 찾을 수가 없어. 어디에 있는지 궁금하네.
   B: Jane이 그걸 가져갔을지도 몰라.
1 A: Linda가 왜 행사에 참여하지 않은 거지? 오겠다고 말했는데.
   B: 차가 많이 막혔는지도 몰라.
2 A: 나는 Cindy에게 할 말이 있어. 그녀가 어디에 있는지 아니?
   B: 그녀는 도서관에 있을지도 몰라.
   ▸ 현재 상태에 대한 추측이므로 might
3 A: James가 오늘 아침에 뭘 했는지 궁금하네.
   B: 그는 자기 개를 산책시켰을지도 몰라.
4 A: 그녀는 어떻게 그렇게 유창한 일본어를 하는 거지?
   B: 그녀는 학교에서 배웠을지도 몰라.
   어휘 How come S + V? 어찌하여 ~하는가?
1, 3, 4 ▸ 과거의 일에 대한 추측이므로 「might have v-ed」

E

> 1 She may be in the cafeteria.
> 2 She might be meeting with her teacher.

Jack과 Sarah는 Sophie가 어디에 있는지 모르지만 몇 가지를 생각한다.
1 Jack: 그녀는 교내 식당에 있을지도 몰라.

2 Sarah: 그녀는 선생님과 이야기를 하고 있을지도 몰라.

1~2 ▶ may와 might는 현재나 미래에 대한 추측이나 가능성을 나타낸다. might가 may보다 확실성의 정도가 떨어진다.

GRAMMAR IN READING

A May, I, give   **B 1** You may have seen the movies
2 may well   **Q** ②

A

주목해 주시겠습니까? 이제 Thomas Davenport 씨께서 정보의 급격한 증가가 사업에 어떻게 영향을 끼치는지에 대해 설명해 주시겠습니다. Davenport 씨는 유명한 저자이실 뿐만 아니라 경제발전연구소 소장이시기도 합니다. 그분께 큰 박수갈채를 보냅시다.
→ 그분께 큰 박수갈채를 보내주시길 부탁드려도 될까요?
▶ 이 글의 may는 상대방의 허가를 구하는 상황에 쓰이고 있음

B

시간이 있으면 읽어보세요!
2016년 5월 12일
Alex Howell (Illinois 주)
저는 이 책이 엄청난 대작이라고 생각합니다. '두 개의 탑'에 이은 대단한 후속작이었죠. 사실 저는 '왕의 귀환'이 훨씬 더 흥미진진하다고 생각합니다. 그 영화들을 보셨을 수도 있지만, 이 책을 읽지 않으면 줄거리의 일부만을 알고 계신 겁니다. 읽는 데 시간이 오래 걸리긴 하지만, 읽을 만한 가치가 있어요. 마지막 페이지를 넘기고 나면, 중간계를 여행하고 싶다는 생각이 드는 게 당연해요!
1 ▶ may have v-ed: ~했을지도 모른다
2 ▶ may well: ~하는 것이 당연하다 / may as well: ~하는 것이 낫다
Q ① (홍보용) 포스터
  ② 논평[비평]
  ③ 사무용 편지

EXERCISE

A

1 Would **2** will **3** shall **4** would **5** shall **6** would

1 차나 커피 좀 드시겠어요?
▶ 정중한 제안이나 요청을 나타내는 would, will도 가능하나 would가 일반적임
2 네가 너무 바빠서 거기에 못 간다면, 내가 대신 가도록 할게.
▶ 주어의 의지를 나타내는 will, shall도 가능하나 will이 일반적임
3 날씨가 좋다. 소풍 가자, 어때?
▶ 'shall we ~ ?'는 제안할 때, 문장 앞, 또는 부가의문문의 형태로 문장 맨 뒤에 쓰임
4 고등학교 시절에 나는 조부모님 댁에 매주 주말에 방문하곤 했다.
▶ 과거에 자주 했던 일을 나타내는 would
5 좋아, 버스 정류장에서 만나자. 몇 시에 만날까?
▶ 상대방의 의사를 묻는 shall
6 그는 아들에게 자전거를 사주겠다고 약속했지만, 그 약속을 지키지 않았다.
▶ 시제 일치의 규칙에 따라 will의 과거형 would를 사용
어휘 keep one's word 약속을 지키다

B

1 would **2** will **3** won't

1 a. 그는 어릴 때 자주 영화를 보러 가곤 했다.
  b. Jim은 우리에게 그 회의에 참석하겠다고 말했다.
  ▶ a. 과거의 습관을 나타내는 would
    b. 시제 일치 규칙에 따른 will의 과거형 would
  어휘 conference 회의
2 a. 그에 대해 걱정하지 마. 나는 그가 괜찮을 거라고 확신해.
  b. 네가 그에게 그 얘길 못하겠다면, 내가 너 대신 해 줄게.
  ▶ a. 미래의 예측을 나타내는 will
    b. 주어의 의지를 나타내는 will
3 a. 잠시만 뵐 수 있을까요? 오래 걸리지 않을 거예요.
  b. Monica는 너무 화가 나서 나에게 말조차 하지 않으려 한다.
  ▶ a. 미래의 예측을 나타내는 will의 부정
    b. 강한 거절을 나타내는 won't

C

1 ○ **2** ○ **3** Will → Shall **4** won't → wouldn't

1 나가실 때 계란 좀 사다 주시겠어요?
  ▸ 'Would you please ~?'는 정중한 제안이나 요청을 나타냄

2 A: 서핑하러 갈래?
   B: 와, 그거 재미있겠는걸.
  ▸ 미래의 가능성 있는 추측은 will, would 둘 다 가능

3 이 식당은 붐비고 시끄러워 보이는데. 우리 다른 곳으로 갈까?
  ▸ 상대방의 의사를 물을 때는 'Shall we ~?'

4 그는 내 생일 케이크를 먹지 않겠다고 말했지만 파티에서 큰 조각을 먹었다.
  ▸ 시제 일치 규칙에 따라 won't가 wouldn't가 되어야 한다.

D

1 will like **2** Shall we go **3** would like to reset

1 ▸ 습성을 나타내는 will
2 ▸ 상대방의 의사를 물을 때 'Shall we ~ ?'를 쓴다.
3 ▸ would like to-v: ~하고 싶다

E

will, get, in

A: 아, 줄이 정말 기네! 경기가 곧 시작할 텐데!
B: 걱정하지 마. 우리는 제때 들어갈 수 있을 거야. 줄이 빠르게 움직이잖아.
▸ 미래의 일에 대한 확실한 예측을 나타내는 will
[어휘] on time 시간을 어기지 않고, 제때에

GRAMMAR IN READING

A will not care about a single penny B 1 ⓓ
2 we would sell homemade cookies and other snacks
Q F

A

두 가지 제품 가운데 고를 때, 당신은 하나가 9.25달러이고 나머지 하나가 9.24달러라면 신경을 씁니까? 대부분의 소비자는 단 1페니에 신경을 쓰진 않습니다. 하지만 두 가격이 9.99달러와 10달러라면, 아마 신경을 쓸 것입니다. 그것은 우리의 뇌가 한 제품은 9달러이고 나머지 하나가 10달러라고 우리에게 말하기 때문입니다.

▸ will은 확실한 추측·예측을 나타냄

B

A: Baynard 고등학교에서 Lauren Knight가 생방송으로 전해드립니다. 저는 다음 주말의 연례 학교 모금 행사를 운영할 학생인 Scott을 인터뷰하고 있습니다. Scott 군, 올해의 행사는 작년의 행사와 어떻게 다를까요?
B: 전에는 모금하기 위해 수제 쿠키나 다른 간식들을 팔곤 했습니다. 올해는 복권과 중고 옷가지도 팔고자 합니다.
A: 중고 옷가지는 어디서 구할 건가요?
B: 사실은, 이미 갖고 있어요. 제 반 친구 여럿이 이제 입지 않는 것들을 주겠다고 했어요. 그들의 모든 기증품은 이 방에 있습니다. 한번 볼까요?
A: 그거 좋겠네요. 고마워요, Scott!

1 ▸ ⓓ 주절의 시제가 과거이므로 시제 일치의 규칙에 따라 that절 안에서 미래를 나타내는 will의 과거형 would를 써야 한다.
2 ▸ 과거의 습관을 나타내는 would
Q 일부 학생들은 행사를 위해 새 옷을 기증했다.
  ▸ 중고 옷가지를 기증했다고 했다.

UNIT

12 must, have to, should, ought to

EXERCISE

A

1 must have gone **2** must be **3** should have done

1 그는 캐나다로 갔음에 틀림없어. 나는 한동안 그를 보지 못했어.
  ▸ 과거의 일에 대한 강한 확신을 나타내는 「must have v-ed」
2 그녀는 붐비는 공항 근처에 산다. 틀림없이 아주 시끄러울 것이다.
  ▸ 분명한 근거를 통해 현재에 대한 확실한 추측을 나타내는 must
3 그는 수학에서 낮은 성적을 받았다. 그는 숙제를 했어야 했다.
  ▸ 과거에 하지 못한 일에 대한 유감을 나타내는 「should have v-ed」

B

1 must **2** have to **3** have to **4** must **5** must

1 날이 어두워지고 있어. 우리는 지금 떠나야 해.
  ▸ 의무를 나타낼 때 must와 have to 둘 다 가능
2 Jessica는 다른 도시로 이사를 가기 때문에 직장을 그만둬야 할지도 몰라.
  ▸ 두 개의 조동사를 연달아 쓸 수 없으므로 have to
3 내가 항상 너를 도울 수 있어. 너는 모든 것을 혼자 할 필요가 없어.
  ▸ '~할 필요가 없다'의 의미인 don't have to
4 너는 학교에 올 때에는 교복을 입어야 한다.
  ▸ 의무를 나타낼 때 must와 have to 둘 다 가능
5 그는 비싼 신발을 신고 있다. 그는 매우 부자임이 틀림없다.
  ▸ 확실한 추측을 나타내는 must

C

1 should take a few days off 2 should have attended
3 should see 4 should have fastened 5 should know

0 Jake는 오늘 아침 학교에 늦었다. 그는 어젯밤 늦게 자지 말았어야 했다.
1 John은 직장에서 스트레스를 받고 있다. 그는 며칠 쉬어야 한다.
  ▸ 필요를 나타내는 should
  어휘 take ~ off ~을 휴가 내어 쉬다
2 그 강연은 아주 좋았어. 너도 나랑 함께 참석했어야 했는데.
  ▸ 과거에 하지 않은 일에 대한 유감을 나타내는 「should have v-ed」
3 목이 아프고, 코가 막힌다. 의사에게 진찰을 받아야겠다.
  ▸ 필요를 나타내는 should
  어휘 sore throat 아픈 목 / stuffy nose 막힌 코 / see a doctor 병원에 가다, 진찰을 받다
4 그는 자동차 충돌 사고로 심하게 다쳤다. 그는 안전벨트를 맸어야 했다.
  ▸ 과거에 하지 않은 일에 대한 유감을 나타내는 「should have v-ed」
5 너는 이 회사에서 십 년 동안 일해 왔어. 그러니까 Smith 씨가 누구인지 알 테지.
  ▸ 근거있는 추측을 나타내는 should

D

1 don't have to → must not 2 ○ 3 ○
4 must doze off → must have dozed off

1 음주운전을 하면 안 된다. 매우 위험하다.
  ▸ 문맥상 '금지'를 나타내는 내용이 들어가야 하므로 must not
  cf. don't have to: ~할 필요가 없다
2 Susan은 뚱뚱하지 않으니까, 다이어트를 할 필요가 없다.

  ▸ '~할 필요가 없다'는 의미의 doesn't have to
3 Carl은 언제나 Clara에게 친절하다. 그는 그녀를 많이 좋아하는 게 틀림없다.
4 나는 그가 강의 중에 한 말이 기억나지 않는다. 졸았던 게 틀림없다.
  ▸ 판단 근거가 있는 과거에 대한 강한 추측이므로 「must have v-ed」
  어휘 doze off 깜빡 졸다, 잠이 들다

E

should, have, checked, the, return, policy

나는 비싼 여행용 가방을 하나 샀는데, 처음 사용했을 때 바퀴 한 개가 빠져 버렸다. 불행히도, 그것을 세일할 때 샀기 때문에 반품할 수 없었다. 나는 그것을 사기 전에 환불 규정을 확인하지 않았다.
→ 나는 여행용 가방을 사기 전에 환불 규정을 확인했어야 했다.
  ▸ should have v-ed: 과거에 하지 못한 일에 대한 후회를 나타냄

GRAMMAR IN READING

A must not B 1 ⓐ 너는 도움을 요청해야 한다. ⓑ 그들은 다른 학생들을 괴롭혔던 게 틀림없다. 2 tell Q 사람들을 괴롭히는 것

A

우리가 논의해야 할 한 가지 주제는 학교 폭력입니다. 우리는 어떻게든 해결책을 찾아내야 합니다. 학부모, 학생, 교사들 모두 학교가 안전한 곳이기를 바랄 권리가 있습니다. 우리는 학교가 전쟁터가 되도록 내버려 두어선 안 됩니다.
  ▸ 금지를 나타내는 must not

B

Dave: Jenny, 무슨 일이야? 울고 있었어?
Jenny: 아무것도 아냐. 그냥 몸이 별로 좋지 않아, 그게 다야.
Dave: 또 그 못된 녀석들 때문이구나, 그렇지? 넌 이번엔 도움을 요청해야 해.
Jenny: 그래야 한다는 건 알아, 하지만 그렇게 쉽지가 않아.
Dave: 들어봐, 만일 네가 선생님께 말씀드린다면, 널 도우려 하실 거야.
Jenny: 그렇지만 그 녀석들이 알게 되면 나에게 더 못되게 행동할 거야.
Dave: 음, 너는 뭔가 해야 해! 그 녀석들 다른 학생들도 괴롭혔던 게

틀림없어.

Jenny: 알아. 네가 옳아. 걔들은 사람들을 괴롭히는 게 행복한가 봐.

Dave: Jenny, 진지하게 말하는 건데, Lee 선생님께 이에 대해 말씀드려보자.

1 ▸ ⓐ ought to: ~해야만 한다
　　ⓑ must have v-ed: ~했음이 틀림없다

2 Dave는 Jenny가 못된 학생들에 관해 선생님께 말해야 한다고 주장하였다.
　▸ 요구, 제안, 주장을 나타내는 동사 다음의 that절에는 「(should) + 동사원형」을 쓴다.

13 used to, had better, would rather, need

EXERCISE

A

1 to speak 2 would rather 3 used to

1 너는 더 크게 말해야 해. 하나도 안 들려.
　▸ need는 긍정문에서 일반동사로 쓰여 to부정사를 목적어로 취한다.

2 나는 지루한 경기를 보느니 차라리 낮잠을 자겠어.
　▸ would rather A than B: B하느니 차라리 A하겠다
　어휘 take a nap 낮잠을 자다

3 이 집은 우리 할머니의 소유였지만 지금은 나의 것이다.
　▸ 상태를 나타내는 동사 앞에서는 would를 사용할 수 없다.
　어휘 belong to ~ 소유이다, ~에 속하다

B

1 used to be a gas station next to that building
2 didn't use to[used not to] like carrots when he was little
3 used to be very healthy before she had a car accident

0 그녀의 머리는 길었으나, 지금은 짧다.
1 저 건물 옆에 주유소가 있었는데, 지금은 서점이 있다.
2 Sam은 어렸을 때 당근을 좋아하지 않았다. 지금은 당근을 좋아한다.

3 차 사고가 있기 전에 그녀는 아주 건강했지만 지금은 그렇지 않다.

1~3 ▸ used to는 과거에 반복된 행동이나 지속된 상태를 나타내며, '현재는 그렇지 않다'는 뜻을 포함한다. used to의 부정은 didn't use to 또는 used not to로 쓴다.

C

1 had better stop chatting 2 would rather watch TV at home 3 had better reduce 4 would rather be a freelancer 5 had better not upset the bulldog
6 would rather not babysit

1 어, 점심시간이 거의 다 끝났네. 잡담은 그만하고 교실로 가는 게 좋겠다.
　▸ 충고의 의미가 있으므로 had better
　어휘 head for ~로 향해 가다

2 밖에 비가 오고 있다. 나는 영화관에 가느니 집에서 텔레비전을 보겠다.
　▸ would rather A than B: B하느니 차라리 A하겠다

3 너는 씀씀이를 줄이는 게 좋겠어. 그러지 않으면 파산할 수도 있어.
　▸ 충고의 의미가 있으므로 had better
　어휘 otherwise 그러지 않으면 / go broke 파산하다

4 나는 회사원이 되느니 프리랜서가 되겠다. 나는 취미 활동 시간이 더 필요하다.
　▸ would rather A than B: B하느니 차라리 A하겠다
　어휘 freelancer 자유 직업인, 프리랜서

5 그 불도그를 화나게 하지 않는 게 좋아. 너를 물지도 몰라.
　▸ 충고의 의미가 있으므로 had better, had better의 부정은 had better not

6 나는 아기 돌보는 일을 안 하는 것이 낫겠어. 나는 시간이 별로 없어.
　▸ 선택을 나타내므로 would rather, would rather의 부정은 would rather not
　어휘 babysit 아기를 돌봐 주다

D

1 ○ 2 to worry → worry 또는 need not to → don't need to 3 use → using 4 ○

1 저 여자는 강도를 당한 것 같아. 경찰에 신고하는 게 좋겠어.
　▸ 충고의 의미인 had better가 문맥상 적절함
　어휘 rob (물건을) 강탈하다, 빼앗다

2 네 성적은 충분히 좋으니까, 너무 걱정할 필요 없다.
　▸ 조동사 need의 부정은 「need not + 동사원형」
　　일반동사 need의 부정은 「don't need to-v」

3 노인들 대부분은 인터넷을 이용하는 데 익숙하지 않다. 그들은 그게 어렵다고 생각한다.
  ▶ be used to v-ing: ~하는 데 익숙하다
  어휘 senior citizen 노인
4 TV 광고는 상품이나 서비스를 파는 데 이용된다.
  ▶ be used to-v: ~하는 데 이용되다
  어휘 commercial 상업광고

E

had better pay your taxes

당신의 친구 Tom은 이번 주 금요일까지 세금을 내야 한다. 그러지 않으면 그는 연체료를 내야 할 것이다.
Q 당신은 Tom에게 뭐라고 조언하겠는가?
  → 너는 이번 주 금요일까지 세금을 내는 게 좋아.
  ▶ 충고를 따르지 않으면 불이익이 있을 수 있다는 의미를 내포하는 표현은 had better
  어휘 late fee 연체료

GRAMMAR IN READING

A don't, need[have], to B 1 ⓐ used to ⓑ would rather
2 need have → need to have Q F

A

우리는 35세의 어머니와 10세의 아들을 연기할 여성과 소년을 찾고 있습니다. 배우들이 정확히 이 나이여야 할 필요는 없지만 그 나이와 비슷하게 보여야 합니다. 우리는 자원봉사할 배우들만 모집하므로 연기를 사랑해야 하고 기꺼이 재능을 기부할 수 있어야 합니다.
▶ '~할 필요가 없다'는 need not 또는 don't need[have] to로 나타냄

B

과거에는 의사들과 영양 전문가들이 저지방 식품이 항상 일반 식품보다 건강에 좋다고 생각했지만, 그것이 변했다. 요즘에 그들은 단순히 '저지방'이라는 이유만으로 가공식품을 사지 않도록 조심하는 게 좋다고 말한다. 이러한 상품 중 많은 것은 빠진 지방의 맛을 대신하기 위해 지나친 설탕 또는 소금을 함유할 필요가 있다. 이는 곧 그것들이 원래의 일반 지방 식품만큼의 열량을 함유하고 있으며, 심장 마비, 뇌졸중, 당뇨병을 일으킬 위험도 높다는 것을 의미한다. 이 문제들을 피하기 위해, 사람들은 가공식품을 구매하기 전에 영양 라벨을 확인해야 한다. 나라면 건강에 좋지 않은 저지방 식품을 먹느니 전반적으로 건

강에 좋은 음식을 먹겠다. 당신이라면 그렇지 않겠는가?
1 ▶ ⓐ 과거에 지속된 상태를 나타내므로 '~하곤 했다'를 의미하는 used to
  ⓑ would rather A than B: B하느니 차라리 A하겠다
2 ▶ need는 긍정문에서 일반동사로 쓰이며 목적어로 to부정사를 취하므로 need have는 need to have로 고쳐야 한다.
Q 모든 종류의 저지방 식품을 먹지 않는 것이 바람직하다.

UNIT

14 조동사의 의미별 정리

EXERCISE

A

1 must **2** should **3** might **4** can't **5** must **6** can
7 could **8** should **9** was able to

1 Tina와 Jane은 닮았고 주소도 같다. 그들은 자매임에 틀림없다.
  ▶ 확신할 만한 분명한 근거가 있으므로, '~임에 틀림없다'를 뜻하는 must가 적절
2 쿠폰을 얻었을 때에는 그것에 찍힌 만료일을 봐야 한다.
  ▶ '~해야 한다'라는 충고를 나타내므로 should
  어휘 expiration 만료
3 너는 공부하지 않으면 시험에 떨어질지도 모른다.
  ▶ '~일지도 모른다'라는 추측을 나타내므로 might
4 그의 억양으로 보건대 그는 미국인일 리가 없다.
  ▶ '~일 리가 없다'라는 부정적 추측을 나타내므로 can't
  어휘 judging from ~으로 판단하건대
5 석사학위를 따고 싶다면 대학원 과정을 마쳐야 한다.
  ▶ '~해야 한다'라는 의무를 나타내므로 must
  어휘 a master's degree 석사학위 / graduate 대학원의
6 제품을 30일 이내에 가져오시면 환불받으실 수 있습니다.
  ▶ '~할 수 있다'라는 능력을 나타내므로 can
  어휘 get a refund 환불받다
7 그렇게 튼튼한 턱으로 몇몇 공룡들은 돌이나 뼈도 부술 수 있었다.
  ▶ 과거의 평상시 능력을 나타내는 could
  어휘 jaw 턱
8 너는 김치를 먹어봐야 해. 맛있어.
  ▶ 경고가 아니라 권유·충고이므로 should
9 그는 택시 기사 덕분에 결혼식에 제시간에 갈 수 있었다.
  ▶ 과거의 특정 상황에 실제로 해낸 일은 was[were] able to로 표현

B

1 was able to　**2** have to　**3** had better　**4** might
5 can't

1 나는 Dean을 보자마자 알아볼 수 있었다.
　▶ 과거의 특정 상황에 실제로 할 수 있었던 일을 나타내므로 was able to
2 나는 시력이 좋지 않아서 안경을 써야 한다.
　▶ '~해야 한다'라는 필요를 나타내므로 have to
3 너는 Jane에게 그 소식을 말하지 않는 게 좋겠어. 그녀는 충격을 받을 거야.
　▶ 충고를 따르지 않을 경우 문제가 생길 수 있다는 흐름이므로 had better
4 나는 Jack을 몇 년 동안 보지 못했다. 그는 해외에 나갔을지도 모른다.
　▶ 과거에 대한 불확실한 추측을 나타내는 「might have v-ed」
　어휘 abroad 해외로
5 나는 그녀를 몇 분 전에 도서관에서 보았다. 그녀가 벌써 집에 왔을 리가 없다.
　▶ 강한 부정적 추측을 나타내는 can't

C

1 might have seen　**2** must have known
3 couldn't have thrown away
4 should have left a tip

1 ▶ might have v-ed: ~했을지도 모른다
2 ▶ must have v-ed: ~했음이 틀림없다
3 ▶ couldn't have v-ed: ~했을 리가 없다
4 ▶ should have v-ed: ~했어야 했다

D

must have been upset, she heard the rumor

▶ must have v-ed: ~했음이 틀림없다

GRAMMAR IN READING

A

동물원에서, 나는 흔히 그들이 우리에게 그런 것처럼 우리 인간들도 원숭이와 사자들에게 재미있어 보일 게 틀림없다고 생각한다. 우리 역시 그들의 관점에서는 철창 뒤에 있고, 이상하게 행동한다. 그러나 그들에게는 우리를 보는 즐거움을 위해 아무것도 지불할 필요 없이 집에 있을 수 있다는 이점이 있다.
　▶ ⓐ 뒤의 내용으로 미루어 보아 강한 추측을 나타내는 must
　　ⓑ '~할 수 있다'라는 뜻이 되어야 하므로 being able to
　　ⓒ '~해야만 한다'라는 뜻이 되어야 하므로 having to

B

스파이더맨은 털이 많은 옷이 필요하다
Julian Cox, ABC 사이언스 온라인
4월 26일 월요일
새로운 연구는 스파이더맨이 현재의 옷을 작은 털로 덮인 옷으로 바꿔야 한다고 시사한다. 그러면 그가 고층 건물을 오르는 것이 더 쉬울 것이다. 거미는 거친 표면에 붙어 있기 위해 발톱을 사용한다고 알려져 있다. 그러나 거미는 매끈한 표면에, 심지어 거꾸로 있을 때도 잘 붙어 있을 수 있다. 그 방법을 알아내기 위해 연구원들은 뛰어오르는 거미의 발에 있는 발톱에 난 털뭉치들을 자세히 보았다. 이 발톱 털뭉치는 미세한 털들로 이루어져 있다. 각각의 발끝에 있는 이 털뭉치들이 거미가 (물체의) 표면을 꽉 잡는 것을 도와준다.
1 ▶ 문맥상 '~해야 한다'의 의미가 되어야 하므로 필요, 의무의 의미가 있는 should
Q ① 정보를 주기 위해
　② 비판하기 위해
　③ 홍보하기 위해

REVIEW TEST 02

A 1 should　**2** can't　**3** would[Would]　**4** Could[could]
B 1 must not use　**2** have to have　**3** used to be
4 must have paid
C 1 should not have gone to the party
2 Sue must be at the mall
3 I would rather eat out
4 you (should) exercise regularly
D ③　**E** ④　**F** (A) had better (B) could (C) to see
G 1 ⓐ　**2** we would like to give you an award

A

1 a. 호텔 방이 다 찼다. 우리는 예약을 했어야 했다.
　▶ should have v-ed: (과거의 일에 대해 후회나 유감을 나타내어) ~했어야 했다

b. 간호사로부터 약을 투여 받는 것이 매우 중요하다.
▸ 필요성·요구·권고 등을 나타내는 형용사 뒤의 that절에는 「(should) + 동사원형」을 씀

2 a. 너는 테니스를 일주일밖에 안 배우지 않았어. 벌써 전문가가 될 수는 없어.
▸ 능력을 의미하는 can의 부정
   b. 그녀는 정직한 사람이야. 며칠 전에 그녀가 나에게 거짓말했을 리가 없어.
▸ can't have v-ed: ~했을 리가 없다

3 a. 어렸을 때 우리는 함께 게임을 하곤 했다.
▸ 과거에 반복적으로 했던 일을 나타내는 would
   b. A: 오늘 저녁에 외출할까요?
      B: 집에 있는 게 낫겠어요.
▸ Would you like to-v?: ~하는 게 어때요? / would rather: ~하는 편이 낫다

4 a. 제가 당신의 보고서를 봐도 될까요?
▸ can보다 정중하게 허가를 묻는 could
   b. 나는 교통 정체에 갇혀서 기차역에 제시간에 도착할 수 없었다.
▸ 과거에 '~할 수 없었다'는 could not

B

1 너는 시험 도중에 휴대 전화를 사용해선 안 된다.
▸ '~해서는 안 된다'라는 금지의 의미를 나타내는 것은 must not
2 네가 다리 수술을 받는 것이 필요하다.
▸ '~해야 한다'라는 필요·의무를 나타내는 have to
3 그녀는 대학교수이다. 그녀는 과거에 가수였다.
▸ '~이었다'라는 과거의 지속적인 상태를 나타내는 used to
4 네가 산 그 신발 아주 멋지구나. 분명히 많은 돈을 지불했을 거야.
▸ '~이었음이 틀림없다'라는 과거에 대한 강한 추측을 나타내는 것은 「must have v-ed」

C

1 ▸ shouldn't have v-ed: ~하지 말았어야 했다
2 ▸ 확실한 추측을 나타내는 must
3 ▸ would rather A than B: B하느니 차라리 A하겠다
4 ▸ 요구, 제안 등을 의미하는 동사 뒤의 that절에는 「(should) + 동사원형」을 쓴다.

D

① 피곤하면 운전을 하지 않아야 한다.
② 오늘 방과 후에 무엇을 하고 싶니?
③ 이 식당은 몇 년 전에 극장이었다.

④ 너는 발밑을 조심하는 게 좋아. 바닥이 미끄러워.
⑤ 이 프로젝트는 지역 사회에 많은 이득이 될 것이다.
▸ 과거의 지속적인 상태는 used to로 나타낸다.

E

① 나는 이번 주말에 쇼핑을 가겠다.
② Jane의 생일 선물로 우리 무엇을 살까?
③ 나는 내일 너희 집에 들를 수 있을 거야.
④ 나는 Tom이 자기 실수에 대해 먼저 사과해야 한다고 주장했다.
⑤ 기온이 갑자기 떨어졌다. 오늘 눈이 올지도 모른다.
▸ 요구, 주장 등을 의미하는 동사 뒤의 that절에는 「(should) + 동사원형」을 쓴다.

F

내 남편은 지난번 출장 때 사진이 있는 신분증을 가져가는 걸 깜박했다. 남편은 신분증을 가지고 있는 것이 좋을 것 같다는 생각이 들어 나에게 전화해 운전면허증을 보낼 수 있는지 물었다. 나는 그것을 속달 우편으로 바로 보냈는데 남편이 그걸 찾으러 우체국에 가자, 직원은 "우선 사진이 있는 신분증을 보여주세요."라고 말했다.
▸ (A) '~하는 게 좋겠다'라는 의미가 되어야 하므로 had better
   (B) 시제 일치를 위해 과거형 could
   (C) 긍정문에서 need는 일반동사로 쓰며 to부정사를 목적어로 취함
[어휘] ID(= identification) 신분증 / business trip 출장 / express mail 속달

G

지난주에 네가 겪은 끔찍한 경험에 대해서 들었는데, 그런 비상 상황에서 네가 행동한 방식에 대해서 우리가 얼마나 자랑스러운지를 알아주었으면 해. 분명 겁이 많이 났을 텐데도 넌 침착성과 냉철함을 잃지 않을 수 있었구나. 우리는 모든 사람이 네가 친구들을 위해 한 일을 알아야 한다고 생각해. 그래서 우리는 너의 용감한 행동에 상을 주고 싶단다.
1 ▸ 과거의 일에 대한 강한 추측을 나타내므로 must have been
2 ▸ would like to-v: ~하고 싶다
   [어휘] emergency 긴급 상황 / frightened 겁에 질린 / clearheaded 냉철한 / bravery 용기

UNIT

15 수동태의 기본 개념 및 형태

EXERCISE

A

> **1** is pronounced **2** was discovered **3** be taken
> **4** decided

1 이 단어가 어떻게 발음되는지 말해줄래?
   ▸ this word가 동사 pronounce의 대상이므로 수동태
2 명왕성은 1930년 Clyde Tombaugh에 의해 발견되었다.
   ▸ 주어 Pluto가 동사 discover의 대상이므로 수동태
   어휘 Pluto 명왕성
3 그 환자는 수술을 위해 더 큰 병원으로 이송될 것이다.
   ▸ 주어 The patient가 동사 take의 대상이므로 수동태
4 그들은 그녀의 성공을 축하하기 위해 파티를 열기로 정했다.
   ▸ 주어 They가 동사 decide의 행위자이므로 능동태
   어휘 in honor of ~을 축하하여; ~을 기념하여

B

> **1** is played **2** were canceled **3** be explained
> **4** translate, is written **5** was sent, arrive
> **6** was made, (was) transported

0 이 드레스는 Giorgio Armani에 의해 디자인되었다.
1 농구 경기는 5명의 선수로 이루어진 두 팀으로 진행된다.
   ▸ 주어 Basketball이 동사 play의 대상이므로 수동태
2 심한 폭설로 어제 모든 비행 일정이 취소되었다.
   ▸ 주어 All flights가 동사 cancel의 대상이므로 수동태
3 조사 결과는 다음 회의에서 자세히 설명될 것이다.
   ▸ 주어 The results of the survey가 동사 explain의 대상이
     므로 수동태
   어휘 in detail 자세히, 상세하게
4 나는 이 이메일을 해석할 수가 없다. 그것은 아랍어로 적혀 있다.
   ▸ 주어 I가 동사 translate의 행위자이므로 능동태, 주어 It
     (= this email)이 write의 대상이므로 수동태
   어휘 translate 번역하다
5 그 편지는 지난주 금요일 부쳐졌다. 따라서 곧 도착할 것이다.
   ▸ 주어 The letter가 동사 send의 대상이므로 수동태, arrive는
     자동사이므로 수동태로 쓰지 않음
6 뉴욕에 있는 자유의 여신상은 선물로서 프랑스에서 만들어져, 미

국으로 운송되었다.
   ▸ 주어 The Statue of Liberty가 동사 make와 transport의
     대상이므로 둘 다 수동태로 쓴다. be동사 두 개가 and로 연결
     되어 있으므로 두 번째 be동사는 생략할 수 있다.
   어휘 the Statue of Liberty 자유의 여신상 / transport 수송
     하다

C

> **1** was happened → happened
> **2** no money was had by me → I had no money 또는 I
> didn't have any money
> **3** You are suited by blue. → Blue suits you.

1 나는 어떻게 사고가 발생했는지 이해할 수 없다.
   ▸ happen은 자동사이므로 수동태로 쓰지 않는다.
2 나는 음식을 좀 사고 싶었지만 돈이 없었다.
   ▸ '가지다'라는 뜻의 have는 수동태로 쓰지 않는다.
3 파란색 스웨터를 입는 게 어때? 너는 파란색이 어울려.
   ▸ suit은 수동태로 쓰지 않는다.

D

> **1** was conquered by Rome in 146 BC
> **2** is held every five years
> **3** is used as an effective marketing tool
> **4** was demolished by developers last month
> **5** be accepted until the end of this month

1 ▸ 주어 Greece가 동사 conquer의 대상이므로 수동태로 쓰고,
     행위자 Rome 앞에 by를 붙인다.
2 ▸ 주어 a presidential election이 동사 hold의 대상이므로 수
     동태로 쓴다.
3 ▸ 주어 The Internet이 동사 use의 대상이므로 수동태로 쓴다.
4 ▸ 주어 The old factory가 동사 demolish의 대상이므로 수동
     태를 쓰고, 행위자 developers 앞에 by를 붙인다.
   어휘 demolish 철거하다, 무너뜨리다
5 ▸ 주어 Applications for admission이 동사 accept의 대상이
     므로 수동태로 쓴다.

E

> was, stolen, was, caught

어제 어떤 남자가 Jessica의 가방을 훔쳐갔다. 그녀는 바로 경찰에 신
고했고 다행히 경찰이 그를 잡았다.

→ Jessica의 가방이 도난당했지만, 다행히 그 도둑은 경찰에 의해 잡혔다.
▸ Jessica's bag가 동사 steal의 대상이므로 수동태, the thief가 동사 catch의 대상이므로 수동태

GRAMMAR IN READING

A ⓐ (were) used ⓑ were exchanged B 1 ⓒ will refund
→ will be refunded 2 will not be covered Q the one-year guarantee

A

원래 부활절 달걀은 봄 햇살을 표현하는 밝은색으로 칠해져서 달걀 굴리기 시합에 사용되거나 선물로 주어졌다. 달걀이 채색되고 예쁜 무늬가 새겨진 뒤에는, 발렌타인 선물과 마찬가지로 연인들 사이에서 교환되었다.
▸ 각 문장의 주어인 Easter eggs, the eggs는 각각 밑줄 친 동사 use, exchange의 대상이므로 수동태로 쓴다. be동사 두 개가 and로 연결되어 있으므로 ⓐ의 be동사는 생략할 수 있다.

B

보증서
신제품 셰프 쿡웨어는 재질상의 결함이나 제작상의 기술 결함에 대해 보증해 드립니다. 1년간의 보증이 제품을 소유하신 분들께 어떠한 결함이 생기면 교환할 수 있게 해 드립니다. 사고나 고객의 부주의로 인한 손상은 포함되지 않습니다. 일반적인 마모도 포함되지 않습니다. 결함이 있는 제품을 저희에게 일반 우편으로 보내 주십시오. 배송은 고객의 책임이 될 것입니다. 검사 후에, 부품에 결함이 있는 것으로 간주되면 배송비가 환불될 것입니다.
1 ▸ 배송비가 '환불되는' 것이므로 수동태
2 ▸ 손상이 '포함되지 않는' 것이므로 수동태의 부정형

EXERCISE

A

1 been solved 2 been promoted 3 been cleaned
4 be forgotten 5 been painted 6 following
7 being scared

1 그 수수께끼는 아직 풀리지 않았다.
▸ 주어 The mystery가 동사 solve의 대상이므로 수동태
2 Tom은 최근에 승진했다.
▸ 주어 Tom이 동사 promote의 대상이므로 수동태
3 제 스웨터가 (벌써) 세탁되었나요? — 죄송합니다. 내일 가져갈 수 있으세요.
▸ 주어 my sweater가 동사 clean의 대상이므로 수동태
4 그 배우는 그의 팬들에게 잊히고 싶지 않았다.
▸ 주어 The actor가 동사 forget의 대상이므로 수동태
5 이 방 칠이 다시 된 거니? 달라 보이는데.
▸ 주어 this room이 동사 paint의 대상이므로 수동태
6 누군가가 나를 쫓아오고 있어요! 어떻게 해야 하죠?
▸ 주어 Someone이 동사 follow의 행위자이므로 능동태
7 Dave는 공포영화를 좋아한다. 나는 왜 그가 공포를 느끼는 것을 즐기는지 이해할 수 없다.
▸ 의문사절의 주어 he가 동사 scare의 대상이므로 수동태

B

1 ○ 2 has revised → has been revised
3 should build → should be built

1 이 엘리베이터는 수리 중인 게 아닌가요?
▸ 주어 this elevator가 동사 repair의 대상이므로 수동태
2 공원의 새 디자인은 여러 번 수정됐다.
▸ 주어 The new design of the park가 동사 revise의 대상이므로 수동태로 써야 하며, 완료형이므로 「has been v-ed」
어휘 revise 변경하다, 수정하다
3 주민들은 쇼핑몰이 자신들의 도시에 지어져야 한다고 주장했다.
▸ 조동사가 있는 수동태는 「조동사 + be v-ed」
어휘 resident 주민

C

1 must be finished by tomorrow
2 be used to study social issues
3 be sung in the opening ceremony
4 is being built over the river
5 haven't been hired for three years
6 are being treated effectively and efficiently
7 had been borrowed several times
8 will have been solved by next Monday

1 이 보고서는 내일까지 완료되어야 한다.
  ▶ 조동사가 있는 수동태는 「조동사 + be v-ed」
2 신문이 사회적 쟁점들을 학습하는 데 사용될 수 있습니까?
  ▶ 조동사가 있는 수동태는 「조동사 + be v-ed」
3 개회식에서 국가가 불릴까요?
  ▶ 미래시제의 수동태는 「will be v-ed」
  어휘 national anthem 국가
4 강 위로 다리가 건설되고 있다.
  ▶ 현재진행형의 수동태는 「is being v-ed」
5 신입 사원이 3년 동안 채용되지 않고 있다.
  ▶ 현재완료 수동태의 부정은 「have not been v-ed」
6 저희 환자들은 효과적이고 효율적으로 치료받고 있습니다.
  ▶ 현재진행형 수동태는 「are being v-ed」
  어휘 effectively 효과적으로 / efficiently 효율적으로
7 그 악기는 여러 차례 대여됐다.
  ▶ 과거완료 수동태는 「had been v-ed」
8 걱정하지 마! 다음 주 월요일까지 모든 문제가 해결될 거야.
  ▶ 미래완료 수동태는 「will have been v-ed」

D

is being examined by the veterinarian

개는 수의사에게 진찰을 받는 중이다.
▶ 개가 진찰 받는 대상이며 행위가 진행 중이므로 현재진행형 수동태
「is being v-ed」를 쓴다.
어휘 examine 진찰하다 / veterinarian(= vet) 수의사

GRAMMAR IN READING

A cannot[can't], be, heard   B 1 They shouldn't be
treated like that. 2 ⓐ being damaged ⓑ contribute
Q ③

A

코끼리의 의사소통에 대한 새로운 설명이 제기되었다. 코끼리는 코 안
의 공기를 진동시켜 매우 낮은 음조의 소리를 만들어 내는데, 이 소리
는 사실 너무 낮아서 인간은 듣지 못한다. 하지만 다른 코끼리들은 이
낮은 소리를 듣고 이해할 수 있다.
▶ 'Humans cannot hear the low sounds of elephants.'의 수
  동태 문장

B

고려해야 할 때
한국 경제는 급속도로 발전해왔고 국제적으로 명성을 얻었다. 하지만
우리 사회가 우리 경제만큼이나 이곳에 사는 외국인들에게 열려 있다
고 말하기는 어렵다. 개발도상국에서 온 많은 노동자가 열악한 처우를
받고 있고, 심지어 그들 중 많은 수가 월급도 못 받고 있다. 그들은 그
렇게 대우를 받아서는 안 된다. 이런 상황들로 인해 국제 사회에서 한
국의 이미지가 심각하게 손상되고 있다. 그러므로 우리 경제에 함께
기여하는 외국인 노동자들을 위한 더 많은 지원이 있어야 한다.
1 ▶ 조동사가 있는 수동태는 「조동사 + be v-ed」
2 ▶ ⓐ 국가 이미지는 '손상되는' 대상이므로 수동태
     ⓑ 노동자가 '기여하는' 주체이므로 능동태

UNIT

17 주의해야 할 수동태

EXERCISE

A

1 called off 2 whispering 3 to clean 4 turned off
5 looked after 6 call 7 be allowed to

1 회의는 내 상사에 의해 취소되었다.
  ▶ 동사구(call off)를 수동태로 쓸 때는 맨 앞의 동사만 「be
    v-ed」로 고치고 나머지 부분은 그대로 씀
2 그가 전화로 속삭이는 것이 Kate에게 들렸다.
  ▶ 지각동사의 목적격 보어는 수동태에서 현재분사나 to부정사
3 나는 어지럽힌 것을 다 치우도록 시켜졌다.
  ▶ 사역동사 make의 목적격 보어는 수동태에서 to부정사로 바뀜
    어휘 clean up 청소하다, 정리하다 / mess 엉망(진창)인 상태
4 이 컴퓨터는 꺼져야 한다.
  ▶ 동사구(turn off)를 수동태로 쓸 때는 맨 앞의 동사만 「be

「v-ed」로 고치고 나머지 부분은 그대로 씀

5 쌍둥이들은 보모에 의해 돌봐져 왔다.
  ▶ 동사구(look after)가 쓰인 완료형 수동태로 맨 앞의 동사만 「have been v-ed」로 고치고 나머지 부분은 그대로 씀
  어휘 look after ~을 맡다[돌보다]

6 사람들은 뉴욕 시를 'Big Apple'이라고 부른다.
  ▶ 사람들이 뉴욕 시를 부르는 주체이므로 능동태
  어휘 call A B A를 B로 부르다

7 너는 내일 시험보는 동안 전화기를 쓰는 것이 허락되지 않을 거야.
  ▶ 사역동사 let은 수동의 의미로 「be allowed to-v」 형태로 씀

B

1 He was not given a loan by the bank. / A loan was not given to him by the bank.
2 This purse was bought for me by my grandmother.
3 The visitors were shown the artist's latest work by the curator. / The artist's latest work was shown to the visitors by the curator.
4 I was sent four tickets for the concert by Jane. / Four tickets for the concert were sent to me by Jane.

1 그 은행은 그에게 돈을 대출해 주지 않았다.
  → 그는 은행으로부터 대출받지 못했다.
  → 대출은 은행으로부터 그에게 주어지지 않았다.
  어휘 loan 대출
2 할머니께서 나에게 이 지갑을 사주셨다.
  → 이 지갑은 나를 위해 할머니에 의해 구입되었다.
  ▶ buy는 직접목적어를 주어로 하는 수동태만 가능하며, 이때 간접목적어 앞에는 for를 쓴다.
3 큐레이터는 관람객에게 그 화가의 최신작을 보여주었다.
  → 관람객은 큐레이터에 의해 그 화가의 최신작을 보게 되었다.
  → 그 화가의 최신작은 큐레이터에 의해 관람객에게 보여졌다.
4 Jane은 나에게 네 장의 공연표를 보냈다.
  → 나는 Jane에 의해 네 장의 공연표를 받았다.
  → 네 장의 공연표가 Jane에 의해 나에게 보내졌다.
1, 3, 4 ▶ 동사 give, show, send는 각각 직접목적어와 간접목적어를 주어로 하는 수동태 문장을 만들 수 있으며, 직접목적어를 주어로 쓸 경우 간접목적어 앞에 to를 쓴다.

C

1 was considered a great teacher
2 was found guilty of fraud
3 was left speechless
4 were caught stealing the jewels

1~4 ▶ 목적어와 목적격 보어가 있는 문장의 수동태
2 **어휘** be found guilty of ~죄로 유죄판결 받다 / fraud 사기
3 **어휘** speechless (놀라서) 말을 할 수 없는
4 **어휘** burglar 도둑, 절도범 / steal 훔치다, 도둑질하다

D

was found unlocked

어제 그 문은 잠겨 있지 않은 상태로 발견되었다.
▶ 목적어와 목적격 보어가 있는 문장의 수동태로, 동사 find를 수동태로 바꾼 후, 목적격 보어가 되는 형용사 unlocked는 그대로 쓴다.
어휘 unlocked 잠겨 있지 않은

GRAMMAR IN READING

A are taken care of by their parents B 1 ⓒ, ⓓ 2 This is considered eco-friendly for several reasons. Q ②

A

대부분의 어린 포유류와 조류는 부모의 보살핌을 받지만, 결국은 가족을 떠나 혼자 힘으로 살아가기 시작해야 한다. 반면에 곤충, 거미와 다른 유사 생물들은 대개 알을 보살피지 않고 자신들의 유충들을 전혀 돕지도 않는다.
▶ take care of를 하나의 타동사로 취급하여 수동태로 만들면 be taken care of가 되고 행위자 앞에는 by를 써서 나타낸다.

B

나무 또는 동물성 폐기물과 같은 유기 재료가 불타면, 열을 방출한다. '바이오매스 에너지'라 불리는 이 열은 전기를 생산하는 데 사용될 수 있다. 사람들은 이것을 몇 가지 이유로 친환경적이라고 간주한다. 첫째로, 그것은 재생 가능하다. 바이오매스 재료는 식물과 동물에 의해 끊임없이 생산되므로, 이 자원은 절대로 고갈되지 않을 것이다. 게다가, 바이오매스 에너지는 경제적이다. 많은 유기 폐기물이 그대로 매립지에 버려지거나 썩도록 방치되므로, 전기를 만드는 데 그것을 사용하는 것은 돈을 절약한다. 마지막으로, 바이오매스 에너지는 화석 연료로부터 만들어지지 않아, 이 재생 불가능 자원을 보존하고 환경을 보호한다. 바이오매스 에너지로, 우리는 지구를 도울 수 있다.
1 ▶ ⓒ 주어 Biomass materials는 생산되는 대상이므로 수동태 (are produced)로 써야 한다.
  ⓓ 주어 A lot of organic waste가 버려지는 대상이므로 수동태(is left)로 써야 한다. 이때 be동사는 앞의 be동사와 and로 연결되므로 생략할 수 있다.

2 ▸ 목적어와 목적격 보어가 있는 문장의 수동태로, 동사 consider 를 수동태로 바꾼 후 목적격 보어인 형용사 eco-friendly는 그 대로 쓴다.

Q ① 그러나
② 게다가
③ 예를 들어

EXERCISE

A

1 in **2** to **3** about **4** of

1 Alex는 미술사에 관심이 있다.
▸ be interested in: ~에 흥미가 있다
2 지구는 하나의 거대한 위성을 갖고 있는데, 그것은 우리에게 달로 알려져 있다.
▸ be known to: ~에게 알려져 있다
어휘 satellite 위성
3 나는 이번 학기에 잘하지 못하고 있어. 내 성적이 걱정돼.
▸ be worried about: ~에 대해 걱정하다
4 나는 실수할까 봐 두려워서 선생님의 질문에 답하지 않았다.
▸ be scared of: ~할까 봐 두려워하다

B

1 She is thought to be an expert in computer programming.
2 The politician is believed to have taken bribes.
3 This winter is expected to be warmer than usual.

0 그는 아주 진실한 사람이라고들 말한다.
1 그녀는 컴퓨터 프로그래밍에 있어 전문가로 여겨진다.
어휘 expert 전문가
2 그 정치가가 뇌물을 받았다고들 믿는다.
어휘 take a bribe 뇌물을 받다, 수뢰하다
3 이번 겨울은 예년보다 따뜻할 것으로 예상된다.
1~3 ▸ 「It is said that ~」과 유사한 구문에서 that절의 주어가 문장 의 주어로 나오면 that절의 동사는 to부정사로 바뀐다.

2 ▸ that절의 시제(과거)가 주절의 시제보다 앞서므로 to부정사를 완료형인 「to have v-ed」로 쓴다.

C

1 이 표면은 쉽게 닦인다.
2 이 옷은 때가 잘 진다.
3 Tony, 네 머리는 자를 필요가 있겠다.

1~2 ▸ clean, wash는 형태는 능동태이지만 수동의 의미가 있는 동사들
3 ▸ need v-ing: ~(당할) 필요가 있다

D

1 Most babies are scared of loud noises.
2 The organization will be composed of retired military officers.
3 During the holiday season, the mall will be crowded with shoppers.

1 대부분 아기들은 소음을 무서워한다.
▸ be scared of: ~을 두려워하다
2 그 조직은 은퇴한 육군 장교들로 구성될 것이다.
▸ be composed of: ~로 구성되다
3 휴가시즌 동안 그 쇼핑몰은 쇼핑객들로 붐빌 것이다.
▸ be crowded with: ~로 붐비다[혼잡하다]

E

reported, oil prices fell sharply, October

유가(기름값)가 10월에 급격히 떨어졌다고 보도되었다.
▸ 'People report that oil prices fell sharply in October.'라는 문장의 that절을 주어로 하여 수동태로 만든 문장이다. that절이 길 어서 뒤로 보내고 가주어 it을 그 자리에 쓴다.
어휘 sharply 급격히

GRAMMAR IN READING

A ⓐ with ⓑ to **B 1** is, believed, to **2** ⓐ with ⓑ for
Q ①

A

매 학년의 시작은 기대로 가득 차 있다. 새 학년, 새로운 한 해, 새로운 기회인 것이다. 학용품들이 이를 상징하는 것 같다. 새로 뾰족하게 깎은 연필들, 아직 펼치지 않은 교과서들, 새로 산 가방 등이 말이다. 교정이나 복도, 교실이 모두 활기차고 새롭게 느껴진다. 그러나 곧 모든 것에 익숙해진다.

▸ be filled with ~로 가득 채워져 있다 / get accustomed to ~에 익숙해지다

B

손금보기는 손에 있는 선을 읽음으로써 여러분이 자신의 삶을 예견할 수 있게 해줍니다. 한 사람의 인생은 손에 새겨져 있다고 여겨집니다. 손은 한 사람의 건강, 재능, 그리고 성격과 운명에 대한 정보를 보여주기에 인생의 지도로 여겨질 수 있습니다. 왼손에 있는 선들은 선천적인 자신과 타고난 것들, 즉 재능과 성격을 드러내는데, 이는 여러분의 인생에서 만족해할 것이 무엇인지 알려줄지도 모릅니다. 오른손의 선들은 후천적인 자신을 나타내는데, 이는 스스로의 노력을 통해 얻어진 성과에서 보여질 수 있으며 당신이 무엇으로 유명해질지 알려줄지도 모릅니다!

1 ▸ 'It is believed that a person's life is ~'라는 문장에서 that절의 주어(a person's life)가 수동태 문장의 주어가 된 것으로 that절의 동사가 to부정사로 바뀐다.
2 ▸ be satisfied with: ~에 만족하다 / be known for: ~로 유명하다
Q ① 당신의 운명은 손에 있는가?
② 밝혀진 역사, 손금보기
③ 왜 손금보기가 과학인가

REVIEW TEST 03

A 1 of 2 had 3 be set up 4 with 5 with 6 have been recorded 7 being prepared 8 be caused
B 1 We were not allowed to feed the animals at the zoo.
2 Organic food is said to taste better.
3 I was persuaded to run for president.
4 This application must be sent immediately.
5 Coffee is reported to be good for people on diets.
6 A new position abroad has been offered to me.
C 1 ⓐ is located ⓑ is cleaned up 2 ⓐ had been changed ⓑ worked 3 ⓐ had expected ⓑ was canceled 4 ⓐ wasn't allowed ⓑ was given
D ④
E 1 stand → to stand 2 be taken care → be taken care of 3 ○ 4 were belonged → belonged 5 George → to George

F (A) be explained (B) have been created (C) be dismissed
G 1 ⓒ 2 The tattoos are known as *moko*.

A

1 그 조각상은 강철과 콘크리트로 만들어졌다.
▸ be made of: ~으로 만들어지다(원료·재료 식별 가능)
어휘 steel 강철 / concrete 콘크리트
2 모든 사람이 그 축제에서 즐거운 시간을 보냈다.
▸ '가지다'의 뜻으로 쓰인 have는 수동태로 쓰지 않음
3 참전 용사들을 위한 기금이 설립될 것이다.
▸ 주어인 A fund가 동사구 set up의 대상이므로 수동태인 will be set up이 되어야 한다.
어휘 set up 건립하다, 설립[수립]하다
4 거리는 시위하는 수 백 명의 사람들로 붐볐다.
▸ be crowded with: ~으로 붐비다
어휘 demonstrator 시위 운동자
5 보도는 오늘 아침까지 눈으로 덮여있었다.
▸ be covered with: ~으로 덮이다
6 얼마나 많은 CD가 그 바이올리니스트에 의해 녹음되었습니까?
▸ The violinist has recorded (how many) CDs의 수동태
7 여기 들어오시면 안 됩니다. 이 공간은 경연을 위해 준비 중인 곳입니다.
▸ This room을 주어로 하는 수동태 문장
8 고혈압은 비만이나 노화 때문에 야기될 수 있다.
▸ 주어인 High blood pressure가 '야기되는' 대상이므로 수동태(be caused)가 되어야 한다.
어휘 overweight 과체중의, 비만의

B

1 그는 우리가 동물원의 동물들에게 먹이를 주지 못하게 했다.
→ 우리들은 동물원의 동물들에게 먹이를 주는 것이 허락되지 않았다.
▸ let은 수동태로 쓰지 않으며, 「be allowed to-v」로 나타낸다.
2 사람들은 유기농 식품은 맛이 더 좋다고 말한다.
▸ that절의 주어(organic food)를 수동태 문장의 주어로 쓸 수 있는데, 이때 that절의 동사는 to-v 형태가 된다.
3 그녀는 회장에 출마하도록 나를 설득했다.
→ 나는 회장에 출마하도록 설득되었다.
▸ 목적어(me)를 주어로 하고, 동사를 「be v-ed」로 고친 후 목적격 보어인 to run 이하는 그대로 쓴다.
어휘 run in the election 선거에 출마하다
4 너는 이 신청서를 즉시 보내야 한다.
→ 이 신청서는 즉시 보내져야 한다.
▸ 조동사 + be v-ed

어휘 application 신청서 / immediately 즉시

5 커피가 다이어트 중인 사람들에게 좋다는 보도가 있다.
  ▶ 「It is reported that ~」 구문에서 that절의 주어(coffee)가
    문장의 주어로 나오면 that절의 동사는 to부정사로 바뀐다.

6 그 회사는 내게 해외에서 새 직위를 제의했다.
  → 해외에서 새 직위가 내게 제의되었다.
  ▶ 직접목적어를 주어로 쓴 수동태로 간접목적어(me) 앞에 전치사
    to를 붙이는 것이 일반적이다.

C

1 법률회사가 최근에 새로운 사무실을 임대했다. 그것은 이 건물 바
  로 맞은편에 있고 정리를 마친 후 개업할 것이다.

2 어제 Violet은 정문의 암호가 보안 부서에 의해 바뀌어 버리는 바
  람에 그녀의 사무실로 들어갈 수 없었다. 그녀는 여러 번호를 시
  도해 봤지만 그 어느 것도 먹히지 않았다.
  ▶ ⓑ work는 자동사로 쓰였으므로 수동태 불가
  어휘 work (기계·장치 등이) 작동되다[기능하다]

3 모든 친구들은 Nick과 Carol이 6월에 결혼할 것이라 예상했다.
  그러나 그들이 여러 번 말다툼하는 것이 목격되고 나서 그들의 결
  혼은 취소되었다.
  어휘 get married 결혼하다 / argue 말다툼하다

4 나는 그 구역에서 주차가 허용되지 않는다는 것을 알고 있었다.
  하지만 음식을 가지러 가야 해서 차를 세워 두었다. 단지 몇 분
  동안이었을 뿐이지만 그래도 주차 위반 딱지를 받게 되었다.
  ▶ ⓑ 간접목적어인 me가 수동태 문장에서 주어(I)로 쓰인 형태임
  어휘 parking ticket 주차 위반 딱지

D

① 이 시럽은 설탕과 물로 이뤄졌다.
▶ consist는 자동사로 수동태로 쓰지 않음
② 몇 시간에 걸친 수색 끝에 그 등반가들은 살아있는 채로 발견되었다.
▶ the climbers는 동사 find의 대상이므로 수동태인 were found
  가 되어야 함
③ 아마존우림은 인간에 의해 파괴됐다.
▶ 아마존우림은 파괴 당하는 대상이므로 수동태인 have been
  ruined가 되어야 함
④ 태양이 지구 주변을 돈다고 한때 믿어졌다.
⑤ 나는 네가 부상에서 빨리 회복해서 매우 기쁘다.
▶ be pleased with: ~로 기뻐하다

E

1 그 아이들은 한 줄로 서도록 강요당했다.
  ▶ be made to-v: ~하도록 강요당하다

2 그 강아지들은 내 장모님에 의해 돌봐질 것이다.
  ▶ 동사구를 수동태로 쓸 때 맨 앞의 동사만 「be v-ed」로 고치고
    나머지 부분은 그대로 씀
  어휘 mother-in-law 시어머니; 장모

3 새로운 백신은 실험실 동물들을 대상으로 먼저 시험 될지도 모른
  다.
  어휘 vaccine 백신 / laboratory animal 실험실 동물

4 그 아이들은 장난감을 제자리에 갖다 놓으라는 말을 들었다.
  ▶ belong은 자동사로 수동태로 쓰지 않음

5 모든 예상과는 달리, 1등 상은 George에게 수여되었다.
  ▶ award는 직접목적어와 간접목적어를 주어로 하는 수동태 문
    장을 만들 수 있으며, 직접목적어를 주어로 쓸 경우 간접목적어
    앞에 to를 쓴다.
  어휘 against all expectations (모든) 예상과는 달리

F

우리는 과학으로는 설명될 수 없는 현상들에 대한 이야기를 자주 듣
는다. 잡지나 웹사이트들이 이러한 이상한 사건들에 대한 정보를 공유
하기 위해 만들어졌다. 이런 많은 사건들이 짓궂은 장난으로 치부될
지 모르지만, 과학자들은 아직 그것들에 대한 설명을 찾지 못하고 있다.
▶ (A), (C) 조동사가 있는 수동태이므로 「조동사 + be v-ed」로 씀
  (B) 과거부터 현재까지 지속되는 상황이므로 현재완료 수동태인
    「have been v-ed」를 씀
  어휘 phenomenon (pl. phenomena) 현상 / dismiss 버리다, 간
    단히 처리해 버리다 / practical joke 짓궂은 장난 / have yet
    to-v 아직 ~하지 않았다

G

마오리족은 뉴질랜드 원주민이다. 과거에, 그들은 전투 전에 숯으로
얼굴을 칠했다. 이 얼굴 디자인은 곡선과 나선으로 구성되었다. 결국
에는 반복해서 그릴 필요가 없도록 그 표시를 문신함으로써 영구적으
로 만들었다. 그 문신들은 'moko'로서 알려져 있다. 얼굴에 moko가
없는 마오리 사람은 '민얼굴'이라고 불렸으며 사회적 반역자로 간주되
었다.

1 ▶ 목적어(the markings)를 문장의 주어로 하고, 동사를 수동태
    로 바꾼 후 목적격보어(permanent)를 그대로 쓴 문장이므로,
    made는 were made가 되어야 함

2 ▶ be known as: ~로서 알려져 있다
  어휘 native 원주민의, 토박이의 / charcoal 숯, 목탄 / battle
    전투, 교전 / permanent 영구적인 / tattoo 문신하다; 문
    신 / refer to A as B A를 B라고 부르다 / rebel 반역자

19 명사처럼 쓰이는 to부정사 Ⅰ

EXERCISE

A

1 to read **2** To find **3** to hold **4** to see

0 그는 농담으로 서먹서먹한 분위기를 깨려 했다.
- 여휘 break the ice 서먹서먹한 분위기를 깨다

1 나의 새해 다짐은 일주일에 책을 한 권씩 읽는 것이다.
- ▸ to read 이하는 보어 역할
- 여휘 resolution 다짐, 결심

2 이 분야에 경험 있는 누군가를 찾는 것은 매우 어렵다.
- ▸ To find ~ in this area는 주어 역할

3 Dean은 음악가이다. 그의 계획은 주요 도시에서 콘서트를 여는 것이다.
- ▸ to hold 이하는 보어 역할
- 여휘 hold a concert 연주회[콘서트]를 열다

4 Penny는 매사에 긍정적이기 위해 노력하고, 그녀가 그렇게 하는 것을 보면 사람들은 미소 짓는다.
- ▸ to see her doing so는 두 번째 절의 주어
- 여휘 positive 긍정적인, 낙관적인

B

1 was to wait and see **2** is customary to offer
3 is to translate Korean novels into English **4** is convenient to use **5** main concern is to improve

1 내가 할 수 있는 전부는 기다리면서 지켜보는 것이었다.
- ▸ to wait and see는 주격 보어

2 손님에게 음료나 과자를 권하는 것은 일반적인 풍습이다.
- ▸ It은 가주어, to offer 이하는 진주어
- 여휘 customary 관례적인

3 Daniel의 직업은 한국 소설을 영어로 번역하는 것이다.
- ▸ to translate 이하는 주격 보어

4 어떤 영화가 상영 중인지 보기 위해 인터넷을 이용하는 것이 편리하다.
- ▸ It은 가주어, to use 이하는 진주어

5 그 배우의 주된 관심사는 연기력을 늘리는 것이다.
- ▸ to improve 이하는 주격 보어

C

1 That → It **2** ○ **3** not read → not to read

1 누가 경기에서 이기는지 지켜보는 것은 재미있을 것이다.
- ▸ to부정사구를 대신하는 가주어 It

2 시험에 떨어진 뒤 그녀가 한 것은 더 열심히 공부하는 것이었다.
- ▸ 주어에 「What ~ do」, 「All ~ do」처럼 do가 있을 때는 보어로 쓰인 to부정사에서 to를 생략 가능

3 이 책의 결말을 먼저 읽지 않기가 너무 힘들었다.
- ▸ to부정사의 부정은 to 바로 앞에 not을 붙임 (It was very hard not reading ~으로도 쓸 수 있으나 매우 드묾)

D

1 It is difficult to park in a big city.
2 It is not a good idea to study all night.
3 It was really good to get away from work and (to) relax.
4 It is not necessary to book a room during the off-season.

1 ▸ It은 가주어, to park 이하가 진주어
2 ▸ It은 가주어, to study 이하가 진주어
- 여휘 study all night 밤새워 공부하다
3 ▸ It은 가주어, to get away 이하가 진주어
4 ▸ It은 가주어, to book 이하가 진주어
- 여휘 book 예약하다 / off-season 비수기

E

is to become a veterinarian

Audrey는 동물을 사랑한다. 그녀는 수의사가 되고 싶어 한다. 그것은 그녀의 오랜 꿈이다.
→ Audrey의 꿈은 수의사가 되는 것이다.
- ▸ to become 이하는 주격 보어로 쓰임

GRAMMAR IN READING

A don't to train → not[never] to train **B 1** It is easy to get started. **2** ④ **Q** ③

A

체력 단련 프로그램을 시작한다면 다치지 않도록 조심해라. 근력과 체력을 위한 운동을 할 때는 반드시 충분한 휴식을 취해라. 피곤할 때는

운동하지 않는 것이 중요한데, 피로는 그 자체로 부상을 유발할 수 있기 때문이다.

▶ 문장 It is essential ~ 에서 It이 가주어, to부정사가 진주어로 쓰인 문장이다. to부정사의 부정형은 to 앞에 not이나 never를 붙인다.

B

당신이 어느 누구보다 잘할 수 있는 일이 있습니까? Guinness World Records는 그것을 공식화해 줄 수 있습니다. 시작하는 것은 쉽습니다. 첫 번째 단계는 당신이 어떤 기록을 깨는 데 관심이 있는지를 우리에게 알려주는 것입니다. 우리 웹사이트에 있는 양식을 작성하시고 그것을 이메일로 보내주세요. 만약 당신이 기존 기록을 깨길 원한다면, 우리는 당신의 시도를 위한 몇 가지 지침들을 알려드릴 것입니다. 우리는 또한 당신이 기록을 세웠다는 것을 입증하기 위해 어떤 증거를 제출해야 하는지도 설명해 드릴 것입니다. 그리고 만약 당신이 이전에 시도되지 않은 무언가를 해내기를 원한다면, 당신은 세계 신기록 보유자로 인정될 수도 있습니다.

1 ▶ 「It is + 형용사 + to-v」 구문으로, It은 가주어, to get started가 진주어

2 ▶ ⓐ to tell 이하는 주격 보어
　　ⓑ to break an existing record는 동사(want)의 목적어

EXERCISE

A

1 where to park 2 who(m) to invite 3 when to get off
4 what to say

0 거기에 어떻게 가야 할지 아십니까?
　▶ how to-v: 어떻게 ~해야 할지
1 제 차를 어디에 주차해야 할지 궁금하네요.
　▶ where to-v: 어디서 ~해야 할지
2 누구를 개회식에 초대할지 결정하셨나요?
　▶ who(m) to-v: 누구를 ~해야 할지 (whom 대신 who를 쓰기도 함)
3 저는 시청에 갑니다. 언제 내려야 할지 알려 주시겠습니까?
　▶ when to-v: 언제 ~해야 할지

4 나는 그 소식을 듣고 매우 안타까웠다. 나는 무슨 말을 해야 할지 몰랐다.
　▶ what to-v: 무엇을 ~해야 할지

B

1 working → to work 2 found easy → found it easy
3 become → to become 4 ○

1 그들은 해결책을 찾기 위해 함께 작업하는 것에 동의하였다.
　▶ agree는 to부정사를 목적어로 취하는 동사
2 한국인으로서 그녀는 일본어를 배우기가 쉽다는 것을 알게 되었다.
　▶ 「동사 + it + 형용사 + to-v」 형태의 구문
3 너는 그가 한국의 대통령이 되리라고 예상했던 적이 있니?
　▶ expect A to-v: A가 ~할 것을 예상하다
4 Tara는 엽서의 뒷면에다 얼마를 내야 할지 계산했다.
　▶ 「의문사(how much) + to-v」 구문

C

1 consider it wrong to smoke
2 where to hand in our applications
3 thought it impossible to make a living

1 ▶ 「동사 + it + 형용사 + to-v」 형태의 구문
2 ▶ where to-v: 어디로 ~해야 할지
　어휘 application 지원서
3 ▶ 「동사 + it + 형용사 + to-v」 형태의 구문
　어휘 make a living 생계를 꾸리다

D

1 advises me to wear black dresses
2 forced me to pull over
3 encouraged him to audition for the choir

0 Daniel은 내게 말했다. "안전띠를 매도록 해."
　→ Daniel은 나보고 안전띠를 매라고 요청했다.
　어휘 fasten 매다[채우다]
1 내 친구는 자주 내게 말한다. "넌 검정 드레스를 입어야 해."
　→ 내 친구는 자주 나에게 검정 드레스를 입으라고 조언한다.
2 경찰관이 내게 말했다. "당신은 차를 세워야 합니다."
　→ 경찰관이 나에게 차를 세우게 했다.
　어휘 pull over 차를 세우다
3 그는 좋은 목소리를 가져서 나는 그에게 말했다. "너는 합창단 오디션을 봐야 해."

→ 나는 그에게 합창단 오디션을 보라고 권유했다.

어휘 audition for ~을 위해 오디션을 보다 / choir 합창단

1~3 ▶ 「동사(advise/force/encourage) + 목적어 + to-v」의 구문

E

Craig, offered, to, carry

Craig: 내가 상자를 들어줄까?

Jessica: 고마워!

→ Craig는 상자를 들어주겠다 제안했고 Jessica는 그것을 고마워했다.

▶ to부정사구(to carry the boxes)가 동사(offered)의 목적어로 쓰임

GRAMMAR IN READING

A ⓐ it ⓑ to search B 1 ⓐ told one group of students to discuss ⓑ made it possible for them to do
2 다음 시험 전에 무엇을 해야 할지 잊어버리지 마라
Q intellectual, performance

A

Micropro File Finder는 여러분의 컴퓨터에서 파일을 검색하는 것을 쉽게 해 드립니다. 다양한 옵션들은 여러분이 파일명이나 날짜, 종류에 따라 검색할 수 있게 해 주며, 우리는 가능한 한 가장 빠른 결과를 보장합니다. 여기 Micropro에서, 우리는 당신이 자신의 컴퓨터에 대해 알기를 바랍니다.

▶ ⓐ 「동사 + it + 형용사 + to-v」 형태의 구문이다.
ⓑ 「동사 + 목적어 + to-v」 형태의 구문이다.

B

당신의 지적 성과를 높이고 싶나요? 최근 실험에서 흥미로운 결과가 나왔습니다. 연구원들은 한 그룹의 학생들에게 사회적인 주제를 논의하라고 말했고, 다른 그룹에게는 세 개의 지적 훈련을 완료하라고 말했으며, 세 번째 그룹에게는 재미있는 TV 프로그램을 보라고 말했습니다. 10분 후에 연구원들은 세 그룹 모두에게 그들의 사고 속도와 기억력을 측정하기 위한 시험을 주었습니다. 놀랍게도, 첫 번째 그룹의 토론은 그들이 시험에서 전통적인 지적 훈련을 수행한 그룹만큼 잘하는 것을 가능하게 했습니다. 그러므로 다음 시험 전에는 무엇을 해야 하는지 잊지 마세요. 바로 친구들과 이야기를 함으로써 뇌를 준비시키는 것이죠!

1 ▶ ⓐ 「동사(tell) + 목적어 + to-v」 구문이다.

ⓑ 「동사 + it + 형용사 + to-v」 형태의 구문이다. to 앞에 「for + 목적격」의 형태로 to부정사의 행위자를 밝힌다.

2 ▶ what to-v: 무엇을 ~해야 할지

Q 사교 행위는 지적 성과를 향상하는 하나의 효과적인 방법이다.

21 형용사처럼 쓰이는 to부정사

EXERCISE

A

1 to look up to **2** to live in **3** to depend on **4** to deal with

0 할 얘기가 있으면 언제든지 전화해라.
어휘 feel free to-v 마음대로 ~하다

1 모든 사람은 존경할 만한 영웅을 찾고 있다.

2 네가 New York에 직장을 얻었다고 들었어. 살 아파트는 구했니?

3 어떤 이들은 세상에 기댈 사람은 자기 자신뿐이라고 말한다.
어휘 depend on 의지하다

4 고객 서비스 부서에는 처리해야 할 불만 사항이 많다.
어휘 deal with (문제를) 처리하다

1~4 ▶ 명사를 수식하는 형용사적 용법의 to부정사로, 이때 전치사를 빠뜨리지 않도록 주의한다.

B

1 many, bills, to, pay
2 anyone, to, work, with
3 was, to, become
4 is, to, appear

1 ▶ bills를 to pay가 뒤에서 수식한다.
어휘 bill 계산서, 청구서

2 ▶ anyone을 to work with가 뒤에서 수식한다. 전치사를 빠뜨리지 않도록 주의한다.

3 ▶ 운명을 나타내는 「be to-v」

4 ▶ 약속·예정을 나타내는 「be to-v」
어휘 charge 혐의, 기소

C

1 are to be a singer
2 is to come back by 9 o'clock
3 were to make their fortune in the city
4 are not to tell them anything about our plan
5 are to meet in the lobby of the hotel tomorrow morning

1 네가 가수가 되고자 한다면, 먼저 발성 수업을 받아야 할 거야.
   ▸ 목표·조건을 나타내는 「be to-v」
2 Linda는 9시까지는 돌아와야 한다.
   ▸ 명령·의무를 나타내는 「be to-v」
3 그들은 도시에서 재산을 모을 운명이었다.
   ▸ 운명을 나타내는 「be to-v」
   어휘 destine (운명으로) 정해지다, 운명 짓다
4 이건 비밀이야. 너는 그들에게 우리의 계획에 대한 어떤 것도 말해서는 안 된다.
   ▸ 명령·의무를 나타내는 「be to-v」
5 우리는 내일 아침 호텔의 로비에서 만날 것이다.
   ▸ 예정을 나타내는 「be to-v」

D

Why Iceland Is a Great Place to Visit

아이슬란드가 왜 방문하기에 좋은 곳인가
아이슬란드에는 빙하와 추운 날씨보다 많은 것이 있습니다. 당신은 아름다운 Blue Lagoon에서 목욕할 수 있다는 사실을 알고 있었나요? 그 물은 당신의 피부가 아주 좋아지도록 만들 것입니다!
▸ to visit이 앞의 명사구 a great place를 수식함
어휘 glacier 빙하 / bathe 목욕하다

GRAMMAR IN READING

A was to give way to B 1 ⓑ children to take care → children to take care of 2 If, are, to, get Q T

A

19세기에 과학과 산업이 진보함에 따라 인류가 완전함에 이르는 필연적인 행로에 있다고 여겨졌다. 증기의 세기는 석유와 전기의 세기에 길을 내어 줄 운명이었고, 그 둘 모두 산업화의 미래에 있어 중요한 것이었다.
▸ 운명을 나타내는 「be to-v」

B

행복한 가정견 훈련하기
집에서 애완견을 키우는 건 즐거운 일이죠. 하지만 개의 주인이 된다는 것은 큰 책임이기도 합니다. 특히 돌봐야 할 아이들도 있다면 말이에요. 좋은 주인이 되려면 당신은 개의 행동이 얌전하도록 훈련 시켜야 합니다. 따라서, 만약 당신이 애완견을 키우려고 한다면, 준비해야 합니다. '21일 완성 애완견 훈련'을 읽어 보세요. 애완견을 훈련하고 돌보는 방법을 배우고 싶은 분들께 환상적인 책입니다.
1 ▸ 동사구를 to부정사로 쓸 경우에는 전치사를 빠뜨리지 않도록 주의해야 한다.
2 ▸ be to-v: ~하려면 (목표·조건)
Q 이것은 애완동물 주인이 자신의 개를 훈련시키도록 돕는 책이다.

22 부사처럼 쓰이는 to부정사 I

EXERCISE

A

1 To be frank 2 not to speak of 3 To make matters worse

1 솔직히 말해서, 나는 당신이 이 임무를 해낼 수 있다고 생각하지 않아요.
   어휘 be capable of ~할 수 있다 / mission 임무
2 나는 그들과 옷은 말할 것도 없고 음악에서도 취향이 맞지 않았다.
   어휘 taste 맛; *취향
3 심각한 가뭄이 계속되고 있다. 설상가상으로, 그 나라 일부 지역엔 식량 부족도 생겨났다.
   어휘 drought 가뭄 / shortage 부족

B

1 ○ 2 be → to be 3 so as to not → so as not to 4 ○

1 나는 인도네시아 인구를 알아보기 위해 인터넷에 접속했다.
   ▸ 목적을 뜻하는 「so that ~ can[could]」 구문
   어휘 population 인구, 주민 수
2 우리 할머니는 세계에서 가장 나이가 많은 여성이 되었다.
   ▸ 결과를 나타내는 to부정사
3 나는 '오페라의 유령'을 놓치지 않기 위해 극장으로 달려갔다.

▸ so as to의 부정은 so as not to

4 그가 겪는 어려움에 관해 듣는다면 너는 그가 대단히 친절하기를 기대하진 않을 거야.

　　▸ 조건을 나타내는 to부정사 (to부정사구가 if절의 대용 어구)

C

1 to prepare for　**2** grew up to become　**3** never to wake up

1 ▸ 목적
2 ▸ 결과 (= grew up and became)
3 ▸ 결과 (never는 not과 마찬가지로 to 앞에 위치)

D

1 in order to make a reservation
2 in order not to forget her birthday
3 in order to run his business efficiently

0 절도를 막기 위해 모든 문은 확실히 잠겨야 한다.
　　어휘 securely 단단히, 확실히 / theft 절도
1 Tom은 예약하기 위해 식당에 전화했다.
2 Gary는 Jan의 생일을 잊어버리지 않기 위해 그녀의 이름을 달력에 적었다.
3 내 오빠는 사업을 효율적으로 운영하기 위해 컴퓨터를 여러 대 샀다.

E

was bought quickly so as not to delay

Q1. 생길 수 있는 문제는 무엇이 있는가?	A1. 지연된 공사
Q2. 그것을 막기 위해 무엇이 행해졌는가?	A2. 그 땅은 빠르게 매입되었다.

→ 그 부지는 공사를 지연시키지 않기 위해 빠르게 매입되었다.
▸ 목적을 나타내는 so as (not) to 구문

GRAMMAR IN READING

A T　**B 1** ⓐ To be honest ⓑ not to mention
2 only to find that it was actually quite good　**Q** ③

A

많은 사람들은 종이를 만들기 위해서 해마다 너무 많은 나무가 베어지고 있는 것을 염려한다. 그 결과 어떤 회사들은 이제 새 종이를 만드는 데 목재 펄프 대신 폐지를 사용한다. 종이를 재활용하는 것은 해마다 사용되는 목재의 수를 감소시킨다.
→ 몇몇 회사들은 나무를 더 적게 베기 위해 종이를 재활용한다.

B

기분 좋은 놀라움
솔직히, 저는 이 게임에 많은 기대를 하진 않았어요. 저는 영화에 바탕을 둔 게임을 만드는 것이 얼마나 나쁜 발상인지에 대해 쓸 작정을 하고 있었죠. 저는 그렇게 하는 것이 어떻게 게임 디자이너가 창의력을 발휘할 능력을 앗아가는지에 대해 설명하고 싶었어요. 그렇지만 그러고 나서 게임을 했는데, 그것이 실은 제법 괜찮다는 것을 알게 되었어요. 몇몇 어려운 과제들은 말할 것도 없고, 현실적인 그래픽과 흥미로운 캐릭터들이 있었어요. 제가 마치 바로 그 영화 속에 있는 것처럼 느껴지기도 했어요. 그래서 저의 예상에도 불구하고, 저는 이 게임을 모두에게 추천합니다.

1 ▸ ⓐ to be honest: 솔직히 말해서
　　ⓑ not to mention: ~은 말할 것도 없이
2 ▸ only to find 이하는 결과를 나타내는 to부정사의 부사적 용법
Q ① 동정적인
　　② 비판적인
　　③ 지지하는

EXERCISE

A

1 glad to hear　**2** to eat　**3** to get　**4** is determined to be (determined to be)

1 그가 병에서 회복되고 있다는 것을 들으니 기쁘다.
　　▸ 감정을 나타내는 형용사 뒤에 오는 to부정사는 감정의 원인을 나타낸다.
2 Zoe가 만든 카레는 너무 매워서 내가 먹을 수 없었다.
　　▸ too + 형용사 + to-v: 너무 ~해서 …할 수 없는
3 수학 시험에서 만점을 받은 것을 보니 Jack은 매우 똑똑한 것이 틀림없어.

▶ 사람에 대한 평가를 나타내는 형용사 뒤에 오는 to부정사는 칭찬·비판의 근거를 나타낸다.

4 그의 부모님은 허락하지 않으실 테지만, 그는 가수가 되기로 굳게 마음먹었다.

▶ be determined to-v: ~하기로 굳게 마음먹다
(determined to-v는 동사 determine의 과거형 determined가 쓰여서 '~하기로 결심했다'라는 뜻도 있기 때문에 determined to be도 쓰일 수 있다.)

B

> 1 were too expensive for the military to buy
> 2 is likely to win the Korean Series
> 3 is dangerous to touch
> 4 It was rude of you to laugh

1 그 미사일들은 군대가 사들이기엔 너무 비쌌다.

▶ too + 형용사 + to-v: 너무 ~해서 …할 수 없는

2 우리 팀은 올해 한국 시리즈를 우승할 것 같다.

▶ be likely to-v: ~할 것 같다

3 드라이아이스는 맨손으로 잡기엔 위험하다.

▶ to부정사는 쉽고 어려움을 나타내는 형용사 뒤에 쓰인다.
[어휘] bare 벌거벗은, 맨-

4 네 친구가 실수했을 때 웃다니 너는 무례했다.

▶ to부정사는 사람에 대한 평가를 나타내는 형용사 뒤에서 칭찬이나 비판의 근거를 나타낸다.

C

> 1 energetic enough to run a marathon
> 2 are certain to approve the plan
> 3 difficult to deal with this customer
> 4 sick to make it to work

1 Jenny는 마라톤을 완주할 수 있을 정도로 활기찼다.

▶ 「so + 형용사 + that ~ can」은 「형용사 + enough to-v」로 바꿔 쓸 수 있다.

2 의회 의원들은 그 계획을 승인할 것이 확실하다.

▶ 「It is certain that ~」은 「be certain to-v」로 바꿔 쓸 수 있다.
[어휘] council 의회

3 이 손님은 상대하기 까다롭다.

▶ 「difficult to-v」 구문은 문장의 주어(This customer)를 to부정사의 목적어로 바꿔서 「It ~ to-v」 구문으로 쓸 수 있다.

4 Tim은 어제 너무 아파서 회사에 갈 수 없었다.

▶ 「so + 형용사 + that ~ can't[couldn't]」는 「too + 형용사 + to-v」로 바꿔 쓸 수 있다.

D

> 1 This box is big enough to put
> 2 She was happy to meet the actor
> 3 He is sure to come
> 4 They are ready to present

1 ▶ 형용사 + enough to-v: ~할 만큼 충분히 …한

2 ▶ 감정을 나타내는 형용사 뒤에 오는 to부정사는 감정의 원인을 나타낸다.

3 ▶ be sure to-v: 확실히 ~하다

4 ▶ be ready to-v: ~할 준비가 되어 있다

E

> 1 is too young to drive 2 is old enough to

New York 주(州)에서 당신은 (이 나이에) 이것을 할 수 있다.					
14	아르바이트하다	16	운전하다	18	투표하다

1 Mark는 14살이다. → Mark는 운전하기엔 너무 어리다.

▶ too + 형용사[부사] + to-v: 너무 ~해서 …할 수 없는, …하기에 너무 ~한

2 Darren은 18살이다. → Darren은 투표할 만큼 충분히 나이가 들었다.

▶ 형용사[부사] + enough to-v: ~할 만큼 충분히 …한[하게]

GRAMMAR IN READING

> A 1 ⓐ was, to, sleep ⓑ disappointed, to, receive
> B 1 ⓐ to donate ⓑ to give 2 당신의 개가 헌혈을 하기에 너무 어리거나 너무 늙거나 너무 가볍지는 않은지 Q ③

A

멋진 외관에도 불구하고 이 호텔은 정말 실망스러웠습니다. 제 방은 더럽고 침대는 잠을 자기 불편했습니다. 제가 객실을 바꿔달라고 하자 호텔 직원은 매우 무례했습니다. 저는 그렇게 형편없는 서비스를 받게 되어 실망했습니다.

▶ ⓐ 「uncomfortable to-v」 구문은 문장의 주어(the bed)를 to부정사의 목적어로 바꿔서 「It is uncomfortable to-v」 구문으로 쓸 수 있다.

ⓑ 감정을 나타내는 형용사 뒤에 그 감정의 원인을 to부정사로 나타낼 수 있다.

B

Q: 개들이 헌혈하는 것이 왜 중요한가요?

A: 다친 개들이 때로 수혈이 필요하므로 중요합니다.

Q: 어떤 개들이 헌혈할 수 있나요?

A: 헌혈을 하려면 개는 1세에서 8세 사이여야 하고, 25킬로그램이 넘어야 합니다. 헌혈 센터로 데려가기 전에, 당신의 개가 헌혈을 하기에 너무 어리거나 너무 늙거나 (체중이) 너무 적지는 않은지 확인하십시오.

Q: 개들은 헌혈할 때 아픔을 느끼나요?

A: 아니요. 수의사들은 언제나 헌혈을 시작하기 전에 개가 헌혈을 할 만큼 충분히 건강한지 확인합니다. 그들은 또한 그 과정에서 개에게 마취제를 투여합니다.

1 ▶ ⓐ 「It ~ to-v」 구문으로 to부정사(to donate)의 의미상 주어는 for dogs

ⓑ 형용사 + enough to-v: ~할 만큼 충분히 …한

2 ▶ too + 형용사 + to-v: …하기에 너무 ~한, 너무 ~해서 …할 수 없는

Q ① 강아지의 건강을 지키는 법

② 수혈의 이점

③ 동물 헌혈에 관한 정보

UNIT

24 부정사의 의미상 주어·시제

EXERCISE

A

1 Our company 2 him 3 her 4 her son

1 우리 회사는 지사 중 하나를 폐쇄하기로 정하였다.
  ▶ 문장의 주어와 일치

2 그가 누가 승자가 될지를 말하기는 쉽지 않았다.
  ▶ to부정사의 행위자가 문장의 주어와 달라서 「for + 목적격」으로 밝힘

3 그녀가 아이를 수영장에 혼자 내버려 둔 것은 무책임했다.
  ▶ 사람에 대한 평가를 나타내는 형용사 뒤에서 to부정사의 의미상 주어는 「of + 목적격」으로 밝힘

  어휘 irresponsible 무책임한

4 외출할 때, 그녀는 아들에게 개를 잘 지켜보라고 부탁한다.
  ▶ 「동사 + 목적어 + to-v」 구문에서 목적어(her son)가 to부정사의 의미상 주어

어휘 keep an eye on ~ ~을 잘 지켜보다, 감시하다

B

1 for her 삭제
2 I → It, me to clean → for me to clean
3 to solve → to have solved
4 ○

1 그녀는 일자리 제안을 수락하기로 결심했다.
  ▶ 문장의 주어가 to부정사의 의미상 주어와 일치하므로 for her 생략

2 내가 집을 청소하는 데 시간이 오래 걸렸다.
  ▶ 「It takes + 시간 + to-v」 구문이며 의미상 주어를 밝히는 경우 to부정사 앞에 「for + 목적격」으로 씀
    (= It took me a long time to clean ~.)

3 Mary는 그 문제를 몇 년 전에 해결한 것처럼 보인다.
  ▶ 본동사보다 이전에 일어난 일이므로 완료부정사를 씀

4 내가 아침 6시에 일어나는 것은 불가능하다.
  ▶ to부정사의 행위자가 문장의 주어와 달라서 「for + 목적격」으로 밝힘

C

1 to have worked together in the past
2 to complete the project soon
3 to have invented the machine
4 to repaint the wall

1 그들은 과거에 함께 일했던 것처럼 보인다.

2 Sam은 내가 그 프로젝트를 곧 끝내기를 기대한다.

3 그 남자는 그 기계를 발명한 것을 자랑스러워했다.

4 우리 오빠는 벽을 다시 페인트칠하겠다고 약속했다.

1, 3 ▶ 본동사보다 이전에 일어난 일이므로 완료부정사

2, 4 ▶ 의지나 소망의 뜻을 지닌 동사(expect, promise) 뒤에서 본동사 이후의 일을 나타내는 단순부정사

D

1 careless of you to go there 2 too scary for them to watch 3 ordered him to pay 4 selfish of him not to lend

1 ▶ 사람에 대한 주관적 평가를 나타내는 형용사 뒤에 to부정사의 의미상 주어는 「of + 목적격」으로 밝힘

2 ▶ 일반적인 형용사 뒤에는 「for + 목적격」으로 to부정사의 의미상

주어를 밝힘

3 ▸ order + 목적어 + to-v : ~가 …하도록 명령하다
4 ▸ 사람에 대한 주관적 평가를 나타내는 형용사 뒤에 to부정사의
   의미상 주어는 「of + 목적격」으로 표시

E

seems, to, be, upset

Sam: Jane에게 무슨 일 있니?
Dave: 그녀는 남자친구에게 화가 난 거 같아.
▸ 본동사가 나타내는 시점과 to부정사의 시제가 같으므로 단순부정사

GRAMMAR IN READING

A of, to, take   B 1 ⓐ be ⓑ have declined 2 for,
humans, to, protect   Q ③

A

처방전이 있어야 하는 약은 환자의 구체적인 증상에 맞게 처방되기 때
문에 공유되어서는 안 된다. 당신이 다른 사람의 약 성분에 알레르기가
있을지 모르므로 그러한 약을 먹는 것은 위험하다.
→ 당신이 다른 사람이 처방받은 약을 먹는 것은 어리석은 일일 수 있
   다.
▸ 사람에 대한 주관적 평가를 나타내는 형용사(foolish)가 쓰였으므로
  의미상 주어를 of you로 표시하여 「It is + 형용사 + of + 목적격 +
  to-v」 구문으로 쓸 수 있다.

B

침팬지, 오랑우탄, 고릴라를 포함한 모든 유인원 중에, 보노보는 인간
과 생물학적으로 가장 유사한 것으로 여겨진다. 실제로, 인간 유전 형
질의 약 98%가 보노보 유전자와 같다. 신체적으로, 그들은 우리의 초
기 조상들 중 하나인 '오스트랄로피테쿠스'를 매우 닮았다. 그들은 다
른 유인원에 비해 두 발로 더 자주 그리고 더 쉽게 걸으며, 지능도 매
우 높다. 야생 보노보는 수년에 걸친 잔혹한 전쟁으로 고통받고 있는
아프리카 국가 콩고민주공화국에서만 발견된다. 보노보의 개체 수는
이 전쟁으로 인해 급격하게 감소한 것으로 추정되고 있다. 따라서, 인
간이 그들을 보호하는 것이 필요하다.
1 ▸ ⓐ 본동사의 시제와 to부정사의 시제가 같으므로 단순부정사
    ⓑ to부정사의 시제가 본동사의 시제보다 이전의 일을 나타내
       므로 완료부정사
2 ▸ 주어로 쓰인 to부정사를 뒤로 보내고 그 자리에 가주어를 쓴
    「it ~ to-v」 구문이다. 문장의 주어와 to부정사의 주어가 다른

경우 보통 「for + 목적격」으로 의미상 주어를 밝힌다.
Q ▸ 보노보는 콩고민주공화국에서만 발견된다고 했다.

25 원형부정사

EXERCISE

A

1 come 2 take 3 called 4 fill 5 relax 6 made
7 find

1 나는 그가 들어오는 것을 보지 못했다.
   ▸ 지각동사 see는 목적격 보어로 원형부정사를 취함
2 당신의 여권을 제게 보여주십시오.
   ▸ 사역동사 let은 목적격 보어로 원형부정사를 취함
3 극장에서 나는 내 이름이 불리는 것을 들었다.
   ▸ 목적어(my name)가 목적격 보어의 행위의 대상이므로 목적격
     보어로 과거분사를 씀
4 급하시면, 다른 사람에게 이 양식을 대신 작성해 달라고 하지 그
   래요?
   ▸ 사역동사 have는 목적격 보어로 원형부정사를 취함
5 그는 휴가 동안 집에서 단지 쉬기만 했다.
   ▸ do nothing but + 원형부정사: 단지 ~하기만 하다
6 나는 햄버거를 정말 좋아하는데, 엄마는 내가 정크푸드를 그만 먹
   게 하셨다.
   ▸ 강요의 의미가 되어야 하고, 목적격 보어로 원형부정사를 취하
     므로 made가 가장 적절함
7 제 짐가방 찾는 것을 좀 도와주실래요?
   ▸ help는 목적격 보어로 원형부정사와 to부정사를 둘 다 취함

B

1 crawl[crawling] 2 worry 3 appear[appearing]
4 escape 5 to leave

1 Peter는 무엇인가가 그의 등을 (타고) 기어올라가는 것을 느낄 수
   있었다.
   ▸ 지각동사 feel은 목적격 보어로 원형부정사를 취하며 동작이
     진행 중인 경우 현재분사가 올 수도 있다.
2 그의 부모님은 그의 안전을 걱정하지 않을 수 없었다.

▶ can't (help) but + 원형부정사: ~하지 않을 수 없다

3 우리는 별들이 하늘에 뜨는 것을 보았다.
   ▶ 지각동사 watch는 목적격 보어로 원형부정사를 취하며 일정 기간 지속된 일을 나타낼 때는 현재분사가 올 수도 있다.

4 어떤 사람들은 그가 범죄자가 탈출하도록 했다고 의심했다.
   ▶ 사역동사 let은 목적격 보어로 원형부정사를 취함
   어휘 suspect 의심하다

5 이민자들은 아메리카 원주민들이 그들의 땅을 떠나도록 강요했다.
   ▶ force + 목적어 + to-v: ~가 …하도록 강요하다
   어휘 immigrant 이민자, 이주민

C

| 1 repair → repaired **2** take → to take **3** ○ **4** to realize → realize |

1 그녀는 어제 그녀의 신발을 맡겨 고치게 하였다.
   ▶ 목적어(her shoes)가 목적격 보어의 행위의 대상이므로 목적격 보어로 과거분사를 써야 함

2 Ann은 남편에게 그녀의 사진을 찍게 했다.
   ▶ get + 목적어 + to-v: ~에게 …하게 하다 (가벼운 지시)

3 이 책은 당신이 비판적인 사고 능력을 기르도록 도와줄 것이다.
   ▶ help 뒤에는 원형부정사 또는 to부정사가 이어진다.

4 그 연극은 그녀로 하여금 자신이 얼마나 배우가 되고 싶은지 깨닫게 했다.
   ▶ 사역동사 make는 목적격 보어로 원형부정사를 취함

D

| 1 heard them argue about
2 had his students read
3 let me go
4 made them empty |

1 ▶ 지각동사 hear는 목적격 보어로 원형부정사 또는 현재분사를 취함

2~4 ▶ 사역동사 have, let, make는 목적격 보어로 원형부정사를 취함

E

| meditation, (to) relieve stress |

70%의 사람들이 명상이 스트레스를 해소하도록 돕는다고 생각한다.
▶ 사역동사 help는 목적격 보어로 원형부정사와 to부정사 둘 다 취함
어휘 meditation 명상 / relieve 없애 주다; 완화하다

GRAMMAR IN READING

| **A** listen to → to listen to, known → know
B 1 made us feel **2** ⓐ to spend ⓑ swimming
Q ③ |

A

앞을 보지 못하는 Ellen은 시계를 볼 수 없음에도 불구하고 시간을 알 수 있다. 이 특별한 능력은 어느 날 그녀의 어머니가 그녀에게 라디오에서 나오는 '시간 안내'를 듣게 한 뒤에 발견되었다. Ellen은 어떻게 해서인지 정확한 시간을 알게 해주는 자신만의 내면의 시계를 맞춰놓은 것이다.
▶ allow + 목적어 + to-v: ~가 …하는 것을 허락하다 /
   사역동사 let은 목적격 보어로 원형부정사를 취함

B

남아프리카공화국의 케이프타운은 내가 지금껏 가 본 가장 아름다운 도시들 중 하나이다. Table 산과 근처의 바다는 멋진 사진을 찍을 수 있는 많은 기회를 제공한다. 그 도시는 또한 친절한 곳이기도 하다. 그곳의 사람들은 우리가 바로 집에 있는 것처럼 편하게 느끼도록 해 주었다. 그곳에서의 첫 번째 날에, 우리는 매우 안전하고 깨끗한 지역인 Victoria와 Alfred 해변을 거닐었다. 거기에는 Two Oceans 수족관뿐 아니라 시간을 보낼 수 있는 수많은 식당과 상점들이 있었다. 우리는 수족관에서 상어들이 상어 터널을 통과해서 머리 위로 헤엄쳐 다니는 걸 봤는데, 그것은 매우 즐거웠다.

1 ▶ 사역동사(make) + 목적어 + 원형부정사
2 ▶ ⓐ 앞의 명사구를 수식하는 형용사적 용법의 to부정사
   ⓑ 지각동사(watch)는 목적격 보어로 원형부정사 또는 현재분사를 취함
Q ① 공상 과학 소설
   ② 전기
   ③ 기행문

26 자주 쓰이는 to부정사 구문

EXERCISE

A

> **1** failed to find **2** happened to run into **3** managed to make **4** tend to study

1 나는 파티에 갔지만, Grant 씨를 찾지 못했다.
> ▸ fail to-v: ~하지 못하다

2 나는 우연히 내 동료 중 한 명과 마주쳤다.
> ▸ happen to-v: 우연히 ~하다
> [어휘] colleague 동료

3 그 프로그래머는 바이러스 백신 소프트웨어를 만드는 데 성공했다.
> ▸ manage to-v: 어떻게든 해서 ~을 해내다

4 이 고등학교 학생들은 혼자보다는 단체로 공부하는 경향이 있다.
> ▸ tend to-v: ~하는 경향이 있다

B

> **1** overcome → to overcome **2** encourage → were encouraged **3** being → to be **4** ○

1 이 책은 내가 약점을 극복할 수 있게 했다.
> ▸ enable + 목적어 + to-v: ~가 …할 수 있게 하다

2 사람들은 지난 여름 정부로부터 에너지를 절약할 것을 권장 받았다.
> ▸ be encouraged to-v: ~하도록 권장 받다
> (The government encouraged people to save energy ~. 의 수동태 문장)

3 구조원은 우리에게 바다의 해파리를 조심하라고 경고했다.
> ▸ warn + 목적어 + to-v: ~에게 …하라고 경고하다

4 시 의회가 당신이 그곳에 집을 짓는 것을 허가할까요?
> ▸ permit + 목적어 + to-v: ~가 …하도록 허락하다

C

> **1** were told to move **2** persuade Emily to participate in **3** was expected to face **4** were ordered to stay **5** get her to lend **6** are required to remain

1 ▸ be told to-v: ~하라는 말을 듣다

2 ▸ persuade + 목적어 + to-v: ~가 …하도록 설득하다

3 ▸ be expected to-v: ~할 것으로 기대[예상]되다
> [어휘] crisis 위기

4 ▸ 「order + 목적어 + to-v」의 수동태

5 ▸ get + 목적어 + to-v: ~로 하여금 …하게 하다

6 ▸ 「require + 목적어 + to-v」의 수동태
> [어휘] take off (비행기가) 이륙하다

D

> advised, not to use her cell phone right before bedtime

Kate: 나는 밤에 잠을 잘 못 자.
Caleb: 너는 잠자기 직전에 휴대전화를 사용하지 않아야 해.
Q Caleb은 Kate에게 뭐라고 말했는가?
→ 그는 그녀에게 잠자기 직전에 휴대전화를 사용하지 말라고 조언했다.
> ▸ advise + 목적어 + to-v: ~에게 …하라고 조언하다

GRAMMAR IN READING

> **A** ⓐ you happen to see me ⓑ enables us to identify things **B** **1** ⓑ using → to use **2** people are encouraged to avoid **Q** T

A

당신이 내 가족의 사진을 보게 되었다고 해 보자. 후에 당신이 우연히 나를 보면 내가 그들 중 누구와도 전혀 닮지 않았음에도 내 얼굴이 친근하다고 생각하게 된다. 이는 유사성이 우리 기억 속에서 합산되어 우리가 어떤 것들을 친숙하게 여기도록 하기 때문이다.
> ▸ ⓐ happen to-v: 우연히 ~하다
> ⓑ enable + 목적어 + to-v: ~가 …할 수 있게 하다

B

텍스트 넥: 스마트폰이 우리 척추를 어떻게 손상시키는가
전화기를 볼 때 머리를 어떻게 두는가? 이것은 이상한 질문처럼 보일지도 모르지만, 중요하다. 요즘, 사람들은 어디에 있든 스마트폰을 사용하는 경향이 있다. 그 결과, 대부분 사용자가 하루에 몇 시간씩 전화기 위에서 목을 앞으로 구부리고 있으며, 이것은 척추에 많은 압력을 가한다. 이 압력은 십 대에서도 두통과 허리 문제로 이어질 수 있다. 그것이 사람들이 이 자세를 피하도록 권장 받는 이유이다. 어떤 사람들은 규칙적으로 전화기로부터 휴식을 취하거나 목을 스트레칭해서

이것을 해낸다.

1 ▸ ⓐ seem to-v: ~하는 것으로 보이다
ⓑ tend to-v: ~하는 경향이 있다
ⓒ manage to-v: 어떻게든 해서 (결국) ~을 해내다

2 ▸ 「encourage + 목적어 + to-v」 구문을 수동태로 바꿔 「be encouraged to-v」와 같이 쓰면 된다.

Q '텍스트 넥'을 피하려면 사람들은 스마트폰을 덜 사용하고 스트레칭을 자주 해야 한다.

REVIEW TEST 04

A 1 canceled 2 to read 3 to make 4 to sing
5 were forced to
B 1 are to wait 2 are not allowed to enter
3 someone cry 4 where to go
C 1 thought it right to resign 2 fast enough to catch
3 It is dangerous to ride a bike 4 is to graduate from middle school 5 is expected to increase
6 will discuss how to solve
D 1 to have had a big argument 2 too difficult for students to follow 3 is expensive 4 certain to stay
5 not to delay
E ②, ⑤
F 1 fix → to fix 2 pay → (in order) to pay 3 ○ 4 ○
5 for her → of her
G (A) to have been (B) to track (C) arise
H 1 ⓑ 2 is necessary for teenagers to get sufficient calcium

A

1 Sue는 자신의 모든 약속을 취소했다.
▸ 목적어(her appointments)가 목적격 보어의 행위의 대상이므로 과거분사

2 그 교수님은 내게 읽을 논문을 주었다.
▸ 앞의 a paper를 수식하는 형용사적 용법의 to부정사

3 그는 대중 앞에서 연설하는 것을 꺼린다.
▸ be reluctant to-v: ~하는 것을 꺼리다

4 내가 가장 두려워하는 것은 많은 사람 앞에서 노래하는 것이다.
▸ 보어 역할을 하는 to부정사

5 임대료가 올라서 우리는 한 달 전에 사무실에서 나와야 했다.
▸ 주어(we)가 강요를 당한 대상이므로 「force + 목적어 + to-v」의 수동태를 씀

B

1 너는 네 차례가 될 때까지 줄을 서서 기다려야 한다.

▸ 의무를 나타내는 「be to-v」

2 시험이 시작되면 학생들은 교실로 들어갈 수 없다.
▸ be allowed to-v: ~하는 것을 허락받다

3 그는 누군가 도움을 외치는 소리를 듣고 경찰에 신고했다.
▸ 지각동사(heard)는 목적격 보어로 원형부정사 또는 현재분사를 취함 (crying도 가능)

4 그는 이탈리아에 여행을 가서 어디를 먼저 갈지 계획을 세우고 있다.
▸ where to-v: 어디로 ~해야 할지 (to부정사의 명사적 용법)

C

1 그는 직위에서 사임하는 것이 옳다고 생각했다.
▸ think + it(가목적어) + 형용사 + to-v: ~하는 것이 …하다고 생각하다

2 치타는 먹이를 쉽게 잡을 수 있을 만큼 충분히 빠르다.
▸ 형용사 + enough to-v: ~할 만큼 충분히 …한

3 헬멧을 쓰지 않고 자전거를 타는 것은 위험하다.
▸ 「It(가주어) ~ to-v(진주어)」 구문

4 나의 사촌은 다음 달에 중학교를 졸업할 예정이다.
▸ 예정을 나타내는 「be to-v」

5 그곳의 인구는 향후 몇 년에 걸쳐 증가할 것으로 예상된다.
▸ be expected to-v: ~할 것으로 기대[예상]되다

6 학생들은 학교 폭력 문제를 해결할 방법을 논의할 것이다.
▸ how to-v: 어떻게 ~해야 할지 (to부정사의 명사적 용법)

D

1 John이 아버지와 크게 싸운 것처럼 보였다.
▸ 본동사보다 싸운 것이 먼저 일어난 일이므로 완료부정사

2 그 교수님의 강의는 너무 어려워서 학생들이 이해할 수 없다.
▸ 「so + 형용사 + that ~ can't」 = 「too + 형용사 + to-v」

3 저택은 관리하는 데 돈이 많이 든다.
▸ 「expensive to-v」 구문은 문장의 주어(A mansion)를 to부정사의 목적어로 바꿔서 「It is expensive to-v」 구문으로 쓸 수 있다.

4 Sue는 확실히 프랑스에 일주일 더 머무를 것이다.
▸ 「It is certain that ~」 구문은 「be certain to-v」 구문으로 바꿔 쓸 수 있다.

5 그들은 프로젝트를 지연시키지 않기 위해 주말에 일하고 있다.
▸ so that ~ won't = so as not to

E

① 우리는 네가 팀을 이끌어 줬으면 해.
▸ 「want + 목적어 + to-v」 구문이므로 목적격 보어 자리에 to lead

가 와야 함

② 달에서 걸은 최초의 사람은 누구인가?

▶ the first person을 수식하는 형용사적 용법의 to부정사구

③ 그 남자는 가난한 아이들을 돕기로 결심했다.

▶ 동사 decide는 목적어로 to부정사를 취함

④ 그 직원은 우리에게 프런트에서 여분의 열쇠를 요청하라고 했다.

▶ tell + 목적어 + to-v: ~에게 …하라고 말하다

⑤ 그는 인터넷에서 정확한 정보를 얻는 것이 어렵다고 생각했다.

▶ 목적어인 to부정사구(to get accurate information on the Internet)가 길기 때문에 뒤로 보내고 그 자리에 가목적어 it을 사용

F

1 Janet은 그가 복사기를 고치게 했다.

▶ get + 목적어 + to-v: ~가 …하게 하다 (가벼운 지시)

2 사람들은 때때로 물건값을 계산하기 위해 휴대전화를 사용한다.

▶ 목적을 나타내는 부사적 용법의 to부정사

3 사람들은 가장무도회를 위해 가면을 착용할 것을 요청받았다.

▶ be asked to-v: ~할 것을 요청 받다

4 내가 할 수 있는 전부라곤 그의 곁에 조용히 앉아 들어주는 것뿐이었다.

▶ 「All ~ do」가 주어일 때 be동사 다음에 오는 to를 생략할 수 있다.

5 그녀가 회의 참가자들 모두를 위해 점심을 준비한 것은 친절한 행동이었다.

▶ 사람에 대한 주관적 평가를 나타내는 형용사 뒤에서 to부정사의 의미상 주어는 「of + 목적격」으로 쓴다.

G

스톤헨지는 기원전 2800년에서 1800년 사이에 세워졌다. 그것은 여전히 수수께끼로 남아있지만, 그것의 건설 목적에 대한 몇 가지 이론이 있다. 그것은 (한때) 천문대로 설계되었다고 했다. 그것은 고대 사람들이 변화하는 계절을 기록하는 것뿐만 아니라 해와 달의 움직임도 추적할 수 있게 했을 것이다. 그러나 그곳에 묻힌 유골의 발견은 또 하나의 이론이 생겨나는 데 도움을 주었다. 현재 일부 전문가들은 그것이 무덤이었다고 믿고 있다.

▶ (A) 본동사(was said)보다 설계된 것이 먼저이므로 완료부정사
  (B) enable + 목적어 + to-v: ~가 …할 수 있게 하다
  (C) help + 목적어 + (to)-v: ~가 …하는 것을 도와주다

어휘 observatory 천문대 / arise 생기다, 발생하다

H

칼슘은 당신의 신체가 건강한 뼈를 형성하고 유지하도록 돕는다. 뼈가 빠르게 성장하는 청소년기 동안, 십 대들이 식사를 통해 충분한 칼슘을 섭취하는 것이 필요하다. 그러지 않으면, 그들의 신체가 뼈에서 칼슘을 가져가고, 이는 뼈를 약하게 한다. 담배를 피우거나 커피, 혹은 술을 마시는 사람들은 특히 유의해야 하는데, 왜냐하면 그러한 물질들이 칼슘을 흡수하고 사용하는 신체의 능력을 방해하기 때문이다.

1 ▶ cause + 목적어 + to-v: ~가 …하도록 초래하다

2 ▶ 주어로 쓰인 to부정사구를 뒤로 보내고 그 자리에 가주어 it을 쓴 「it ~ to-v」 구문이다. to부정사의 의미상 주어는 「for + 목적격」으로 밝힌다.

어휘 adolescence 청소년기 / substance 물질 / interfere with ~을 방해하다 / absorb 흡수하다 / sufficient 충분한

UNIT

27 동명사의 개념 및 역할

EXERCISE

A

1 전치사의 목적어, Dave가 세계 기록을 깰 가능성이 충분히 있다.
2 동사의 목적어, 그 여배우는 아동들의 권리를 위해 일하는 것을 지지한다.
3 보어, 내가 좋아하는 활동 가운데 하나는 시골길을 산책하는 것이다.
4 주어, 습관적으로 지각하는 것은 좋은 인상을 주지 못한다.

B

1 boosting 2 Learning 3 not keeping 4 saying

1 그들의 목표는 올해 매출을 30퍼센트 늘리는 것이다.
  ▶ 보어 역할의 동명사
  어휘 boost 북돋우다, 신장시키다

2 다른 문화들에 대해 배우는 것은 정말 재미있다.
  ▶ 주어 역할의 동명사

3 제가 약속을 지키지 않은 것을 용서해 주시겠어요?
  ▶ 동명사의 부정은 바로 앞에 not을 붙임

4 그녀는 가족에게 작별 인사 한마디 없이 고국을 떠났다.
  ▶ 전치사 뒤에는 명사 상당어구가 와야 함, to부정사는 전치사 뒤에 쓰지 않음

C

1 completing the new project
2 drinking coffee to sleep better at night
3 filming his first movie

0 그의 강의를 듣는 것은 교육적이다.
  ▸ 주어 역할을 하는 동명사구
1 그녀는 새로운 프로젝트를 완수하는 것을 책임지고 있다.
  ▸ 전치사의 목적어 역할을 하는 동명사구
  [어휘] in charge of ~을 맡아서, 담당해서
2 네가 밤에 더 잘 자려면 커피 마시는 것을 그만둬야 한다.
  ▸ 동사구의 목적어 역할을 하는 동명사구
  [어휘] give up 포기하다, 그만두다
3 그 영화감독은 첫 영화를 촬영하는 것을 마쳤다.
  ▸ 동사의 목적어 역할을 하는 동명사구

D

1 Becoming a news anchor
2 coordinating her clothes 3 Taking vitamin C
4 answering those questions

1 CNN의 뉴스 진행자가 되는 것이 그녀의 꿈이다.
  ▸ 주어 역할을 하는 동명사구
2 Carol은 패션 감각으로 유명하다. 그녀는 옷을 코디하는 것을 매우 잘한다.
  ▸ 전치사의 목적어 역할을 하는 동명사구
  [어휘] be good at ~을 잘하다 / coordinate (옷차림을) 꾸미다, 코디하다
3 비타민C를 복용하는 것은 감기에서 회복하는 데 도움이 된다.
  ▸ 주어 역할을 하는 동명사구
4 그것들이 매우 민감한 사안들이었기 때문에 나는 그 질문들에 대답하는 것을 피하려 했다.
  ▸ 동사의 목적어 역할을 하는 동명사구

E

making a mistake during the speech

Sam: 너 괜찮니? 긴장한 것 같아.
Sue: 나는 연설 도중에 실수할까 봐 걱정돼.
Q Sue는 무엇을 걱정하고 있는가?
  → 그녀는 연설 도중에 실수할 것을 걱정한다.
  ▸ 전치사의 목적어로 명사 상당어구가 와야 하므로 동명사구

GRAMMAR IN READING

A ⓐ promoting ⓑ smiling B 1 ④ 2 quitting caffeine
can lead to unpleasant withdrawal symptoms Q ②

A

광고하는 것은 사업을 홍보하는 데 있어 중요한 역할을 한다. 그것은 소비자가 당신의 제품을 알게 하는 효과적인 방법이다. 광고를 하지 않고 사업을 하는 것은 어둠 속에서 누군가에게 미소 짓는 것과 같다. 당신 외에는 아무도 당신이 무엇을 하는지 모른다.
  ▸ 둘 다 전치사의 목적어 역할을 하는 동명사

B

커피와 카페인: 얼마나 마셔야 하는가?
커피에 함유된 카페인은 적당히 마실 경우 안전하다고 여겨진다. 대부분의 전문가는 하루 200~300 밀리그램의 카페인은 성인에게 적당한 양이라고 추정한다. 그러나 사실은 하루 100 밀리그램의 카페인을 섭취하는 것만으로도 당신은 (카페인에) 의존하게 될 수 있다. 이는 카페인을 끊는 것이 과도한 피로와 두통을 포함한 불쾌한 금단 증상으로 이어질 수 있음을 의미한다. 따라서 커피를 두 잔째 주문하기 전에, 당신은 잠재적인 결과들에 대해 생각해야만 한다.
1 ▸ that절에서 주어 역할을 하는 동명사구
2 ▸ that절의 주어로 동명사구가 와야 한다.

UNIT

28 동명사의 의미상 주어 · 시제 · 수동태

EXERCISE

A

1 his[him] playing computer games too much
2 her conquering Mt. Everest this time
3 his daughter('s) becoming a world-famous musician
4 our[us] getting good results in this final experiment

0 라디오 좀 켜 주시겠습니까?
  → 제가 라디오를 켜도 되겠습니까?
1 내가 컴퓨터 게임을 너무 많이 하는 것이 걱정이다.
  → 나는 그가 컴퓨터 게임을 너무 많이 하는 것이 걱정이다.
2 우리는 이번에 에베레스트 산을 정복할 것이라는 데 의심이 없다.

→ 우리는 그녀가 이번에 에베레스트 산을 정복할 것이라는 데 의심이 없다.

어휘 conquer 정복하다

3 Daniel은 세계적으로 유명한 음악가가 된 것을 자랑스러워했다.
   → Daniel은 자기 딸이 세계적으로 유명한 음악가가 된 것을 자랑스러워했다.
4 나는 마지막 실험에서 좋은 결과를 얻을 것을 확신한다.
   → 나는 우리가 마지막 실험에서 좋은 결과를 얻을 것을 확신한다.

1~4 ▶ 동명사의 의미상 주어는 소유격 또는 목적격으로 나타낸다.

B

> 1 having, lost 2 my[me], asking, you 3 Dean('s),
> making, fun, of 4 being, criticized 5 having, been,
> promoted

1 Jones 씨는 자신이 선거에서 진 것에 좌절한 것 같다.
   ▶ that절의 시제가 주절의 시제보다 앞서므로 완료형 동명사
   (having v-ed)
2 제가 개인적인 질문을 해도 괜찮겠습니까?
   ▶ 동명사 asking의 의미상 주어는 you가 아니라 I이며, 동명사의
   의미상 주어는 소유격이나 목적격으로 씀
3 그녀는 Dean이 자신을 놀린다고 불평한다.
   ▶ 전치사 about의 목적어로는 동명사구가 오며, making fun
   of의 의미상 주어는 Dean('s)
4 그는 자신의 동료에게 비난을 받을까 봐 두려워했다.
   ▶ 전치사 of의 목적어로는 동명사구가 오며, 수동의 의미이므로
   동명사의 수동태(being v-ed)
5 Serena는 승진이 되어서 기뻤다.
   ▶ 종속절의 시제가 주절의 시제보다 앞서고 수동의 의미이므로,
   동명사의 완료형 수동태(having been v-ed)

C

> 1 at his becoming a priest
> 2 Her not coming to the party
> 3 having disturbed your sleep last night

1 ▶ 전치사 at의 목적어로 동명사구가 오며, 의미상 주어는 소유격
   으로 표시해 줌
   어휘 priest 신부, 사제
2 ▶ 동명사의 의미상 주어는 소유격으로 나타내며, 동명사 바로 앞
   에 not을 붙여 부정형을 나타냄
3 ▶ 전치사 about의 목적어로 동명사구가 오며, 방해한 것이 미
   안해 한 것보다 앞서 벌어진 일이므로 완료형 동명사(having
   v-ed)
   어휘 disturb 방해하다

D

> being attacked by their enemy

소수의 생존자만 남긴 채 그 군대는 퇴각하고 있었다. 그러나 그들은
적으로부터 공격당하는 것을 두려워하지 않았다. 적도 설령 더 많지는
않다고 하더라도 그만큼 많은 병사를 잃었던 것이다.

▶ 전치사의 목적어로 쓰인 동명사가 와야 하며, 공격을 당하는 것이므
로 동명사의 수동태(being v-ed)

어휘 retreat 후퇴[퇴각]하다 / enemy 적, 적군

GRAMMAR IN READING

> **A** her, winning **B** 1 having, seen 2 ⓐ having been
> seen ⓑ falling **Q** T

A

Drew Barrymore가 영화 '미녀 삼총사' 1편에 나왔을 때, 그녀가 뚱
뚱해서 영화 속에서 이를 숨겨야만 한다는 농담들이 있었다. 그녀의
연기는 훌륭했음에도 불구하고, 대신에 비평가들은 그녀의 체중에 대
해서 언급했다. 영화평론가라면 배우들의 외모에 초점을 두기보다 영
화 속 그들의 연기에 대해서 말해주어야 하는 게 아닐까?

▶ 동명사의 의미상 주어는 동명사 바로 앞에 소유격 또는 목적격으로
나타냄

B

A: 자, 제 오른쪽에 앉아 계신 분이 Jones 부인이십니다. 전에 저
   분을 본 기억이 있습니까?
B: 아니요. 제 평생에 결코 저 여자를 본 적이 없습니다.
A: 이분의 가게에 강도 사건이 일어났을 때 이분을 보지 못한 것이
   정말 확실합니까?
B: 네. 저 여자를 본 것은 이번이 처음입니다.
A: 그렇다면, 그 가게에서 당신이 Jones 부인에게 목격된 것은 어떻
   게 설명하시겠습니까?
B: 모르겠습니다. 저를 다른 사람과 착각하는 것일 수도 있죠.
A: 그럼, 그날 밤 당신은 무엇을 하고 있었습니까?
B: 전 집에 있었습니다. 잠들기 전 잠깐 TV를 보며 앉아 있었습니다.
1 ▶ that절의 시제가 주절의 시제보다 앞서므로 빈칸에 완료형 동
   명사(having v-ed)를 씀
2 ▶ ⓐ Mrs. Jones에 의해 목격당한 것이므로 수동태, 문장의 동
   사보다 앞선 일이므로 완료형이 되어야 하므로 최종적으로 동명
   사의 완료형 수동태(having been v-ed)가 되어야 한다.
   ⓑ 전치사 before의 목적어가 필요하므로 동명사가 와야 한다.
Q Jones 부인은 강도 사건의 피해자였다.

29 동명사 vs. to부정사

EXERCISE

A

1 to see 2 to tell 3 to buy 4 eating 5 going
6 playing 7 to strengthen 8 writing 9 to take
10 to inform 11 to install 12 to travel

1 여기서 널 보게 될 줄은 몰랐어.
 ▸ expect는 to부정사를 목적어로 취하는 동사
2 그녀는 내게 사실대로 말하기를 거부했다.
 ▸ refuse는 to부정사를 목적어로 취하는 동사
3 그들은 좀 더 큰 집을 사기로 했다.
 ▸ decide는 to부정사를 목적어로 취하는 동사
4 난 네가 고지방 음식을 먹는 것을 피해야 한다고 생각한다.
 ▸ avoid는 동명사를 목적어로 취하는 동사
5 나는 더는 치과에 가는 것을 미룰 수 없어.
 ▸ put off는 동명사를 목적어로 취하는 동사구
6 나는 야구를 하는 것보다 보는 것을 좋아한다.
 ▸ prefer는 「prefer A to B」의 형태로 쓰이면 일반적으로 동명
 사를 목적어로 취한다.
7 두 나라는 그들의 관계를 강화하기를 희망한다.
 ▸ hope는 to부정사를 목적어로 취하는 동사
 어휘 strengthen 강화하다
8 그녀는 나에게 편지 썼던 것을 잊어서 또 한 통을 썼다.
 ▸ 과거의 일을 나타내므로 「forget v-ing」
9 우리는 몇 시간 동안 하이킹을 했어. 잠깐 쉬기 위해 멈추는 게
 어때?
 ▸ '~하기 위해 멈추다'라는 의미이므로 「stop to-v」
10 당신의 할머니가 방금 돌아가셨다는 것을 말씀드리게 되어서 유
 감입니다.
 ▸ '~하게 되어서 유감이다'라는 의미이므로 「regret to-v」
11 나의 오빠는 내 노트북 컴퓨터에 새 소프트웨어를 설치해 주겠다
 고 약속했다.
 ▸ promise는 to부정사를 목적어로 취하는 동사
12 우리는 충분한 돈을 모았다. 우리는 유럽을 여행할 여유가 있다.
 ▸ afford는 to부정사를 목적어로 취하는 동사

B

1 going → to go 2 to try → trying
3 to steal → stealing 4 ○

1 나는 주말에 낚시하러 가는 데 동의했다.
 ▸ agree는 to부정사를 목적어로 취하는 동사
2 네가 만일 시도하길 멈춘다면, 너는 평생 후회할 것이다.
 ▸ '~하는 것을 멈추다'라는 의미이므로 「stop v-ing」
3 Steve는 내 돈을 훔친 걸 부인했지만, 나는 그가 훔쳤다고 확신
 한다.
 ▸ deny는 동명사를 목적어로 취하는 동사
4 그는 마루를 쓰는 것을 마치고 가구의 먼지를 털었다.
 ▸ finish는 동명사를 목적어로 취하는 동사

C

1 forgot to turn off the computer
2 remember putting my wallet
3 decided to operate
4 regret not taking her advice
5 tried to imitate his painting style

1 ▸ forget to-v: ~할 것을 잊다
2 ▸ remember v-ing: ~했던 것을 기억하다
3 ▸ decide는 to부정사를 목적어로 취하는 동사
4 ▸ regret v-ing: ~했던 것을 후회하다
5 ▸ try to-v: ~하려고 애쓰다

D

1 plugging it in with wet hands
2 to charge it fully before using it

취급 설명서
1 젖은 손으로 플러그를 꽂지 마시오.
 → 젖은 손으로 플러그를 꽂는 것을 피하세요.
 ▸ avoid는 동명사를 목적어로 취하는 동사
2 사용 전에 완전히 충전해야 합니다.
 → 사용 전에 완전히 충전해야 하는 것을 잊지 마세요.
 ▸ forget to-v: ~할 것을 잊다

GRAMMAR IN READING

A getting → to get, to misbehave → misbehaving
B 1 시험 전에 필기 내용을 복습하지 않은 것을 후회한 적이 있는
가? 2 ⓐ reading ⓑ to search Q ①

A

아이들은 때로 부모의 관심을 끌고 싶을 때 잘못된 행동을 한다. 이러한 상황에서 그들을 무시하는 것이 유용한 방법이 될 수 있다. 관심을 끌지 못하면 나쁜 행동을 그만둘 수도 있다.

▶ want는 to부정사를 목적어로 취하는 동사 / stop v-ing: ~하는 것을 멈추다

B

공부하는 방법
이해할 때까지 그만두지 말 것
시험보기 전에 필기 내용을 복습하지 않은 걸 후회해 본 적이 있나요? 당신이 필기 내용을 반복해서 보고 있다고 해봅시다. 하지만 선생님이 설명해준 방식으로는 어떤 부분이 전혀 이해가 되지 않습니다. 그건 자신에게 이해할 능력이 없어서가 아니라, 우리가 모두 별개의 교수법에 다르게 반응을 해서, 그리고 그 선생님의 교수법이 자신에게 맞지 않아서예요. 그러니 여러분이 이해할 수 있는 방식으로 그 주제를 분석하는 다른 자료들을 찾는 걸 기억하세요.

1 ▶ regret v-ing: ~했던 것을 후회하다
2 ▶ ⓐ keep은 동명사를 목적어로 취하는 동사
   ⓑ remember to-v: ~할 것을 기억하다
Q ① 그러나
   ② 그러므로
   ③ 게다가

UNIT

30 자주 쓰이는 동명사 구문

EXERCISE

A

1 relaxing **2** watching **3** approving **4** live, using

1 나는 주말 내내 집에서 쉬면서 보냈다.
   ▶ spend + 시간 + v-ing: ~하는 데 시간을 보내다
2 나는 4강 경기를 보기를 기대하고 있다.
   ▶ look forward to v-ing: ~할 것을 고대하다
   어휘 semi-final 4강
3 그들은 그 계획이 승인할 가치가 있다는 데 동의했다.
   ▶ be worth v-ing: ~할 가치가 있다
   어휘 approve 승인하다

4 내가 한국에 살았을 때, 나는 젓가락을 쓰는 것에 익숙하지 않았다.
   ▶ used to-v: ~하곤 했다 / be used to v-ing: ~에 익숙하다

B

1 shopping **2** finding **3** checking **4** raising
5 sleeping

1 쇼핑하러 가기 전에 무엇을 살지 목록을 작성하는 것이 좋다.
   ▶ go v-ing: ~하러 가다
2 우리 집을 찾기가 어렵거든 저에게 전화하세요.
   ▶ have trouble v-ing: ~하는 데 어려움을 겪다
3 그는 매일 고객의 이메일을 확인하느라 한 시간을 보낸다.
   ▶ spend + 시간 + v-ing: ~하는 데 시간을 소비하다
4 그 회사는 제품 가격을 올리지 않을 수 없었다.
   ▶ can't help v-ing: ~하지 않을 수 없다
5 내 4살 된 여동생은 혼자 자는 것에 익숙하지 않다.
   ▶ be accustomed to v-ing: ~에 익숙하다

C

1 no, use, complaining **2** feel, like, taking **3** never, without, thinking **4** On, arriving **5** is, no, fixing

1 과거에 대해 불평해도 소용없다.
   ▶ It is no use v-ing: ~해도 소용없다
2 나는 뜨거운 목욕을 하고 싶다.
   ▶ feel like v-ing: ~하고 싶다
3 그녀는 그 노래를 들을 때마다 엄마 생각을 한다.
   ▶ never ~ without v-ing: ~할 때마다 …한다
4 그는 집에 도착하자마자 하와이에서 산 기념품을 나에게 주었다.
   ▶ on v-ing: ~하자마자
   어휘 souvenir 기념품
5 이 노트북을 수리하는 것은 불가능하다.
   ▶ There is no v-ing: ~하는 것은 불가능하다

D

1 The pianist is busy practicing
2 was on the point of hanging up
3 It goes without saying that

1 그 피아니스트는 공연 준비를 하느라 바쁘다.
   ▶ be busy v-ing: ~하느라 바쁘다
2 네가 받았을 때 나는 전화를 끊으려던 참이었다.

▸ be on the point of v-ing: 막 ~하려던 참이다
3 교육이 정말 중요한 것은 말할 필요도 없다.
▸ It goes without saying that ~: ~은 말할 필요도 없다

E

illness prevented her from going out

그녀는 병 때문에 밖에 나가지 못했다.
▸ prevent A from v-ing: A가 ~하지 못하게 하다

GRAMMAR IN READING

A India's players were used to playing　B 1 worth, visiting　2 On getting off the plane　Q ①

A

1950년에 인도는 월드컵 결선에 진출할 자격이 되었지만, 시합에 참가하지 않았다. 왜일까? 대부분의 인도 선수들은 맨발로 경기하는 데 익숙했다. FIFA(국제 축구 연맹)가 선수들의 발을 보호하기 위해서 예외 없이 축구화를 신도록 규정했기 때문에, 인도 축구 연맹은 대회에서 기권하기로 결정했다.
▸ be used to v-ing: ~에 익숙하다

B

파리는 단 하루라 할지라도 단연코 방문해 볼 만합니다. 구경할 명소가 너무나 많이 있어요. 아마 여러분은 유명한 에펠탑이나 장엄한 중세 성당을 보고 싶으시겠죠. 어쩌면 루브르 미술관에서 모나리자의 미소를 보고 싶거나, 아니면 그냥 공기를 떠다니는 갓 구운 바게트 향을 즐기고 싶을지도 모르겠네요. 비행기에서 내리자마자 어디부터 먼저 가야 할지 고르느라 힘들 거예요. 몇 주, 아니면 단 몇 시간을 파리에 머무르든, 일단 가세요. 50년 전 Audrey Hepburn이 '파리에 가는 건 언제나 좋은 생각이에요.'라고 말했듯이 말이예요.
1 ▸ It is worthwhile to-v = be worth v-ing(~할 가치가 있다)
2 ▸ on v-ing: ~하자마자
Q ① 파리: 아름다운 도시
　　② 루브르 미술관의 역사
　　③ 유명한 중세 성당들

REVIEW TEST 05

A 1 her 2 preparing 3 getting 4 telling 5 to send
B 1 to accept 2 selling 3 completing 4 taking 5 to get 6 to take 7 to bring 8 eating 9 seeing
C 1 punishing → being punished 2 to recall → recalling 3 cry → crying[but cry] 4 ○
D 1 looking forward to working 2 was on the point of being sold 3 didn't feel like eating
E ③ F ④ G (A) being (B) to break (C) paying
H 1 ⓐ 2 kept me from sending her

A

1 나는 그녀가 나를 피하려고 하는 것에 놀랐다.
▸ 동명사의 의미상 주어는 소유격 또는 목적격
2 선생님은 수업 준비를 하느라 바쁘다.
▸ be busy v-ing: ~하느라 바쁘다
3 우리는 아침에 일찍 일어나는 것에 익숙하다.
▸ be used to v-ing: ~하는 것에 익숙하다
4 미래에 무슨 일이 일어날지 아는 것은 불가능하다.
▸ There is no v-ing: ~하는 것은 불가능하다
5 나의 부모님은 음악을 공부하도록 나를 해외로 보내는 것에 동의하셨다.
▸ agree는 to부정사를 목적어로 취하는 동사

B

1 그녀는 내 제안을 받아들이는 것을 거부했다.
▸ refuse는 to부정사는 목적어로 취하는 동사
2 William은 작년에 자기 집을 팔지 않은 것을 후회한다.
▸ regret v-ing: ~했던 것을 후회하다
3 나는 마라톤을 완주한 것이 자랑스럽다.
▸ 전치사의 목적어로 쓰인 동명사(구)
4 Kevin은 그 시험에 한 번 더 응시하는 것을 고려하고 있다.
▸ consider는 동명사를 목적어로 취하는 동사
5 어떤 사람들은 그저 결혼하지 않기를 택한다.
▸ choose는 to부정사를 목적어로 취하는 동사
6 돌아와서 개를 산책시키는 것을 잊지 마.
▸ forget to-v: ~할 것을 잊다
7 공항으로 갈 때 여권 챙기는 것을 기억하렴.
▸ remember to-v: ~할 것을 기억하다
8 그들은 밖에서 갑작스러운 소음이 들리자 저녁 먹는 것을 멈췄다.
▸ stop v-ing: ~하는 것을 멈추다
9 나는 Judy를 2년 전에 본 것을 기억해서 그녀를 알아보았다.
▸ remember v-ing: ~했던 것을 기억하다

C

1 Mickey는 부모님에게 벌 받는 것을 두려워했다.
  ▸ 동명사의 의미상 주어 Mickey가 동사 punish의 대상이므로 동명사의 수동태 「being v-ed」
2 나는 가끔 사람들의 이름을 기억하는 데 어려움을 겪는다.
  ▸ have difficulty[trouble] v-ing: ~하는 데 어려움을 겪다
3 나는 소설의 마지막 부분을 읽고 울지 않을 수 없었다.
  ▸ can't help v-ing: ~하지 않을 수 없다(= can't help but + 동사원형)
4 아이들을 가르칠 때는 전문 용어를 사용하는 것은 피해야 한다.
  ▸ avoid는 동명사를 목적어로 취하는 동사
  어휘 technical term 전문 용어

D

1 ▸ look forward to v-ing: ~할 것을 고대[기대]하다
2 ▸ be on the point of v-ing: 막 ~하려던 참이다
  동명사의 의미상 주어 the restaurant가 동사 sell의 대상이므로 동명사의 수동태 「being v-ed」
3 ▸ feel like v-ing: ~하고 싶다

E

① 가구를 디자인하는 것이 그녀의 일이다.
② 그가 나를 빼놓고 파티에 가도 상관없다.
③ 과학자들은 화성에서 생물체를 발견할 것을 기대하는가?
④ 그 코치는 선수들의 결정을 전적으로 지지하겠다고 약속했다.
⑤ 그녀는 회의 도중에 우리를 방해한 것에 대해 미안해하지 않는 것 같다.
  ▸ expect는 to부정사를 목적어로 취하는 동사이므로 discovering은 to discover가 되어야 한다.

F

① 헌혈은 많은 생명을 구할 수 있다.
② 그녀는 잃어버린 개를 찾는 것을 포기하지 않았다.
③ Sarah는 건강하기 위해 가공식품 먹는 것을 그만두었다.
④ 그 교도관은 죄수가 탈출하도록 도운 것을 부인했다.
⑤ 그 평론가는 이 영화가 여러 번 볼 가치가 있다고 말했다.
  ▸ deny는 동명사를 목적어로 취하는 동사이므로 to help는 helping이 되어야 한다.
  어휘 donate 기부하다; 헌혈하다 / processed 가공한 / prison officer 교도관 / escape 탈출하다, 빠져나가다 / critic 평론가

G

David은 Sam의 공범임을 인정하였다. 두 사람은 함께 아파트에 침입하기로 계획을 세웠다. 그들은 아파트 열쇠를 잃어버린 척하며 열쇠 수리공을 불렀다. 그들이 강도라는 것을 아무도 모를 것으로 생각했다. David은 훔친 돈을 모두 빚을 갚는 데 썼다고 자백했다.
  ▸ (A) admit은 동명사를 목적어로 취하는 동사
   (B) plan은 to부정사를 목적어로 취하는 동사
   (C) spend + 돈 + v-ing: ~하는 데 돈을 소비하다
  어휘 break into 침입하다 / locksmith 자물쇠 수리공 / confess 자백하다 / debt 빚, 부채

H

Kate는 나를 저녁 파티에 초대했고 나는 그곳에서 새로운 사람들을 만나는 것을 즐겼다. 나는 그녀의 초대에 감사를 표하기로 했지만 바쁜 일정 때문에 그녀에게 감사 선물을 보내지 못했다. 대신 나는 "이것을 더 일찍 했어야 했고, 당신의 파티가 얼마나 즐거웠는지 말하지 않은 채 또 하루를 보내기도 싫었어요."라는 내용의 메일을 썼다. 나는 이것이 아무것도 하지 않는 것보다는 훨씬 낫다고 생각했다.
1 ▸ enjoy는 동명사를 목적어로 취하는 동사이므로 to meet는 meeting이 되어야 한다.
2 ▸ keep A from v-ing: A가 ~하지 못하게 하다

UNIT

31 분사의 종류 및 역할

EXERCISE

A

1 분 2 동 3 동 4 동 5 분 6 분

1 너 정문에 서 있는 여자를 알고 있니?
  ▸ the woman을 뒤에서 수식하는 현재분사
2 길을 잘못 가고 계세요. 탈의실은 저쪽에 있습니다.
  ▸ 뒤에 나오는 명사 room의 목적이나 용도를 나타내므로 동명사 (a room for fitting)
  어휘 fitting room 탈의실
3 시간을 지키는 것은 비즈니스계에서 매우 중요하다.
  ▸ 주어 역할을 하는 동명사
4 Jenny와 John은 벼룩시장에서 물건 사기를 좋아한다.
  ▸ 동사 enjoy의 목적어 역할을 하는 동명사

5 우리는 Linda가 그녀의 개들에게 소리 지르는 것을 들었다.
> ▶ 목적어인 Linda의 상태·동작을 서술하는 현재분사

6 나는 학교에서 집까지 줄곧 달려서 왔다.
> ▶ 주어 I의 상태·동작을 서술하는 현재분사

B

> **1** spoiled **2** waiting **3** surrounded **4** chasing[chase]
> **5** used **6** taken **7** growing **8** sitting

1 너는 버릇없는 아이처럼 행동하는 걸 그만둬야 해.
> ▶ 수동의 의미(a child who is spoiled)이므로 과거분사

2 그 웨이터는 게을러서 주문하려고 기다리는 사람들에게 신경 쓰지 않았다.
> ▶ 능동의 의미(people who were waiting)이므로 현재분사

3 그는 그의 팬들에게 둘러싸인 채 복도에 서 있었다.
> ▶ 주격 보어로 쓰였으며 수동의 의미(He was surrounded by ~.)이므로 과거분사

4 나는 한 경찰관이 소매치기를 쫓아가는 것을 보았다.
> ▶ 목적격 보어로 쓰였으며 진행의 의미(A police officer was chasing ~.)이므로 현재분사. 단, 지각동사의 목적격 보어로 원형부정사도 가능

5 우리는 저렴한 가격에 중고차 한 대를 살 수 있었다.
> ▶ 완료·수동의 의미(a car which has been used)이므로 과거분사

6 그녀는 유명 사진작가가 찍은 사진을 가리켰다.
> ▶ 수동의 의미(a picture which was taken)이므로 과거분사

7 새 연구는 학생들의 부채가 전국적으로 증가하고 있음을 보여준다.
> ▶ 진행형을 만드는 현재분사

8 우리는 그녀가 먹지 않은 음식 접시를 든 채 소파에 앉아 있는 것을 발견했다.
> ▶ 목적격 보어로 쓰였으며 능동·진행의 의미(she was sitting on the couch)를 나타내므로 현재분사

C

> **1** falling → fallen **2** read → reading, to read
> **3** stealing → stolen **4** ○

1 낙엽 위를 걷는 것은 기분이 좋다.

> ▶ 완료의 의미로(leaves which have fallen) 명사 leaves를 수식해야 하므로 과거분사

2 Rob은 만화책을 읽으며 누워 있었다.
> ▶ 동사(was lying down) 뒤에서 주어(Rob)의 상태·동작을 서술하는 현재분사 및 to 부정사

3 박물관에서 도난당한 그림들은 아직 발견되지 않았다.
> ▶ paintings가 도난의 대상(The paintings which were stolen ~.)이므로 수동을 의미하는 과거분사

4 차들이 시내와 교외를 잇는 다리 위에서 서행했다.

D

> **1** have never seen Sonya dancing
> **2** will be very disappointed if I don't get the job
> **3** made by the board could affect all of us

1 ▶ 지각동사 see의 목적격 보어로 능동·진행의 의미를 나타내는 현재분사가 쓰임
2 ▶ I가 동사 disappoint의 대상이므로 수동의 의미를 나타내는 과거분사가 이어짐
3 ▶ decisions를 뒤에서 수식하는 분사구로, 수동의 의미(The decisions which were made by the board)를 나타내는 과거분사가 이어짐

E

> smell, the, burning, stew

A: 무언가 타고 있어. 냄새가 나니?
B: 이런! 이건 스튜야!
→ 그들은 스튜가 타고 있는 냄새를 맡을 수 있었다.
> ▶ stew를 수식하기 위해 능동·진행의 의미(the stew which is burning)를 나타내는 현재분사가 필요

GRAMMAR IN READING
••

> **A** ⓐ expired ⓑ cooked **B 1** ⓑ **2** a T b F **Q** ①

A

식품 안전을 위해서 이 정보를 기억하세요. 우선 유제품은 일단 개봉되면 냉장고에 넣고 유통기한에 신경을 쓰세요. 유통기한이 지난 식품은 신선해 보일지라도 버리세요. 두 번째로 조리된 음식이든 조리하지 않은 음식이든 썰기 전후에는 도마와 칼을 잊지 말고 씻도록 하세요.

▶ ⓐ 완료의 의미(items which have expired)이므로 과거분사
　ⓑ 완료·수동의 의미(foods which have been cooked)이므로
　　과거분사

B

최신 지역 뉴스
어제 두 명의 무장한 남자가 농민은행 Newtown 지점에서 약 7천 파운드를 훔쳤다. 경찰은 그들이 은행이 개점한 오전 10시 직후 은행에 침입할 당시 권총으로 무장하고 있었다고 전했다. 그들은 두 명의 창구 직원에게 현금을 넘겨줄 것을 강요했다. 은행의 지점장인 Jack Wiseman 씨는 돈다발 속에 염료 주머니 세 개가 들어 있었다고 전했다. 이것은 돈다발을 열때 터져서 강도들에게 염료를 튀기도록 고안된 장치이다. 이 염료는 씻어낼 수 없다.

1 ▶ ⓐ men을 수식하는 과거분사
　ⓑ 동사의 과거형 (that절의 동사)
　ⓒ devices를 수식하는 과거분사
　ⓓ be동사와 함께 수동태를 만드는 과거분사
　ⓔ be동사와 함께 수동태를 만드는 과거분사
2 a. 은행은 무장한 남자들에 의해 털렸다.
　b. 염색 얼룩은 쉽게 제거될 수 있다.
Q ① 은행 지점 털리다
　② 경찰이 도난당한 돈을 찾다
　③ 홍수로 파괴된 은행

UNIT 32 능동의 v-ing vs. 수동의 v-ed

EXERCISE

A

1 known 2 crawling 3 cut 4 hidden

1 그 뉴스가 모든 사람에게 알려지게 해주세요.
　▶ 수동의 의미(the news is known)이므로 과거분사
2 나는 무언가가 내 등 위로 기어 올라가는 것을 느꼈다.
　▶ 능동의 의미(something was crawling)이므로 현재분사
　[어휘] crawl 기어가다
3 Mike는 그의 머리를 잘랐는데, 그건 정말 별로다.
　▶ 수동의 의미(his hair was cut)이므로 과거분사
4 그들이 발견한 보물은 여러 해 동안 숨겨져 있었다.
　▶ 수동의 의미(the treasure was hidden)이므로 과거분사

B

1 disappointed 2 disappointing 3 surprised
4 surprising 5 confused 6 confusing 7 satisfied
8 satisfying 9 boring 10 bored

1 그는 자기 팀이 져서 실망했다.
　▶ He가 실망을 느끼는 것이므로 과거분사 disappointed
2 그가 최선을 다했음에도 불구하고, 시험 성적은 다소 실망스러웠다.
　▶ his test score가 실망을 느끼게 하는 것이므로 현재분사 disappointing
3 내가 이 오토바이가 얼마나 비싼 것인지 네게 말해주면 넌 놀라게 될 것이다.
　▶ You가 놀라게 되는 것이므로 과거분사
　[어휘] motorcycle 오토바이
4 Matt는 낯을 가려서 그가 친구가 많다는 것이 놀랍다.
　▶ that 이하의 내용이 놀라움을 느끼게 하는 것이므로 현재분사
5 나는 그녀의 지시에 혼란스러워져서 다시 물어봐야 했다.
　▶ I가 혼란을 느끼는 것이므로 과거분사 confused
　[어휘] instruction 지시; 설명
6 그 복잡한 지시는 너무 혼란스러워서 따를 수가 없다.
　▶ directions가 혼란스럽게 하는 것이므로 현재분사 confusing
7 Bill은 자기가 가진 것에 만족하는 법이 절대 없다. 그는 항상 더 많은 것을 원한다.
　▶ Bill이 만족을 느끼는 것이므로 과거분사 satisfied
8 이 소량의 타르트는 과일과 함께 제공될 때 만족스러운 디저트가 된다.
　▶ dessert가 만족스럽게 하는 것이므로 현재분사 satisfying
9 그의 강의는 너무 지루해서 대부분의 학생들이 잠들었다.
　▶ His lecture가 지루함을 느끼게 하는 것이므로 현재분사 boring
10 그가 같은 이야기를 반복해서 했기 때문에 나는 지루해졌다.
　▶ I가 지루함을 느끼는 것이므로 과거분사 bored

C

1 cried → crying 2 ○ 3 interested → interesting

1 저 불량배들이 불쌍한 소녀를 교실에 우는 채로 두었다.
　▶ the poor girl이 울고 있는 것이므로 목적격 보어로는 현재분사 crying
2 내 결혼식 전날 밤에 나는 너무 들떠 잠을 잘 수 없었다.
3 나는 미국인들이 매우 흥미롭다는 것을 알아냈다. 그들은 집 안에서 신발을 벗지 않는다.
　▶ Americans가 흥미를 느끼게 하는 것이므로 목적격 보어로는 현재분사 interesting
　[어휘] take off (옷·신발 등을) 벗다

D

1 ▸ this house가 리모델링되는 것이므로 과거분사를 이용해 「동사 (have) + 목적어(this house) + 목적격 보어(remodeled)」와 같이 쓴다.

2 ▸ me가 정보를 전달받는 대상이므로 과거분사를 이용해 「동사 (keep) + 목적어(me) + 목적격 보어(updated)」와 같이 쓴다.

3 ▸ many people이 구조되는 것이므로 과거분사를 이용해 「동사 (saw) + 목적어(many people) + 목적격 보어(rescued)」와 같이 쓴다.

> **어휘** rescue 구조하다 / emergency crew 구급대

E

Mandy는 숙면하길 원했지만, 밤새 위층에서부터 소음이 들렸다.

Q 그녀의 감정을 어떻게 설명하겠는가?

→ 그녀는 분명히 짜증 났음에 틀림없다.

▸ Mandy는 짜증을 느끼는 대상이므로 과거분사 annoyed를 써야 한다.

GRAMMAR IN READING

A

브라질에서 여객선을 타고 있을 때, 나는 여자 화장실에 가야 할 일이 생겼다. 나는 'HOMENS'라고 쓰여진 표지를 보고 안으로 들어갔다. 한 남자가 따라 들어오는 것을 보고서야 나는 HOMEN이 '남자'를 뜻하는 포르투갈어 단어임을 깨달았다! 상당히 난처한 순간이었다. 그런데 그를 돌아보니, 그는 나보다 훨씬 더 난처한 듯 보였다.

▸ ⓑ 난처함을 느끼게 하는 moment이므로 embarrassing
  ⓒ 그가 난처하게 느낀 것이므로 embarrassed

B

최고의 식당
Frontier
뜻밖에, 우리는 이 음식점이 정말 실망스럽다는 걸 알게 되었어요. 우

린 green chili salsa에 전혀 감명받지 못했어요. 그리고 그 레스토랑은 음료를 너무 비싸게 받아요!
Bel Mondo
여기 계신 많은 분과 마찬가지로 저도 Bel Mondo를 좋아합니다. 제가 여자친구를 그곳에 데려갔을 때는 촉촉한 차돌박이가 정말로 놀라웠습니다. 젤라토를 잊지 마세요. 그것은 공짜입니다!

1 ▸ this restaurant이 실망스럽게 만드는 것이므로 현재분사를 이용해 「동사(found) + 목적어(this restaurant) + 목적격 보어 (disappointing)」의 어순으로 쓴다.

2 ▸ ⓐ We가 감명받는 것이므로 수동의 의미인 과거분사
  ⓑ the moist beef brisket이 놀라움을 주는 주체이므로 능동의 의미인 현재분사

Q Frontier의 음식이 비쌌지만 Melanie는 만족했다.

33 분사구문

EXERCISE

A

1 나는 돈이 거의 없었기 때문에 집을 사는 것을 포기했다.

2 만일 비행기가 6시에 이륙한다면 거기에 오전 10시에 도착할 것이다.
> **어휘** take off (비행기가) 이륙하다

3 그녀는 어머니에게 작별 인사를 하고 나서 집을 나섰다.

4 그는 동유럽을 여행하는 동안 몇몇 흥미로운 사람들을 만났다.

5 나는 첫 번째 숙제를 끝내고 나서, 두 번째 숙제를 했다.
> **어휘** assignment 과제, 숙제

6 Alex는 괜찮은 변호사를 두지 않았기 때문에 재판에 질 수도 있다.
> **어휘** lose a case 재판에 지다, 패소하다

1~6 ▸ 부사절에서 접속사와 주어를 생략하고 남은 동사를 v-ing로 바꾸어 분사구문을 만든다. 동사가 진행형인 경우 v-ing만 남긴다.

B

0 문을 열었을 때 Mary는 자기 아들이 자고 있는 것을 발견했다.

1 지금 집을 나서면 너는 제시간에 공항에 도착할 거야.
  ▶ 문맥상 조건을 나타내는 분사구문으로 현재분사 Leaving을 씀
  어휘 make it (어떤 일을) 이루다; *(어떤 곳에) 시간 맞춰 가다

2 강둑을 따라 걷다가 나는 우연히 동료 한 명을 만났다.
  ▶ 문맥상 때를 나타내는 분사구문이며, 현재분사 walking을 씀
  어휘 riverbank 강둑

3 그 편지는 스페인어로 쓰여 있기 때문에 번역이 필요하다.
  ▶ 문맥상 이유를 나타내는 분사구문으로, 수동태(is written)를
    분사구문으로 전환하여 Being written으로 쓰는데, 이때
    Being은 생략할 수 있음

4 막내였으므로, Ted는 그의 어머니가 가장 아끼는 자식이었다.
  ▶ 문맥상 이유를 나타내는 분사구문으로, 현재분사 Being을 씀

5 사람들은 극장 앞에 모여서 그 유명인을 직접 보기를 원했다.
  ▶ 문맥상 동시동작을 나타내는 분사구문으로, 현재분사 hoping
    을 씀
  어휘 celebrity 유명 인사 / in person 직접, 몸소

C

1 어디로 가야 할지 몰라서, 나는 길을 묻기 위해 멈추었다.
  ▶ 분사구문의 부정은 분사 앞에 not이나 never를 쓴다.
  ≒ As I didn't know where to go, ~.

2 나는 차 한 잔을 마시면서 정원에 앉아 있었다.
  ▶ 동사가 진행형인 경우 be동사는 생략하고 v-ing만 남긴다.

3 알프스 산맥을 등반하는 동안 내 남동생은 동상에 걸렸다.
  ≒ While he trekked in the Alps, ~.
  어휘 frostbite 동상

4 새 차를 찾아오고 나서 그녀는 자신의 아파트 옆에 주차했다.
  ▶ 연속상황을 나타내는 분사구문이므로 현재분사
  ≒ She picked up her new car and then ~.

5 Sarah는 TV를 켜서 뉴스 채널로 틀었다.
  ▶ 연속상황을 나타내는 분사구문이므로 현재분사
  ≒ ~ and then she put on a news channel.

D

A: Joseph, 어제 왜 들르지 않았니?
B: 미안. 늦었었어. 난 녹초가 되어서 집으로 바로 갔어.
→ 녹초가 되었기 때문에, Joseph은 집으로 바로 갔다.

GRAMMAR IN READING

A

1970년대 이래로 많은 사람들은 자택을 화재로부터 보호하기 위해서
화재경보기를 사용해 오고 있다. 이 기기는 광선을 이용해 연기를 감
지한다. 공기 중에 있는 연기가 광선을 가로막으면 경보가 울린다.
→ 공기 중에 있는 연기를 감지하면, 그 기기가 반응하여 경보를 울린
  다.
▶ 조건을 나타내는 분사구문

B

인간만이 타인의 감정을 이해할 수 있는 것일까? 코끼리가 가족이 아
픈 것을 보면, 그들을 도와주려고 할 것이다. 자기 무리 구성원 하나
가 총을 맞는 것을 본 후, 한 코끼리 가족이 그녀를 상아를 이용해 일
으키고 심지어는 먹이를 주려고 하며 필사적으로 그녀를 구하려고 시
도하는 것이 목격되었다. 또한, 코끼리는 흥분한 다른 코끼리를 진정
시키려고 한다고 여겨진다. 코끼리 떼를 연구하는 과학자들은, 한 코
끼리가 고통의 징후를 보일 때 다른 코끼리들이 그 옆으로 가서 부드
러운 소리를 내고 괴로워하는 동물을 코로 쓰다듬는다는 것을 발견
했다.

1 ▶ ⓐ 문맥상 동사 lift가 들어가야 하고, 현재분사 lifting을 사용해
    동시에 일어나는 일을 나타내는 분사구문을 완성해야 한다.
    ⓑ 문맥상 동사 try가 들어가야 하고, 현재분사 trying을 사용
    해 동시에 일어나는 일을 나타내는 분사구문을 완성해야 한다.
    ⓒ 문맥상 동사 study가 들어가야 하고, 현재분사 studying을
    사용해 앞의 명사 Scientists를 수식하는 분사구를 완성해
    야 한다.

2 ▶ others went to his or her side를 that절 내의 주절로 하고,
    이어지는 동사 made와 stroked를 각각 분사구문으로 고치면
    된다.

Q ① 저항하다
    ② 돕다
    ③ 주장하다

34 주의해야 할 분사구문

EXERCISE

A

1 All our savings (being) gone
2 There being no bus service
3 (Being) Seen from outer space
4 (Being) Asked to lead the project
5 The teacher pausing to catch her breath
6 not having seen him in years
7 Having traveled a lot

1 저축한 돈이 모두 바닥났기 때문에, 우리는 부업을 찾아야 했다.
  ▶ 종속절의 주어(all our savings)와 주절의 주어(we)가 다르므로 분사 앞에 주어를 밝혀야 한다. 수동형 분사구문이므로 being은 생략할 수 있다.

2 버스가 없어서 나는 아버지께 태워 달라고 전화를 했다.
  ▶ 「There is[was] ~」 구문을 분사구문으로 만들 때는 There를 분사 앞에 쓴다.

3 우주 공간에서 보게 되면 지구는 단지 하나의 푸른 점이다.
  ▶ 종속절의 시제가 주절의 시제와 같으므로 단순형 분사구문이 되어야 하는데, 수동형 분사구문으로 문장 앞의 Being은 생략될 수 있다.

4 프로젝트를 맡아달라고 요청을 받은 후 나는 곧장 회사로 갔다.
  ▶ 종속절의 시제가 주절의 시제와 같으므로 단순형 분사구문이 되어야 하는데, 수동형 분사구문이므로 Being은 생략될 수 있다.

5 선생님께서 숨을 고르기 위해 잠시 멈추신 동안 나는 질문하기 위해 손을 들었다.
  ▶ 종속절의 주어(the teacher)와 주절의 주어(I)가 다르므로 분사 앞에 의미상의 주어를 밝혀야 한다.

6 그를 여러 해 동안 보지 못했기 때문에 나는 처음에 Sean을 알아보지 못했다.
  ▶ 종속절의 시제가 주절의 시제보다 앞서므로 완료형 분사구문이 되어야 한다.

7 그는 여행을 많이 했기 때문에 다른 나라에 대해 많이 안다.
  ▶ 종속절의 시제가 주절의 시제보다 앞서므로 완료형 분사구문이 되어야 한다.

B

1 그의 억양으로 판단하건대 그는 분명 영국인이다.
2 Hannah는 입을 굳게 다문 채로 가만히 앉아있었다.
3 많은 요리 강좌를 들어왔기 때문에, 그는 요리를 잘 할 수 있다.
4 일반적으로 말해서 여성들이 자신의 외모에 관해 더 관심을 쏟는다.
5 프랑스 얘기가 나와서 말인데, 시내에 근사한 프랑스 식당 하나를 발견했어.

1 ▶ judging from: ~로 판단하건대
2 ▶ with + (대)명사 + 분사: ~이[가] …한 채로
3 ▶ 완료형 분사구문
4 ▶ generally speaking: 일반적으로 말하자면
5 ▶ speaking of ~: ~의 얘기가 나왔으니 말인데

C

1 Having used → (Having been) Used 2 Had → Having 3 tapped → tapping 4 Seeing → (Being) Seen 5 ○ 6 Being there → There being

1 20년 넘게 사용되어서 그 기계는 자주 고장 난다.
  ▶ 기계가 사용되는 것이므로 수동형 분사구문
  ≒ Because it has been used ~.
  어휘 malfunction 제대로 작동하지 않다

2 은퇴를 하고 나서 Don은 세계 일주를 하기로 결심했다.
  ▶ 종속절의 시제가 주절의 시제보다 앞서므로 완료형 분사구문
  ≒ After he had retired, ~.

3 그는 손가락으로 계속 책상을 두드리면서 기말고사 공부를 하였다.
  ▶ 「with + (대)명사 + 분사」에서 명사와 분사가 능동의 관계이므로 현재분사
  어휘 constantly 끊임없이 / tap on ~을 두드리다

4 비행기에서 내려다보면 도로 위의 모든 자동차들이 작은 개미처럼 보인다.
  ▶ the cars가 보이는 대상이므로 수동을 의미하는 과거분사
  ≒ When they are seen from an airplane ~.

5 아무도 그녀를 알아보지 못해서 그녀는 파티에서 혼자 서 있었다.
  ▶ 주절의 주어(she)와 분사구문의 의미상 주어(No one)가 다르므로 분사 앞에 의미상 주어를 밝힌다.

6 남녀 간 급여의 불평등이 존재하기 때문에 일부 운동가들은 시위를 시작했다.
  ▶ 「There is[was] ~」 구문을 분사구문으로 만들 때는 There를 분사 앞에 쓴다.
  ≒ Because there is unequal pay ~.

D

1 X / 주절의 주어와 분사구문의 의미상 주체가 다름 **2** ○

Paul이 숲에서 하이킹하는 동안 그는 길에서 스컹크와 마주쳤다. 그는 처음에 스컹크가 사랑스럽다고 생각했지만, 스컹크는 갑자기 그에게 지독한 냄새가 나는 액체를 분사했다. 그는 티셔츠를 몇 시간 동안 물에 담가 두었지만, 그 냄새는 절대 사라지지 않았다!

▶ 1번대로라면 하이킹한 주체는 스컹크가 되나 이는 본문의 사실과 다르므로 문맥에 맞게 Hiking in the woods, Paul crossed a skunk's path. 또는 While Paul was hiking in the woods, a skunk crossed his path.로 고쳐야 한다.

▶ 어휘 encounter 접하다[마주치다] / adorable 사랑스러운 / liquid 액체 / soak (액체 속에) 담그다 / cross one's path ~와 우연히 마주치다

GRAMMAR IN READING

A ⓐ Before joining them ⓑ The ceremony having been completed　**B 1** ⓐ having left ⓑ folded　**2** There being no one else on the street　**Q** ①

A

로미오와 줄리엣은 Lawrence 수도사의 방에 일찍 도착했다. 신성한 결혼식으로 그들을 맞아주기 전에, 마음씨 좋은 수사는 하늘에 그들을 축복해 달라고 기도했다. 식이 끝나고 줄리엣은 서둘러 집으로 돌아와 로미오가 다시 오기를 초조하게 기다렸다.

▶ ⓐ 때를 나타내는 분사구문
ⓑ 분사구문의 의미상 주어(The ceremony)가 주절의 주어(Juliet)와 달라서 분사 앞에 남아있는 분사구문

B

Alex는 3시간 전에 떠났지만, Elaine은 그들이 작별 인사를 나눈 그 자리를 줄곧 떠날 수가 없었다. 비가 심하게 퍼붓고 있었다. 그녀는 우산을 접은 채로 빗속에 그저 서 있었다. 약간의 움직임도 없이, 그녀는 거의 동상처럼 보였다. 길에는 다른 어떤 사람도 없었기에, 그녀는 온 세상에 오직 그녀 혼자라고 느꼈다.

1 ▶ ⓐ Alex가 떠난 행위의 주체이고, 주절의 동사보다 이전(3시간 전)에 일어난 일이므로 완료형 분사구문
≒ Although Alex had left three hours before, ~.
ⓑ 「with + (대)명사 + 분사」에서 명사와 분사가 의미상 수동의 관계이므로 과거분사

2 ▶ 「There is[was] ~」 구문을 분사구문으로 만들 때는 There를 분사 앞에 써서 분사구문의 의미상 주체를 명확히 밝힌다.

Q ① 슬픈
② 자랑스러운
③ 안도하는

REVIEW TEST 06

A 1 dancing **2** shivering **3** sent **4** surrounded **5** listening **6** disappointed **7** running
B 1 Not wanting to be late **2** (Being) Seen from a distance **3** There being no class today **4** (Having been) Ill for a week
C 1 Polluted air can worsen
2 for patients suffering from diabetes
3 the graves have remained hidden
4 The theory established by Moore
D ③ **E** ① **F** (A) born (B) carrying (C) helping
G 1 ⓑ **2** With fashion evolving into a global business

A

1 신부와 신랑은 음악에 맞춰 춤을 추고 있었다.
　▶ be동사와 함께 진행형을 만드는 현재분사

2 우리는 떨면서 극장 앞에 서 있었다.
　▶ We가 떨고 있는 행위의 주체이므로 현재분사
　어휘 shiver 떨다

3 내 친구에 의해 보내진 이 소포는 무게가 5kg이 넘는다.
　▶ This package는 내 친구에 의해 보내진 대상이므로 과거분사

4 산타클로스는 선물을 기다리는 아이들에 둘러싸여 앉아 있었다.
　▶ 산타클로스는 둘러싸인 대상이므로 과거분사

5 점심 식사 후, 나는 음악을 들으며 해먹에서 쉬었다.
　▶ I가 음악을 듣는 행위의 주체이므로 현재분사

6 그들은 그의 갑작스러운 은퇴에 실망한 것처럼 보였다.
　▶ 주어인 They가 감정을 느낀 것이므로 과거분사 disappointed

7 Sally는 화장실을 쓰기 위해 뛰어 들어가는 동안에 차가 돌아가게 놔두었다.
　▶ the car가 돌아가는 행위의 주체이므로 현재분사

B

0 그녀는 나를 보자 손을 흔들고 내 이름을 불렀다.
　▶ 주절과 부사절의 주어와 시제가 모두 같으므로, 부사절에서 접속사와 주어를 생략하고 동사를 v-ing로 바꾼다.

1 우리는 늦길 원치 않았기 때문에 기차역으로 달려갔다.
　▶ 분사 앞에 부정어를 둔다.

2 멀리서 보았을 때 그것은 마치 용의 머리처럼 보인다.
　▶ 수동형 분사구문에서 Being은 보통 생략한다.

3 오늘 수업이 없었기 때문에 나는 친구와 당일 여행을 갔다.
▸ 「There is[was] ~」 구문을 분사구문으로 만들 때는 There를 분사 앞에 쓴다.

4 일주일 동안 아팠기 때문에 그는 창백하고 기진맥진해 보인다.
▸ Having been은 보통 생략함
어휘 pale 창백한 / weary 기진맥진한

C

1 ▸ 과거분사 polluted가 air를 앞에서 수식
어휘 pollute 오염시키다 / worsen 악화시키다

2 ▸ 현재분사구 suffering from diabetes가 patients를 뒤에서 수식
어휘 diabetes 당뇨병

3 ▸ the graves가 감춰진 대상이므로 hide를 과거분사로 바꿔 줌

4 ▸ the theory가 확립되는 것이므로 과거분사구 established by Moore가 뒤에서 수식
어휘 create a sensation 반향을 일으키다

D

① 성장하는 아이는 제대로 된 식사가 필요하다.
▸ child를 수식하는 현재분사
어휘 proper 적절한, 제대로 된

② 그녀는 남편이 기타를 치는 소리를 들었다.
▸ 지각동사(heard)의 목적격 보어로 쓰인 현재분사

③ 탈의실에서 나는 근사한 드레스를 입어보았다.
▸ a room where people can change their clothes이므로 여기서 changing은 용도·목적의 의미를 지닌 동명사
어휘 gorgeous 멋진, 근사한 / gown 드레스

④ 솔직히 말해서, 나는 사람들은 자신의 이익을 우선해야 한다고 생각한다.
▸ frankly speaking: 솔직히 말하자면 (관용적으로 쓰이는 분사구문)

⑤ 세 개의 강의를 듣고 나자 나는 너무 기진맥진해 더 이상 들을 수 없었다.
▸ I가 기진맥진해진 대상이므로 과거분사

E

① 그녀는 체조를 하다 발목을 다쳤다.

② 그는 팔짱을 낀 채 무대를 응시하고 있다.
▸ his arms는 접힌 상태로 있는 대상이므로 과거분사 folded가 와야 함

③ 학생이 한 명밖에 없었기 때문에 선생님은 수업을 취소했다.
▸ 분사구문의 의미상 주어 there가 필요한 문장으로, There being only one student ~.가 되어야 함

④ 그 레스토랑에서 나가달라는 요청을 받고 우리는 기분이 매우 상했다.
▸ 우리가 나가도록 요청을 받은 것이므로 수동형 분사구문 (Being) Asked가 되어야 함

⑤ 지질학에 별로 관심이 없지만 그는 수업을 신청했다.
▸ 그가 흥미를 느끼는 것이므로 Though not very interested ~.가 되어야 함
어휘 geology 지질학

F

태어날 때부터 두 마리 이상의 애완용 고양이나 개와 같이 사는 아이들은 동물이 없는 가정에서 태어난 아이들보다 알레르기로 고생할 가능성이 적다. 확실하게 말할 순 없지만 연구자들은 털에 박테리아가 있는 애완동물에 일찍 노출되면 면역 체계의 정상적인 기능을 촉진하여 해로운 것만 공격하도록 돕는다고 추측한다.
▸ (A) 앞의 명사 those를 수식하는 과거분사 born이 와야 함
(← those who are born)
(B) pets가 박테리아를 가지고 다니는 행위의 주체이므로(← pets which carry) 현재분사 carrying
(C) 연속 상황을 나타내는 분사구문으로, 앞의 내용이 면역 체계의 기능을 도와주는 주체이므로 현재분사 helping이 와야 함
어휘 allergy 알레르기 / exposure 노출 / fur 털 / function 기능하다 / immune system 면역 체계

G

파리, 밀라노, 런던, 뉴욕과 같은 패션 중심지에서 새로운 스타일이 소개되면서, 패션 경향을 해마다 변화시킨다. 전통적으로 패션 업계는 이 네 곳의 중심지를 주변으로 전개되었다. 그러나, 패션이 세계적인 산업으로 진화하면서 각 도시의 독특한 개성은 변화했다. 더 이상 이러한 중심지들이 그 지역 출신의 인재들에 의해 지배되는 것이 아니기에, 이 중심지들은 세계 각지에서 온 디자이너들로 넘쳐나게 되었다. 이 디자이너들은 자신들의 제2의 도시의 스타일적인 유산과 자신의 고유한 아이디어를 결합한다.

1 ▸ ⑥ 주절과 동일한 주어(these capitals)가 지배를 받는 것이므로 수동형 분사구문 (being) dominated가 쓰여야 함

2 ▸ 「with + (대)명사 + 분사」에서 명사와 분사가 의미상 능동의 관계이므로 현재분사
어휘 annually 매년 / hub 중심지, 중추 / dominate 지배[군림]하다 / legacy 유산 / adopted 제2의 조국의; 입양된

35 접속사의 개념, 등위접속사 (and, but, or, so)

EXERCISE

A

> 1 and 2 or 3 so 4 and 5 but 6 or

1 그는 커튼을 치고 낮잠을 잤다.
   ▶ 시간적 순서를 나타내는 and
2 그것은 10인치, 즉[다시 말해서] 약 25cm의 길이이다.
   ▶ 앞의 내용을 부가 설명하는 or
3 두통이 너무 심해서, 나는 진찰을 받으러 갔다.
   ▶ 빈칸 뒤의 내용이 앞 내용의 결과를 나타내므로 so
4 직원과 그들의 가족 모두 20퍼센트 할인을 받을 수 있다.
   ▶ both A and B: A와 B 둘 다
   어휘 employee 직원
5 다른 문화를 이해하는 것은 쉽지 않지만 적어도 노력은 해야 한다.
   ▶ 빈칸 앞뒤의 내용이 대조되므로 but
   어휘 at least 적어도
6 식사 전에는 손을 씻어라, 그러지 않으면 병이 날 수도 있다.
   ▶ 주로 명령문 뒤에 or가 와서 '그러지 않으면'이라는 충고나 경고의 뜻을 나타낸다.

B

> 1 go to either Europe or (to) Africa 또는 go either to Europe or (to) Africa
> 2 like neither hamburgers nor spaghetti
> 3 not to buy bread but (to buy) eggs 또는 to buy not bread but eggs
> 4 overslept this morning, so I was late for school
> 5 to go camping, but she canceled her plans due to heavy rain

1 Jim은 유럽이나 아프리카 둘 중 한 곳으로 갈 생각이다.
   ▶ either A or B: A이거나 B
2 부모님은 햄버거도 스파게티도 좋아하시지 않는다.
   ▶ neither A nor B: A와 B 둘 다 아닌
3 그는 가게에 빵을 사러 간 것이 아니라 달걀을 사러 갔다.
   ▶ not A but B: A가 아니라 B
4 나는 오늘 아침 늦잠을 자서 학교에 지각했다.

> ▶ 결과의 의미를 나타내는 접속사 so
> 어휘 oversleep 늦잠을 자다

5 Amy는 캠핑을 가려고 계획했지만, 폭우 때문에 계획을 취소했다.
   ▶ 대조의 의미를 나타내는 접속사 but

C

> 1 both speak and write French
> 2 not a lawyer but a journalist
> 3 either submit a paper or give a presentation
> 4 Not only the players but also the coach was shocked

1 ▶ speak와 write를 both A and B를 이용해 연결
2 ▶ not A but B: A가 아니라 B
3 ▶ submit a paper와 give a presentation을 either A or B를 이용해 연결
4 ▶ not only A but also B: A뿐만 아니라 B도 (the coach에 동사의 수를 일치시킴)
   어휘 defeat 패배

D

> the human resources team but (for) the public relations team

A: Ryan은 인사팀에서 일하죠, 그렇지 않나요?
B: 아니오, 그는 홍보팀에서 일해요.
→ Ryan은 인사팀이 아니라 홍보팀에서 일한다.
▶ not A but B: A가 아니라 B

GRAMMAR IN READING

> A cultural renewal as well as personal enlightenment
> B 1 ⓐ neither ⓑ and 2 학교와 직장으로부터의 분리는 청년들을 위험에 처하게 한다. Q ②

A

교육의 잠재력은 막대하다. 교육은 사람들에게 지식을 줄뿐만 아니라 사람들을 변화시킬 수도 있다. 교육은 개인의 계몽을 위한 수단일뿐만 아니라 문화 부흥을 위한 수단이기도 하다.
→ 그것은 개인의 계몽뿐만 아니라 문화 부흥을 위한 수단이다.
▶ not only A but also B: A뿐만 아니라 B도(= B as well as A)

B

청년에서 성인으로의 전환기는 개개인의 삶에서 중요한 기간이다. 학교에도 다니지 않고 일도 하고 있지 않은 16~19세의 젊은이들은 이 시기에 보통 십 대들의 시간을 차지하는 두 가지 핵심적인 활동 모두에서 분리되는 것이다. 학교와 직장으로부터의 분리는 청년들을 위험에 처하게 한다. 나중에 그들은 진학했거나 직장을 확보한 또래들보다 사회성이 덜 발달하거나 덜 안정적인 고용 이력을 갖게 될 수 있다.

1 ▶ ⓐ '학교에도 다니지 않고 일도 하고 있지 않은'이라는 의미가 되어야 하므로 neither A nor B
　　ⓑ 학교에 다니지 않거나 일을 하지 않는 것이 가져올 수 있는 결과를 나열하고 있으므로 and

2 ▶ both A and B: A와 B 둘 다

UNIT

36 명사절의 종속접속사(that, whether, if), 간접의문문

EXERCISE

A

1 know와 you 사이　2 is와 we 사이
3 rumor와 he 사이　4 impressive와 a 사이

1 나는 Jason과 네가 형제지간이라는 것을 몰랐다.
　▶ 동사 know의 목적어로 쓰인 that절
2 문제는 우리에게 충분히 많은 노동력이 없다는 점이다.
　▶ be동사의 보어로 쓰인 that절
　어휘 workforce 노동력
3 나는 그가 기밀 정보를 누설했다는 소문을 들었다.
　▶ a rumor의 내용을 보충 설명하는 동격의 that절
　어휘 leak (비밀을) 누설하다 / classified 기밀의
4 어린 소년이 그렇게 복잡한 컴퓨터 프로그램을 설계했다니 매우 인상적이다.
　▶ that절이 주어로 쓰인 「It ~ that...」 구문으로 가주어 It을 사용
　어휘 impressive 인상적인 / complex 복잡한

B

1 Who do you think will be the next president?
2 Will you tell me what you bought?
3 I'd like to know whether[if] Jessy is coming.

4 I wonder whether[if] we are doing this the right way.

0 이것이 얼마인지 알려 주시겠어요?
1 당신은 누가 차기 대통령이 될 것으로 생각하십니까?
　▶ 주절이 do you think이므로 의문사 who를 문장 맨 앞에 둔다.
2 네가 무엇을 샀는지 내게 말해 줄래?
　▶ 간접의문문의 어순은 「의문사 + 주어 + 동사」
3 나는 Jessy가 올지 알고 싶다.
4 나는 우리가 이걸 제대로 하고 있는 것인지 궁금하다.
3~4 ▶ 의문사가 없는 간접의문문은 whether나 if를 써서 연결한다.

C

1 does the concert end → the concert ends　2 ○　3 if → whether

1 콘서트가 몇 시에 끝나는지 알려 주실 수 있으세요?
　▶ 간접의문문의 어순은 「의문사(what time) + 주어 + 동사」
2 나는 누가 유리창에 공을 던졌는지 기억한다.
　▶ 간접의문문의 주어가 의문사인 경우 「의문사(주어) + 동사」의 어순
3 그 결정은 그녀가 투자하고자 하는지 아닌지에 달려있다.
　▶ if가 이끄는 명사절은 전치사의 목적어로 쓰이지 않으므로, whether가 와야 한다.

D

1 see if there was a room
2 How long do you think he will stay
3 The fact that he won the Nobel Prize
4 Whether he likes my idea

1 ▶ if가 이끄는 명사절이 see의 목적어로 쓰였다.
　어휘 available 사용 가능한
2 ▶ 주절이 do you think이므로 의문사 How long을 문장 맨 앞에 둔다.
3 ▶ The fact의 내용을 that이 이끄는 동격절이 부연 설명한다.
4 ▶ whether가 이끄는 명사절이 주어로 쓰였다.

E

whether[if] he wants to join her band

Sarah: Jason, 내 밴드에 가입하고 싶니?
Jason: 물론이지. 하고 싶어.

Q Sarah는 Jason에게 무엇을 물어보는가?
  → Sarah는 Jason에게 자신의 밴드에 가입하고 싶은지 묻고,
    Jason은 그렇다고 답한다.
  ▸ 의문사가 없는 간접의문문은 whether 또는 if로 연결한다.

37 부사절의 종속접속사 Ⅰ
(when, while, as, since, until, because ...)

GRAMMAR IN READING

A that **B 1** our hope that we will always advance new ideas **2** ② **Q** ②

A

당신의 딸이 아직 어리다는 사실이 자신이 정말 하고 싶은 일을 못 하도록 막지는 않을 것이다. 엄마로서 당신이 할 수 있는 일은 그저 당신이 그녀에게 어떤 일이 일어나더라도 대처할 수 있는 충분한 책임감을 심어주었기를 바라는 것뿐이다.
▸ ⓐ The fact를 보충 설명해 주는 동격절을 이끄는 접속사 that
  ⓑ (to) hope의 목적어로 쓰인 명사절을 이끄는 접속사 that

B

총장의 인사말
"하버드는 독립 선언서가 서명되기 140년 전에 세워진 미국에서 가장 오래된 고등 교육 기관입니다. 우리의 바람은 새로운 아이디어를 발전시키고 불후의 지식을 장려해야 한다는 것입니다. 이리하여 본교는 언제나 열려 있고 존중받는 전통이 확고히 유지되고 있습니다. 우리가 탁월한 학생과 학자들이 최고의 과업을 이루도록 끊임없이 도전받고 고무되는 학구적인 분위기를 유지하는 것은 매우 중요합니다. 저는 하버드에 오신 여러분을 맞이하게 되어 기쁩니다. 아무쪼록 머무르면서 많은 것을 배우고 또한 즐길 수 있기를 바랍니다."
1 ▸ our hope를 보충 설명하는 동격절을 이끄는 접속사 that이 쓰임
2 ▸ ⓐ 주어로 쓰인 that절이 길어서 뒤로 이동시키고 가주어 It을 썼다.
  ⓑ both A and B: A와 B 둘 다
Q ① 조언하려고
  ② 학생들을 환영하려고
  ③ 학교 행사를 알리려고

EXERCISE

A

1 As soon as **2** until **3** While **4** by the time **5** Since **6** Now that

1 집에 도착하자마자 나는 곧장 잠자리에 들었다.
  ▸ as soon as: ~하자마자
2 우리는 네가 우리에게 말해주기 전까지 그들이 헤어졌다는 걸 몰랐다.
  ▸ not ~ until ...: …하기 전까지는 ~하지 않다
3 우리가 회의하는 동안 누군가의 휴대전화가 울렸다.
  ▸ while: ~하는 동안에
4 제대할 때쯤이면 너는 완전히 달라져 있을 것이다.
  ▸ '~할 때까지, ~할 때쯤에'라는 뜻으로 종료 기한을 나타내는 by the time
  어휘 finish military service 제대하다, 군 복무를 마치다
5 단수가 되어 나는 샤워를 할 수 없었다.
  ▸ since: ~ 때문에, ~이므로
6 경기가 끝났으므로 당신은 그 경기의 MVP를 인터뷰할 수 있습니다.
  ▸ now that: ~인 이상, ~이니까

B

1 since **2** while **3** As **4** until

1 우리는 초등학교 때 이래로 서로 알고 지내고 있다.
  ▸ 완료시제와 함께 쓰여 '~ 이래로 줄곧'이라는 뜻을 나타내는 since
2 그는 전구를 갈아 끼우다가 사다리에서 떨어졌다.
  ▸ '~하는 동안에, ~하면서'라는 뜻으로, 동시에 진행되는 두 가지 동작을 나타내는 while
3 그는 나이를 먹어감에 따라 점점 그의 할아버지와 닮아갔다.
  ▸ 보통 비교급과 함께 쓰여 '~함에 따라'라는 뜻을 나타내는 as
4 Jack은 그의 숙제를 다 마칠 때까지 책상에 앉아 있었다.
  ▸ '~할 때까지'라는 뜻으로 동작이나 상태가 계속됨을 나타내는 until

C

1 일본으로 돌아가면 나는 도쿄 디즈니랜드에 갈 것이다.
  ▸ 때를 나타내는 부사절에서는 미래의 일이라도 현재시제로 나타 낸다.
2 우리는 이 분야에서의 Johnson 양의 경력 때문에 그녀를 고용 했다.
  ▸ 뒤에 명사구 her experience in this field가 이어지므로 because of를 써야 한다.
3 그녀가 여기 도착할 즈음에는 그 수업은 끝날 것이다.
4 그녀는 누워서 휴식을 취한 뒤 훨씬 나아졌다.

D

1 바퀴벌레를 보자마자 그 여자아이는 비명을 질렀다.
  ▸ on v-ing: ~하자마자(= as soon as)
  어휘 cockroach 바퀴벌레
2 이 가수의 노래는 아름답기 때문에 나는 그녀를 좋아한다.
  ▸ 빈칸 뒤에 명사구가 왔으므로 because of
3 그가 대학을 졸업한 지 3년이 지났다.
  ▸ 완료시제와 함께 쓰여 '~ 이래로 (계속)'이라는 뜻을 나타내는 since

E

그는 비가 그칠 때까지 야구를 하러 나갈 수 없었다.
▸ not ~ until ...: …하기 전까지는 ~하지 않다, …하고 나서야 ~하다

GRAMMAR IN READING

A

"일란성 쌍둥이들은 어릴 때 서로 닮을뿐만 아니라 평생 유사한 유전 자에 의해 지배됩니다. 연구를 하는 동안 저는 흥미로운 사실을 알아 냈습니다. 75세의 한 쌍둥이 자매는 정확히 같은 시기에 왼쪽 귀에 작 은 혹이 생겼습니다."라고 David Teplike 박사는 설명한다.

▸ ⓐ when: ~할 때
  ⓑ while: ~하는 동안에

B

다이어트는 체중을 줄이려는 사람에게 가장 좋은 방법은 아니다. 왜 냐하면 다이어트가 만들어내는 식습관은 일시적이며, 따라서 그 결과 또한 그러하기(일시적이기) 때문이다. 다이어트를 하는 대부분 사람들 이 예전의 식습관으로 돌아갈 때 줄였던 체중이 다시 늘어난다. 이 때 문에, 체중을 줄여 다시 늘어나지 않게 하는 가장 좋은 방법은 무엇이 당신에게 정상인가를 재정의하는 것이다. 성공적인 체중 감량은 사람 들이 그들의 오래된 건강하지 못한 습관들을 새로운 건강한 습관으로 바꿀 때 일어난다.

1 ▸ ⓐ 빈칸 앞은 다이어트가 체중을 줄이는 데 도움이 안 된다는 내용이고, 빈칸 뒤에 그 이유가 나오므로 '이유'를 나타내는 접속사 because가 적절하다.
  ⓑ 빈칸 뒤에 체중이 다시 늘어나는 때를 언급하므로 '때'를 나 타내는 접속사 when이 적절하다.
2 ▸ this는 대명사이므로 because는 because of가 되어야 한다.
Q ① 운동의 장점
  ② 건강한 삶을 위해 무엇을 먹을 것인가
  ③ 효과적으로 체중을 줄이는 법

38 부사절의 종속접속사 II
(if, as long as, though, so ~ that)

EXERCISE

A

1 나는 영어를 매우 좋아한다. 하지만 그걸 잘하지는 못한다.
  ▸ though가 부사로 쓰여 문장 맨 뒤에 오면 '그러나'를 의미함 (although는 이 용법으로 쓰지 않음)
2 나는 운동을 즐기지 않지만 암벽 등반은 꽤 재미있다.
  ▸ while: ~인 반면에
3 그녀는 모든 것을 너무나 완벽하게 해서 나는 어떤 실수도 발견할 수 없었다.
  ▸ so + 형용사[부사] + that ~: 매우 …해서 ~하다
4 나는 수학 문제를 푸는 데 어려움을 겪으면 보통 Mike에게 도움 을 요청한다.

▸ if: ~하면(= whenever)

5 배터리가 다 될 경우에 대비해서 휴대폰 충전기를 가져 가라.
　▸ in case: ~할 경우에 대비해서

B

1 in case　2 so that　3 as long as　4 although　5 unless

1 잃어버릴 경우에 대비해서 책에 이름을 적어두어라.
　▸ in case: ~할 경우에 대비해서
2 내가 잠을 잘 수 있게 TV를 꺼줘.
　▸ so (that) ~: ~하도록, ~하기 위하여
3 법에 저촉되지 않는 한 우리는 기꺼이 너를 도울 것이다.
　▸ as long as: ~하는 한
4 공연은 아주 짧긴 했지만 인상적이었다.
　▸ although: 비록 ~이지만(= though)
5 이 발표가 도움이 될 것으로 생각하지 않는다면, 넌 지금 가도 좋다.
　▸ unless: 만약 ~하지 않는다면(= if ~ not)

C

1 c　2 a　3 b　4 d

1 우리가 파티장에 다가감에 따라 시끄러운 음악 소리가 들렸다.
　c. 나이가 들어감에 따라 나는 기억력을 잃어가고 있다.
　▸ ~함에 따라, ~할수록
2 거리를 걷고 있을 때, 나는 그를 만났다.
　a. 내가 방에 들어갔을 때, 나는 벽에 걸린 새 그림을 알아차렸다.
　▸ ~할 때(= when)
3 나는 아파서 병원에 갔다.
　b. 추워서 나는 따뜻한 옷을 입었다.
　▸ ~ 때문에(= because)
4 로마에서는 로마인이 하는 대로 해라.
　d. 그 소스는 내가 원하는 대로 만들어졌다.
　▸ ~한 대로, ~인 것처럼(= in the same way)

D

1 No matter what he says　2 It was such a good book that　3 so that we can talk in private

1 ▸ no matter what: 무엇을 ~하더라도
2 ▸ such + (a[an]) + 형용사 + 명사 + (that) ~: 매우 ~한 …라서 ~하다
3 ▸ so (that): ~하도록

E

if you are not authorized

A: 우리 이쪽으로는 갈 수 없어, Tim. 이 표지판을 봐.
B: 뭐가?
A: 네가 허가 받지 않는다면 이쪽으로는 갈 수 없대.
▸ if ~ not: 만약 ~하지 않는다면(= unless)
어휘 authorize 권한을 부여하다, 허가하다

GRAMMAR IN READING

A No, matter, how　B 1 ⓐ Though ⓑ because　2 As this metal flows around　Q the magnetic North and South Poles

A

당신의 이력서는 당신이 업무에 적합하다는 것을 보여주는 수단이다. 그것은 당신이 어떤 지식이나 경험을 가졌는지 포함해야 한다. 관련 분야의 아르바이트 경험까지도 언급해야 하는데, 그것이 가치 있게 여겨질 수도 있기 때문이다.
→ 당신의 경험이 아무리 대수롭지 않게 보여도, 그것을 이력서에 넣는 것을 고려해야 한다.
▸ no matter how + 형용사[부사]: 아무리 ~하더라도

B

나침반 바늘은 북극에서 어떻게 될까? 놀랍게도, 당신이 지리적 북극에 있다면 나침반은 남쪽을 가리킬 것이다. 이는 자기 북극이 실제로는 현재 캐나다 북부에 있기 때문이다. 지리적 북극은 고정된 장소이지만, 자기 북극은 1800년대 초에 처음 위치가 파악된 이래로 약 1,100킬로미터 이동했다. 이 이동은 지구의 자기장이 항상 변화하고 있기 때문에 발생한다. 지구 외핵에 있는 액체 금속이 자기장을 생성한다. 이 금속이 핵 주변을 흐를 때, 자기 북극과 남극은 끊임없이 이동한다. 충분한 시간이 흐르면, 그것들은 심지어 위치를 맞바꿀 수도 있다.
1 ▸ ⓐ 주절의 내용이 종속절의 내용과 대조를 이루므로 양보의 접속사 Though가 적절하다.
　ⓑ 종속절이 주절의 이유를 설명하므로 접속사 because가 적절하다.
2 ▸ 「접속사(as) + 주어 + 동사」 순서로 배열해야 한다.

REVIEW TEST 07

A 1 Though 2 As 3 If 4 she loved 5 so 6 even though
B 1 c 2 a 3 b
C 1 couldn't believe that he shook hands
2 as she was taking food
3 his class is not only informative but also
4 As soon as the thief saw the police
5 in case you have an accident
D 1 am sad because she has gone back to Canada
2 won't learn anything unless you do your homework
3 betrayed Dean although they had been friends for
10 years
E ③, ⑤
F 1 ○ 2 when they left 3 whether[if] 4 or 5 because
G (A) but (B) whether (C) as
H 1 ⓐ because ⓑ either ⓒ Since 2 they established
new rules so that they could protect polar bears

A

1 비가 내리고 있던 것도 아닌데 도로가 젖어 있다.
　▶ (al)though: 비록 ~이지만
2 시간이 늦어지고 있으니 이제 끝냈으면 합니다.
　▶ 이유를 나타내는 as
　어휘 break off 끊다, 그만두다
3 만약 아무도 대통령 선거에 출마하고 싶어 하지 않는다면 Jim은
　단일 후보가 될 것이다.
　▶ if: 만일 ~라면
　어휘 sole 단독의 / candidate 후보
4 그녀가 왜 그렇게 자신을 사랑하는지 그는 자주 궁금했다.
　▶ 간접의문문은 「의문사 + 주어 + 동사」의 어순으로 쓴다.
5 Serena는 매우 친절해서 모든 친구들이 그녀를 좋아한다.
　▶ 결과를 나타내는 so
6 내가 두 번이나 세탁했음에도 불구하고 이 스커트는 여전히 더럽다.
　▶ 종속절의 내용이 기정 사실을 전제로 하므로 가정의 의미를 가
　　진 even if는 올 수 없다.

B

1 매우 피곤했다는 사실에도 불구하고 그는 늦게까지 자지 않고 있
　었다.
　c. 나는 우리가 대체 에너지를 개발해야 한다는 그의 의견에 동의
　　한다.
　▶ 각각 명사구 the fact와 his opinion의 내용을 보충 설명하는
　　동격절을 이끄는 that
　　어휘 alternative 대체 가능한, 대안이 되는
2 연구들은 조기 교육이 중요하다는 걸 보여준다.

a. 그 사진들은 그녀가 도둑이라는 것을 증명했다.
　▶ 각각 show와 proved의 목적어로 쓰인 명사절을 이끄는 that
3 그는 너무 좋은 기억력을 갖고 있어서 아무것도 적어 둘 필요가
　없다.
　b. 그 뮤지컬은 너무 유명해서 우리는 좋은 자리를 예매할 수 없
　　었다.
　▶ such + (a[an]) + 형용사 + 명사 + (that) ~: 매우 ~한 …라서
　　~하다 〈결과〉
　　so + 형용사[부사] + (that) ~: 매우 …해서 ~하다 〈결과〉
　어휘 reserve 예약하다

C

1 그는 자기가 그 여배우와 악수했다는 것을 믿을 수 없었다.
　▶ believe의 목적어로 쓰인 that절
2 Amanda는 오븐에서 음식을 꺼내면서 손을 데었다.
　▶ as: ~하면서
3 나는 그의 수업이 유익할뿐만 아니라 재미있다고도 생각한다.
　▶ not only A but also B: A뿐만 아니라 B도
4 그 도둑은 경찰차를 보자마자 다른 방향으로 달려갔다.
　▶ as soon as: ~하자마자
5 당신은 사고가 날 경우에 대비해서 여행 보험을 들어야 해요.
　▶ in case: ~할 경우에 대비해서

D

1 그녀가 캐나다로 돌아가 버려서 나는 슬프다.
2 숙제를 하지 않으면 너는 아무것도 배우지 못할 것이다.
　▶ unless(= if ~ not): ~하지 않으면
3 그들이 10년 동안 친구였음에도 불구하고 Jane은 Dean을 배신
　했다.
　▶ although(= though): ~에도 불구하고
　어휘 betray 배신하다

E

① Brian과 Sally 둘 다 그 자리에 적합했다.
▶ both A and B: A와 B 둘 다
② 그 배우는 너무 긴장해서 대사를 잊어버렸다.
▶ so + 형용사[부사] + that ~: 매우 …해서 ~하다
③ 나아질 때까지 술을 마시지 마세요.
④ 많은 사람들은 그 광부들이 무너진 탄광에서 생존할지 걱정한다.
▶ if가 이끄는 명사절은 전치사의 목적어로 쓰일 수 없으므로
　whether를 써야 함
⑤ 그 남자는 죽기 전에 전 세계의 수많은 고아를 도왔다.
어휘 qualified 적격의, 자격이 있는 / miner 광부 / collapse 붕괴

하다, 무너지다 / orphan 고아

F

1 그 장비는 정밀하지도 않고 안전하지도 않다.
  ▶ neither A nor B: A, B 둘 다 아닌
  어휘 equipment 장비, 설비 / accurate 정확한, 정밀한

2 그들이 언제 공항으로 떠났는지 아니?
  ▶ 간접의문문은 「의문사 + 주어 + 동사」의 어순

3 배심원은 그 남자가 유죄인지 아닌지 정할 수 없었다.
  ▶ whether[if] ~ or not: ~인지 아닌지
  어휘 jury 배심원단 / guilty 유죄인

4 바깥이 춥다. 코트를 입지 않으면 감기에 걸릴 것이다.
  ▶ 명령문 + or ...: (~해라) 그러지 않으면 …

5 다리가 폐쇄되어 있어서 우리는 운전해서 건너갈 수 없었다.
  ▶ 뒤에 절이 이어지므로 because of가 아닌 종속접속사
    because를 써야 한다.

G

공상 과학 소설은 단순히 기상천외한 불가능한 일들뿐만 아니라 미래
에 실현될 수도 있는 것들에 대한 이야기이다. 과거에 사람들은 공상
과학 영화 속의 발명품들이 정말 실현될 수 있는지 궁금해했을지도 모
른다. 하지만 오늘날, 기술이 발전하면서 로봇 팔과 무인 자동차와 같
이 불가능하다고 여겨졌던 것들이 현실이 되었다.
  ▶ (A) not A but B: A가 아니라 B
    (B) whether ~ (or not): ~인지 아닌지
    (C) as: ~함에 따라
  어휘 science fiction 공상 과학 소설[영화] / impossibility 불가능
    성; *불가능한 일 / advance 진보하다

H

1960년대에서 1970년대에 사람들이 북극곰을 무분별하게 사냥해서
북극곰의 수가 급격히 줄어들었다. 1973년에 미국과 캐나다, 덴마크,
노르웨이, 소련은 북극곰을 보호할 수 있도록 새로운 규정을 만드는
협정에 서명했다. 이 나라들은 사냥을 금지하거나 사냥꾼들이 죽일 수
있는 북극곰의 수를 제한하는 정책을 만들었다. 이 정책이 만들어진
이래로 북극곰의 수는 안정적으로 유지되어 왔다.
1 ▶ ⓐ because: ~이기 때문에
    ⓑ either A or B: A이거나 B
    ⓒ since: ~한 이래로
2 ▶ so that: ~하도록
  어휘 drastically 급격히 / recklessly 무모하게 / agreement
    협정 / ban 금지하다 / limit 제한하다 / stable 안정적인
    / establish 설립하다, 제정하다

수능 Special 01

A

1 have visited → visited
2 has been built → was built
3 will offer → offer
4 ○

1 나는 어렸을 때 일본을 방문한 적이 있다.
  ▶ 부사절이 명백한 과거 시점을 나타내므로 현재완료를 쓸 수 없
    다.
2 두 섬을 연결하는 다리는 2012년에 지어졌다.
  ▶ 명백한 과거 시점을 나타낼 때는 현재완료를 쓸 수 없다.
3 만일 당신이 나에게 오늘 10달러 아니면 내일 11달러를 준다면
  아마도 나는 오늘 10달러를 갖겠다고 말할 것이다.
  ▶ 조건의 부사절에서는 미래의 일이라도 현재시제로 나타낸다.
4 경찰이 현장에 도착했을 때 비행기의 반 이상이 이미 바다에 잠
  겨 있었다.
  ▶ 경찰이 도착하기 전에 일어난 일을 나타내므로 대과거로 쓸 수
    있다.

B

  ②

사랑의 집짓기를 홍보하는 미국의 전직 대통령 Jimmy Carter는
1994년 이래로 여러 나라들을 둘러보았다. 2001년 여름에, 그는 집
짓기 프로젝트에 참여하려고 한국의 아산을 방문하였다. 그것은 집이
없는 사람에게 집을 지어 주려는 국제 사랑의 집짓기 운동의 일부였
다. 그는 이 행사를 위하여 자원봉사자들과 함께 일했는데, 이 행사는
그의 이름을 따서 Jimmy Carter Work Project 2001이라고 이름
붙여졌다.
  ▶ ② 아산을 방문한 것은 명백한 과거(2001년 여름)이므로 과거시제
    를 사용해야 한다. (has visited → visited)
    ① 과거부터 현재까지 계속되고 있는 일을 나타내는 현재완료
    ③ 명사 campaign을 수식하는 형용사적 용법의 to부정사구
    ④ 과거 특정 시점에 행한 일을 나타내므로 과거시제
    ⑤ which(= the program)는 name after의 대상이므로 수동태

수능 Special 02

A

1 must cry → must have cried
2 was sentenced → (should) be sentenced
3 ○
4 prefer → preferred

1 그녀의 눈을 봐. 밤새 울었던 게 틀림없어.
  ▸ 문맥상 과거의 일을 추측하는 상황이므로 「must have v-ed」로 써야 한다.

2 그 검사는 피고가 징역 10년형을 선고받아야 한다고 주장했다.
  ▸ 아직 이루어지지 않은 일에 대해 '~해야 한다'는 주장을 나타내므로 「(should) + 동사원형」으로 써야 한다.
  어휘 prosecutor 검사 / defendant 피고 / sentence (형을) 선고하다

3 의료 시술은 사망 위험의 관점에서 제시될 때 더 두렵게 들릴지 모른다.
  어휘 in terms of ~ 면에서 / risk 위험, 위험 요소

4 그 증거는 초기 인류가 살코기보다는 동물의 내장육을 더 선호했다는 것을 시사한다.
  ▸ 과거에 발생한 사실에 대한 내용이므로 시제 일치의 규칙에 따라 that절의 시제도 과거로 써야 한다.

B

④

Tom은 전쟁에 나간 이후 3년 동안 실종되었다. 이웃들뿐만 아니라 그의 아버지조차도 그가 살아있을 가능성이 매우 희박하다고 생각했다. 그러나 그의 어머니 Smith 여사는 그의 소지품들을 집 안에 있던 그대로 두어야 한다고 고집했다. 그녀는 아들이 아직 살아있고 언제라도 앞문으로 걸어 들어올 것이라고 확신했다.
  ▸ ④ 이루어지지 않은 일에 대해 '~해야 한다'는 주장을 나타내므로 that절에 「(should) + 동사원형」인 (should) be kept를 써야 한다.
  ① 과거 시점 이전부터 과거까지 계속된 일을 나타내는 과거완료진행형
  ② thought의 목적어로 쓰인 명사절을 이끄는 접속사 that
  ③ that절의 주어(his chances)가 복수이므로 복수형 동사
  ⑤ 주절의 시제가 과거이므로 시제 일치 규칙에 따라 that절의 시제도 과거
  어휘 chance 가능성 / possession (pl.) 소지품

수능 Special 03

A

1 looks up to → is looked up to
2 ○
3 was asked coming → was asked to come
4 be expected do → be expected to do

1 그 사업가는 십 대들에게 존경받는다.
  ▸ 문맥상 그 사업가가 존경받는 대상이므로 수동태로 써야 한다.

2 우리는 모두 수도 공급 시설 보수가 더는 미루어질 수 없다는 것에 동의했다.
  ▸ 동사구를 수동태로 쓸 때 한 덩어리로 취급하여 맨 앞의 동사만 「be v-ed」로 고치고 나머지는 그대로 쓴다.

3 Jason은 면접에 와 달라고 요청받았다.
  ▸ ask의 목적격 보어 to부정사가 「be v-ed」 뒤에 이어져 「be asked to-v」의 형태가 되어야 한다.

4 당신의 직무 내용 기술서에는 잡무가 열거되어 있지 않을 수 있지만, 당신은 때때로 그런 일들을 할 것으로 기대될 것이다.
  ▸ expect의 목적격 보어 to부정사가 「be v-ed」 뒤에 이어져 「be expected to-v」의 형태가 되어야 한다.

B

(A) to write (B) obvious (C) be disturbed

당신의 목표에 효과적으로 집중하기 위해 먼저 그것들을 적는 것이 권장된다. 이 조언이 당연하게 들릴지 모르지만 많은 사람들은 그것을 따르지 않는다. 그 결과 그들의 목표는 흔히 흐지부지되어 결국 실현되지 못한다. 당신이 방해를 받지 않을 만한 아주 조용한 곳으로 가서 당신의 모든 목표에 관한 구체적인 목록을 만들어라.
  ▸ (A) encourage의 목적격 보어인 to부정사가 「be v-ed」 뒤에 이어져 「be encouraged to-v」의 형태가 되어야 한다.
  (B) '~하게 들리다'의 의미인 sound는 형용사를 보어로 취한다.
  (C) 문맥상 '방해받다'라는 수동의 의미로 쓰였으므로 be disturbed가 알맞다.
  어휘 obvious 분명한, 명백한 / disturb 방해하다

수능 Special 04

A

1 read 2 to send 3 to drink

1 선생님은 학생들에게 기사를 읽고 요약하게 했다.
  ▸ 사역동사 have가 쓰였으므로 목적격 보어로 원형부정사가 와야 한다.
  어휘 summarize 요약하다

2 Churchill의 비서가 그에게 그림을 영국으로 보내달라고 요청했다.
  ▸ 동사 ask는 목적격 보어로 to부정사를 취한다.

3 많은 의사들은 사람들에게 유리나 스테인리스 용기에 담긴 물을 마시기를 권고한다.
  ▸ 동사 advise는 목적격 보어로 to부정사를 취한다.

B

④

17세의 나이에 Malala Yousafzai는 여성 교육 권리 활동가로서 파

키스탄에서의 활동으로 최연소 노벨 평화상 수상자가 되었다. 그녀가 11세였을 때, 탈리반은 많은 여자아이들이 학교에 가는 것을 막았고, 그래서 그녀는 왜 여자아이들에게 교육이 중요한지에 대한 BBC 블로그를 시작했다. 이에 대한 보복으로, 탈리반의 무장 괴한이 그녀를 공격하여, 그녀를 거의 죽일 뻔했다. 이런 일이 있다면 다른 많은 사람들은 억지로 그만두었을 것이다. 그러나 Malala는 다시 건강을 되찾는 즉시 활동을 다시 시작했다. 이런 용기가 중요한 교육 계획들로 이어졌다. 그녀의 이야기는 누구나 긍정적으로 변화를 촉진할 수 있다는 것을 보여 준다.

▸ ④ force는 목적격 보어로 to부정사를 취하는 동사이므로 quitting을 to quit으로 고쳐야 한다.
  ① '~로서'라는 뜻을 나타내는 전치사 as
  ② 전치사 from의 목적어로 쓰인 동명사
  ③ 연속상황을 나타내는 분사구문
  ⑤ shows의 목적어로 쓰인 명사절을 이끄는 접속사 that

어휘 prevent A from B A가 B하지 못하게 하다 / retaliation 보복 / attack 공격하다 / initiative *계획; 진취성, 자주성 / promote 촉진하다, 고취하다

수능 Special 05

A

> 1 regretted to leave → regretted leaving
> 2 to see → to seeing
> 3 ○
> 4 forgotten coming to → forgotten to come to

1 Dave는 학교를 일찍 중퇴한 것을 늘 후회했다.
  ▸ regret v-ing: ~했던 것을 후회하다
2 나는 이번 주 토요일에 뮤지컬을 보는 것을 기대하고 있다.
  ▸ look forward to v-ing: ~을 기대하다
3 컴퓨터가 먹통이 되었을 때 나는 막 TV 시나리오 하나를 마친 상태였다.
  ▸ finish는 동명사를 목적어로 취함
4 그녀는 회의에 오는 것을 잊었음이 틀림없다. 나는 그녀를 거기서 찾을 수 없었다.
  ▸ 당시 시점에서 미래의 일(오는 것)을 나타내므로 forget 뒤에 to부정사를 써야 함

B

> ②

탄광이 문을 닫자 모든 사람이 일자리를 잃었다. 암울한 미래에 직면하자, 광부들은 그들 스스로 탄광을 운영해 보기로 정하였다. 그들은 가족을 부양하는 것에 전념했기에, 그들이 가진 모든 돈을 탄광을 구입하는 데 사용했다. 1995년 탄광이 다시 문을 열었다. 그러한 방식은 이전의 방식보다 더 효율적이고 수익이 높아 광부들은 이전보다 더 많은 돈을 번다. 탄광을 개방함으로써 그들은 지역 사회 모두를 위한 일자리를 안전하게 지켜냈다.

▸ ② choose는 to부정사를 목적어로 취함
  ① 이유를 나타내는 분사구문
  ③ 전치사 to의 목적어로 쓰인 동명사
  ④ 비교 구문
  ⑤ 전치사 by의 목적어로 쓰인 동명사

어휘 mine 광산, 탄광 / grim 불길한, 냉혹한 / miner 광부 / provide for ~을 부양하다 / profitable 유리한, 벌이가 많은

수능 Special 06

A

> 1 turning on → turned on
> 2 Storing → Stored
> 3 followed → following
> 4 ○

1 나는 보통 TV를 켜놓은 채 저녁을 먹는다.
  ▸ TV가 켜지는 대상이므로 수동을 나타내는 과거분사가 와야 함
2 서늘하고 건조한 곳에 보관되면, 이 밀가루는 몇 달간 간다.
  ▸ 밀가루가 '보관되는' 것이므로 수동형 분사구문이 와야 함
3 Anna는 그녀의 개가 그녀를 따르는 채로 해변을 거닐고 있었다.
  ▸ her dog가 그녀를 '따르는' 주체이므로 능동의 의미인 현재분사를 써야 함
4 부다페스트의 은행가 가문에서 태어난 von Neumann은 더할 나위 없이 똑똑했다.
  ▸ 그가 '태어난' 것이므로 수동형 분사구문이 와야 함
  어휘 undeniably 명백하게, 틀림없이

B

> (A) protecting (B) caused (C) reducing

우리 마을을 위해 무엇이 더 중요합니까? 교통 체증을 완화하는 것입니까, 아니면 야생동물 서식지를 보호하는 것입니까? 그것은 복잡한 문제입니다. 어떤 사람들은 교통체증으로 인해 발생하는 환경오염이 걱정스러워 새 고속도로가 필요없다고 말할지도 모릅니다. 그러나 다른 사람들은 우리가 환경을 훼손시키지 않으면서 교통체증을 줄일 수 있다고 말할 것입니다. 예를 들어, 대중 교통이 개선되어 거리의 자동차가 줄어들 수 있을 것입니다.

▸ (A) 등위접속사(or) 앞뒤에 문법적으로 대등한 구조가 와야 하므로 동명사 protecting을 써야 함
  (B) 환경오염이 '발생된' 것이므로 수동을 나타내는 과거분사가 와야 함
  (C) 대중 교통이 개선되는 것이 자동차를 '줄이는' 주체이므로 능동

형 분사구문이 와야 함

 wildlife 야생 동물 / habitat (동식물의) 서식지(보통 복수형으로 씀)

수능 Special 07

A

1 if → that
2 or → nor
3 ○

1 그는 입학 시험에 떨어졌다는 사실을 감추려 했다.
 ▶ fact, belief, idea 등의 명사를 보충 설명해주는 동격절을 이끄는 것은 접속사 that이다.
2 전기가 나가서 TV와 컴퓨터 둘 다 작동하지 않는다.
 ▶ neither A nor B: A와 B 둘 다 아닌
3 우리에게 우리 상황에 영향을 미칠 수 있는 힘이 있다는 것은 위안을 주는 생각이다.
 ▶ 접속사 that이 이끄는 명사절이 주어 자리에 왔다.

 reassuring 안심시키는, 걱정을 없애 주는

B

④

최근에 나는 특이한 고객 서비스 경험을 했다. 그건 담당자가 지나치게 사과하는 것이었다! 나는 그녀가 실제로는 내 문제에 신경을 쓰지 않는다는 것을 알 수 있었고, 그녀가 그처럼 명백하게 그것을 가장하고 있다는 사실이 나를 화나게 만들었다. 물론, 나는 대부분의 일에 (겉으로) 좋은 표정을 짓는 것이 포함된다는 점을 이해한다. 우리가 일을 하는 동안 무엇을 느끼는 척해야 한다는 이 개념은 '감정 노동'이라고 알려져 있다. 그것은 적당한 양으로는 유익하지만, 우리는 우리 정체성의 주된 근원은 회사가 아니라 우리 자신이어야 한다는 것을 잊어서는 안 된다.

 ▶ ④ 앞의 This idea의 내용을 보충 설명하는 동격절을 이끌어야 하므로 what을 that으로 고쳐 써야 옳다.
 ① tell의 목적어로 쓰인 명사절을 이끄는 접속사 that
 ② the fact의 내용을 보충 설명하는 동격절을 이끄는 접속사 that
 ③ involve의 목적어로 쓰인 동명사
 ⑤ that절의 주어가 the main source이므로 단수형 동사 사용

 representative 대표, 대리인 / apologetic 미안해하는, 사과하는 / obviously 명백하게 / fake 꾸미다, 가장하다 / moderate 중간의, 적당한 / quantity 양 / beneficial 유익한, 이로운

대한민국 영문법 교재의 표준

G-ZONE

THE STANDARD
FOR ENGLISH
GRAMMAR BOOKS

G-ZONE 기본편의 특징

Authentic Examples
실생활에서 사용되는 예문을 통해 고등 영어에 필요한 핵심 문법 학습

Grammar Skills and Writing Ability
풍부한 연습 문제를 통한 단계별 학습으로 문법 실력과 쓰기 능력 강화

Comprehensive Vocabulary
다양한 주제와 상황에 적합하고 유용한 어휘 습득

Grammar for Reading
학습한 문법이 적용된 실용 및 학술 지문을 통해 문법 응용력 향상

능률VOCA 어원편

* 고등영단어의 과학적 암기비결 *

Got A Book For Vocabulary?

Here is the **No.1 vocabulary book** in Korea, recognized by more teachers and used by more students than any other vocabulary book ever made. **Get yours today!** You won't regret it!

어원학습분야
1위

Korea's NO. 1 Vocabulary Book